中国经济问题丛书

# 新型城镇化之路

牛勇平　肖　红／著

中国人民大学出版社
·北京·

图书在版编目（CIP）数据

新型城镇化之路/牛勇平，肖红著. --北京：中国人民大学出版社，2024.5
（中国经济问题丛书）
ISBN 978-7-300-32726-6

Ⅰ.①新… Ⅱ.①牛… ②肖… Ⅲ.①城市化－研究－中国 Ⅳ.①F299.21

中国国家版本馆 CIP 数据核字（2024）第 071819 号

### 中国经济问题丛书
### 新型城镇化之路
牛勇平　肖　红　著
Xinxing Chengzhenhua zhi Lu

| 出版发行 | 中国人民大学出版社 | | |
|---|---|---|---|
| 社　　址 | 北京中关村大街 31 号 | 邮政编码 | 100080 |
| 电　　话 | 010-62511242（总编室） | | 010-62511770（质管部） |
| | 010-82501766（邮购部） | | 010-62514148（门市部） |
| | 010-62515195（发行公司） | | 010-62515275（盗版举报） |
| 网　　址 | http://www.crup.com.cn | | |
| 经　　销 | 新华书店 | | |
| 印　　刷 | 固安县铭成印刷有限公司 | | |
| 开　　本 | 720 mm×1000 mm　1/16 | 版　次 | 2024 年 5 月第 1 版 |
| 印　　张 | 19.5 插页 1 | 印　次 | 2024 年 5 月第 1 次印刷 |
| 字　　数 | 299 000 | 定　价 | 88.00 元 |

版权所有　侵权必究　　印装差错　负责调换

# 总　序

我国经济社会的发展与进步离不开我国哲学社会科学的繁荣与发展。新中国走过的伟大历程，不仅给当代学人带来了从事哲学社会科学研究的丰沃土壤与最好原材料，也给我们提供了观察和分析这一伟大"试验田"的难得机会，更为进一步繁荣我国哲学社会科学创造了绝佳的历史机遇。

当前，坚持和发展中国特色社会主义理论和实践提出了大量亟待解决的新问题，世界百年未有之大变局加速演进，世界进入新的动荡变革期，迫切需要回答好"世界怎么了""人类向何处去"的时代之题。坚持和发展中国特色社会主义必须重视和发展构建中国特色、中国风格、中国气派的新时代哲学社会科学学科体系、学术体系、话语体系及评价体系。加快构建中国特色哲学社会科学，归根结底是建构中国自主的知识体系，必须以中国为观照、以时代为观照，立足中国实际，解决中国问题，不断推进知识创新、理论创新、方法创新，使中国特色哲学社会科学真正屹立于世界学术之林。在实现中华民族伟大复兴的伟大征程中，中国将为人类文明提供中国智慧和中国方案。书写中国故事、归纳中国经验、总结中国智慧正是在这个大背景下获得了特别的意义。

我们策划出版"中国经济问题丛书"的主要目的是鼓励经济学者把文章写在祖国大地上，继续推动中国经济学研究的进步和繁荣，在中国经济学学术著作的出版园林中，创建一个适宜新思想生长的园地，为中国的经济理论界和实际部门的探索者提供一个发表高水平研究成果的场所，使这套丛书成为国内外读者了解中国经济学和经济现实发展态势的必不可少的重要读物。

中国经济问题的独特性和紧迫性，将给中国学者以广阔的发展空间。丛书以中国经济问题为切入点，强调运用现代经济学方法来探究中国改革开放和经济发展中面临的热点、难点问题。丛书以学术为生命，以促进中国经济与中国经济学的双重发展为己任，选题论证采用"双向匿名评审制度"与专家约稿相结合，以期在经济学界培育出一批具有理性与探索精神的中国学术先锋。中国是研究经济学的最好土壤，在这块土地上只要勤于耕耘，善于耕耘，就一定能结出丰硕的果实。

# 前 言

我国的城镇化进程与户籍管理制度的变化密不可分，而户籍管理制度的变化则经过了四个阶段：新中国成立初期到1957年为第一阶段，1958—1977年为第二阶段，1978—1998年为第三阶段，1999年至今为第四阶段。(1) 第一阶段，初步建立了户籍登记制度，发布于1958年1月的《中华人民共和国户口登记条例》对农村户口迁入城市进行了严格限制，这标志着农村和城市之间的分离。(2) 第二阶段，城乡二元经济进一步固化。(3) 第三阶段，随着改革开放的深入，户籍管理制度开始逐渐松动，"农转非"政策开始变化。1998年7月，国务院批转公安部《关于解决当前户口管理工作中几个突出问题的意见》。该意见规定了农村居民落户城市的条件，这在一定程度上拉开了我国城镇化的序幕。(4) 第四阶段，标志性的变革是发布于2014年7月的《关于进一步推进户籍制度改革的意见》，该意见彻底取消了农业户口与非农业户口的二元划分。我国户籍管理进入了一个新的时代。

同样，我国城镇化也经历了若干阶段。1998年及以前为第一阶段；1999—2008年为第二阶段；2009—2013年为第三阶段；2014—2016年为第四阶段；2017年至今为第五阶段。

(1) 第一阶段，由于"农转非"的限制，通过中高等教育进入城市几乎是农村户口变为城镇户口的唯一道路。城镇化发展非常缓慢，几乎可以忽略不计。(2) 第二阶段是改革开放以来经济增长最快的阶段，GDP增长率均值为14%。随着宏观经济的快速稳定增长，农民工大量流动，城镇化开始提速，房地产业开始成为拉动经济的重要因素。(3) 第三阶段，城镇化速度进一步加快，且由于种种原因，房地产价格开始暴涨。在这一阶段，城市扩张很快，土地财政、土地金融、房地产依赖等词汇开始进入研究者视野，而缺乏产业支撑和成本分担的城镇化进程也带来了一些问题，引起了决策层的注意。(4) 第四阶段，以 2014 年 3 月中央政府出台的《国家新型城镇化规划（2014—2020 年）》为标志，其指导思想是从"土地城镇化"转向"人的城镇化"。在实践中，随着新型城镇化第一批、第二批综合试点地区工作的推进以及以三权分置为代表的农村土地制度改革试点的进展，我国城镇化逐渐进入相对可控的轨道。(5) 第五阶段，2017 年 10 月党的十九大报告首次提出了乡村振兴战略；2018 年 1 月 2 日，国务院发布了 2018 年中央一号文件，即《中共中央、国务院关于实施乡村振兴战略的意见》，这标志着我国的城镇化进入了一个新阶段。

城镇化进程中依然存在一些问题需要解决。从之前的城镇化进程来看，主要问题集中在：(1) 人口城镇化速度低于土地财政增长速度。鉴于宏观经济低迷的影响以及财税制度的扭曲，一些地区在一定程度上将城镇化作为拉动经济增长的手段而不是为了让更多的人享受到改革成果。(2) 在一些地区，城镇化缺乏必要的产业支撑，仅仅演变为盖房子，有可能导致一些农民处于"三无状态"，即"无地、无职业、无社保"。(3) 对于进入城镇的原农村居民，其城镇化成本没有得到合理分担，导致其生活质量下降。此外，还存在农村空心化、农业效率提高不明显、土地集约利用不足等问题。

从理论上看，城镇化进程中的多数问题都可以归结为两点：一是产业支撑体系不够合理，二是成本分担机制不尽完善。我们认为：推进以人为核心的新型城镇化的含义之一就是为城镇化增量人口提供足够的产业支撑和成本分担。缺少产业支撑，增量人口就难以获得稳定的收入，城镇化就是无源之水；而缺少成本分担，增量人口的生活质量就会下降，城镇化进程就会被扭曲。同时，产业支撑与成本分担能否形成均衡也受到政府政策的影响。根据不同的城镇化模式，通过合理的政策安排，选择合适的产业支撑与成本分担路径，对加快新型城镇化进程、提高城镇化质量有重要意义。这也是本书的研究价值所在。

我们的研究思路是：第一，对新型城镇化产业支撑与成本分担做一个简略的理论梳理，厘清若干关键概念。第二，阐明新型城镇化产业支撑与成本分担之间的逻辑关系。第三，构建产业支撑、成本分担及预算平衡模型，通过模型解释各种可能的结果；此外，考虑到房地产价格可能会影响城镇化进程，我们尝试用该模型解释房地产市场波动。第四，进行我国新型城镇化产业支撑与成本分担强度评价及地区差异评价，并分析各省份的新型城镇化特征与路径。第五，分析当前新型城镇化模式并给出相关对策。第六，给出若干案例分析。

全书共分为八章。

第一章是新型城镇化产业支撑与成本分担理论综述。主要分析相关概念，对国内外相关研究进行理论综述，并做简单的评价。

第二章是新型城镇化产业支撑与成本分担逻辑关系。运用经典经济学理论对产业支撑和成本分担进行解释，描述产业支撑与成本分担之间的逻辑关系，并提出不良城镇化选择的可能结果。

第三章是产业支撑、成本分担及预算平衡模型。构造产业支撑、成本分担及预算平衡函数，并建立理论模型，讨论各种可能的结果。

第四章是产业支撑、成本分担与房地产市场波动。构建产业支撑、成本分担及政府预算平衡模型，根据此模型从逻辑上描述城镇化进程中房地产市场的阶段性特征及地域性特征，最后提出相关对策。

第五章是我国新型城镇化产业支撑与成本分担强度评价。构建产业支撑与成本分担评价指标体系，赋予各指标不同权重，进行综合评价。

第六章是新型城镇化产业支撑与成本分担地区差异评价。构建产业支撑与成本分担评价指标体系，采用因子分析方法和专家评分方法，比较各省份、各区域的产业支撑体系完善程度和成本分担机制健全程度。进一步，逐一考察31个省份，通过分析各省份产业支撑与成本分担特征及预算收支情况，总结各自的新型城镇化路径。

第七章是新型城镇化模式与政策选择。对新型城镇化的一般模式进行总结，根据这些模式给出相应的对策，并对当前新型城镇化的新进展进行分析和提炼。

第八章是新型城镇化案例研究。包括两个重点案例和四个普通案例，涉及河南、山东、贵州、安徽、湖南等省份的五个村和一个县。

# 目 录

**第一章　新型城镇化产业支撑与成本分担理论综述** ……… 001
　　第一节　相关概念解释 ……………………………… 001
　　第二节　理论综述 …………………………………… 010

**第二章　新型城镇化产业支撑与成本分担逻辑关系** ……… 020
　　第一节　经典经济学对产业支撑及成本分担的解释 ……………………………………………… 020
　　第二节　城镇化逻辑结构与不良城镇化选择的可能结果 ……………………………………… 031

**第三章　产业支撑、成本分担及预算平衡模型** ……… 040
　　第一节　产业支撑、成本分担及预算平衡函数构造 ……………………………………………… 040
　　第二节　产业支撑、成本分担及预算平衡模型分析 ……………………………………………… 048

**第四章　产业支撑、成本分担与房地产市场波动** ……… 057
　　第一节　模型演绎 …………………………………… 058
　　第二节　当前政策选择的经济学分析 ……………… 063
　　第三节　关于房地产市场波动与城镇化的进一步思考 ……………………………………… 066

## 第五章　我国新型城镇化产业支撑与成本分担强度评价 **071**

第一节　我国城镇化产业支撑强度评价 **071**

第二节　我国城镇化成本分担强度评价 **098**

第三节　产业支撑强度、成本分担强度综合评价 **116**

## 第六章　新型城镇化产业支撑与成本分担地区差异评价 **119**

第一节　产业支撑地区差异评价 **120**

第二节　成本分担地区差异评价 **156**

第三节　产业支撑、成本分担地区差异综合评价 **192**

第四节　新型城镇化产业支撑与成本分担均衡路径探讨 **194**

## 第七章　新型城镇化模式与政策选择 **232**

第一节　新型城镇化的一般模式 **232**

第二节　加快新型城镇化进程的相关对策 **244**

第三节　当前我国新型城镇化的新进展 **257**

## 第八章　新型城镇化案例研究 **266**

第一节　重点案例之一——河南省安阳县X村调研 **266**

第二节　重点案例之二——山东省沂水县K村调研 **287**

第三节　其他地区调研情况 **292**

## 参考文献 **298**

# 第一章 新型城镇化产业支撑与成本分担理论综述

## 第一节 相关概念解释

本书涉及的主要概念包括：新型城镇化、产业支撑、成本分担、均衡路径等。需要说明的是，这些概念有的具有明确的经济学意义，如均衡路径，有的则是来源于日常语言（如产业支撑和成本分担）和官方用语（如新型城镇化），但在我们的研究中，这些概念必须得到清晰说明，否则将在很大程度上降低研究的严肃性和学术性。

### 一、新型城镇化

新型城镇化概念无疑脱胎于城镇化概念，其含义也是为了区别于"传统城镇化"。鉴于此概念的重要性，我们从三个方面分析其来源与演变。

**1. 学术文献**

根据中国知网的查询结果，最早提到新型城镇化的文献可以追溯到1992年。伍新木（1992）提到，三峡库区移民要走新型城镇化道路，但并没有对该概念给出详细解释。

进入21世纪，涉及新型城镇化的文献开始增加，如2003年至少有8篇文献提到新型城镇化，其中，谢志强2003年发表了题为《新型城镇化：中国城市化道路的新选择》的论文，该文可以被认为是最早对新型城镇化展开研究的文献。此后，关于新型城镇化的研究逐渐增多。如胡际权明确以《中国新型城镇化发展研究》为题，并对新型城镇化的内涵做了解释，即体现以人为本、可持续发展的理念，以市场机制为主导，实现工业化、信息化和农业现代化协调发展。这是我们所发现的最早也最为完整的关于新型城镇化概念的表述。

罗煜较为明确地提出了我国新型城镇化道路的七个原则：一是以人为本；二是实事求是，具体情况具体分析；三是尊重客观规律和经济发展规律；四是保持地区特色；五是增加安全感、化解矛盾；六是可持续发展原则；七是合理利用土地。客观地说，这几个原则并没有过时，尤其是第一个原则，以人为本恰恰是当前公认的新型城镇化概念的题中之义。

仇保兴则在多篇文章中提到新型城镇化的内涵，如战略（及战术）方向上的六个转变：由城市优先发展向城乡协调发展转变；由（城镇）数量扩张向质量提高转变；由城镇化的高能耗模式向低能耗模式转变；由环境压力型城镇化向环境友好型城镇化转变；城镇交通由无序化向有序化方向转变；由部分富裕向全体富裕转变。鉴于仇保兴教授时任住房和城乡建设部副部长，其观点既代表了官方的倾向，也对学术界产生了较大影响。

2010年以后，学术界针对新型城镇化的研究逐渐呈现系统化、精细化和规范化的特点。如刘嘉汉和罗蓉（2011）指出了传统城镇化模式与新型城镇化模式的区别，并提出以发展权为核心的新型城镇化道路。该文的重要之处在于将传统城镇化模式总结为"离土不离乡"的小城镇模式和"离乡不离土"的打工模式，并指出这两种模式都将难以为继。更为可贵的是，该文从发展权角度出发给出了新型城镇化的具体内涵，即以人的全面发展为核心，以城市与乡村协调发展为支撑，强调人与人之间的机会均等，保障要素的自由流动，实现公共服务均等化，逐步消除城乡二元结构，最终实现共同富裕。

而从2012年以后，学术界关于新型城镇化的研究呈现爆发式增长，2012年知网收录文献688篇，2013年收录3 939篇，2014年则达到最高峰，共计5 603篇。2017年之后虽有所减少，但也维持在每年3 000篇以上。这些文献的论述极为系统，内容极其丰富，此处不再赘述。

**2. 官方提法**

党中央关于我国城镇化的政策主张也呈现出阶段性特征，这与经济现实、具体国情的变化相辅相成。

1997年9月党的十五大报告提出搞好小城镇规划建设。在报告中虽然没有更详细的说明，但可以说这是根据当时经济发展阶段提出的较为合适的城镇化策略。

2002年11月党的十六大报告指出：农村富余劳动力向非农产业和城镇转移，是工业化和现代化的必然趋势。要逐步提高城镇化水平，坚持大中小城市和小城镇协调发展，走中国特色的城镇化道路。这一段论述清晰地指出：农村人口向城市流动是一种客观事实，也明确了未来一段时间的政策导向。而且其中还有更为深刻的含义，即城镇化并不是所有的农民都进入大中城市，小城市及小城镇的人口吸纳功能同样值得重视。

2007年10月党的十七大报告中有两处提到城镇化，其一是社会主义新农村，其二是中国特色城镇化道路。前者的重点是以工促农、以城带乡，并探索了土地承包权的流转。后者的重点是统筹城乡、合理布局、节约土地、功能完善、以大带小。这意味着，城镇化并不仅仅代表着城镇的发展，还包括农村的建设，城镇化与新农村建设相辅相成，并行不悖。至此，新型城镇化的框架与内涵已经基本成型。

发布于2011年3月的《国民经济和社会发展第十二个五年规划纲要》用了一章的篇幅（第二十章）来描述新型城镇化蓝图，该纲要提到"把符合落户条件的农业转移人口逐步转为城镇居民作为推进城镇化的重要任务"，但同时又提到"充分尊重农民在进城或留乡问题上的自主选择权"，这种表述完全符合新型城镇化以人为本的核心思想。

2012年11月党的十八大报告中关于新型城镇化的表述已经较为完善。具体分为三部分：（1）在城镇发展方面，报告提出要科学规划城市群规模和布局，增强中小城市和小城镇产业发展、公共服务、吸纳就业、人口集聚功能。此外，还要加快改革户籍制度，有序推进农业转移人口市民化，努力实现城镇基本公共服务常住人口全覆盖。（2）在农村方面，要保护土地承包经营权、宅基地使用权、集体收益分配权，其中集体收益分配权是一种较新的提法。此外，要构建集约化、专业化的农村经营组织；改革征地制度，提高农民土地增值收益，这是新农村建设战略的具体化和进一步深化。（3）在城乡发展一体化方面，报告提出要着力在城乡规划、基础设施、公共服务等方面推进一体化，彻底消除城乡二元结构。

发布于2014年3月的《国家新型城镇化规划（2014—2020年）》无疑是关于新型城镇化最完善的表述。该规划明确了新型城镇化的内涵，指出要以人的城镇化为核心，以城市群为主要形态，以体制创新为保障，其五大特征是"以人为本、四化同步、优化布局、生态文明、文化传承"[1]。至此，新型城镇化概念完成定型，成为指导我国城镇化实践的重要理念。

2017年10月，党的十九大报告提出了乡村振兴战略。次年中央一号文件《中共中央、国务院关于实施乡村振兴战略的意见》标志着我国的城镇化进入了一个新阶段。2018年9月，中共中央、国务院发布了《乡村振兴战略规划（2018—2022年）》，规划坚持乡村振兴与新型城镇化双轮驱动，体现了城乡统筹发展的新理念。

**3. 研究项目**[2]

2009年之前的国家社会科学规划中没有发现直接以城镇化为研究对象或关键词的研究项目。2010年涉及城镇化的国家社会科学研究项目有3个，没有涉及新型城镇化的研究项目。2011年涉及城镇化的国家社会科学研究项目仅有6个，没有涉及新型城镇化的研究项目。

2012年涉及城镇化的国家社会科学研究项目有19个，明确以新型城镇化为主题或关键词的研究仅有3个，其中应用经济2个、民族问题1个[3]。

2013年涉及城镇化的获批项目有44个，明确以新型城镇化为主题或关键词的研究共15个，其中管理学1个、理论经济3个、应用经济4

---

[1] 其中，四化同步是指中国特色新型工业化、信息化、城镇化、农业现代化。
[2] 受资料所限，此处的研究项目仅包括国家社会科学基金项目。
[3] 其中，应用经济两项选题分别为张继久主持的"我国新型城镇化的动力机制及其优化研究"及张杰主持的"生态环境约束下新疆新型城镇化支撑产业研究"，民族问题选题为"新疆传统巴扎与新型城镇化发展研究"。其中前两项可以确认为最早进行新型城镇化研究的经济类国家社会科学研究项目。

个、统计学 1 个、政治学 1 个、社会学 1 个、其他学科 4 个，覆盖面明显扩大。

2014 年涉及城镇化的获批项目有 93 个，明确以新型城镇化为主题或关键词的研究共 67 个，占比 72%。这标志着学界已经开始正式且大面积使用新型城镇化概念。

2015 年题目中涉及城镇化的项目总计 51 个，内容与城镇化密切相关的有 2 个，合计 53 个。此外，经济类项目（理论经济和应用经济，包括重点项目与一般项目）获批 300 个，题目中涉及城镇化的项目有 21 个，占 7%。剔除那些以新型城镇化为背景的以资源或能源为研究主题的项目后，有 19 个项目直接从不同角度对城镇化进行研究。

2016 年涉及城镇化的获批项目有 42 个，明确以新型城镇化为主题或关键词的研究共 22 个。

2017 年涉及城镇化的获批项目有 20 个，2018 年获批 12 个，2019 年获批 14 个。其中明确以新型城镇化为主题或关键词的研究分别有 13 个、9 个、9 个（见图 1-1）。之后的研究很少。

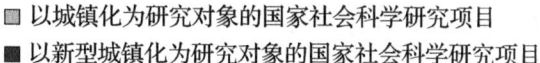

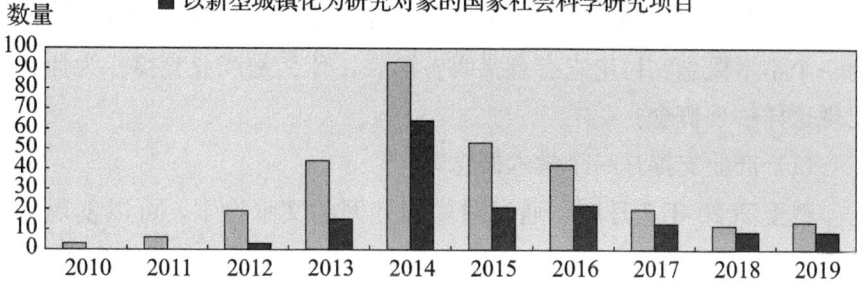

**图 1-1 关于城镇化和新型城镇化的研究项目分布图**

综上可以发现，无论是学术文献，还是官方文件，关于新型城镇化的提法及解释都发生在 2003 年以后（甚至 2013 年以后）。而城镇化起始于 1998 年，理论研究是否滞后于现实实践呢？实际上，1998 年城镇化开始后，由于其发展速度缓慢，问题尚不明显。而在 2010 年前后，出现了一些不良社会现象如"鬼城"林立、资本沉淀等。正是这些问题的出现，才导致了新型城镇化概念的出现。这充分说明，理论与现实的距离并不遥远。

从研究项目来看，2010—2019 年，国家哲学社会科学规划办公室共资助与城镇化相关的项目约 303 个，以平均资助金额 15 万元计算（考虑到社会科学规划资助金额的变化），总计 4 545 万元。资助与新型城镇化相关的项目约 159 个，以平均资助金额 20 万元计算，总计 3 180 万元。如果再加上各省、自治区、直辖市（包括教育部人文社会科学研究项目）资助的省部级社会科学项目，关于城镇化项目的资助总金额当在 1 亿元以上，关于新型城镇化项目的资助总金额当在 5 000 万元以上。在这样的资助力度下，有理由相信，广大学术界一定能够多出成果、出好成果，为新型城镇化建设提供必要的助益。

## 二、产业支撑与成本分担

需要说明的是，产业支撑与成本分担的概念并不是独立存在的，而要以城镇化或新型城镇化为依托才有意义。我们对这两个概念进行文献梳理时都是在城镇化或新型城镇化背景下展开的。

**1. 产业支撑概念的来源与内涵**

这里至少存在两个问题：第一，产业支撑（industry support）是否为一个学术概念？讨论它有意义吗？第二，什么是产业支撑？为什么会出现这样一个概念？

（1）产业支撑是一个学术概念吗？

截至 2020 年 7 月底，通过对中国知网的文献检索，可以发现以下结果。

仅以"产业支撑"为检索关键词，篇名涉及此概念的文献达到 5 054 篇，最早可以追溯到 1990 年，之后逐渐增加[①]。2008—2019 年，篇名涉及此概念的文献年均超过 300 篇。

如果以"城镇化"和"产业支撑"为关键词（或以城镇化及产业支撑为关键词），则篇名涉及相关概念的文献约 157 篇。最早的文献出现

---

[①] 刘文达，姜锡东，李丽佳，等. 吉林省高新技术产业支撑体系建设的构想. 情报知识，1990 (6)：2-3.

在 2004 年[①]，2013 年文献数量最多，为 62 篇。如果以"新型城镇化"和"产业支撑"为关键词，则篇名涉及相关概念的文献约 66 篇，最早的文献出现在 2008 年，同样 2013 年文献数量最多，为 20 篇。

通过以上分析，可以认为，产业支撑是一个被学术界普遍接受的概念。不仅如此，此概念也得到官方的认可。2013 年 3 月，李克强总理在江苏考察时谈到，"城镇化要有产业作支撑，实现产城结合"。他进一步谈到产业支撑的内涵，即保证进城的农民要有工作、有饭吃，能就业能创业。进城农民生活安稳，城镇化才会有扎实的基础。

（2）产业支撑概念的内涵。

很多学者把产业支撑概念看作城镇化要有产业作为支撑的简化，但我们要思考：谁为城镇化提供足够的产业支撑？通过何种机制提供？有些人认为，既然城镇化是政府推动的，政府就有义务为城镇化提供产业支撑。这种观点失之偏颇。

从我国的城镇化进程来看，农村人口进入城镇，其原因是多样的，包括大学毕业留在城镇、为子女教育进入城镇、打工者留在城镇等，其中既包括家庭主动选择因素，也包括商业或市场因素（如房地产项目开发占用土地或拆迁），还有政府推动因素（如城中村改造、农村居民点集中等）。因此，我们不能简单地将产业支撑理解为政府（中央和地方）在城镇化进程中所采取各种政策的推动作用。要认识到城镇化产业支撑在很大程度上是市场行为而非政府行为，也就是说，政府所采取的政策仅仅构成产业支撑的一个方面，甚至并不是重要的方面（在一些西方国家就是如此）。

我们认为，一定要从供给侧方面或收入（就业）方面来理解城镇化产业支撑。城镇化的稳定推进需要供给与需求的动态均衡，而产业支撑就构成城镇化的供给方面：有了产业发展及宏观意义上的生产，才会形成收入，也就是供给。仅有供给是无法形成均衡的，城镇化的需求方面则由成本分担（cost sharing）构成。成本分担的实质就是支出，也就是需求。产业支撑与成本分担就构成城镇化增量人口的总供给（AS）和总需求（AD）。

---

[①] 谭宗梅. 发展壮大支撑产业，推进农村城镇化. 桂海论丛，2004（S1）：29.

为此，我们将产业支撑定义为：为城镇化进程提供供给方面支持的产业发展、产业升级及政府政策等诸因素的总和。

**2. 成本分担概念的来源与内涵**

与产业支撑概念不同，成本分担概念呈现多样性特征。在论及城镇化成本时，有的学者使用成本分担概念，有的学者使用成本分摊概念，还有的学者则避免使用新概念，仅称"如何负担城镇化成本"。

我们认为，基于我国城镇化的实践，确实存在城镇化增量人口的成本分担（分摊）机制。用英语来表达时，cost sharing 既可以指成本分担，也可以指成本分摊，并无太大区别。在《现代汉语词典》中，"分摊"与"分担"是同义词，不过在现实中，"分摊"略带"摊派"之意，而"分担"则更为中性化，故我们选择成本分担概念。

(1) 成本分担概念的来源。

截至 2020 年 7 月，通过对中国知网的文献检索，可以发现以下结果。

仅以"成本分担"为关键词，篇名涉及此概念的文献达到 4 678 篇，但由于很多学科都使用该概念，因此检索结果没有太大意义。

以"市民化"加"成本分担"为关键词，篇名、关键词和摘要（篇关摘）涉及此概念的文献有 365 篇，且集中在 2015 年前后，2017 年以后逐渐减少。

以"城镇化"加"成本分担"为关键词，篇关摘涉及此概念的文献有 86 篇，集中在 2015—2017 年。

以"新型城镇化"加"成本分担"为关键词，篇关摘涉及此概念的文献有 185 篇，集中在 2014—2019 年。

其中，张国胜和杨先明在 2009 年最早对农民工市民化成本进行研究。他们在文章中指出：城镇化进程实际上反映了公共服务享受权利的变化，而农民工市民化带来的一系列成本需要通过加大公共财政投入力度来承担。该文的重要之处在于提出了农民工的打工收入实际上是一种"生存型工资"，难以保证其在城市立足，因此，必须有设计良好的成本分担机制来负担市民化成本。

综上，学者们较晚使用成本分担概念，其原因在于成本分担是农村（农业）转移人口进入城镇后才发生的。在我国，由于很多进城农民并没有抛弃家中的土地，即使他们在城镇的消费水平和生活质量很低，也还有农村的土地作为保障，因此学者们对成本分担问题关注度较低。

(2) 成本分担概念的内涵。

这里涉及两个问题：一是谁是成本分担的主体，二是如何分担成本。

由于我国城镇化模式多种多样，我们很难定位成本分担的主体，更不能一股脑地将成本都推到政府身上。例如，在第一种模式下，有的农民家庭较为富裕，为了某种目的（例如子女教育）在城镇买房定居，自己在城镇也有稳定工作，那么这部分人的大部分市民化成本就无须政府承担。第二种模式是政府进行城乡建设导致的城镇化，例如修建铁路、机场、公路或水利设施等需要占用大量土地，被占地的农村居民集体搬迁。在这种情况下，显然政府或政府委托的建设单位应该承担大部分成本。第三种模式是纯粹商业开发导致的城镇化。在这种情况下农村居民拥有一定的主动权，这也意味着开发商应该成为成本分担的主要承担者。

当然，现实是复杂的，城镇化模式远不限于以上三种情况。一般地说，成本分担意味着城镇化进程中城镇化增量人口、各级政府、企业（含房地产开发商）应该合理合法地共同承担增量人口城镇化的各项成本。唯有建立完善的成本分担机制，城镇化才有稳定、扎实的基础。

## 三、均衡路径

熟悉经济学的学者对均衡概念并不陌生。在微观经济学中，均衡意味着这样一种状态：当各经济变量相互作用达到某种稳定状态时，即使某变量发生改变，原来的稳定状态仍然能够自动恢复。最简单的均衡莫过于供求均衡，当向右上倾斜的供给曲线与向右下倾斜的需求曲线相交时，就实现了供求均衡。如果价格突然升高，供给会大于需求，价格就会下降，恢复到均衡价格。

值得说明的是，均衡路径不同于均衡概念，后者更倾向于一种静态描述，前者则倾向于比较静态或动态描述。

我们认为，城镇化产业支撑与成本分担均衡路径是指：产业支撑代表就业或生产能力，因而构成城镇化增量人口的供给侧，成本分担代表支出，因而构成城镇化增量人口的需求侧。产业支撑与成本分担能否构成均衡,即供给与需求能否构成均衡,在一定程度上取决于政府政策(预算)的影响。如果政府政策实施得当,则有可能实现经济增长、价格稳定与预算平衡的多重目标。

## 第二节  理论综述

### 一、国外相关理论

由于发展阶段不同,城镇化进程中的各种问题不再是国外研究者的焦点。当然,国外学者的研究也有很多可以借鉴之处,如卡拉布雷西(Guido Calabresi)和伯比特(Philip Bobbit)的稀缺性资源分配选择理论,以及 Krugman(1991,1995)从经济地理的角度对产业集聚(进而导致城镇形成)所做的分析。

稀缺性资源分配选择理论的核心是:由于资源的稀缺,人们必须做出决定。一级决定用来确定生产多少稀缺产品,二级决定则用来确定谁可以获得这些产品。对于稀缺资源的配置,有四种解决方案:政治决定、市场配置、抽签制度以及风俗惯例。[①]

就我国的城镇化而言,城镇扩大的规模或者政府对于城镇扩大的支持规模是一级决定,而优先发展哪些产业属于二级决定。在我国的改革实践中,一级决定无疑是政治决定,这是效率最高的(不一定是效益最高的),而二级决定则是政治决定与市场配置的结合。在给定一级决定的情况下,二级决策者很容易发现房地产是见效最快的产业,于是房地产业优先发展,而房地产业的畸形发展将挤出工业品消费,导致要素转移,从而带来制造业产业发展的缓慢(乃至空洞化)。从这个意义上讲,稀缺性资源分配选择理论有一定启示意义。

Krugman(1991,1995)的核心-周边理论对理解我国的城镇化进程也有一定帮助。虽然该理论最初是为了解释制造业的分布及生产结构的差异,但也可以解释城镇化在空间上的形成原因。1998年以前,我国城

---

① 卡拉布雷西,伯比特.悲剧性选择:对稀缺资源进行悲剧性分配时社会所遭遇到的冲突.徐品飞,张玉华,肖逸尔,译.北京:北京大学出版社,2005.

乡二元结构已经达到顶峰，可以假设城镇部门规模报酬递增（甚至不变），农村部门则是规模报酬递减，在运输（要素流动）成本较低的情况下，农村人口向城镇的转移必然是不可阻挡的。

当前，阻碍要素流动的主要因素有二：一是户籍制度，农村人口进入超级大城市仍然有诸多限制。二是生活成本，城镇房产价格的提高是一把双刃剑。一方面，高房价在一定程度上限制了进入者数量；另一方面，如果房产成为投资品，则愿意在城镇买房的前提是房价会继续上升，而不是自身能够支付当前的房款。假如人们预期房价会继续上升，则高房价在一定程度上并不是城镇化的主要阻碍因素。这也许是外国学者所没有想到的。

## 二、国内关于新型城镇化产业支撑体系的研究

从逻辑上看相关文献基本上可以分为三个方面。

**1. 城镇化与产业发展之间的关系**

（1）城镇化是什么？

这里涉及一个根本性的问题，即城镇化究竟是一个自然的经济过程，还是一个强制推进的结果？这个问题又可以分解为两个相关联的问题：①城镇化应该是什么过程？②我国的城镇化实际上是一个什么过程？

多数学者认为，城镇化在根本上应该是一个自然的经济过程，而不是强制推进的结果。但在我国，由于政府政策的原因，城镇化与工业化之间存在较大差异，这种差异不是自然形成的，而是人为导致的。肖万春（2003）指出，我国自1978年到21世纪的工业化是一种非城镇化的工业化，2002年我国的名义城镇化率（即城镇常住人口除以总人口）只有37%左右，与同等工业化程度的国家相比低约12个百分点。徐维祥和唐根年（2005）也指出，我国在工业化、宏观经济增长等指标方面取得了令人瞩目的成绩，但城镇化水平相对滞后，这预示着在今后一段时间，我们需要为城镇化"补课"。

（2）城镇化与产业发展。

多数学者认为，城镇化与产业发展之间存在良性互动关系。徐维祥、唐根年和陈秀君（2005）通过分析产业集群、工业化与城镇化的关系，证明了以产业集群为载体可以促进人口聚集，进而导致城镇化率的提高。戴飏（2009）以浙江省为例验证了城镇化率与产业集群发展之间

的关系，结论是，浙江省之所以拥有较高的城镇化率，其原因在于该省有良好的产业基础，如皮革、服装、领带、鞋袜、低压电器、五金制品等全国知名的特色产业集群。杨志恒等（2018）以山东省蓝色经济区为例，验证了产业集群与城镇化之间的稳定均衡关系。

李贤智和刘爱龙（2011）以浙江、湖南、广西三省份为例，分析了各省份一二三产业区位商与城镇化率之间的关系，并建立计量经济学模型，证明产业发展程度与城镇化率之间存在正相关关系，且两者之间并非互为因果——通常情况下，二三产业发展程度提高是城镇化的原因，但城镇化未必会带来产业发展程度的提高。

由此可见，城镇化与产业发展之间存在良性互动关系，虽然城镇化不一定会导致产业发展程度的提高，但产业发展程度的提高一定会带来人口聚集，从而导致城镇化水平的提高（除非存在特殊原因）。但仍然存在一个问题，即城镇化能否带来产业升级，或者说，城镇化与产业升级之间是否也存在良性互动关系？

有些学者认为，对于城镇化增量人口来讲，他们所从事的产业从农业转变为工业或服务业，这是一种产业升级，但这种观点值得商榷。原因有三：①农业本身并不是低端产业，农业是否为低端产业取决于所使用的技术或者说生产效率，我国农业的低效率（暂时）是一种客观存在，但并不是不可以改变的。②即使目前农业是一种低效率产业，但缺乏文化知识和先进技术的城镇化增量人口在城镇能否从事有较高技术含量的产业也是值得商榷的。如果他们在城镇仅仅从事劳动密集型产业，从而形成对原就业结构的一种替代，这很难说是产业升级。③产业升级多来自供给大于需求的竞争压力，而（我国快速的）城镇化在更大程度上扩大了需求，供给面临的压力不大，在这种情况下，产业升级并不是一种水到渠成的结果。张志新、邢怀振和于荔苑 2020 年的研究证明，城镇化与产业升级之间存在一定因果关系，但因果关系并不明显，其原因在于两者之间的关系不够协调，这不仅需要市场机制的完善，也需要法律规章及政策（如户籍政策）的调整。

**2. 新型城镇化产业支撑的具体形式**

综上，城镇化需要产业支撑，那么我国现阶段城镇化产业支撑的具体形式有哪些呢？以下是根据不同的分类原则进行的文献梳理。

(1) 主导力量分类原则。

按照主导力量分类原则，城镇化产业支撑形式包括专业市场导向、外资导向、开发区建设导向等类型（黄锡富，2014）。在长三角、珠三角一带（或者说江浙沪地区），产业支撑多为由小型家庭作坊演变而来的专业市场，例如服装、电器等，这种产业支撑形式的最大特征是自发性，政府在其中的作用较为微弱（刘淑茹和魏晓晓，2019）。而外资导向则是一种外生的产业支撑形式，其中外资并不一定指外国直接投资，也可以指非本地资本，这来源于各地政府长达数十年的招商引资战略。近年来，随着国际资本转移，我国世界制造业中心地位面临威胁，外资导向产业支撑强度已经逐渐减弱。相比之下，开发区建设导向产业支撑形式则较多带有政府主导的特征。目前国家级和省级开发区并没有精确的统计数字，但合计应在 1 000 个以上，再加上市级开发区，总数应在 2 000 个以上[①]。虽然开发区建设良莠不齐，但它吸纳了大量就业，也是产业支撑的一种重要形式。

(2) 带动机制分类原则。

按照带动机制分类原则，带动机制包括城市群带动、区域性中心城市带动、一般性中心城市带动等，分别对应发达地区、中等发达地区和欠发达地区（杨立勋和姜增明，2013）。在东南沿海发达地区，已经形成了类似于欧美国家的城市群，城市与乡村的界限逐渐模糊，如珠三角、长三角城市群。而京津冀城市群虽然规模庞大，但与成熟城市群还有一定距离。

而在中部地区（包括"十三五"规划中的大部分城市群），并没有形成严格意义上的城市群，在城市与城市之间存在大量经济发展程度一般的乡村，其产业支撑形式就是以某个区域性中心城市为核心（一般为省会城市），向周围中小城市辐射。而在西部地区、东北部分地区以及偏远地区，由于区域性中心城市辐射能力不足，城镇化产业支撑只能由一般性中心城市带动（崔宇明、李玫和赵亚辉，2013；廖霄梅，2018）。

---

① 据 2007 年 9 月 17 日中国新闻网报道，在清理整顿前，开发区数量为 6 866 个，占地 3.8 万平方千米；清理后，开发区数量压缩到 1 568 个，占地近 1 万平方千米。近年开发区数量有所回升，因此估计为 2 000 个左右。

(3) 产业规模分类原则。

按照产业规模分类原则，产业支撑分为地区级别产业集群带动、城市级别优势产业带动、县域级别特色产业带动、村镇级别的以现代农业为内容的专业合作带动。我们可以想象，在农村有很多粮食加工企业，也有各类农业合作机构，它们能够带来就业，但产业规模较小，产业链条较短。如果这些企业或机构能够扩大规模，进而创建自己的品牌，则辐射力将大大增强。如莱阳的鲁花集团有限公司，原本是一家小型民营企业，目前有员工近两万人，代表了该市的特色产业和优势产业。再进一步，随着产业链条的拉长、产业内或产业间联系的加深，跨城市的产业集群会自动形成。产业发展一旦进入良性循环，则人口聚集、城镇形成就水到渠成。浙江省的经验就是如此，其产业发展完整经历了家庭作坊—特色市场—特色产业—产业集群＋工业园区的过程（王文燕，2020）。

(4) 扩张方式分类原则。

产业的扩张方式包括原发型产业集群导致的层级推进、嵌入型单级扩张、政府主导型块状推进等方式（陈斌，2014）。原发型产业集群导致的层级推进方式前文有述，不过各地区产业集群的情况并不一样：有的地区源于专业性市场；有的则源于特定条件下形成的专业化产业区（或小企业群体）；有的围绕核心企业形成"中心-外围"的共生式产业集群；有的从特殊农牧业或矿业资源出发，通过深加工形成产业集群；有的则是产业链条上某些优势环节快速膨胀形成的产业集群。而嵌入型单级扩张方式则是通过外国直接投资或外地投资，发展某种本地原先并不突出的产业，这种产业嵌入形式如果能够生根开花、合理辐射，也可以带来较好的效果。最后是政府主导型块状推进方式，主要以工业园区、开发区、高新区为主，其效果参差不齐，难以评价（戚晓旭、杨雅维和杨智尤，2014）。

(5) 实现形式分类原则。

产业支撑的实现形式包括产业新城、产业园区、专业化产业区、农村新社区、产城融合、产城分离等形式（王芳、田明华和秦国伟，2020）。目前，大部分产业集聚或产业集群都以产业园区为载体，走规范发展道路。而产业新城等则是近几年出现的形式，由于城镇化扩张迅速,各地纷纷推出类似新城和新区的规划。如果这些规划能够实现预期,对城镇化进程将大有裨益。但现实往往与理想差距甚大,一部分新城和新区有沦为"鬼城"的可能。另外,需要说明的是产城分离这种形式,如有些人居住在河北的燕郊,而在北京上班,就是其中的典型。虽然有诸多不便,但这也是一种理性的选择。政府要做的是破除行政壁垒,为人口聚集区提供必要的便利(如交通)。

**3. 产业支撑体系不完善导致的问题及其他方面研究**

有学者指出,我国城镇化进程面临不同程度的产业断层化、产业衰退化、产业低质化、产业低量化等问题(汪大海等,2013)。一些资源枯竭型城市在资源枯竭时没有找到替代产业,城市发展进入停滞期;一些老工业地区则面临产业衰退后的调整,如东北部分城市。产业低质化是指存在很多不符合生态要求、不符合可持续发展要求的低质产业。产业低量化则在广大中西部地区广泛存在。还有一些学者着重研究了产业畸形化(以房地产业为主)、制造业空洞化、农村空心化等问题及风险评价和控制机制。刘文勇和杨光(2013)指出,当前一段时间的城镇化表现为房地产一股独大的"伪城镇化",这种城镇化并不能带来城镇化增量人口生活质量的提高。牛勇平和焦勇(2015)则通过建立产业畸形指标体系和产业空洞化指标体系,对我国房地产业畸形发展程度做了地区差异评价,研究结果证明:东部地区风险较高,西部地区风险中等,而中部地区风险最低。此外,也有一些学者分析了城镇化与服务业等产业发展之间的关系(暴向平、庞燕和贾福平,2020)。

## 三、国内关于新型城镇化成本分担机制的研究

**1. 城镇化进程中是否存在成本分担机制**

有学者认为成本分担机制是个伪命题,市场化主导的工业化将内生地承担增量人口的市民化成本。卓勇良(2014)认为,城镇化成本分担是不存在的,因为此成本源于城镇化增量人口的意愿,既然愿意进城,就要承担成本。但他也指出,如果成本难以承担,那就是体制问题。大部分学者认为,成本分担机制的建立是有意义的,城镇化成本应该在中央政府、地方政府、企业和居民之间合理分配(谌新民和周文良,2013;秦卫波和高锦杰,2020)。其中,张国胜和陈瑛的分析较为深刻。

他们指出：农民转换为城镇居民所带来的一部分成本具有外部性，而治理外部性的重要方法就是外部成本内部化并由相关主体承担，而一些无法内部化的成本则由政府通过公共财政支付。此外，农民工劳动的价格存在持续且动态积累多年的制度性贬值，因此城镇化过程应该是一个对过去的农村居民、农民工以及当前城乡差距的总体性补偿过程。当然，这种补偿难以一次性完成，需要循序渐进地进行制度创新与政策变革。

**2. 新型城镇化成本核算**

尽管存在很多争议，但城镇化增量人口市民化的成本一般可以概括为公共成本、个人成本和企业成本三类。公共成本包括城镇公共管理和基础设施成本，社会保障成本、未成年人教育成本等；个人成本包括住房成本、养老成本和生活成本等；企业成本包括工资成本、各种保险成本等（傅东平、李强和纪明，2014；傅帅雄、吴磊和韩一朋，2019）。

成本分类并不困难，困难的是如何分担这些成本。一些学者认为，城镇化中的公共成本应该由农业人口流入地政府、个人共同承担，而高拓和王玲杰（2013）认为，农业人口流出地政府也应该承担一部分成本，同时中央政府承担那些外部性较强的成本（致力于减少公共服务的地区差异本来就是中央政府的责任，这些成本也包括转移人口应该享受的公共服务）。

**3. 关于成本分担机制实践的研究**

多数学者认为应该结合不同城镇化模式灵活实现成本分担机制安排，并不存在全国统一的标准（杨世箐和陈怡男，2015；徐臻和徐莉，2015）。在经济发达地区，城镇与乡村之间差别较小，城镇化增量人口基本上属于主动选择城镇化，自己也足以负担其中大部分成本，此时政府要负担的成本略少。而在经济欠发达地区，政府则要承担更多的成本。

也有学者从博弈论等角度研究了成本分担诸方的利益抉择，指出不同的利益导向会影响成本分担机制的构建，当前成本分担机制的不完善与政绩考核制度有关（蔡瑞林、陈万明和朱广华，2015；张强和魏思源，2019）。地方政府本应成为成本分担机制的一个主体，但政府官员追求的目标与城镇化增量人口的目标并不完全一致，前者的首要目标是经济增长而不是后者生活质量的提高。即使我们把城镇化率作为一个政绩考核指标，城镇化率的提高也不能掩盖后者在城镇生活困难的事实。尤其是在政府主导城镇化的情况下，地方政府作为土地增值收益的获得者有义务付出更多。

## 四、关于新型城镇化产业支撑与成本分担相互关系的研究

这方面的研究主要集中于政策研究。有学者指出：新生代农民工融入城市，并不仅仅意味着空间的迁移或工作地点的转换，只有政府为他们分担必要的进入成本（如住房政策、户籍制度、福利待遇等），这种融入才能顺利进行（袁方，2014）。刘洪银（2013）认为，现有政策在一定程度上重视产业支撑而忽略了成本分担，这将会阻滞人口转移进程。只有通过产业支撑政策与成本分担政策的配合，才可以实现城镇化的内敛式转型。

另外有不少学者提出了产业支撑与成本分担并重的具体对策，如就业培训、就业指导、住房成本分担、教育成本分担等，这些研究都是针对新型城镇化成本分担的有益探索。

## 五、关于新型城镇化与其他方面的研究

2017年之后，学术界的研究重点和热点开始转向。蔡继明（2018）指出：乡村振兴与新型城镇化不是孤立的，而是相辅相成的，且只有全面推进新型城镇化，乡村振兴才能成为可能。陈丽莎（2018）提出了类似的观点，认为乡村振兴与新型城镇化存在密切的关系，且我们需要城镇经济对农村经济的带动与反哺。文丰安（2020）认为城镇化与乡村振兴之间还存在一定程度的张力，而解决两大战略之间张力的关键是促进要素的双向自由流动。也有研究分析了跨境资本流动与城镇化之间的关系，马宇（2023）认为，跨境资本的适当流入（在合意区间之内）会加快经济增长，进而推进国内要素流动，促进城镇化进程。谢孟军（2023）认为，对外贸易同样可以产生溢出效应，从而推进我国的城镇化进程。

## 六、简短的评价

通过对国内外相关研究成果的梳理，我们发现：

(1) 由于发达国家城镇化进程均已结束，国外学者对城镇化产业支撑及成本分担关注较少，但一些理论可以用来解释我国城镇化进程中产业支撑与成本分担的阶段性特征。国内研究产业支撑及成本分担的文献虽然较多，但多数是将两者区别开来分别研究，很少同时涉及两者。

(2) 学术界关于城镇化产业支撑的研究成果较为丰富，如城镇化与产业发展、城镇化与产业升级、产业支撑类别、现实的问题与对策等，但在一些方面可以进一步理论化和系统化。现有的研究并没有从理论上回答这样一个问题：城镇化为什么需要产业支撑？我们不能仅仅根据现实的结果来说明这一点。

(3) 关于城镇化成本分担的研究成果略少，同时也存在一些争议。当前的研究主要集中在如何核算农民城镇化的各种成本以及如何分担成本上，但多数文献忽略了支付这些成本对支付主体带来的影响。

(4) 即使是同时涉及城镇化产业支撑与成本分担的文献，也多是将之作为保障新型城镇化推进的两个独立对策，而较少触及两者之间的逻辑关系，分析两者对宏观均衡影响的文献极少。

(5) 新型城镇化产业支撑与成本分担之间存在逻辑关系，对这种关系的模型化描述有助于进一步明晰新型城镇化进程的推进力量和影响因素，有利于做出合理的政策选择。这也是我们的主要研究意义所在。

我们拟采用经典经济学理论对新型城镇化产业支撑与成本分担进行深入分析。在此基础上，运用宏观均衡理论，刻画产业支撑与成本分担之间的逻辑关系，构建产业支撑、成本分担及预算平衡模型，从全国层面和省域层面探讨产业支撑与成本分担强度及地区差异，总结不同省份的新型城镇化特征，并根据不同城镇化模式提出相应的对策措施。

从理论上讲，城镇化增量人口的收入需要不断增加，物价（包括房价）水平要保持稳定，政府预算要保持平衡，这些目标能否同时实现？我们通过理论梳理，将产业支撑与成本分担表述为城镇化的两个驱动力量，将政府政策作为主要影响因素，结合总供给-总需求理论，寻求实现国民收入增加、价格稳定、预算平衡多重目标的均衡条件，并对宏观经济及房地产市场波动做出较为合理的解释。

　　从实践上讲，我们紧密结合国家推进以人为核心的新型城镇化的时代背景。中央提出的新型城镇化对于提高人民生活质量、扩大内需、稳定宏观经济都有重大意义，但在城镇化推进过程中也出现了一些问题，这些问题如不及时解决，将会减缓或扭曲城镇化进程，影响宏观经济稳定，降低人民福祉。通过研究，我们希望对新型城镇化的驱动力量、影响因素有更清晰的认识，从而为政府制定相关政策提供决策支持，进一步提高新型城镇化质量。

# 第二章 新型城镇化产业支撑与成本分担逻辑关系

## 第一节 经典经济学对产业支撑及成本分担的解释

### 一、城镇化是一个从中心向外围的扩散过程

**1. 中心-外围理论的启示**

（1）微观视角——距离与市场潜力。

根据中心-外围理论，城镇对农村的吸纳能力取决于城镇的生产效率是否高于农村。实际上，根据该理论的假设就可以推想其结论，该理论假设城镇生产函数为规模报酬递增，而农村生产函数则为规模报酬不变（或递减）。这样，在交通成本不大的情况下，劳动力向城镇流动就成为必然。

随着经济地理学的进展，该理论越来越关注空间聚集因素。Fujita、Krugman 和 Venables（1999）认为：离大城市越近的地方，向心力越强，但由于生产成本的提高及竞争的加剧，也存在一定的离心力，市场潜力随距离增加而下降；随着和大城市的距离增加，竞争激烈程度下降，市场潜力反而上升。如图 2-1 所示。

上述理论可以很好地解释单中心城市周围乡村市场潜力（经济潜力或经济实力）的变化。图 2-1 中纵轴为市场潜力，横轴为到中心城市的距离。可以看出，从原点出发，距离中心城市越远，市场潜力会不断下降，一直到 $C$ 点，降到最低。但过了 $C$ 点以后，市场潜力又会逐渐

图 2-1 距离与市场潜力

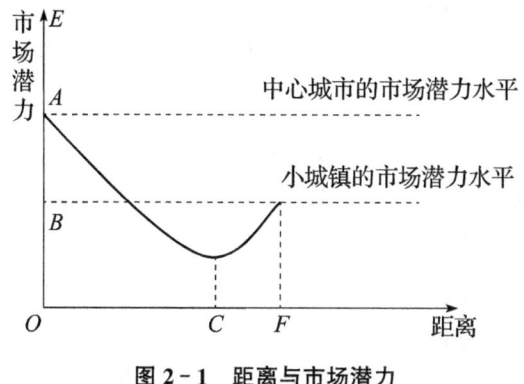

升高，最后在 $F$ 点达到最高，即 $B$ 点所示的水平。当然，$B$ 点所示小城镇的市场潜力远低于 $A$ 点所示的中心城市的市场潜力。我们经过一些实地调研，证明上述理论有一定解释力。①

同时，该理论也引发我们对城镇化布局的思考。如果我们要布局卫星城，则应当考虑在 $O$ 点和 $C$ 点之间的区域，而如果要布局小城镇，则应选择 $F$ 点，而非距离 $O$ 点更近的 $C$ 点，因为 $C$ 点市场潜力最低，建设小城镇难以吸引要素流动。

（2）宏观视角——虹吸效应与扩散效应。

从城市群发展的理论与实践看，在工业化初期及中期，大城市的虹吸效应更强，要素会向大城市流动。当大城市的生活、生产成本上升到临界值时，扩散效应就会增强，卫星城、功能区将大量出现。当两个大城市之间布满卫星城和功能区时，城市群就自然形成了。

有人可能会认为，我国已经到了工业化中后期阶段，为什么劳动力还是要进入城市，或者说为什么虹吸效应大于扩散效应呢？这是因为长期以来城镇化与工业化不同步或者说城镇化落后于工业化，现在的快速

---

① 河南省安阳县周边乡镇就是一例。该县向东有一条公路，名为安楚路，沿途分布着白璧镇、永和镇、吕村镇、北郭镇等乡镇，和县中心的距离依次为 8 公里、15 公里、20 公里和 25 公里。从安阳县沿安楚路出发，当到达白璧镇时，市场还保持一定向心力，另外由于白璧镇与县中心长期开通公交车，该镇市场比较发达。而到达永和镇时，市场向心力达到最低点，该镇几乎没有形成市场。但到达吕村镇时，市场开始繁荣，形成了一个小型集散中心。再向东，市场又逐渐萧条。永和镇及北郭镇的乡民常常会到吕村镇购物、消费，俗称"赶集"。从北郭镇再向东，就到了安阳县界，即使有形成市场的可能，但受行政区划的影响，市场规模也比较小。

城镇化实际上是在"补课"。

我们可以通过一个简单的人口流动模型来描述虹吸效应及其临界值。

有两个城市,一个是大城市 $A$,一个是小城市 $B$。居民进入城市后会带来两种效应,一种是税收效应,另一种是拥挤效应。前者可以理解为居民为城市提供的税收,后者则是城市为该居民提供公共服务的成本。对于城市财政而言,前者为收入(收益),后者为支出(成本)。

对于收益,一定存在边际收益递减规律。我们可以这样理解:一开始进入城市的都是最精英(最能抓住机会)的人群,次精英的人群跟进,然后是较为一般的人群,依次递减。如果边际收益是递减的(大于零),则总收益 $TR$ 必然是斜率递减的。如图 2-2 所示。

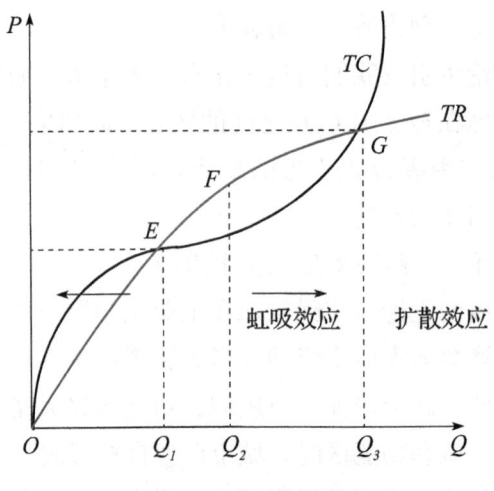

图 2-2 人口流动模型

再考虑成本曲线。公共服务的平均成本曲线应该是先下降后上升的形状。即在前期存在规模经济,在后期城市过度拥挤时存在规模不经济,那么总成本曲线应该是图中 $TC$ 的形状。

小城市 $B$ 在 $Q_1$ 处,即 $E$ 点。财政收益等于支出,为预算平衡点。大城市 $A$ 在 $Q_2$ 处,即 $F$ 点。我们可以这样理解,显然,大城市的财政收益大于支出,则有更多财力用于公共服务。由于大城市公共服务水平较高,将吸引小城市人口流入大城市,人口流动方向如右边箭头所示,这也算是所谓的"用脚投票"。

由于人口流入大城市，其财政收益和成本都增加，但两者差距也在变化，也就是说，只要收益大于成本，人口流动就不会停止，构成一个良性循环。而对于小城市，随着人口流出，财政收益将小于成本，公共服务水平下降，人口将进一步流出，构成一个恶性循环。当然，人口向大城市的流动存在一个极限，即 $Q_3$ 处的 $G$ 点。在 $G$ 点，收益等于成本，这就是临界值。当人口过多时，就会出现扩散效应。

以上模型说明，如果中央政府不尽力去减少公共服务的地区差异，则必将引起人口向大城市的聚集。而且，随着聚集的发生，小城市的财政状况将进一步恶化。这同样可以解释大城市周边的"黑洞效应"（马永红和朱良森，2014）。

**2. 基于公平理论的解释**

我国的城镇化进程同样可以利用公平理论进行解释。在公平理论领域，较为流行的是平均主义公平观、功利主义公平观及罗尔斯主义公平观。平均主义公平观无须介绍，功利主义公平观的目标是社会总福利最大化，而罗尔斯主义公平观则需要说明。罗尔斯（1988）指出：所有的社会基本善——自由和机会、收入和财富及自尊的基础——都应当平等地分配，除非对一些或所有社会基本善的一种不平等分配有利于最不利者。也就是说，罗尔斯主张平等分配，但如果不平等分配，那么那些状况最不好的人应该得到最大的份额。

在改革开放之前，尤其是在人民公社时期，"一大二公"无疑是平均主义公平观，但事实证明其效率极低。而在改革开放之后，经济发展的重心从农村转移到了城市。不管我们是否承认，这事实上是采取了功利主义公平观，即一部分人先富起来，或者说"先把 GDP 做大"。而其中一些制度性安排尤其让人痛心，例如较为严格的户籍管理制度。这些管理制度导致了城镇与乡村的二元分割。

当前的城镇化无疑是对过往决策的一种补偿，也在一定程度上符合罗尔斯主义公平观，但其中存在诸多限制。第一，即使中央政府认识到补偿农民的重要性，保增长的首要目标也使得其不可能出台过于激进的政策；第二，即使中央政府出台了补偿农民的政策，这些政策是否可以取得良好效果也值得怀疑，因为地方政府的首要目标仍然可能是 GDP 增长率；第三，即使中央政府和地方政府达成一致，要提高农民的生活质量（例如大幅度提高公共服务水平或无偿城镇化），财政是否有支付能力也值得怀疑。①

总的来讲，当前的政策是一种进步，我们要关注巨量农村人口生活质量的提高。当然，政策也需要循序渐进，不可能一步到位。重要的是，决策者与研究者已经意识到农村问题的重要性，从而将之体现于政策及各种文件之中。至2024年，中央政府已连续21年以"三农问题"作为一号文件的主题，充分反映了中央对农村问题的重视，这值得我们重点研究。

### 3. 人口的跨区域流动

我国的人口流动特征是多方面的，也需要不同的分析模型。目前我国人口的跨区域流动可以归结为三种方式：外出打工但并不定居在城镇、就近城镇化、异地城镇化。由于第一种方式并不涉及城镇化，因此我们只探讨后两种方式。

（1）就近城镇化（就地城镇化）。

这种方式的特征是农村转移人口在就近城镇定居，但多数不放弃农村的土地，而且还热衷于在农村建房，所建造的房屋通常为村里的标志。另外，在城镇定居的农民还被认为是村里的"能人"，因此有一定义务帮助其亲属，为亲属提供一定数量的资本。从这个角度讲，城镇化导致的农村空洞化并不十分可怕，毕竟还会有一定的资本回流。对地方政府而言，由于人口流动还会导致税收增加，财政收入会提高。如果地方政府能够做好针对农村的转移支付，就可以实现帕累托改进。

这种城镇化模式可以利用刘易斯二元经济理论来解释。Lewis（1958，1972）指出，在劳动力无限供给阶段，人口无疑会向生产率（工资）更高的城镇流动。在流动过程中，城镇劳动力逐渐趋于饱和，农村劳动力则逐渐稀缺，最终城乡劳动力市场均达到均衡，工资接近相等。而在我国，长期执行的计划生育政策则加速了这一过程，蔡昉（2010）认为，我国已经达到了"刘易斯拐点"，人口红利已经消失，之后支撑经济增长的只能是生产率的提高。当然，关于"刘易斯拐点"是否到达、何时到达还存在一些争议，但"用工荒"问题确实存在。不仅

---

① 根据相关研究，农民工城镇化的平均成本为25万元左右，如果6亿农民都得到同等的公共服务，则需要约150万亿元，接近GDP总量的两倍。即使将成本降低一半，也需要70多万亿元。

如此，我们还进一步面临"未富先老"的困局。

（2）异地城镇化。

如果交易成本过高，要素就会跨区域流动，这是国际贸易理论在中国的典型应用。只要工资存在明显差异，劳动力就有可能跨区域流动（同样，只要投资回报率存在明显差异，资本就会跨区域流动）。劳动力的跨区域流动似乎给中央政府及地方政府出了一些难题，例如义务教育、医疗养老保障的接轨等，但这些所谓的难题并不难解决，它只是对我们长期以来以行政区划限制人口流动政策的一些小小挑战而已（薛敬孝、佟家栋和李坤望，2000）。如果连这些问题都无法解决，完善的市场经济体制就难以建立。

我国人口的跨区域流动表现为两个特征：从中西部及东北地区向东南沿海发达地区流动、从农村向大城市流动。一般认为，农村人口进入城镇后，大部分从事一般制造业或低端服务业，而东南沿海地区及其他大城市同样需要这些产业，尤其是低端服务业。但是，从动态角度考虑，即使农民工在开始时从事低端产业，也不能排除其逐渐积累经验，进入中高端产业。

超级大城市的限入政策并不能阻止人口的跨区域流动，只能延缓这一进程。例如，北京、天津、上海、广州、深圳、成都就实施了居住证积分落户政策。根据北京市积分落户管理办法，第三项教育指标规定：获得博士学位者积37分；第六项纳税指标规定：申请人近3年连续纳税，综合所得（包括工资薪金所得、劳务报酬所得、稿酬所得、特许权使用费所得）以及经营所得的个人所得税纳税额每1年在10万元及以上的，加2分，最高加6分。显然，这些规定对高学历者、高收入者更有利。那些学历较低、希望通过在北京这样的超级大城市打工并获得北京市户籍的人群几乎没有什么希望。

然而，类似北京的大城市仅仅需要高学历、高收入者吗？大城市不仅需要技术密集、资本密集、智慧密集的高端制造业、高端服务业，也需要大量的低端服务业、建筑业和低端制造业。最为通俗的说法是，大城市也需要卖菜、装修、保洁、保安这样的服务，那么这些职业都由拥有本地户籍的人来做吗？显然不是。既然如此，超级大城市一定会长期存在大量的非户籍常住人口。针对这些人群的产业支撑、成本分担将是新型城镇化战略需要解决的一个难题。①

此外，人口跨区域流动会给人口流出地政府带来一些财政压力，因为伴随着人口转移的是税收转移。不仅如此，转移人口在流出地通常是不纳税的（或纳税很少的），而到了大城市将变成纳税人口，同时，消费、投资等也会全部转移。这样，人口流出地将面对一定程度的产业空洞化。

## 二、不同收入阶段政府政策的变化

发展经济学理论可以解释政府对产业支撑与成本分担不同重视程度的变化，如政府在低收入阶段更重视产业支撑而忽视成本分担，而在中等收入阶段以后则开始重视成本分担。这符合我国改革的一贯思路：在低收入阶段，更关注效率；而在中等收入阶段以后，更关注公平。

Kuznets（1955）指出：对于贫穷国家而言，随着人均收入的增加，收入分配不平等程度会加剧（这足以解释我国城乡差距的拉大），但到达拐点以后，收入分配不平等程度会减轻。这就是著名的倒 U 形曲线。虽然对于倒 U 形曲线存在很多争议，但我国确实存在城乡差距拉大的现实，缩小城乡差距也是我们加快城镇化步伐的目的之一。

图 2-3 显示了我国城乡人均可支配收入（DPI）的差距，计算方法为城镇 DPI/农村 DPI。1995—1998 年此比例呈短暂下降趋势，但 1998—2003 年呈直线上升趋势，2003—2009 年处于高峰但仍缓慢上升。直到 2009 年以后才开始逐渐下降。1995—1998 年我国 GDP 增长率也呈下滑趋势，但城乡收入差距缩小。1998—2008 年，我国经济增长创造了世界纪录，这恰恰是农民工大量外出打工的十年，可以说，在一定程度上农民工以其"低工资、高回报"支撑了中国经济的黄金十年。而到 2009 年以后，国家以行政力量推动的城镇化大幕正式拉开，城乡差距也在逐渐缩小。

我国的城镇化实践总体上是一条产业先行、人口跟进、户籍滞后、帮扶补充的道路。这样的道路，在实践上带来了很多问题：房地产业一枝独秀、部分地区入住率较低、常住人口城镇化率远高于户籍人口城镇

---

① 每年到了传统的节假日，尤其是春节，类似北京这样的大城市就会面临很多不便，很多农贸市场、小餐馆、小超市、保洁公司、家政公司等都会停业。

图 2-3 我国城乡 DPI 的差距

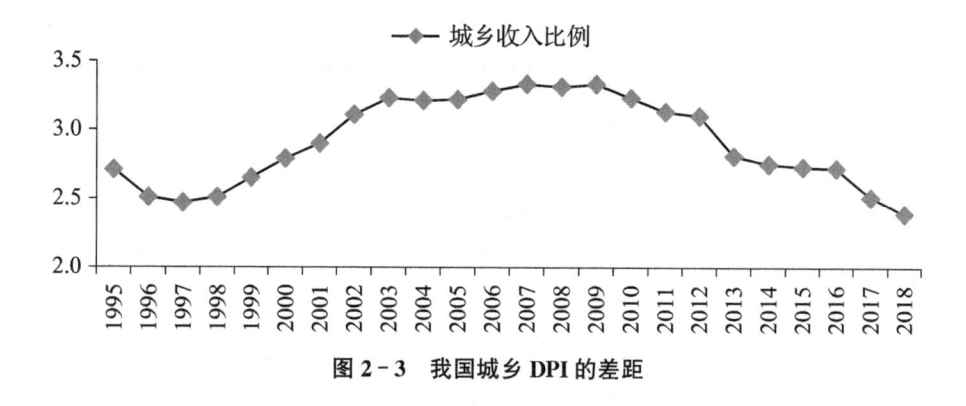

化率、农民"被上楼"、转移人口难以在城市落户等。根据第七次全国人口普查数据,2020 年常住人口城镇化率为 63.89%,而户籍人口城镇化率为 45.40%,相差 18.49 个百分点。这样的局面必须改变,而产业支撑政策与成本分担措施并重就是应该采取的对策之一。

## 三、城镇化是一种帕累托改进

从福利经济学角度看,完善的产业支撑实际上就是生产方面的帕累托改进,而合理的成本分担则表现为交换方面的帕累托改进,只有生产与交换都实现改进,才能使新型城镇化成为一种整体上的帕累托改进(朱善利,1994)。

**1. 生产方面的帕累托改进**

(1) 政府与转移人口的双赢。

农业转移人口从乡村来到城镇,行业选择一般为一般制造业、服务业、建筑业、采掘业等,就业形式可以分为被雇佣、自谋职业等。例如,一位农村家庭妇女随丈夫来到城镇,她原先从事的是农业,在城里没有找到合适的工作,但她会做馒头和烧饼,于是在街边摊点卖馒头。经营一段时间后,她租了一个小店面,经营面食店,主营馒头、烧饼、挂面等品种。虽然工作忙碌,但收入远高于在农村时的收入。① 另外一个案例是,某高校门口有一家河南鸡蛋灌饼摊点,所租门头房面积不超

---

① 这是一个真实案例,此面食店后来增加了人手,两个亲戚来帮忙经营,并且拥有了自己的品牌,开始连锁经营。

过 4 平方米，每年销售额达 30 多万元。丈夫最先从河南农村来到此地，发现生意极好，于是妻子和侄子也过来帮忙，他们还接手了附近一家小超市。几年后，这个家庭在当地购置了房产和汽车。

可以说，从务农转向馒头摊点、鸡蛋灌饼摊点就是一种产业替代——服务业（餐饮业）对农业的替代，而从街边摊点转向门头店就是一种产业升级。当然，我们所举两例都是自谋职业，而两位成功者在谋生道路上也曾经遇到过各种难以想象的困难（例如市场监督部门的调查、产品推广中的障碍、来自同行的竞争等）。反过来想，如果政府能在产业替代、产业升级方面做得更多，则农业转移人口的就业（创业）成本无疑会降低很多。

图 2-4 展示了政府在生产方面的帕累托改进的可能性，即产业支撑与政府预算的双赢。横轴表示产业替代支出，左右两个端点分别代表农业转移人口和城镇政府，左右两个纵轴分别代表非农产业产量和财政收入。

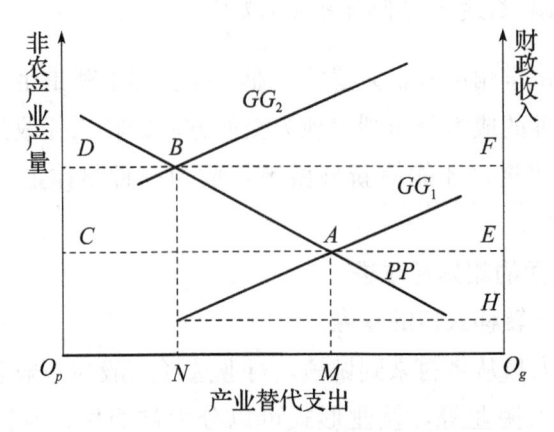

图 2-4　产业支撑与政府预算的双赢

可以认为，地方政府的财政收入主要来自非农产业产量。当农业人口进入城镇就业时，他们将面临产业替代支出。由于他们并没有多少资本可投入，因此该项支出越多，其产量越小，两者呈反向关系，见图中的 $PP$ 曲线。

对于政府来说情况有所不同：从短期来看，政府为转移人口支出越多，则财政收入越少，两者也呈反向关系，见图中的 $GG_1$ 曲线。但在中长期则不同，如果政府支出较多，则由于转移人口非农产业产量增加，$GG_1$ 曲线会上移到 $GG_2$，即财政收入也会同步增加（考虑到税收的累进效应）。

起始点在 $A$ 点，农业转移人口承担较多产业替代支出（$M$ 点），城镇政府承担较少。此时非农产业产量为 $C$ 点，对应税收量为 $E$ 点。产量较低，税收较少。如果政府能够增加产业替代支出（$N$ 点），则在短期内财政收入会减少（$H$ 点），但在中长期内，由于 $GG_1$ 曲线会上移到 $GG_2$，均衡点为 $B$ 点，对应非农产业产量为 $D$ 点，财政收入也增加到 $F$ 点。也就是说，政府如果能够在产业支撑方面为转移人口提供帮助，则会得到产业发展、财政充裕的双赢结果。这无疑是一种帕累托改进。

（2）农业与非农产业的双赢。

类似的思路可以解释农业与非农产业的双赢。如果农业存在边际收益递减，非农产业存在边际收益递增，则可能存在双赢的结果。图 2-5 中Ⅰ曲线表示农业的边际收益递减，Ⅱ曲线表示非农产业边际收益递增。[①] 横轴为劳动力投入，左纵轴为农业边际收益，右纵轴为非农产业边际收益。

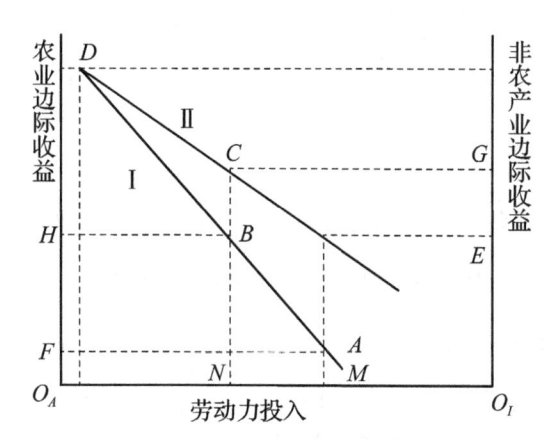

图 2-5 农业与非农产业的帕累托改进

初始点在 $A$ 点，对应劳动力投入为 $M$ 点，此时农业劳动力投入较多，非农产业劳动力投入较少，而农业边际收益为 $F$ 点，显然较低；非农产业边际收益为 $E$ 点，虽然高于农业，但仍有提升的空间。随着农业

---

① 为了解释方便，这两条线都描绘成直线，但实际情况可能并非如此。

转移人口进入城镇，见图中的 $B$ 点，对应劳动力投入为 $N$ 点，此时农业劳动力投入减少，非农产业劳动力投入增加。在 $B$ 点，农业边际收益增加到 $H$ 点，非农产业边际收益也增加到 $G$ 点。此时显然实现了双赢，也是一种帕累托改进。

最终的均衡点在哪里呢？是 $D$ 点，此时农业与非农产业边际收益相等，对应农业劳动力投入极少，而非农产业劳动力投入极多。由于农业与非农产业边际收益相等，报酬也接近相等，人口停止流动，城镇化进程才达到均衡点。

**2. 交换方面的帕累托改进**

政府在成本分担方面也可以有所作为，以实现帕累托改进。图 2-6 中横轴为城镇化成本，左纵轴为转移人口除城镇化成本外的其他商品消费，右纵轴为财政收入。城镇化成本在转移人口与政府之间分配。

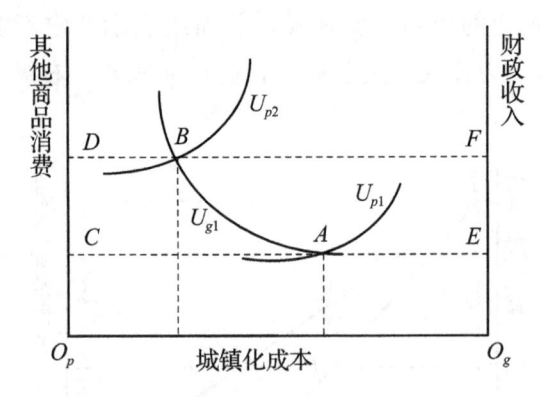

图 2-6 城镇化交换方面的帕累托改进

对于转移人口来说，在收入一定的情况下，城镇化成本承担得越多，则其他商品消费越少。在城镇化成本增加的同时，其他商品消费必须增加，才能保持效用量不变，曲线 $U_{p1}$ 向右上方倾斜，这意味着城镇化成本是一种坏商品（俞宪忠、吴学花和张守凤，2010）。

对于政府来说，它也是有限理性的，注重短期收益——同样一块土地，应该用于保障房建设还是商品房开发？用于保障房建设就等于支付了城镇化成本，而用于商品房开发就可以获得经济效益。因此，对政府来说，城镇化成本也是一种坏商品，其无差异曲线向左上方倾斜（图中的 $U_{g1}$）。其含义是：如果要求政府承担更多的城镇化成本，则政府必须增加财政收入才能得到相应的补偿。

最初，$U_{p1}$ 和 $U_{g1}$ 相交于 $A$ 点。在 $A$ 点，居民承担了更多的城镇化成本，其他商品消费较少（$C$ 点），这种消费不足会带来需求不足，政府财政收入并不高（$E$ 点）。如果政府能够承担更多的城镇化成本，从 $A$ 点移动到 $B$ 点，则居民承担的城镇化成本会减少。同时，城镇化成本中很大一部分是一次性的，而居民的消费则是持久性的，因此，居民承担成本减少后，消费会（累计）增加较多。这样随着消费增加，政府财政收入也增加（$F$ 点）。可以发现，从 $A$ 点到 $B$ 点，转移人口承担成本减少，消费增加，效用水平增加；政府承担成本增加，但财政收入也增加，效用水平不变。这显然是一种帕累托改进。

综上，我们讨论了这样几种情况：

第一种，政府在产业支撑方面提供支持，短期内可能会带来财政压力，但中长期内会带来非农产业产量增长和财政收入增长的帕累托改进。

第二种，如果农业和非农产业之间存在边际收益的差距，实际上只要后者大于前者，就会带来劳动力的流动，而劳动力流动会带来农业和非农产业各自边际收益的提高。

第三种，政府在成本分担方面提供支持，短期内可能带来财政压力，但中长期内会带来消费增长和财政收入增长的帕累托改进。

结合第一种和第三种情况，可以认为，政府在城镇化进程中产业支撑与成本分担的两个方面都可以有所作为，其投入还可以收到回报，并不一定会导致财政赤字的增加。同时，政府提供必要的帮扶也是新型城镇化规划的要求之一。

## 第二节　城镇化逻辑结构与不良城镇化选择的可能结果

### 一、城镇化逻辑结构

如果把新型城镇化看作一个宏观经济过程，则产业支撑解决城镇化进程中的生产（供给侧）问题，生产形成供给；而成本分担则解决城镇化进程中的支出（需求侧）问题，支出形成需求。因此，产业支撑与成本分担的内在逻辑关系可以用供给能力（及供给结构）与需求能力（及需求结构）的均衡关系来表示。

不同的供给结构对应不同的产业支撑类型，如现代制造业产业集群通常与产城分离相对应。不同的需求结构也对应不同的成本分担类型，如低收入阶层的城镇化在更大程度上依赖于政府主导的分担机制。我们认为，只有在产业支撑与成本分担两方面合理分配资源，才能保证城镇化增量人口的就业需求、衍生需求、生活保障、社会认同，才能为新常态背景下稳增长、调结构提供足够的回旋余地。

**1. 城镇化逻辑结构**

图 2-7 展示了城镇化进程中不同力量对产业支撑、成本分担的作用以及城镇化逻辑结构。

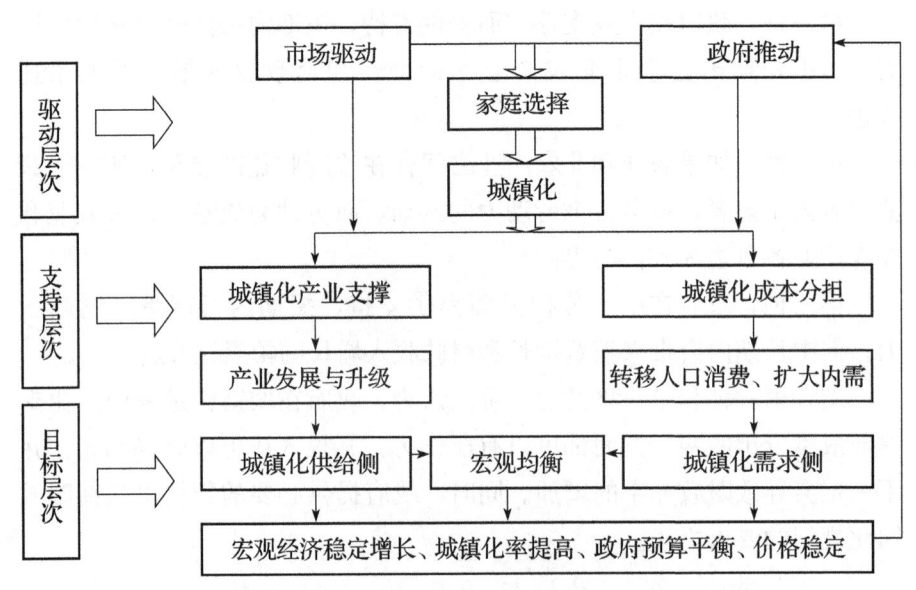

图 2-7 不同力量对产业支撑、成本分担的作用以及城镇化逻辑结构图

图 2-7 分为三个层次，分别是驱动层次、支持层次和目标层次。①驱动层次：市场驱动、政府推动及家庭选择等方面都可以成为城镇化的驱动因素。②支持层次：产业支撑、成本分担作为基础要素，市场（企业）、政府和家庭均负有产业支撑、成本分担的义务和责任，其目的在于实现产业发展与升级、转移人口消费及扩大内需。③目标层次：产业支撑导致的产业发展与升级构成供给侧，成本分担导致的消费与内需

构成需求侧，从而实现宏观均衡，其最终目标为实现宏观经济稳定增长及城镇化率的提高，并同时保持政府预算平衡及价格稳定。最后，只有实现这些目标，才能将城镇化进程向深入推进，构成一种良性循环。

如果在供给侧出现问题，如供给不足，则可能出现价格上升、国民收入减少的结果；如果在需求侧出现问题，如需求不足，则可能出现价格下降、国民收入减少的结果。反之，如果供给侧、需求侧均衡增长，则可能带来价格稳定、收入增加的结果，这恰恰是政府所要实现的目标（也是本书的主要研究目标）。

**2. 需求结构与供给结构**

我国各地情况差别很大，这些差别在城镇化进程中就表现为不同的需求结构与供给结构，而不同的需求结构和供给结构分别和不同的成本分担及产业支撑类型相对应。我们将需求结构与成本分担类型、供给结构与产业支撑类型做了简单概括，虽然不能涵盖所有模式，但可以提供一些有益的启示。

（1）需求结构与成本分担类型。

表2-1描述了城镇化进程中的需求结构与成本分担类型。

表2-1 需求结构与成本分担类型

| 需求结构 | | 实例 | 成本分担类型 |
| --- | --- | --- | --- |
| 家庭自发 | 教育导向 | 为子女教育 | 家庭主导 |
| | 就业导向 | 打工人群 | 家庭主导、政府为辅 |
| 产业主导 | 内生型 | 本地产业扩张 | 家庭主导、企业为辅 |
| | 外生型 | 外来产业扩张 | 企业和家庭并重 |
| 资本驱动 | 强根植性 | 外来资本结合本地资本 | 家庭主导、企业为辅 |
| | 弱根植性 | 外来资本独自发展 | 家庭主导、政府为辅 |
| 政府主导 | 强公益性 | 棚户区改造、西部就近城镇化 | 政府主导、家庭为辅 |
| | 弱公益性 | 旧城改造、城镇扩张 | 政府、家庭、企业并重 |

家庭自发城镇化模式可以分为教育导向和就业导向两类。有很多农民家庭进入城镇就是为了下一代教育，由于实施多年的计划生育政策，60后、70后、80后家庭基本上只有一个孩子，而80后家庭子女尚年幼，父母也更加注重教育，因此子女教育成为城镇化主因。此外，打工

群体中的一部分人经过多年积累,在所从事行业内已经可以立足,在城镇生活成为自然的选择,这属于就业导向。当然,这两种情况有所交叉。纯粹基于教育导向的家庭有着更强的主动性,因此有意愿承担更大的成本份额。

产业主导城镇化模式可以分为内生型和外生型两类。内生型主要指本地产业扩张导致的城镇化,外生型则是指外来产业扩张导致的城镇化。前者是一种产业的自然覆盖,后者则是被覆盖。如 A 地原发性产业逐渐扩张导致该地区实现了城镇化,但也波及了周边地区 B 地,那么对于 A 地来说就是内生型,对于 B 地来说就是外生型。内生型城镇化的主动性更强,外生型城镇化的主动性较弱,类似于被城镇化。显然,内生型城镇化模式中家庭更愿意承担较大成本份额,外生型城镇化模式中企业也要承担一部分(有时甚至是大部分)成本。

资本驱动城镇化模式可以分为强根植性和弱根植性两类。[①] 这里所说的资本都是指外资(外来投资,不一定指外国投资),主要来自当地政府的引资政策。有些外来投资可以与本地产业相结合,构成前向联系或后向联系密切的产业集群。此外,外来投资也可以进行产业内水平分工,这样就可以形成水平分工与垂直分工结合的产业网络。此类投资就具有强根植性,它所导致的城镇化是一种自发演进的过程,成本分担以家庭为主。而有些外来投资的根植性较差,与本地产业没有多少联系,它所导致的城镇化就需要政府予以适当帮扶。

政府主导城镇化模式可以分为强公益性和弱公益性两类。类似棚户区改造、西部落后地区的城镇化一般以政府为主导,且带有较强的公益色彩,此时成本分担的主要份额由政府承担就成为必然。而类似于旧城改造、城镇扩张导致的平房拆迁和城中村改造等情况,虽然也是由政府主导,但公益色彩较弱,通常是政府招标,由房地产公司运营,后者显然以利益最大化为目的,因此家庭也要承担较大份额的城镇化成本。

---

① 值得说明的是产业主导与资本驱动两种城镇化模式,两者似乎差别不大。实际上,我们所说的产业主导主要关注产业是否为本地原发的,例如温州的专业化市场就是一种原发产业,而某些地区的城镇化则是由非本地产业的扩张导致的,最简单的例子就是某些靠近郊区的农村,居民由于房地产开发而变成了拆迁户,也变成了城镇人口。而资本驱动的前提是这些资本都来自外资,多数是政府招商引资的结果。两者分类角度不同。

(2) 供给结构与产业支撑类型。

表2-2划分了五种供给类型，分别对应不同的供给结构，同时还展示了不同的产业类型与产业支撑类型。关于供给类型的细节，前文有述，不再重复（见第一章第二节理论综述部分）。

表2-2 供给结构与产业支撑类型

| 供给类型与供给结构 | | 产业类型与产业支撑类型 | |
| --- | --- | --- | --- |
| 主导力量标准 | 专业市场导向 | 服务业、制造业 | 市场为主、政府为辅 |
| | 外资导向 | 制造业、服务业 | 市场为主、政府为辅 |
| | 开发区建设导向 | 制造业、房地产业 | 政府与市场并重 |
| 带动机制标准 | 城市群带动 | 二三产业联动 | 市场为主 |
| | 区域性中心城市带动 | 制造业、商业 | 政府与市场并重 |
| | 一般性中心城市带动 | 商业、房地产业 | 政府与市场并重 |
| 产业规模标准 | 地区级别产业集群带动 | 二三产业联动 | 市场为主 |
| | 城市级别优势产业带动 | 加工制造业为主 | 政府与市场并重 |
| | 县域级别特色产业带动 | 商业、制造业 | 政府与市场并重 |
| | 村镇级别专业合作带动 | 现代农业、商业 | 家庭为主、政府与市场为辅 |
| 扩张方式标准 | 原发型产业集群导致的层级推进 | 制造业、服务业 | 市场为主 |
| | 嵌入型单级扩张 | 制造业为主 | 市场为主、政府为辅 |
| | 政府主导型块状推进 | 制造业、房地产业 | 政府为主、市场为辅 |
| 实现形式标准 | 产业新城、产业园区 | 制造业、房地产业 | 政府与市场并重 |
| | 农村新社区 | 房地产业、现代农业 | 家庭、政府与市场并重 |
| | 产城融合 | 二三产业联动 | 市场为主 |
| | 产城分离 | 制造业、服务业 | 市场为主、政府为辅 |

专业市场导向的供给结构以服务业、制造业为主，其产业支撑类型也表现为市场为主、家庭为辅，如江浙一带的特色产业集群[①]。当然，专业市场也经过了一系列的发育过程，并非一蹴而就。

---

① 江浙一带的特色产业集群是以商业带动制造业，最后制造业占据了主要地位。这也符合马克思商业资本—工业资本—金融资本的发展过程，例如温州炒房团就是工业资本在向金融资本转化。

外资导向的供给结构以制造业、服务业为主，但外资引进一般都存在明显的政府背景，因此产业支撑类型表现为市场为主、政府为辅。外资并不一定指外商投资，也包括引进的本国外地资本。

开发区建设导向的供给结构以制造业、房地产业为主，有些地区的开发区干脆就完全表现为房地产业，其产业支撑类型表现为政府与市场并重。开发区主要靠政府力量推动，包括各种开发区、高新区、新区（高铁新城）等。

城市群带动的供给结构主要表现为比较成熟的二三产业联动，其产业支撑类型表现为市场为主，即政府并没有太多干预，城镇化格局自然形成。最明显的例子就是珠三角城市群。

区域性中心城市带动的供给结构以制造业、商业为主，其辐射区域不如城市群带动的大，其产业支撑类型表现为政府与市场并重。很多省会城市、地级市都自然成为区域性中心城市。

一般性中心城市带动的供给结构以商业、房地产业为主，其辐射区域不如城市群带动的大，其产业支撑类型表现为政府与市场并重。绝大多数地级市、发展较好的县级市也可以成为一般性中心城市。

地区级别产业集群带动的供给结构主要表现为二三产业联动，与城市群导向有所交叉，其产业支撑类型表现为市场为主。其特点是整个地区的产业都以集群形式为主，而非各自分散。

城市级别优势产业带动的供给结构以加工制造业为主（有些地区起源于农产品深加工），其产业支撑类型表现为政府与市场并重。这一类型可以包含上文中的区域性和一般性中心城市带动类型。

县域级别特色产业带动的供给结构以商业、制造业为主，其辐射区域较窄，其产业支撑类型表现为政府与市场并重。

村镇级别专业合作带动的供给结构以现代农业和商业为主，制造业微弱，其产业支撑类型表现为家庭为主、政府与市场为辅。

原发型产业集群导致的层级推进以制造业、服务业为主，政府干预较少，其产业支撑类型表现为市场为主。如温州、义乌等地的服装产业几乎都是自发形成的，政府仅起到推动作用。

嵌入型单级扩张以制造业为主，其产业联系较为薄弱，其产业支撑类型表现为市场为主、政府为辅。典型的例子就是各地开发区所引进的大企业如富士康等，这些企业与本地产业并无联系。

政府主导型块状推进以制造业、房地产业为主，其产业支撑类型表现为政府为主、市场为辅。

产业新城、产业园区通常以制造业、房地产业为主，产业联系薄弱，产业支撑类型表现为政府与市场并重。

农村新社区的产业类型以房地产业和现代农业为主，产业支撑类型表现为家庭、政府与市场并重。

产城融合通常表现为较成熟的供给结构，但也依赖于产业的可持续性，产业支撑类型表现为市场为主。

产城分离通常表现为现代大规模重型产业集群（如化工等产业），但在我国也有很多特殊情况，产业支撑类型表现为市场为主、政府为辅。

## 二、不良城镇化选择的可能结果

正确的道路只有几条，错误的道路则千差万别。图2-8展示了不良城镇化选择的可能结果。

从宏观上看，我国面临经济增长速度减缓、结构调整阵痛、外部环境恶化的局面。从2009年以来，我国经济增长率持续下滑，其中既有经济周期的原因，也受结构调整（如供给侧改革、产业升级、国企改革）的影响，外部经济环境也难以提供必要的支持。

在此背景下，消费需求、投资需求、出口拉动在短期内难见起色，而制造业转型升级任务还远未完成，各级政府于是将城镇化作为拉动经济增长的一种手段，但由于财税制度改革滞后，中央与地方财政事权与支出责任不清，因此各地的城镇化路径就出现了偏差。

从产业支撑角度看，地方政府的目标不是实现人的城镇化，而仅仅将其当作一种手段，但推进城镇化又需要大量资金，在财政紧张的情况下，地方政府自然将目光转向了土地财政与土地金融。辛波（2015）指出，土地财政与土地金融虽然在一定程度上缓解了财政困难，但也减少了中央政府宏观调控的余地，同时带来了一定的债务风险。[①]

---

[①] 该文是2011年国家社会科学基金"土地财政及土地金融系统性风险的演化机理与管控机制研究"的阶段性成果，这说明学界早已注意到地方政府土地财政依赖问题。

```
┌─────────────────────────────┐
│   不良城镇化选择的宏观背景   │
└─────────────────────────────┘
```

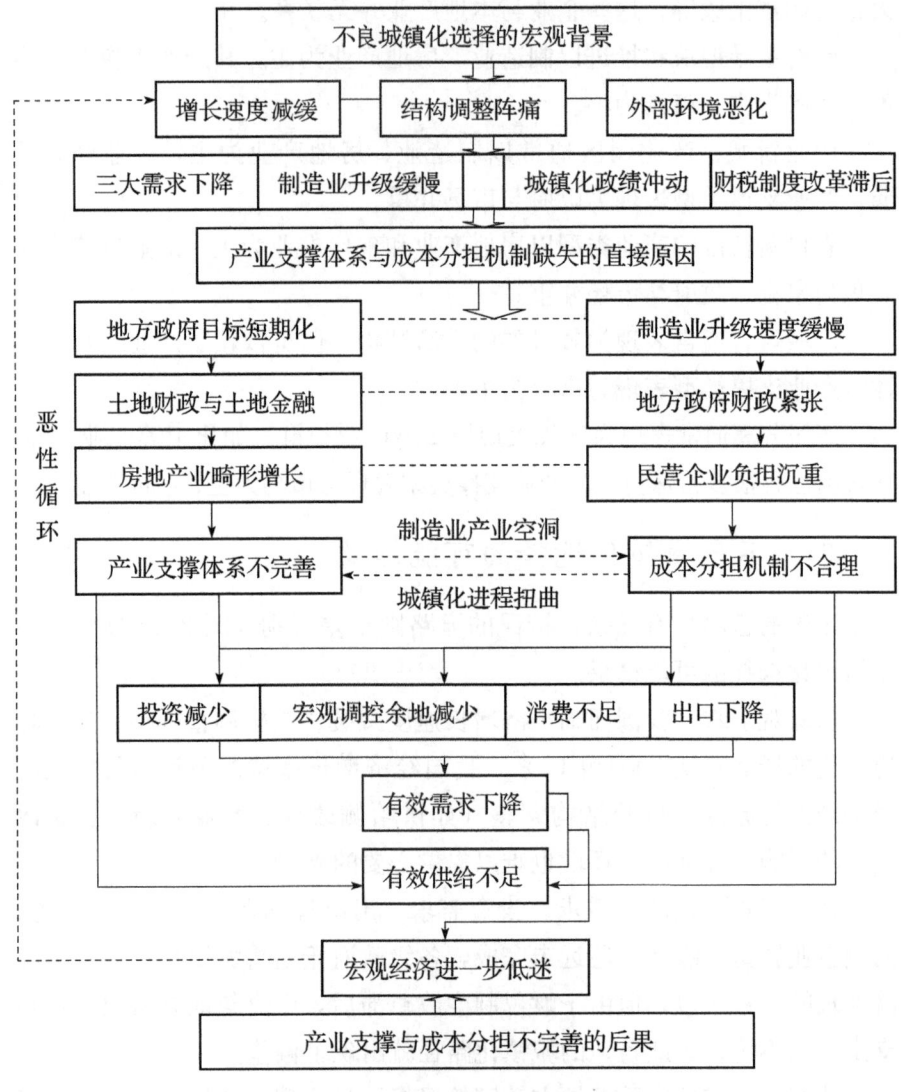

（流程图：不良城镇化选择的宏观背景 → 增长速度减缓、结构调整阵痛、外部环境恶化 → 三大需求下降、制造业升级缓慢、城镇化政绩冲动、财税制度改革滞后 → 产业支撑体系与成本分担机制缺失的直接原因 → 地方政府目标短期化、制造业升级速度缓慢 → 土地财政与土地金融、地方政府财政紧张 → 房地产业畸形增长、民营企业负担沉重 → 产业支撑体系不完善（制造业产业空洞）、成本分担机制不合理（城镇化进程扭曲）→ 投资减少、宏观调控余地减少、消费不足、出口下降 → 有效需求下降 → 有效供给不足 → 宏观经济进一步低迷 → 产业支撑与成本分担不完善的后果；左侧标注"恶性循环"）

图 2-8 不良城镇化选择的可能结果

很明显，依赖土地财政与土地金融的直接后果就是房地产业畸形增长，房地产业投资率远高于其他产业。① 然而，房地产业的增长并未带来房价的下降，反而带来了房价的上升。产业结构、供给结构的不合理

---

① 2022 年，房地产业投资占当年全部固定资产投资的比例为 23.6%，这意味着固定资产投资中约 1/4 为房地产业投资。

导致了分配结构的不合理。房地产业固然可以带来一些就业，但需要在城镇购房的恰恰是在房地产业收入中分配比例很低的农民工。他们盖了房子，却买不起房子。

从成本分担角度看，谁是成本分担的主体？无非是转移人口、各级政府及企业（或市场）。但转移人口自身收入不足，民营企业负担沉重，我们只有依赖地方政府。如果禁止地方政府依赖土地财政，则财政收入面临紧张；即使允许地方政府卖地，也不能保证地方政府将资金用于转移人口成本分担。这一方面取决于中央的政令，另一方面取决于地方政府实现激励相容。我们不能寄希望于某个地方政府忽然变成具备长远眼光的理性执政者，这不现实，政府总是有限理性的（实际上几乎所有人和团体都是这样）。我们需要的是制度设计和制度变革，设计良好的制度可以最大限度地减少决策的失误，使得执政者的目标与整个社会、农业转移人口的目标尽量一致。①

由于产业支撑体系与成本分担机制的不完善，供给侧与需求侧都存在问题。一方面，房地产业成为资本的"抽水机"，带来制造业的产业空洞；另一方面，房价的高涨导致转移人口消费低迷，城镇化并没有带来生活质量的提高。在投资、消费不足的情况下，中央政府调控余地减少，再加上外部环境影响，宏观经济将进一步低迷，有可能构成一种恶性循环。

破解这种恶性循环需要从多方面入手，其中很重要的一个方面就是构建完善的产业支撑体系和合理的成本分担机制，如果两者能够实现均衡，则有可能实现收入增加、价格稳定、预算平衡的多重目标。

---

① 事实上，变革并不一定是大刀阔斧的，而是要从细微处做起，一点一滴地进行改进。据《新京报》报道：很多群众反映办理居住证特别困难，有人为了办证彻夜排号。一个办理点每天仅可以办理 20~30 个居住证，但一些办理点每天的排号超过 2 000 个。这无疑是一种高额的交易成本，令人痛心。

# 第三章 产业支撑、成本分担及预算平衡模型

前文有述,产业支撑与成本分担可以用来描述城镇化进程中的供给与需求,同时,产业支撑与成本分担也受到政府政策影响。为此,我们试图构造一个产业支撑、成本分担及预算平衡模型,以解释城镇化进程中的宏观经济波动。

## 第一节 产业支撑、成本分担及预算平衡函数构造

引入三个函数,分别是产业支撑函数 AIS(aggregate industry support)、成本分担函数 ACS(aggregate cost sharing)以及预算平衡函数 BB(balanced budget),这三个函数构成一个简单的 AIS - ACS - BB 模型。产业支撑函数主要从供给角度考察价格和收入的关系;成本分担函数主要从需求方面反映价格和收入的关系。当然,这两个函数也受到政府政策的影响,我们可以把它们理解为城镇化增量人口的总供给函数和总需求函数。预算平衡函数考察不同情况下政府保持预算平衡时价格与收入的关系。

### 一、产业支撑函数

首先引入劳动需求函数和劳动供给函数。其中,劳动需求量与价格成反比,劳动供给量与价格无关,主要考虑到我国农民工数量巨大,即

使价格略微变化，只要工资收入超过农业收入，农民工就会提供劳动。[①]

劳动需求函数：$L_d = a - bW/P$ (3.1)

其中，$P$ 为价格，$W$ 为货币工资（名义工资），$a$ 和 $b$ 为大于零的系数，式（3.1）表示劳动需求量与价格反向变化，即价格下降后，实际工资下降，劳动需求量增加。

劳动供给函数：$L_s = N$ (3.2)

劳动供给量等于 $N$ 并不是说劳动供给量不变，相反，它意味着当价格上升、劳动需求量增加时，供给量也随之增加。

劳动需求函数和劳动供给函数见图 3-1。

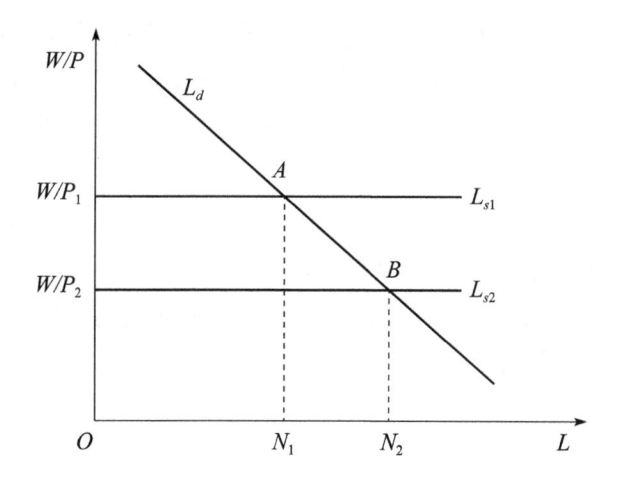

**图 3-1 劳动供给函数与劳动需求函数**

图 3-1 中，横轴为劳动量，纵轴为实际工资。起始时，价格为 $P_1$，实际工资为 $W/P_1$，劳动需求曲线 $L_d$ 与劳动供给曲线 $L_{s1}$ 相交于 $A$ 点，均衡劳动量为 $N_1$。

价格上升到 $P_2$，实际工资下降到 $W/P_2$，此时劳动需求量增加（$B$ 点），而劳动供给曲线也从 $L_{s1}$ 下移到 $L_{s2}$。均衡劳动量为 $N_2$。

根据式（3.1）和式（3.2），可以得到：

$$N = a - bW/P \quad (3.3)$$

---

① 参考了刘易斯劳动力无限供给模型，虽然我国已经达到了人口拐点，但城镇化进程中仍然有数量较多的农民工供给。

再设定生产函数为：

$$Y = F(N) + kG_1 \tag{3.4}$$

其中，$F(N)$ 表示不考虑政府政策的生产函数，我们假设 $F'(N) > 0$，即劳动投入增加，则产量增加。$G_1$ 为政府产业支撑方面的支持，$k$ 为大于零的系数，这意味着产量随 $G_1$ 增加而增加。

将式（3.3）代入式（3.4）得到：

$$Y = F(a - bW/P) + kG_1 \tag{3.5}$$

我们将式（3.5）设定为城镇化产业支撑函数 AIS。

$$\text{AIS}: Y = F(a - bW/P) + kG_1 \tag{3.6}$$

以 $Y$ 为横轴，$P$ 为纵轴，则产业支撑曲线 AIS 向右上方倾斜，表示当价格提高时，供给增加，收入也增加。同时，该曲线受到政府产业支撑政策 $G_1$ 的影响，如产业政策、税收优惠及补贴等。如果 $G_1$ 增加，则曲线向右平移，反之则向左平移。

图 3-2 中，当价格为 $P_1$ 时，价格较低，实际工资较高，劳动需求量较低，均衡劳动量较低，因此收入较低；当价格为 $P_2$ 时，价格较高，实际工资较低，劳动需求量较高，均衡劳动量较高，因此收入较高。AIS 曲线向右上方倾斜。此外，当 $G_1$ 增加时，曲线向右平移。反之则向左平移。

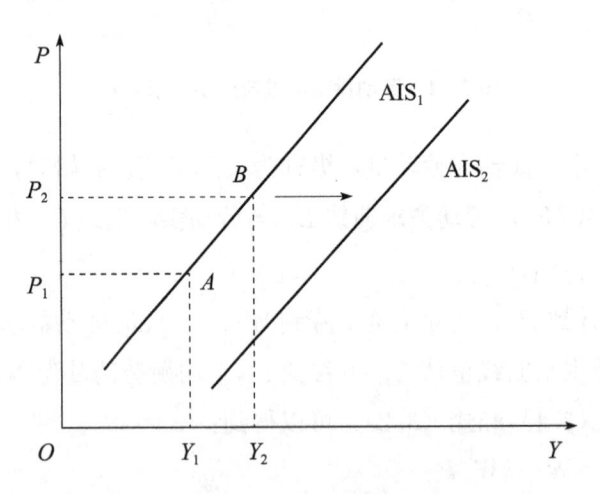

图 3-2 产业支撑曲线

## 二、成本分担函数

从支出角度来看，（城镇化进程中的）国民收入可以分解为消费、投资和政府支付。其中，消费与价格呈反向关系；而短期内可以假设投资不变；最后是政府支付，由于政府支付包括一般意义上的政府购买及成本分担方面的投入，再考虑到政府成本分担投入的一部分才能形成收入，因此应该乘以一个系数。于是有：

$$Y = [c + d(1-t)Y]/P + I + G + hG_2 \tag{3.7}$$

其中，$Y$ 为收入，$c$ 为自主消费量，$d$ 为边际消费倾向，$t$ 为税率，$P$ 为价格，$I$ 为投资，$G$ 为政府购买，$h$ 为大于零的系数，$G_2$ 为政府在成本分担方面的投入。

式（3.7）中，$[c+d(1-t)Y]/P$ 指消费，其中 $(1-t)Y$ 指扣除掉税收的可支配收入（为简便起见，设固定税收部分为零）。这意味着式（3.7）表示收入等于消费加投资加政府支付，在不考虑进出口的情况下该方程与一般意义上的宏观支出模型一致。

化简式（3.7）：

$$PY = c + d(1-t)Y + PI + PG + PhG_2$$

$$[P - d(1-t)]Y = c + PI + PG + PhG_2$$

$$Y = \frac{c + PI + PG + PhG_2}{P - d(1-t)} \tag{3.8}$$

根据式（3.8）难以看出收入和价格的关系，进一步转化：

$$Y = \frac{c}{P-d(1-t)} + \frac{PI}{P-d(1-t)} + \frac{PG}{P-d(1-t)}$$

$$+ \frac{PhG_2}{P-d(1-t)}$$

$$Y = \frac{c}{P-d(1-t)} + \frac{PI - d(1-t)I + d(1-t)I}{P-d(1-t)}$$

$$+ \frac{PG - d(1-t)G + d(1-t)G}{P-d(1-t)}$$

$$+ \frac{PhG_2 - d(1-t)hG_2 + d(1-t)hG_2}{P-d(1-t)}$$

$$Y = \frac{c}{P-d(1-t)} + I + G + hG_2 + \frac{d(1-t)I}{P-d(1-t)}$$
$$+ \frac{d(1-t)G}{P-d(1-t)} + \frac{d(1-t)hG_2}{P-d(1-t)} \tag{3.9}$$

根据式（3.9）发现，当价格上升时，收入减少，两者呈反向关系。另外，如果自主消费增加、投资增加、政府购买增加、税率降低、政府承担城镇化成本份额增加，则收入也会增加。反之则收入减少。[①]

我们把式（3.8）设定为成本分担函数 ACS，即：

$$\text{ACS:} Y = \frac{c + PI + PG + PhG_2}{P - d(1-t)} \tag{3.10}$$

成本分担曲线如图 3-3 所示。

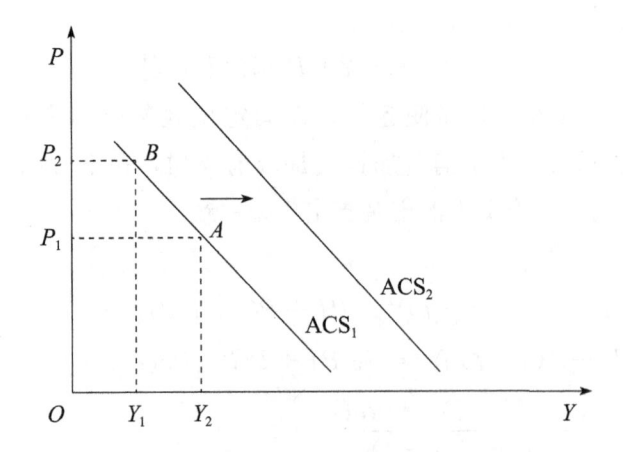

**图 3-3　成本分担曲线**

图 3-3 中，当价格为 $P_1$ 时，价格较低，消费水平较高，收入较高；当价格为 $P_2$ 时，价格较高，消费水平较低，因此收入较低。ACS 曲线向右下方倾斜。此外，当政府成本分担份额增加，即 $G_2$ 增加时，曲线向右移动，反之向左移动。需要说明的是，如果 $G_2$ 变化，曲线表现为向右或向左移动而不一定是平移。如果其间伴随着价格的变化，那么曲线斜率也会发生变化。

---

[①] 其中，$P-d(1-t)$ 一般来说大于零。因为价格通常大于1，而边际消费倾向通常小于1，税率也小于1，因此式（3.8）的分母为正值。

## 三、预算平衡函数

政府预算平衡函数为 $BB=BB(P, Y)$，其基本形式为：

$$tY = G + Tr + G_1 + G_2 \tag{3.11}$$

等式左边为财政收入，为简便起见，设固定税为零。

等式右边为财政支出，$G$ 和 $Tr$ 为一般意义上的政府购买和转移支付，假设均保持不变。$G_1$ 为产业支撑方面的投入，$G_2$ 为成本分担方面的投入。

$G_1$ 与收入和价格都有关系。收入越低，政府投入越大，反之越小，也就是 $G_1$ 与收入负相关。再考察 $G_1$ 与价格的关系：当价格较高时，企业收益增加，则 $G_1$ 会减少；当价格较低时，企业收益下降，则 $G_1$ 会增加。此外，在城镇化进程中，价格低迷通常意味着就业不足或企业开工不足，政府会加大产业支撑力度，即 $G_1$ 与价格为反向关系。

再考虑 $G_2$。显然，$G_2$ 也与收入负相关。同时，价格越高，转移人口的城镇化成本就越高，政府在成本分担方面的投入就越大，因此，$G_2$ 与价格正相关。为此，我们假设：

$$G_1 = e - fY - jP \tag{3.12}$$
$$G_2 = m - rY + uP \tag{3.13}$$

其中，$e, f, j, m, r, u$ 都是大于零的常数或系数。

则有：

$$tY = G + Tr + e - fY - jP + m - rY + uP$$
$$(t + f + r)Y = G + Tr + e + m + (u - j)P$$
$$Y = [G + Tr + e + m + (u - j)P]/(t + f + r) \tag{3.14}$$

于是，收入 $Y$ 与价格 $P$ 的关系就取决于 $u-j$ 的符号，如果它大于零，则收入与价格为正向关系，反之则为反向关系。我们称式（3.14）为政府预算平衡函数。即有：

$$BB: Y = [G + Tr + e + m + (u - j)P]/(t + f + r) \tag{3.15}$$

以下我们分三种情况讨论。

**1. 政府政策倾向于产业支撑**

我们假设 $G_2$ 等于零。于是，式（3.14）变为：

$$Y=(G+Tr+e-jP)/(t+f) \qquad (3.16)$$

显然,根据该函数,收入与价格负相关。当收入较高时,政府财政收入较高。如果政府购买和转移支付保持不变,则为保持预算平衡,政府针对产业支撑的投入应该增加,根据式(3.12),价格必须较低。其经济学含义是,当政府增加产业支撑投入时,企业产出增加,价格应该下降。

反过来理解,当价格较低时,政府认为企业效益下滑,应该增加产业支撑投入,则随着该投入的增加,收入也增加。

根据式(3.16)可以绘制出倾向于产业支撑的政府预算平衡曲线,见图3-4。

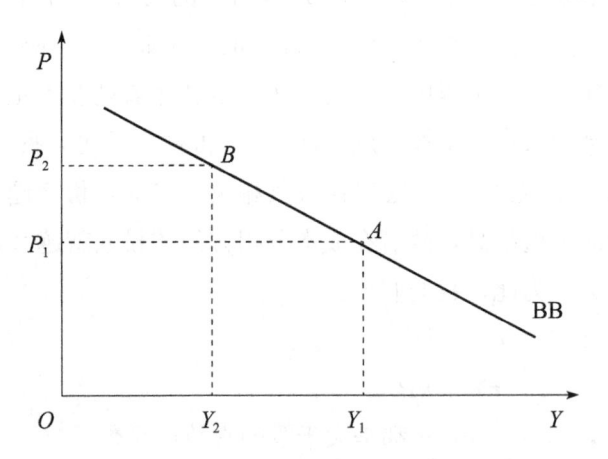

**图3-4 倾向于产业支撑的政府预算平衡曲线**

设税率不变,则图3-4中BB曲线的斜率取决于系数$j$和系数$f$。如果政府政策对收入非常敏感,而对价格不敏感,则系数$f$较大而系数$j$较小,曲线较陡峭;反之,如果政府政策对价格非常敏感,而对收入不敏感,则曲线较平坦。

在BB曲线左侧,由于收入较低,政府预算赤字;在BB曲线右侧,政府预算盈余。

**2. 政府政策倾向于成本分担**

为简化起见,我们假设$G_1$等于零。于是,式(3.14)变为:

$$Y=(G+Tr+m+uP)/(t+r) \qquad (3.17)$$

根据该函数,收入与价格正相关。当收入较高时,政府财政收入较高。如果政府购买和转移支付保持不变，则为保持预算平衡，政府针对成本分担的投入应该增加，根据式（3.13），价格必须提高。其经济学含义是，当政府增加成本分担投入时，总需求增加，价格应该上升。

根据式（3.17）可以绘制出倾向于成本分担的政府预算平衡曲线，见图 3-5。

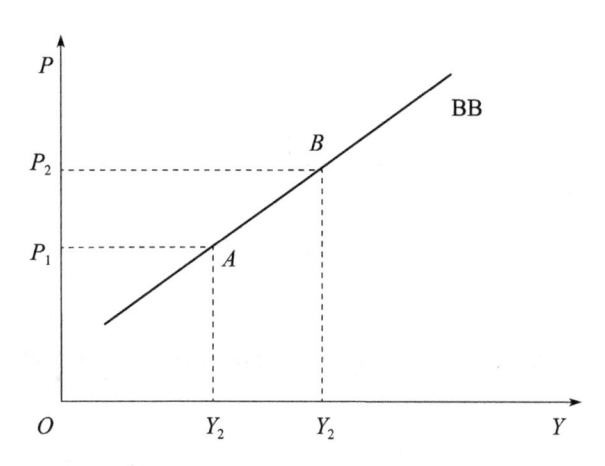

**图 3-5　倾向于成本分担的政府预算平衡曲线**

设税率不变，则图 3-5 中 BB 曲线的斜率取决于系数 $u$ 和系数 $r$。如果政府政策对收入非常敏感，而对价格不敏感，则系数 $u$ 较小而系数 $r$ 较大，那么曲线较陡峭；反之，如果政府政策对价格非常敏感，而对收入不敏感，那么曲线较平坦。

在 BB 曲线左侧，政府预算赤字；在 BB 曲线右侧，政府预算盈余。

**3. 政府财力在产业支撑与成本分担之间合理分配**

观察式（3.14），如果政府财力在产业支撑与成本分担之间合理分配，则可以使 $u-j=0$。于是式（3.14）变为：

$$Y=(G+Tr+e+m)/(t+f+r) \tag{3.18}$$

根据式（3.14），此时收入与价格无关。政府预算平衡曲线为一条垂线，见图 3-6。当然，垂线并不意味着该曲线保持不变。显然，如果均衡收入变化，该曲线也会向左或向右平移。

BB 曲线左侧为政府预算赤字，BB 曲线右侧为政府预算盈余。

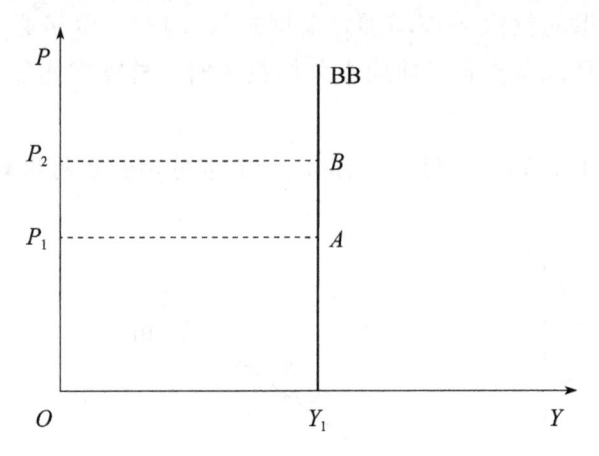

图 3-6 合理分配财力的政府预算平衡曲线

## 第二节 产业支撑、成本分担及预算平衡模型分析

根据上文的讨论，我们将预算平衡分为这样几种情况：政府政策倾向于产业支撑、政府政策倾向于成本分担及政府合理分配产业支撑与成本分担投入。

### 一、政府政策倾向于产业支撑

这里要区分两种情况：一是政府政策对价格敏感，即更加关注民生；二是政府政策对收入敏感，即更关注经济增长。

**1. 政府政策对价格敏感——关注民生，盯住价格**

如果政府政策对价格敏感，则根据式（3.16）及相关讨论，产业支撑曲线的斜率为 $-(t+f)/j$，由于系数 $j$ 比较大，故 BB 曲线比较平坦。见图 3-7。

图 3-7 中，横轴为收入，纵轴为价格。成本分担曲线 ACS 向右下方倾斜，产业支撑曲线 AIS 向右上方倾斜。政府预算平衡曲线 BB 也向右下方倾斜，不过较为平坦。

初始点为 $E$ 点。在该点，ACS 曲线、$AIS_0$ 曲线及 BB 曲线相交，此时，价格为 $P_0$，收入为 $Y_0$。$E$ 点既实现了宏观均衡，也实现了政府

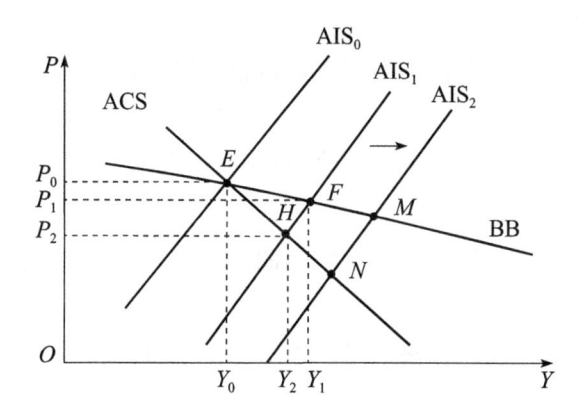

图 3-7 价格敏感、倾向于产业支撑的 AIS-ACS-BB 模型

预算平衡。

但此时价格较高,高于目标价格 $P_1$,收入较低。为此政府实施促进产业支撑的政策,产业支撑曲线右移到 $AIS_1$ 曲线。此时,$AIS_1$ 曲线与 BB 曲线相交于 $F$ 点,收入为 $Y_1$,价格为 $P_1$。目标价格已经实现,政府预算也达到了平衡。

但 $F$ 点的状态能否保持呢?

由于政府并没有实施成本分担政策,故成本分担曲线 ACS 保持不变。在 $F$ 点,总供给大于总需求,因此,价格必然进一步下降到 $P_2$,在 $H$ 点实现宏观均衡,收入回落到 $Y_2$,价格调整目标难以实现。

在 $H$ 点,政府预算出现赤字,价格也低于目标价格。如果政府一定要追求预算平衡,则必须增加收入,即产业支撑曲线进一步右移到 $AIS_2$,与 BB 曲线相交,实现政府预算平衡($M$ 点),但总供给仍然远大于总需求,价格将进一步下降,收入也回落($N$ 点),政府预算仍然是赤字。这是某种恶性循环,也在一定程度上说明了政府政策多重目标之间的矛盾:预算平衡、宏观均衡、价格稳定难以同时实现。

这其中的经济学含义是:如果政府关注价格,则在通过产业支撑政策实现预定目标(价格下降及预算平衡)后,并不能保证同期实现宏观均衡。如果总供给大于总需求,则价格必将进一步下降,预算平衡也难以保持。这其中的根本原因在于成本分担曲线并没有同步移动。

综上,如果政府政策仅仅倾向于产业支撑,且对价格较敏感,则会出现以下结果：

①产业支撑曲线右移，实现目标价格，收入增加，预算平衡，但宏观失衡。

②由于总供给大于总需求，价格进一步下降，收入回落。实现宏观均衡，但存在预算赤字。

③如果政府进一步右移产业支撑曲线，则可以实现预算平衡，但宏观失衡。

④由于宏观失衡，价格下降，收入回落。可以实现宏观均衡，但存在预算赤字。

总之，在给定假设下，价格稳定、预算平衡、宏观均衡难以同时实现。

**2. 政府政策对收入敏感——关注经济增长，盯住收入**

见图3-8。初始点为 $E$ 点。在该点，ACS 曲线、$AIS_0$ 曲线及 BB 曲线相交，此时，价格为 $P_0$，收入为 $Y_0$。$E$ 点既实现了宏观均衡，也实现了政府预算平衡。

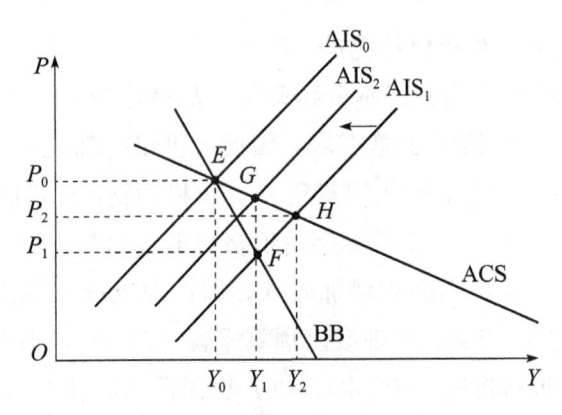

**图3-8 收入敏感、倾向于产业支撑的 AIS-ACS-BB 模型**

但在 $E$ 点价格较高，收入较低，低于目标收入 $Y_1$。为此政府实施促进产业支撑的政策，产业支撑曲线右移到 $AIS_1$。此时，$AIS_1$ 曲线与 BB 曲线相交于 $F$ 点，收入为 $Y_1$，价格为 $P_1$。目标收入已经实现，政府预算也平衡。

但 $F$ 点的状态能否保持呢？

在 $F$ 点，由于价格较低，总需求大于总供给，价格必然上升，同时收入也会增加，在 $H$ 点实现宏观均衡。但 $H$ 点位于 BB 曲线右侧，一定会出现预算盈余。

如果政府寻求预算平衡且认为收入水平太高，则将减小产业支撑力度，产业支撑曲线将向左移动，如图中箭头所示，与 ACS 曲线相交于 $G$ 点。在 $G$ 点，收入回到目标收入 $Y_1$，但仍然存在预算盈余。如果执意要消除预算盈余，则产业支撑曲线必须回到初始位置 $AIS_0$。

综上，如果政府政策倾向于产业支撑，且对收入较敏感，则可能会出现以下结果：

①产业支撑曲线右移，实现目标收入，预算平衡，但宏观失衡。

②由于总需求大于总供给，价格上升，收入增加。宏观均衡，预算盈余。

③如果政府试图减少盈余，则产业支撑曲线左移，可以回到目标收入。宏观均衡，但预算仍然盈余。

④如果政府试图消除盈余，则产业支撑曲线必须回到初始位置。

总之，在给定假设下，收入增加、预算平衡、宏观均衡的目标难以同时实现。

## 二、政府政策倾向于成本分担

这里仍然要区分两种情况：一是政府政策对价格敏感，即系数 $u$ 较大而系数 $r$ 较小，更关注民生；二是政府政策对收入敏感，即系数 $u$ 较小而系数 $r$ 较大，政府更关注增长。

**1. 政府政策对价格敏感——关注民生，盯住价格**

在图 3-9 中，初始点为 $E$ 点，BB 曲线较为平坦。在该点，$ACS_0$ 曲线、AIS 曲线及 BB 曲线相交，此时，价格为 $P_0$，收入为 $Y_0$。$E$ 点既实现了宏观均衡，也实现了政府预算平衡。

政府认为价格较低，收入也较低，而且政府认为价格较低是由需求低迷引起的，因此政府通过成本分担政策让成本分担曲线右移到 $ACS_1$，此时 $ACS_1$ 曲线与 BB 曲线相交于 $F$ 点，价格有所上升，收入也增加，同时政府预算平衡。

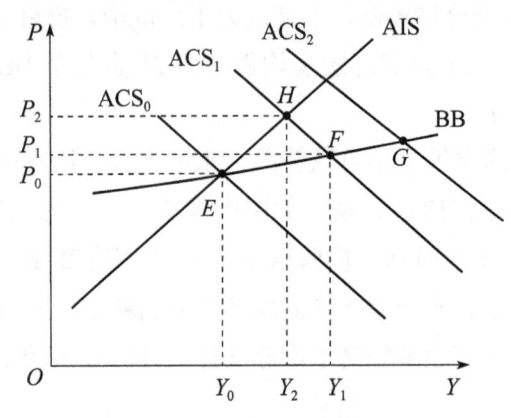

图 3-9　价格敏感、倾向于成本分担的 ACS-AIS-BB 模型

但 $F$ 点不会持续，因为 AIS 曲线没有变化。在 $F$ 点总需求大于总供给，因此价格将继续上升到 $P_2$，收入则回落到 $Y_2$。此时 $ACS_1$ 曲线与 AIS 曲线相交于 $H$ 点，实现了宏观均衡，但政府预算出现赤字。

如果政府意图消灭预算赤字，则必然继续加大成本分担力度以增加收入，但随着成本分担曲线的右移，如移动到 $ACS_2$，即便该曲线可以与 BB 曲线相交（$G$ 点），也仍然不可维持，因为在该点总需求仍然大于总供给，价格必然进一步上升，收入也必然回落，预算仍然是赤字。

综上，如果政府政策倾向于成本分担，且较为关注价格，则可能出现以下结果：

①成本分担曲线右移，价格上升，预算平衡，但宏观失衡。

②宏观失衡会导致价格进一步上升，收入回落，实现宏观均衡，但存在预算赤字。

③如果政府希望通过增加成本分担来消灭赤字，则价格可能会回落，但会存在宏观失衡。

④总需求大于总供给会导致价格再次上升，收入减少，预算仍然处于赤字状态。

总之，在给定假设下，价格稳定、预算平衡、宏观均衡的目标难以同时实现。

**2. 政府政策对收入敏感——关注经济增长，盯住收入**

在图 3-10 中，初始点为 $E$ 点，BB 曲线较为陡峭。在该点，$ACS_0$

曲线、AIS 曲线及 BB 曲线相交，此时，价格为 $P_0$，收入为 $Y_0$。$E$ 点既实现了宏观均衡，也实现了政府预算平衡。

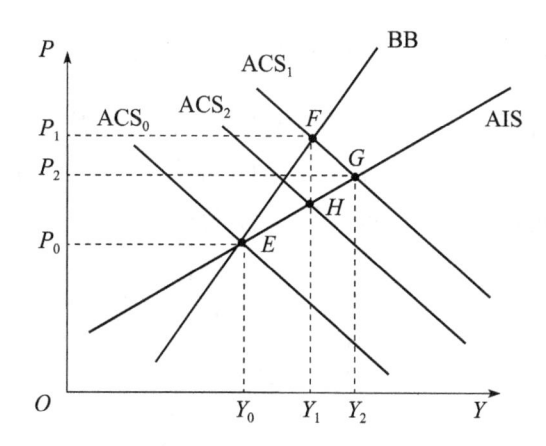

**图 3-10　收入敏感、倾向于成本分担的 ACS-AIS-BB 模型**

政府如果认为收入较低，则会通过成本分担政策使得成本分担曲线向右移动到 $ACS_1$，此时 $ACS_1$ 曲线与 BB 曲线相交于 $F$ 点，实现目标收入 $Y_1$，预算也保持平衡。

但在 $F$ 点，由于价格较高，总供给远远大于总需求，因此，价格必然下降到 $P_2$，收入也增加到 $Y_2$。此时实现了宏观均衡，但预算出现盈余。

政府该怎么办？如果政府致力于消除预算盈余，则成本分担曲线必须向左移动到 $ACS_2$，此时 $ACS_2$ 曲线与 AIS 曲线相交于 $H$ 点，实现宏观均衡，收入也回落到原来的目标收入 $Y_1$，但由于 $H$ 点仍然位于 BB 曲线的右侧，预算仍然盈余。

如果一定要消除盈余，则成本分担曲线一定要回到原来的位置 $ACS_0$，也就是一切都不会改变。

综上，如果政府政策倾向于成本分担，且较为关注收入，则可能出现以下结果：

①成本分担曲线右移，实现目标收入，预算平衡，但宏观失衡。
②由于总供给大于总需求，价格下降，收入增加。宏观均衡，预算盈余。
③如果政府试图减少盈余，则成本分担曲线左移，可以回到目标收入。宏观均衡，但预算仍然处于盈余状态。
④如果政府试图消除盈余，则成本分担曲线必须回到初始位置。

总之，在给定假设下，收入增加、预算平衡、宏观均衡的目标难以同时实现。

## 三、政府合理分配产业支撑与成本分担投入

如果政府合理分配产业支撑与成本分担投入，则在图 3-11 中，BB 曲线为一条垂线。在初始点 $E$ 点，$AIS_0$ 曲线与 $ACS_0$ 曲线及 $BB_0$ 曲线相交，实现宏观均衡，同时政府预算也平衡。

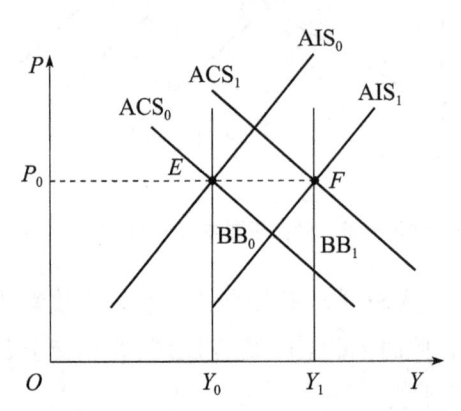

图 3-11　合理分配产业支撑与成本分担投入的 ACS-AIS-BB 模型

如果政府同时加大产业支撑与成本分担投入，则 $AIS_0$ 曲线与 $ACS_0$ 曲线分别右移到 $AIS_1$ 与 $ACS_1$，交点为 $F$ 点，重新实现宏观均衡。收入增加，价格保持稳定。同时由于收入增加，$BB_0$ 曲线右移到 $BB_1$，重新实现财政预算平衡。

需要说明的是，图 3-11 仅仅是一个示意图。如果要达到 $F$ 点所示的均衡点，要求条件很苛刻。

产业支撑函数为 $Y = F(a - bW/P) + kG_1$

成本分担函数为 $Y = \dfrac{c + PI + PG + PhG_2}{P - d(1-t)}$

预算平衡函数为 $Y = (G + Tr + e + m)/(t + f + r)$

三者交于一点要求：

$$F(a - bW/P) + kG_1 = \dfrac{c + PI + PG + PhG_2}{P - d(1-t)}$$
$$= (G + Tr + e + m)/(t + f + r)$$

由于我们并不确知生产函数 $F(\cdot)$ 的具体形式,因此难以给出均衡的要求条件。

## 四、简短的总结

我们将对不同情况下的政策倾向、政策特征、政策效果做简短总结,见表 3-1。

表 3-1　ACS-AIS-BB 模型可能的政策效果

| 政府政策倾向 | 政策特征 | 政策可能的结果 |
| --- | --- | --- |
| 产业支撑 | 盯住价格 | 1. 产业支撑曲线右移,实现目标价格,收入增加,预算平衡,宏观失衡。 |
| | BB 曲线向右下方倾斜且较平坦 | 2. 由于总供给大于总需求,价格进一步下降,收入回落。实现宏观均衡,但存在预算赤字。<br>3. 如果政府进一步右移产业支撑曲线,则可以实现预算平衡,但宏观失衡。<br>4. 由于宏观失衡,价格下降,收入回落。可以实现宏观均衡,但存在预算赤字。<br>**结论**:难以同时实现价格稳定、预算平衡和宏观均衡目标。 |
| | 盯住收入 | 1. 产业支撑曲线右移,实现目标收入,预算平衡,但宏观失衡。 |
| | BB 曲线向右下方倾斜且较陡峭 | 2. 由于总需求大于总供给,价格上升,收入增加。宏观均衡,预算盈余。<br>3. 如果政府试图减少盈余,则产业支撑曲线左移,可以回到目标收入。宏观均衡,但预算仍然盈余。<br>4. 如果政府试图消除盈余,则产业支撑曲线必须回到初始位置。<br>**结论**:难以同时实现收入增加、预算平衡和宏观均衡目标。 |
| 成本分担 | 盯住价格 | 1. 成本分担曲线右移,价格上升,预算平衡,但宏观失衡。 |
| | BB 曲线向右上方倾斜且较平坦 | 2. 宏观失衡会导致价格进一步上升,收入回落,实现宏观均衡,但存在预算赤字。<br>3. 如果政府希望通过增加成本分担来消灭赤字,则价格可能会回落,但会存在宏观失衡。<br>4. 总需求大于总供给会导致价格再次上升,收入减少,预算仍然处于赤字状态。<br>**结论**:难以同时实现价格稳定、预算平衡和宏观均衡目标。 |

续表

| 政府政策倾向 | 政策特征 | 政策可能的结果 |
|---|---|---|
| 成本分担 | 盯住收入 | 1. 成本分担曲线右移,实现目标收入,预算平衡,但宏观失衡。 |
| | BB曲线向右上方倾斜且较陡峭 | 2. 由于总供给大于总需求,价格下降,收入增加。宏观均衡,预算盈余。<br>3. 如果政府试图减少盈余,则成本分担曲线左移,可以回到目标收入。宏观均衡,但预算仍然处于盈余状态。<br>4. 如果政府试图消除盈余,则成本分担曲线必须回到初始位置。<br>结论:难以同时实现收入增加、预算平衡和宏观均衡目标。 |
| 两者并重 | BB曲线垂直 | 产业支撑曲线、成本分担曲线同时右移、预算平衡曲线也右移。<br>结论:价格稳定、收入增加、预算平衡、宏观均衡。 |

总的来讲,政府如果要实现经济增长、宏观均衡以及预算平衡的目标,则在城镇化产业支撑与成本分担方面必须合理分配投入。如果过于注重产业支撑,则实现宏观均衡的同时要么会存在财政赤字要么会存在财政盈余。如果过于注重成本分担,则实现宏观均衡的同时会导致财政盈余或赤字。而如果合理分配产业支撑与成本分担投入,则有可能会实现价格稳定、收入增加、预算平衡、宏观均衡的多重目标。

# 第四章　产业支撑、成本分担与房地产市场波动

在我国城镇化进程中，房地产市场的波动一直是社会热点问题。显然，房地产市场波动会影响城镇化进程，在一些大城市，房地产价格甚至是影响城镇化增量人口落户的最重要因素。我们发现，可以用产业支撑、成本分担及预算平衡模型来解释房地产市场的波动，从而得到一些有益的结论。

关于如何控制房地产市场波动的共识是：美国金融危机是前车之鉴，要防止房地产市场的泡沫化、畸形化增长，减轻房地产市场波动对宏观经济的影响。要注意货币政策的前瞻性和力度，采取合理的反周期货币政策，以避免房价的大起大落（王亚芬，2015）。房地产市场的泡沫化主要来自投机需求，而分散投机需求的方法之一是完善资本市场，为投资者提供更多选择。此外，我国房地产价格的上升归因于快速城镇化，因此控制房地产市场的波动必须从新型城镇化框架出发，尽快实现由土地城镇化向人口城镇化的转变（李克强，2012）。要认识到，我们无法彻底控制房地产价格的上升和下降，所能做的仅仅是将这种波动带来的风险与危害纳入可控范围（刘旭东和彭徽，2016）。

我们的思路是：首先构建一个产业支撑、成本分担及政府预算平衡模型，然后根据此模型从逻辑上描述城镇化进程中房地产市场的阶段性特征及地域性特征，最后提出在房地产市场进行供给侧改革从而转变经济增长方式以解决房地产问题的相关对策。

## 第一节 模型演绎

我们认为，关于房地产市场波动的研究应该置于城镇化框架中进行。在城镇化进程中，产业支撑及成本分担是两个决定性因素。产业支撑意味着生产，生产形成收入也就是供给；成本分担意味着支出，也就是需求。

具体到房地产市场，可以用 AIS 函数表示房地产市场供给，AIS＝AIS($P$，$Y$)，$P$ 为价格水平，$Y$ 为交易量。以 $Y$ 为横轴，以 $P$ 为纵轴，该曲线向右上方倾斜，表示若价格提高，供给会随之增加。同时，该曲线受到政府产业支撑政策（用外生变量 $G_1$ 表示）的影响，$G_1$ 包括产业政策、税收优惠及补贴等。如果 $G_1$ 增加，则曲线向右平移，反之则向左平移。

同样，用 ACS 函数表示房地产市场需求，ACS＝ACS($P$，$Y$)，$P$ 和 $Y$ 的含义同上。该曲线向右下方倾斜，表示价格越高，居民负担越重，收入越低。该曲线也受到政府成本分担政策的影响（用外生变量 $G_2$ 表示）。如果 $G_2$ 增加，则政府将承担更大的成本份额，于是曲线向右平移，反之则向左平移。[1]

政府预算平衡函数为 BB＝BB($P$，$Y$)。该函数的一般形式为：

$$M(P,Y)+T_0+tY=G+Tr+G_1+G_2 \tag{4.1}$$

其中，等式左侧为土地出让收入、税收，右侧分别为政府购买、转移支付、产业支撑投入及成本分担投入，该函数的具体形式以及 BB 曲线的斜率取决于政府的决策。根据城镇化过往历程，我们至少可以描述三种城镇化决策，这些决策分为三个阶段，在时间上存在延续关系。

### 一、零库存阶段（萨伊阶段）

在城镇化初期，政府仅注重 GDP 的短期增加，将主要精力投入土地城镇化。但这种精力并不是为房地产业降低税费，而是向房地产商出售大量土地。在这一阶段，由于城镇化速度很快，住房需求旺盛，房地产市场供需两旺。开发商可以接受政府的高额土地出让金要求，房地产

---

[1] 关于产业支撑函数和成本分担函数的推导，见第三章。

库存量很低。这一阶段可以称为零库存阶段、零产业支撑（零成本分担）阶段，也可以称为萨伊阶段（有供给则有需求），即政府并未向房地产业提供正向的产业支撑，也未向城镇化增量人口提供成本分担。

此时，政府预算平衡曲线 BB 描述如下（$G_1$ 和 $G_2$ 均为零）：

$$M(P,Y)+T_0+tY=G+Tr \tag{4.2}$$

土地出让收入与价格及交易量正相关，设 $M=a+bP+dY$，则有：

$$a+bP+dY+T_0+tY=G+Tr \tag{4.3}$$

$$Y=(G+Tr-a-T_0-bP)/(t+d) \tag{4.4}$$

曲线的倾斜程度取决于系数 $b$。如果政府财政较为依赖土地出让收入，则系数 $b$ 较大，曲线较为平坦；反之则较为陡峭。曲线上方表示预算盈余，下方表示预算赤字。在城镇化这一阶段，我们假设系数 $b$ 较大，即 BB 曲线较平坦。

见图 4-1。初始时产业支撑曲线 $AIS_0$、成本分担曲线 $ACS_0$ 与 BB 曲线相交于 $E$ 点，表示房地产市场及政府预算均保持均衡，价格为 $P_0$，交易量为 $Y_0$。从 $E$ 点出发，城镇化进程开始加速，代表需求的 $ACS_0$ 向右移动到 $ACS_1$，代表供给的 $AIS_0$ 向右移动到 $AIS_1$，二者交点为 $F$。但由于前者移动的幅度更大，所以在交易量增加的同时价格从 $P_0$ 上升到 $P_1$。此时，由于 $F$ 点位于 BB 曲线的上方，所以政府财政出现盈余。

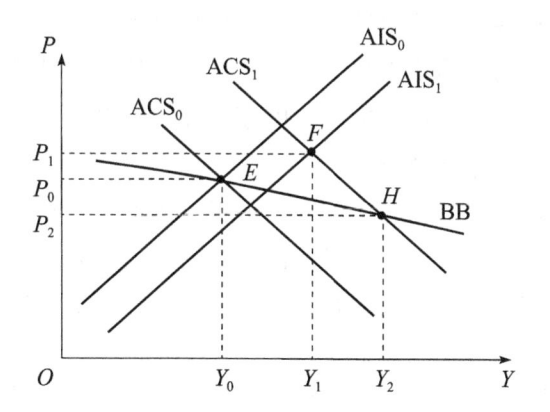

**图 4-1 零库存阶段的 ACS-AIS-BB 模型**

如果政府致力于消除财政盈余，则应该致力于降低价格到 $P_2$（对应于 $H$ 点），但在 $P_2$ 处，需求远大于供给，房地产市场不均衡。对于政府来讲，预算盈余不是坏事，可以将盈余用于其他方面以增加 GDP。同时，这一阶段房地产价格的快速增长并没有引起政府的足够重视，因而政府并未采取较为严厉的调控措施。

## 二、分化阶段

随着城镇化的进行，房地产市场开始出现分化。

### 1. 超级大城市的房地产市场

在超级大城市，房地产价格上升既刺激了刚性需求，又刺激了潜力巨大的投资（投机）需求，两者相加后得到的需求曲线非常陡峭，且向右移动幅度很大。对于供给来讲，由于大城市土地紧张，供给增加不多，价格依然快速上升（见图 4-1）。此时政府将采取限购等措施，试图控制价格上升，但限购政策只能带来交易价格的上升以及交易量的减少。

对于高价值房产，其价格越高，投机价值就越大，需求也越大。而对于中低价值房产，其价格上升后需求会略有下降。我们可以设想，假如有 10 套房产出售，价格从 110 万元依次增加到 200 万元，而正好有 10 个合适的投资者，每人的资金只能购买 1 套房产，于是 10 套房产销售完毕，平均价格为 155 万元。而如果采取限购政策，只剩下 5 个合适的购买者，则这些人必然要选择投资价值更高的房产，即购买价格最高的 5 套房产，平均交易价格为 180 万元。同时价格较低的 5 套房产未被销售，这就带来了交易价格提高、库存增加的后果。①

### 2. 中小城市的房地产市场

在中小城市，情况则有所不同。由于房地产价格快速上升，供给增加较多，而需求增加较少（投资价值不大），正常情况下价格应该下降，但在现实中还存在多种影响因素。在这一阶段，政府采取了扩大供给以

---

① 这是个非常有意义的结果。对于大城市而言，单纯的限购不能降低价格，限购不过是减少了投资者的数量，并没有降低（符合资格的）投资者的利润，而且（符合资格的）投资者数量越少，他们越倾向于购买更贵的房产，这会导致交易均价的上升。其中的关键在于大城市的房产具有异质性，不同地段的房产价格不同，投资价值也不同。投资者数量越少，交易均价越高。这和拍卖有些类似，最终的中标价格与参与者数量关系不大，不管是 2 个竞拍者还是 100 个竞拍者，最终都可以达到同一个价格。因为价格升高，那些心理价位不足的竞拍者就会被剔除掉，最终留下最具实力的竞拍者。

降低价格的产业支撑政策。为简单起见，设 $G_2=0$。政府预算平衡函数（BB 函数）如下：

$$M(P,Y)+T_0+tY=G+Tr+G_1 \qquad (4.5)$$

其中，等式左侧为土地出让收入、税收，右侧分别为政府购买、转移支付以及政府在房地产业方面所做的产业支撑投入。考虑 $G_1$，价格越高，则政府认为企业收益越大，产业支撑投入就越少；反之，价格越低，投入就越多。我们设 $G_1=e-fP$，于是有：

$$a+bP+dY+T_0+tY=G+Tr+e-fP \qquad (4.6)$$
$$Y=[G+Tr+e-a-T_0-(f+b)P]/(t+d) \qquad (4.7)$$

显然，BB 曲线依然向右下方倾斜。曲线左下方为预算赤字，右上方为预算盈余。

在图 4-2 中，初始价格为 $P_0$，对应的供给量为 $Y_1$，需求量为 $Y_0$，显然，若按照此价格，会存在 $Y_1-Y_0$ 的库存。BB 曲线与 $AIS_0$ 相交于 $E$ 点，这是因为政府是按照供给量来获得财政收入的。此时，政府预算平衡，但供给过剩。

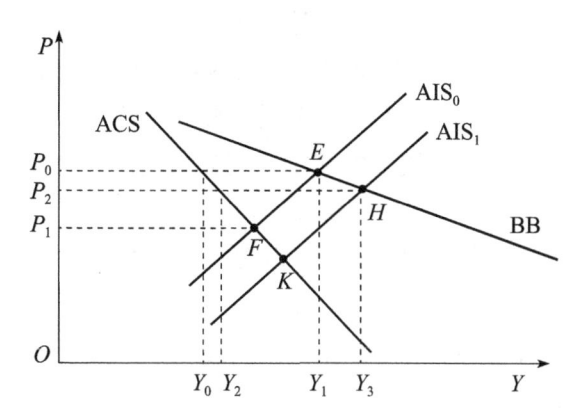

**图 4-2 分化阶段中小城市的 ACS-AIS-BB 模型**

房地产商会不会主动降价呢？在短期内不会。第一，房地产商为供给量 $Y_1$ 已经支付了高额的成本，如果降价，这部分供给量就会出现亏损；第二，房地产商对城镇化带来的房地产需求依然乐观，希望通过时间来消化库存。因此，在短期内价格不会大幅下降，也就出现了价格较高、库存增加的怪象。当然，在中长期内，房地产商为盘活资金，必然会调整价格。

从政府角度看，如果由市场调节价格，则在中长期内价格会下降到 $P_1$，需求量等于供给量。但在 $F$ 点，政府预算会出现赤字。为避免这一现象，政府会对房地产业减负，促使房地产商开新盘以拉动经济增长，也可以通过增加供给流量来降价。$AIS_0$ 右移到 $AIS_1$，但由于需求曲线没有变化，价格下降到 $P_2$。在 $H$ 点，政府预算依旧平衡，但供给仍大于需求，存在 $Y_3-Y_2$ 的库存。很明显，如果 BB 曲线非常平坦，那么库存量会增加而不是减少。如果由市场调节价格，则价格会进一步下降，交易量会减少，政府预算会出现赤字，即图中的 $K$ 点。

因此，在中小城市，即使政府采取了为房地产商减负的政策，由于需求没有增加，价格也依然较高，库存会有所变化但不会消失（甚至会增加）。当然，也不排除有些房地产商为避免资金链断裂而降价，但价格下降会增加政府财政赤字，房地产商得到政策帮扶的可能性会降低。考虑到这一点，房地产商也不得不坚持下去。

### 三、去库存阶段

在这一阶段，房地产库存已经达到了非常惊人的程度（超级大城市也有一些库存），如果不及时调整，不仅将影响城镇化的顺利进行，还会进一步影响到宏观经济的稳定。此时，政府不再扩大供给，而开始考虑为城镇化增量人口承担更多的成本，例如为购房者提供补贴，以扩大需求进而消化库存。

此时，为简单起见，设 $G_1=0$。政府预算平衡曲线 BB 如下：

$$M(P,Y)+T_0+tY=G+Tr+G_2 \tag{4.8}$$

对于 $G_2$，价格越高，则城镇化成本越大，政府应该承担的部分就越大；反之则越小。因此 $G_2$ 与价格正相关，设 $G_2=h+kP$，于是有：

$$a+bP+dY+T_0+tY=G+Tr+h+kP \tag{4.9}$$

$$Y=[G+Tr+h-a-T_0+(k-b)P]/(t+d) \tag{4.10}$$

显然，BB 曲线的斜率取决于 $k-b$ 的值。如果 $k-b$ 小于零，则曲线向右下方倾斜；反之则向右上方倾斜。在这一阶段，政府更为关注经济增长，于是设 $k-b$ 大于零，曲线向右上倾斜，且较为平坦。曲线左上方为预算赤字，右下方为预算盈余。

在图 4-3 中，初始价格为 $P_0$，对应的供给量为 $Y_1$，需求量为 $Y_0$，

显然存在规模为 $Y_1-Y_0$ 的库存。此时由于房地产业发展停滞，$E$ 点位于 BB 曲线左上方，表示政府预算出现赤字。如果政府不干预市场，在中长期内价格将缓慢降低到 $P_2$，但交易量会萎缩（为 $Y_2$）。政府为刺激经济的当期增长，会加大成本分担力度，努力使 $ACS_0$ 曲线右移。但 $ACS_0$ 曲线会移动到哪里呢？

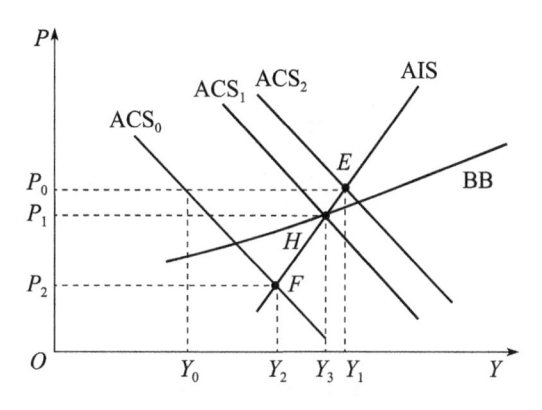

**图 4-3　去库存阶段的 ACS-AIS-BB 模型**

如果政府的目的在于消除房地产业的全部库存，则 $ACS_0$ 将移动到 $ACS_2$。在 $E$ 点，库存全部消失，但政府预算仍然存在赤字。实际上，政府只会将 ACS 推进到 $ACS_1$（即 $H$ 点），此时政府预算平衡，价格略有下降。虽然此时没有将全部房地产库存消化，但库存量大为减少，房地产商资金周转将不会受到太大的影响。

## 第二节　当前政策选择的经济学分析

当前，超级大城市与中小城市的房地产市场依然存在不同。大城市房地产价格居高不下，中小城市房地产价格开始下降，市场已见低迷，相应的机制选择也大不相同。

### 一、超级大城市的总量控制政策

在超级大城市，政府采取的是总量控制政策，即控制人口总量。例如，规定到 2025 年某城市人口不超过 1 000 万，那么政府无疑会对每一年的人口进入规模做出限制。这样的限制会带来什么结果呢？

在图 4-4 中，$Y^*$ 指决策者规定的超级大城市的规模。如果没有此限制，$ACS_0$ 和 $AIS_0$ 相交于 $E$ 点，价格为 $P_0$，交易量为 $Y_0$。但由于存在规模限制，在 $Y^*$ 处，对应需求方的意愿价格为 $P_1$，对应供给方的意愿价格为 $P_2$。此时政府预算平衡曲线 BB 的位置并不确定。

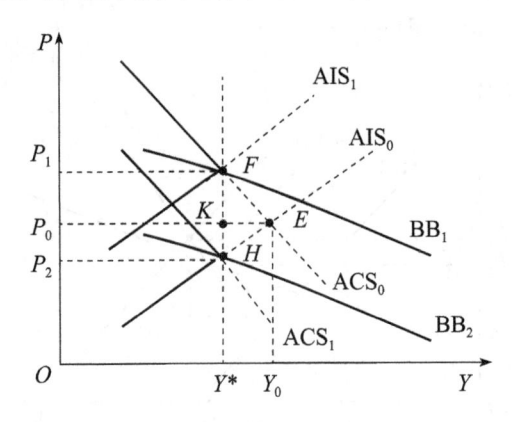

**图 4-4 超级大城市的总量控制政策**

先看社会总福利的变化。无论交易价格是 $P_1$ 还是 $P_2$，或是位于两者之间，总福利都会减少，且减少量一定为 $\triangle EFH$。假设价格是位于两者之间的 $P_0$，对于房地产商来讲，生产者剩余减少了 $\triangle EHK$，对于城镇化增量人口来讲，消费者剩余减少了 $\triangle EFK$，社会总福利减少了 $\triangle EFH$（当然，随着总量控制政策的执行，拥挤成本将不再增加，这会在一定程度上增加原有人口的福利）。

再看可能的均衡结果。消费者愿意支付的价格是 $P_1$，房地产商愿意接受的价格为 $P_2$。那么，他们会如何交易呢？至少有四种可能的结果：第一种，如果没有政府的干预，则消费者与房地产商采取谈判方式，共同确定价格，交易价格位于 $P_1$ 和 $P_2$ 之间。相应地，政府预算平衡曲线也位于 $F$ 点与 $H$ 点之间。第二种，政府会增加房地产商的开发成本，即通过提高土地出让收入的方式让 $AIS_0$ 曲线向上移动到 $AIS_1$，与 $ACS_0$ 曲线相交于 $F$ 点。这样，总计 $P_1FHP_2$ 的收益就全部转化为土地出让收入。此时，政府预算平衡曲线为 $BB_1$。第三种，政府会进一步增加超级大城市的进入限制，使 $ACS_0$ 曲线下移到 $ACS_1$，与 $AIS_0$ 曲线相交于 $H$ 点，这样总计 $P_1FHP_2$ 的收益就被那些有条件进城的人口获得。此时，政府预算平衡曲线为 $BB_2$。第四种，政府同时增加房地产商的开发成本以及超级大城市的进入限制，这样，政府、房地产商和有条件进城的人口共同分享总计 $P_1FHP_2$ 的收益。在现实中出现的通常是第四种结果，价格以及 BB 曲线会位于 $F$ 点与 $H$ 点之间，但具体位置难以确定。

## 二、中小城市的产业支撑与成本分担协调机制

在中小城市，为稳定房地产市场，政府采取的是产业支撑、成本分担并重但以成本分担为主的机制。此时，BB 曲线的推导如下：

$$M(P,Y)+T_0+tY=G+Tr+G_1(P)+G_2(P) \quad (4.11)$$
$$a+bP+dY+T_0+tY=G+Tr+e-fP+h+kP \quad (4.12)$$
$$Y=[G+Tr+e+h-a-T_0+(k-b-f)P]/(t+d) \quad (4.13)$$

显然，BB 曲线的斜率取决于 $k-b-f$ 的值。若政府降低对土地出让收入的依赖，且可以合理分配产业支撑与成本分担投入的比例，则可以使 $k-b-f=0$。此时，BB 曲线与价格无关，是一条垂线。BB 曲线左侧为预算赤字，右侧为预算盈余。

在图 4-5 中，初始价格为 $P_0$，对应的供给量为 $Y_1$、需求量为 $Y_0$，存在 $Y_1-Y_0$ 的库存。政府按照供给量收取土地出让收入，因此 BB 曲线位于 $Y_1$ 处，此时预算平衡，但存在一定量的库存，房地产市场不均衡。由于价格较高，政府在产业支撑方面投入较小，在成本分担方面投入较

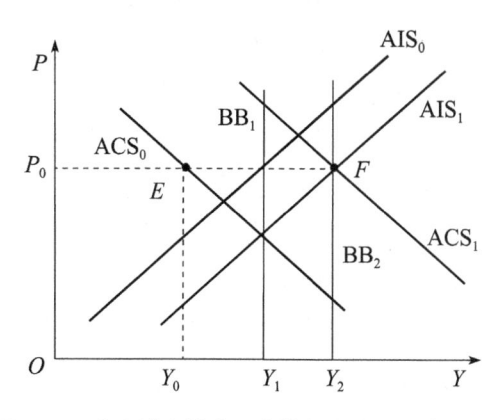

图 4-5 中小城市的产业支撑与成本分担协调机制

大。$ACS_0$ 右移到 $ACS_1$，$AIS_0$ 右移到 $AIS_1$，新的均衡点为 $F$ 点，交易量为 $Y_2$，BB 曲线也右移到 $Y_2$ 处。此时政府财政收入增加、房地产市场价格不变且政府能够保持预算平衡。

当然，在图 4-5 中我们假设价格保持不变是一种特殊情况，价格可能提高也可能下降，但由于 BB 曲线为垂线，价格变化不会影响预算平衡。在现实中就表现为：当价格较高时，政府财政收入较多，此时应增加成本分担份额，即增加支出，保持房地产市场稳定；当价格较低时，政府财政收入也会减少，此时应为房地产商减负，虽然看起来土地出让收入暂时减少，但交易量的增加也会带来税收的增加，政府预算仍能保持平衡。

## 第三节 关于房地产市场波动与城镇化的进一步思考

总的来讲，政府在城镇化进程中常常要面对复杂的经济或政治形势，这需要高超的政治智慧与精深的经济分析能力，但在实践中两者难以完美结合，所以政府政策常常处于矛盾或困境之中。

例如，在城镇化零库存阶段，快速城镇化带来了房地产价格的暴涨，但没有人意识到供给弹性会超过需求弹性，也就没有预计到房地产市场必然会出现过剩，在应对库存增加时就显得手足无措——尤其是在分化阶段，试图通过扩大供给来降价和降库存根本上就是失败的。

随着房地产价格的上升，其作为投资品的价值开始凸显，尤其是在超级大城市，投资房地产成为获得收益的不二法门，这带来了价格的进一步上升。此时，政府采取了很多有针对性的政策，如限购、限制土地供给等，但这些政策均没有起到想象中的效果。原因很简单，即使限购政策成功地减少了购买者的人数，也并不一定会带来价格的下降，反而可能会带来价格的上升，因为人们会购买最贵的房产。同样，限制土地供给的政策无疑会减少供给，价格必然上升。我们可以想象，只要在城市生活的收益大于成本，人们就会继续进入，在此过程中，房地产价格从总体上看必然是上升的。

## 一、超级大城市要重视供给侧改革

供给侧改革的含义就是改变供给结构。房产作为商品，要适应不同收入人群的偏好结构、需求结构。需求结构不同，供给结构也应该不同。

我们至少可以区分这样三类人群：收入较低的城镇化增量人口、中等收入人群以及高收入人群。第一类人群代表以自住为主的刚性需求；第二类人群的刚性需求与投机需求兼而有之；第三类人群则以投机需求为主。如果我们供给的房产是无差异的，均为可以自由交易的商品房，则三类人群都有需求，房产价格无疑会迅速上升。

如果我们生产出异质性房产，例如具有功能缺陷的公租房或廉租房（比如没有独立卫生间），则情况将有所不同。因为房产的交易难度越小，其投资品属性越明显，投机可能性就越大；反之，交易难度越大，其消费品属性越明显。第二类人群和第三类人群不会购买公租房和廉租房，因为他们的收入足够其购买功能齐全的商品房，且前者投资价值也不大。这样，针对商品房的需求无疑会减少，价格也会相对回落。

当然，公租房或廉租房的建设需要投资者，完全市场化运行的想法未必可行，因此政府预算支出会增加。为什么不采取更加简单的方法，例如严厉打击房产投机者呢？这种想法是错误的。房产是一种资产，资产投资是合法的，我们不能严厉打击一种合法的资产投资。投资房产与投资股票没有本质区别，那种一遇到问题就想求助于行政权力的思维是不符合市场经济逻辑的。

## 二、中小城市要改变经济增长方式

对于大多数中小城市而言，扩大需求以降低房地产库存只是一时之选，是为确保经济增长的临时性措施。原因很简单，对于城镇化增量人口而言，倾其所有再加上政府的补贴在城市买了一套房子，看起来是实现了城镇化，但这些人口如果没有稳定的收入，就没有足够的消费能力，也不会带来总需求的稳定增长。要认识到：在城市购买房产仅仅是城镇化的开始，而不是结束。

为此，我们必须改变以房地产为龙头的经济增长方式，改变以房地产为代表的城镇化模式。房地产业不能也不可能成为城镇化的主要支撑模式，应该及时将城镇化的主导产业转向工业（制造业）和服务业。我们可以想象，当劳动人口在城镇里拥有了稳定工作，有了足够的积蓄后，他们自然会想到在城镇定居，于是城镇化就成了一个自然展开的过程。那么，这是否意味着政府在城镇化进程中无所作为呢？答案是否定的。

我们应该认识到，城镇化之所以在我国主要表现为人口从农村到城镇的单向流动，其主要原因在于城镇与农村公共产品供给水平的差异，这其中既有历史原因，也有政策原因。我们一方面应该通过新农村建设等途径提高农村公共产品供给水平，使广大农民分享改革成果；另一方面应该为那些愿意到城镇安家的人口提供帮助，这种帮助的具体途径就是构建产业支撑与成本分担协调机制。从产业支撑角度讲，就是为有劳动能力的人口提供就业培训、就业信息、就业机会；从成本分担角度讲，就是加快基础设施建设、提高城镇服务水平、加大教育投入、扩大养老保险覆盖面和降低医疗服务成本等。

我们可以略举一例。为简单起见，例中的收入和支出均不计贴现率和利息。假设某人到城镇安家，每月有 3 000 元工资，配偶无工作，原先无积蓄，孩子年幼。购买一套价格为 20 万元的房产，设为零首付，分期付款，每年 1 万元，20 年还清。其间由于配偶无工作，每月还款近 1 000 元，只剩下约 2 000 元以供消费。设每人消费 500 元，其他支出计 500 元，则该家庭几乎没有储蓄，生活之艰难可想而知。但如果政府能够从产业支撑和成本分担两方面提供帮助，则情况会大为不同。

假设政府花费 7 万元建设廉租房供其租住，每年租金为 1 200 元，并帮助其配偶就业，设每月工资为 1 500 元，则该家庭每月收入为 4 500 元，扣除各种费用 2 000 元及房租 100 元，还剩余 2 400 元。这样，8 年后他们将有超过 20 万元储蓄。这个家庭完全可以选择全款购买商品房，买房后，该家庭搬出廉租房，12 年后储蓄为 36 万元，这些储蓄可以用于孩子的教育基金、养老保险、提高生活质量等方面支出，设为 18 万元，则还剩余 18 万元净储蓄。

比较两种情况下 20 年的总消费：第一种为 72 万元，第二种为 86.96 万元，两者之差近 15 万元。设消费乘数为 5，则第二种会比第一种多出近 75 万元的经济增长，即使边际税率为 10%，政府收入也会多出近 7.5 万元。相比廉租房的建设成本，政府预算可以平衡。以上案例虽显粗糙，但在一定程度上能够说明问题。可以发现，案例中的关键有二：一个是配偶的就业，一个是廉租房。前者是产业支撑，后者是成本分担。

上述案例说明：不以房地产为中心的、相对完善的产业支撑和成本分担机制不仅能够提高城镇化增量人口的福利水平，还可以在更长时间内拉动经济增长，政府预算也不会出现更多赤字。

### 三、简短的总结

在我国城镇化进程中，房地产市场波动对宏观经济稳定影响甚大。可以建立一个产业支撑、成本分担及预算平衡模型来描述房地产市场的阶段性特征及地域性特征。在城镇化的各个阶段，政府采取了不同的政策，这些政策带来了不同的影响。从短期来看，在超级大城市，政府应该致力于供给侧改革，改善房地产市场的供给结构。而在中小城市，政府应该构建产业支撑与成本分担协调机制来控制房地产市场的波动。从中长期来看，我们应该调整以房地产业为主导的经济增长方式，为宏观经济稳定增长提供不竭的动力。

（1）在城镇化进程中，房地产市场价格和交易量主要由市场供给及市场需求决定，但政府在产业支撑及成本分担两方面的投入会对其产生影响。我们可以建立一个产业支撑、成本分担及预算平衡模型来分析房地产市场的波动。

（2）在零库存阶段，代表需求的成本分担曲线和代表供给的产业支撑曲线均向右移动，但前者移动幅度更大，带来价格的迅速提高。在这一阶段，政府财政出现预算盈余。在分化阶段，房地产市场开始出现分化。由于投资需求的影响，超级大城市需求依然旺盛，限购政策也无济于事；而中小城市则开始出现一定量的库存，若政府采取为房地产商减负等产业支撑政策手段，并不会带来库存的减少，价格也不会随之下降。在去库存阶段，房地产库存规模极大，此时政府开始采取成本分担政策，需求扩大，交易量会有所增加，库存开始下降。

（3）当前，超级大城市采取了总量控制政策。从经济学角度看，这种政策会在一定程度上降低社会总福利。同时，对城镇化增量人口的身份识别也不符合市场经济的基本原理——市场经济归根结底是契约化的,与身份无关,它只关心购买欲望和购买能力。在中小城市,迫于经济增长率的要求,政府较为普遍地采取了产业支撑与成本分担并重但以后者为主的政策思路。

(4) 可以认为:在短期内,如果政府试图以房地产业为主导拉动经济增长,则常常会面临困境。房地产业发展太快有两种可能的结果:一是由需求拉动会导致价格过高;二是供给过多会带来库存增加。如果政府试图控制房地产业的畸形发展,又会带来经济增长率的下滑以及预算赤字等问题。为此,在短期内我们必须构建产业支撑与成本分担协调机制:一方面,为房地产商减负,降低拿地价格,降低制度性交易成本,并根据需求结构的不同调整和完善供给结构;另一方面,还要为城镇化增量人口分担城镇化的各种成本,以扩大需求。在中长期内,要逐渐改变以房地产业为主导的城镇化模式乃至经济增长方式。毕竟,对于一个大国来讲,要保证宏观经济的稳定增长需要产业结构的协调,单纯地依赖某一种产业的超常规发展是非常危险的。

# 第五章 我国新型城镇化产业支撑与成本分担强度评价

## 第一节 我国城镇化产业支撑强度评价

我国城镇化发展很快,在 1996—2019 年的 24 年间,城镇化率从 30.48%增加到 60.60%,意味着已经有一半以上的人口实现了城镇化。不过,随着城镇人口的增加,城镇化率增长率总体上在逐渐减缓。1996—2000 年,该增长率一直保持在 4%以上;2001—2004 年,该增长率降低到 3%~4%;2005 年降到 3%以下;2006 年和 2007 年略有增加,但到 2008 年又开始大幅回落,随后有一个快速反弹;从 2010 年以后,该增长率逐渐下降,到 2014 年已经降低到 2%以下,之后略有回升后趋于平缓下降(见图 5-1)。具体数据见表 5-1。

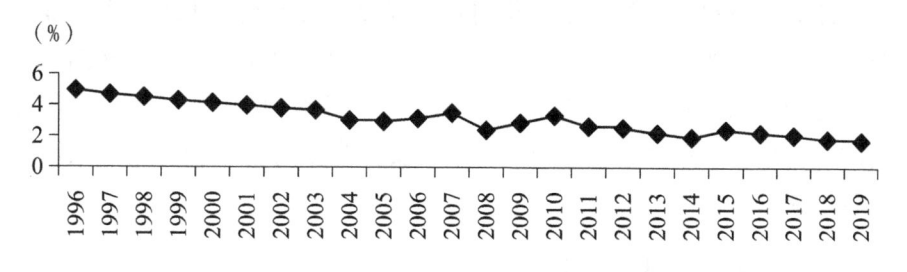

图 5-1 1996—2019 年城镇化率增长率

从图 5-1 中可以发现,1996—2005 年,城镇化率增长率是不断下降的,2005—2007 年出现增长,2008 年突然下降,此后的两年实现增长。2010 年以后增长率虽然有所波动,但总体上呈现下降趋势。

表 5-1　1996—2019 年我国城镇化率及城镇化率增长率变化

| 年份 | 城镇化率（%） | 城镇化率增长率（%） | 年份 | 城镇化率（%） | 城镇化率增长率（%） |
| --- | --- | --- | --- | --- | --- |
| 1996 | 30.48 | 4.96 | 2008 | 46.99 | 2.40 |
| 1997 | 31.91 | 4.69 | 2009 | 48.34 | 2.87 |
| 1998 | 33.35 | 4.51 | 2010 | 49.95 | 3.33 |
| 1999 | 34.78 | 4.29 | 2011 | 51.27 | 2.64 |
| 2000 | 36.22 | 4.14 | 2012 | 52.57 | 2.54 |
| 2001 | 37.66 | 3.98 | 2013 | 53.73 | 2.21 |
| 2002 | 39.09 | 3.80 | 2014 | 54.77 | 1.94 |
| 2003 | 40.53 | 3.68 | 2015 | 56.10 | 2.43 |
| 2004 | 41.76 | 3.03 | 2016 | 57.34 | 2.21 |
| 2005 | 42.99 | 2.95 | 2017 | 58.52 | 2.06 |
| 2006 | 44.34 | 3.14 | 2018 | 59.58 | 1.81 |
| 2007 | 45.89 | 3.50 | 2019 | 60.60 | 1.71 |

当然，城镇化率增长率的下降并不可怕，随着城镇化率的提高，该增长率下降是正常的，需要考虑的是城镇化的质量。党中央于 2014 年明确提出新型城镇化战略规划，该规划的目的就在于提高城镇化质量。在学术界，已经有很多学者认识到：单纯的城镇化率并不重要，重要的是城镇化是否有完善的产业支撑机制。如果缺乏产业支撑，那么城镇化就有可能变成单纯的土地城镇化而非人的城镇化。

然而，考察现有的文献，我们并没有发现关于城镇化进程中产业支撑指标体系或产业支撑强度评价的研究。我们的思路是：首先根据我国城镇化的特征建立一个产业支撑指标体系；其次收集 20 多年来全国层面的相关数据，通过数据分析，对产业支撑强度进行综合评价；最后给出若干建议。

## 一、原始指标选择

经过文献梳理，也考虑到数据的可得性，我们建立了一个二级指标体系来反映城镇化产业支撑强度。指标设计的原则是：第一，各项指标在供给方面与城镇化显著相关；第二，为便于排序和比较，一般而言各项指标越大越好（价格增长率除外，该指标取倒数值）。评价目标为产业支撑强度，一级指标包括宏观经济指标、产业扩张指标、产业升级指标、就业指标、收入指标、税收指标和农业生产效率指标，每个一级指标包含若干二级指标。共计 19 个指标。见表 5-2。

表 5-2　产业支撑原始指标体系

| 评价目标 | 一级指标 | 二级指标 | 简称 |
|---|---|---|---|
| 产业支撑强度 | 宏观经济指标 | GDP 增长率 | $X_1$ |
| | | 1/价格增长率 | $X_2$ |
| | 产业扩张指标 | 工业增长率 | $X_3$ |
| | | 服务业增长率 | $X_4$ |
| | | 出口增长率 | $X_5$ |
| | 产业升级指标 | 研发费用增长率 | $X_6$ |
| | | 专利授权增长率 | $X_7$ |
| | | 产品质量优等率 | $X_8$ |
| | 就业指标 | 总就业量增长率 | $X_9$ |
| | | 城镇就业量增长率 | $X_{10}$ |
| | | 失业保险支出增长率 | $X_{11}$ |
| | 收入指标 | 农村居民人均可支配收入增长率 | $X_{12}$ |
| | | 农村居民人均工资性收入增长率 | $X_{13}$ |
| | | 农村居民人均消费增长率 | $X_{14}$ |
| | 税收指标 | 地方增值税增长率 | $X_{15}$ |
| | | 地方营业税增长率 | $X_{16}$ |
| | 农业生产效率指标 | 农村人均耕地面积 | $X_{17}$ |
| | | 农业机械动力增长率 | $X_{18}$ |
| | | 人均粮食产量增长率 | $X_{19}$ |

原始指标各项数据见表 5-3 和表 5-4。其中，地方增值税增长率与地方营业税增长率两项，在 2016 年之后无数据，在实际操作中以均值代替。

表 5-3 产业支撑原始指标数据 (1)(%)

| 年份 | $X_1$ | $X_2$ | $X_3$ | $X_4$ | $X_5$ | $X_6$ | $X_7$ | $X_8$ | $X_9$ | $X_{10}$ |
|---|---|---|---|---|---|---|---|---|---|---|
| 1996 | 17.06 | 0.12 | 12.50 | 17.01 | 0.99 | 16.02 | −12.30 | 16.15 | 1.29 | 4.61 |
| 1997 | 11.02 | 0.36 | 11.30 | 11.44 | 20.54 | 25.89 | 17.40 | 15.96 | 1.27 | 4.31 |
| 1998 | 6.86 | −1.25 | 8.88 | 7.26 | 0.41 | 8.25 | 35.45 | 19.68 | 1.17 | 4.01 |
| 1999 | 6.31 | −0.71 | 8.62 | 6.56 | 6.13 | 23.21 | 61.35 | 20.52 | 1.07 | 3.69 |
| 2000 | 10.72 | 2.50 | 9.89 | 11.05 | 27.70 | 31.92 | 66.07 | 21.73 | 0.95 | 3.31 |
| 2001 | 10.55 | 1.43 | 8.72 | 10.95 | 6.73 | 16.40 | 28.50 | 27.87 | 1.00 | 4.18 |
| 2002 | 9.80 | −1.25 | 9.99 | 10.03 | 22.34 | 23.52 | 31.77 | 24.63 | 0.65 | 4.29 |
| 2003 | 12.88 | 0.83 | 12.77 | 12.84 | 34.67 | 19.58 | 73.05 | 31.61 | 0.63 | 4.27 |
| 2004 | 17.76 | 0.26 | 11.57 | 17.39 | 35.33 | 27.72 | 32.85 | 27.98 | 0.73 | 4.06 |
| 2005 | 15.75 | 0.56 | 11.62 | 15.81 | 27.58 | 24.60 | 7.99 | 39.12 | 0.50 | 4.01 |
| 2006 | 17.14 | 0.67 | 12.91 | 17.36 | 23.86 | 22.58 | 8.42 | 50.55 | 0.44 | 4.36 |
| 2007 | 23.17 | 0.21 | 14.91 | 23.80 | 20.58 | 23.56 | 17.61 | 48.64 | 0.46 | 4.48 |
| 2008 | 18.26 | 0.17 | 10.01 | 18.22 | 7.30 | 24.41 | 37.92 | 54.51 | 0.31 | 3.72 |
| 2009 | 9.24 | −1.43 | 9.10 | 9.56 | −18.30 | 25.69 | 37.11 | 58.49 | 0.34 | 3.79 |
| 2010 | 18.32 | 0.30 | 12.59 | 18.25 | 30.47 | 21.71 | 5.16 | 70.93 | 0.37 | 4.10 |
| 2011 | 18.45 | 0.19 | 10.88 | 18.48 | 15.15 | 22.99 | 27.40 | 57.42 | 0.42 | 3.54 |
| 2012 | 10.46 | 0.38 | 8.10 | 10.72 | 4.95 | 18.54 | 26.14 | 53.62 | 0.38 | 3.30 |
| 2013 | 10.17 | 0.38 | 7.71 | 10.48 | 6.01 | 15.03 | −4.33 | 75.22 | 0.35 | 3.07 |
| 2014 | 8.21 | 0.50 | 7.02 | 8.40 | 4.93 | 9.87 | 12.30 | 68.46 | 0.35 | 2.79 |
| 2015 | 6.99 | 0.71 | 6.20 | 8.20 | −1.89 | 8.88 | 18.71 | 66.20 | 0.24 | 2.81 |
| 2016 | 7.91 | 0.50 | 6.30 | 7.69 | −1.94 | 10.63 | 2.08 | 64.79 | 0.20 | 2.52 |
| 2017 | 11.47 | 0.98 | 5.89 | 8.30 | −14.10 | 12.32 | 5.97 | 66.13 | 0.04 | 2.49 |
| 2018 | 10.48 | 0.98 | 5.79 | 8.00 | −51.60 | 11.77 | 6.50 | 58.39 | −0.07 | 2.26 |
| 2019 | 7.78 | 0.97 | 5.69 | 6.91 | 209.90 | 10.47 | 6.12 | 52.12 | −0.15 | 1.92 |

表 5-4 产业支撑原始指标数据 (2)(%)

| 年份 | $X_{11}$ | $X_{12}$ | $X_{13}$ | $X_{14}$ | $X_{15}$ | $X_{16}$ | $X_{17}$ | $X_{18}$ | $X_{19}$ |
|---|---|---|---|---|---|---|---|---|---|
| 1996 | 44.44 | 22.07 | 27.43 | 19.99 | 13.49 | 21.48 | 2.30 | 6.75 | 1.09 |
| 1997 | 32.97 | 8.54 | 14.16 | 2.86 | 10.97 | 15.38 | 2.07 | 9.00 | 0.98 |
| 1998 | 42.98 | 3.43 | 11.46 | −1.67 | 10.19 | 15.47 | 2.06 | 7.58 | 1.04 |
| 1999 | 76.49 | 2.23 | 9.87 | −0.82 | 7.25 | 8.45 | 2.07 | 8.37 | 0.99 |
| 2000 | 34.73 | 1.95 | 11.43 | 5.88 | 17.02 | 11.84 | 1.98 | 7.29 | 0.91 |
| 2001 | 26.90 | 5.01 | 9.91 | 4.26 | 17.71 | 13.73 | 1.99 | 4.94 | 0.96 |
| 2002 | 16.61 | 4.60 | 8.85 | 5.36 | 15.35 | 24.13 | 2.00 | 5.02 | 0.99 |

续表

| 年份 | $X_{11}$ | $X_{12}$ | $X_{13}$ | $X_{14}$ | $X_{15}$ | $X_{16}$ | $X_{17}$ | $X_{18}$ | $X_{19}$ |
|---|---|---|---|---|---|---|---|---|---|
| 2003 | 9.42 | 5.92 | 9.31 | 5.92 | 17.04 | 20.57 | 1.96 | 4.23 | 0.92 |
| 2004 | 5.76 | 11.97 | 8.73 | 12.42 | 21.73 | 25.42 | 2.00 | 6.03 | 1.09 |
| 2005 | −2.09 | 10.86 | 17.64 | 16.96 | 19.94 | 18.20 | 2.08 | 6.81 | 1.03 |
| 2006 | −4.30 | 10.21 | 17.05 | 10.71 | 20.88 | 21.10 | 2.11 | 6.03 | 1.04 |
| 2007 | 9.94 | 15.44 | 16.10 | 13.97 | 21.00 | 28.42 | 2.16 | 5.60 | 1.02 |
| 2008 | 16.44 | 14.98 | 16.13 | 13.56 | 16.32 | 15.91 | 2.18 | 7.32 | 1.06 |
| 2009 | 44.69 | 8.24 | 11.19 | 9.10 | 1.46 | 19.63 | 2.26 | 6.46 | 1.00 |
| 2010 | 15.42 | 14.85 | 17.95 | 9.72 | 13.82 | 24.38 | 2.28 | 6.03 | 1.03 |
| 2011 | 2.24 | 17.87 | 21.89 | 19.17 | 15.26 | 22.70 | 2.30 | 5.33 | 1.03 |
| 2012 | 4.11 | 13.46 | 16.33 | 13.16 | 12.50 | 15.09 | 2.34 | 4.93 | 1.02 |
| 2013 | 17.97 | 19.09 | 11.58 | 11.76 | 22.85 | 10.36 | 2.36 | 1.30 | 1.02 |
| 2014 | 15.64 | 11.23 | 10.96 | 10.88 | 17.83 | 3.26 | 2.39 | 4.00 | 1.01 |
| 2015 | 19.87 | 8.91 | 10.77 | 10.02 | 3.68 | 8.18 | 2.41 | 3.39 | 1.84 |
| 2016 | 27.76 | 8.20 | 9.17 | 9.83 | — | — | 2.50 | −12.91 | −1.37 |
| 2017 | −8.43 | 8.65 | 9.48 | 8.10 | — | — | 2.52 | 1.59 | −0.37 |
| 2018 | 2.41 | 8.81 | 9.07 | 10.70 | — | — | 2.57 | 1.61 | −1.01 |
| 2019 | 2.43 | 9.61 | 9.80 | 9.90 | — | — | 2.59 | 2.33 | 0.14 |

## 二、原始指标与城镇化关联度分析

为得到各指标的权重,需要分析原始指标与城镇化之间的关联度。我们采用了回归分析方法,但发现一些指标未能通过显著性检验。因此考虑采用灰色关联分析方法,其中关联度较大的指标被赋予较高权重,关联度较小的指标被赋予较低权重。计算方法如下:

设待考察变量为城镇化率增长率 $X_0$,其他原始指标为比较变量 $X_1$, ⋯, $X_{19}$。

考察变量为 $X_0(k) = \{x_0(1), x_0(2), \cdots, x_0(n)\}$,$n$ 为24,即从1996年到2019年。

比较数列为 $X_i(k) = \{x_i(1), x_i(2), \cdots, x_i(n)\}$,$i = 1, 2, \cdots, 19$,$k = 1, 2, \cdots, 24$。

$X_0(k)$ 与 $X_i(k)$ 之间的灰色关联系数计算公式为:

$$\xi_i(k) = \frac{\min\limits_{i}\min\limits_{k}|x_0(k)-x_i(k)| + \rho\max\limits_{i}\max\limits_{k}|x_0(k)-x_i(k)|}{|x_0(k)-x_i(k)| + \rho\max\limits_{i}\max\limits_{k}|x_0(k)-x_i(k)|}$$

其中，$\rho$ 为分辨率系数，可以通过调整该系数凸显关联度大小的不同。一般取 $0.5 \leqslant \rho \leqslant 1$。最后得到 $X_0$ 与 $X_i$ 之间的相对关联度：$\delta_i = \frac{1}{n}\sum\limits_{k=1}^{n}\xi_i(k)$。

第一步，对指标进行无量纲化处理。我们首先收集 1996—2019 年的各项指标数据，再对数据进行无量纲化处理。无量纲化处理有多种方法，在此我们采用绝对值最大法，保证所有数据均在 −1 和 1 之间。

第二步，计算差序列及极差。将 $X_0$ 分别与 $X_1$，…，$X_{19}$ 相减，并取绝对值。找出最大差值以及最小差值。在本例中，最大差值为 1.45，最小差值为 0。

第三步，计算各年度关联系数，公式为：

$$\xi_i(k) = \frac{\rho \times 1.45}{|x_0(k)-x_i(k)| + \rho \times 1.45}$$

其中 $\rho$ 取 0.5。

第四步，将各年度关联系数取算术平均值，得到城镇化率增长率与产业支撑各原始指标之间的关联度，见表 5-5。

表 5-5 城镇化率增长率与产业支撑各原始指标之间的关联度

| 关联度 | $X_1$ | $X_2$ | $X_3$ | $X_4$ | $X_5$ | $X_6$ | $X_7$ | $X_8$ | $X_9$ | $X_{10}$ |
|---|---|---|---|---|---|---|---|---|---|---|
|  | 0.79 | 0.68 | 0.85 | 0.80 | 0.56 | 0.84 | 0.71 | 0.68 | 0.79 | 0.82 |
| 关联度 | $X_{11}$ | $X_{12}$ | $X_{13}$ | $X_{14}$ | $X_{15}$ | $X_{16}$ | $X_{17}$ | $X_{18}$ | $X_{19}$ | |
|  | 0.67 | 0.78 | 0.82 | 0.77 | 0.73 | 0.76 | 0.75 | 0.75 | 0.76 | |

根据关联度的大小将原始指标分为四类（指标分类有助于下文中的指标权重设置）。

Ⅰ类指标：关联度大于等于 0.78，包括 GDP 增长率、工业增长率、服务业增长率、研发费用增长率、总就业量增长率、城镇就业量增长率、农村人均可支配收入增长率、农村人均工资性收入增长率。

Ⅱ类指标，关联度大于等于 0.75 小于 0.78，包括农村人均消费增长率、地方营业税增长率、农村人均耕地面积、农业机械动力增长率、人均粮食产量增长率。

Ⅲ类指标，关联度大于等于 0.68 小于 0.75，包括专利授权增长率、产品质量优等率和地方增值税增长率。

Ⅳ类指标，关联度低于 0.68，包括 1/价格增长率[①]、出口增长率和失业保险支出增长率。

## 三、评价指标体系设计

为进行产业支撑强度评价，需要将原始指标进行简单转换。指标整体结构不变，但要体现出经济学意义。见表 5-6。

表 5-6 产业支撑指标体系

| 评价目标 | 一级指标 | 二级指标 | 简称 |
|---|---|---|---|
| 产业支撑强度 | 宏观经济指标 | GDP 增长率/城镇化率增长率 | AIS1 |
| | | (城镇化率－价格增长率)×100 | AIS2 |
| | 产业扩张指标 | 工业增长率/城镇化率增长率 | AIS3 |
| | | 服务业增长率/城镇化率增长率 | AIS4 |
| | | 出口增长率/城镇化率增长率 | AIS5 |
| | 产业升级指标 | 研发费用增长率/城镇化率增长率 | AIS6 |
| | | 专利授权增长率/城镇化率增长率 | AIS7 |
| | | 产品质量优等率/城镇化率 | AIS8 |
| | 就业指标 | 总就业量增长率/城镇化率增长率 | AIS9 |
| | | 城镇就业量增长率/城镇化率增长率 | AIS10 |
| | | 失业保险支出增长率/城镇化率增长率 | AIS11 |
| | 收入指标 | 农村居民人均可支配收入增长率/城镇化率增长率 | AIS12 |
| | | 农村居民人均工资性收入增长率/城镇化率增长率 | AIS13 |
| | | 农村居民人均消费增长率/城镇化率增长率 | AIS14 |
| | 税收指标 | 地方增值税增长率/城镇化率增长率 | AIS15 |
| | | 地方营业税增长率/城镇化率增长率 | AIS16 |
| | 农业生产效率指标 | 农村人均耕地面积/城镇化率 | AIS17 |
| | | 农业机械动力增长率/城镇化率增长率 | AIS18 |
| | | 人均粮食产量增长率/城镇化率增长率 | AIS19 |

宏观经济指标包括两个二级指标：一个是 GDP 增长率除以城镇化率增长率，简称 AIS1；另一个是城镇化率减价格增长率×100，简称 AIS2。从一般意义上讲，AIS1 越大，表示城镇化的经济基础越强大。如

---

[①] 此处只取到小数点后两位，若取到小数点后三位，则 1/价格增长率和产品质量优等率不等。

果 GDP 不增长，城镇化率的提高就成了无源之水。另外，价格增长率显然会提高城镇化增量人口的各种成本，两者在一定程度上是反向关系，考虑到价格变化不一定是正值，我们用城镇化率减价格增长率来描述两者的关系。

产业扩张指标包括三个二级指标，涉及工业、服务业及出口。工业增长率除以城镇化率增长率用 AIS3 表示，服务业增长率除以城镇化率增长率用 AIS4 表示。工业增长率和服务业增长率是产业支撑的重要指标，这里我们谨慎地避开了房地产业和建筑业的影响。出口增长率除以城镇化率增长率用 AIS5 表示。这三个指标越大，说明产业支撑强度越大。

产业升级指标包括三个二级指标，涉及研发费用、专利授权以及产品中优等品的比率。研发费用、专利授权越多，则产品中技术含量越高，产业附加值越高，表示产业支撑强度越大。AIS6、AIS7 分别表示研发费用增长率除以城镇化率增长率、专利授权增长率除以城镇化率增长率。此外，城镇化程度越高，产品质量也应该越高。用 AIS8 表示产品质量优等率除以城镇化率。

就业指标包括三个二级指标，涉及总就业量、城镇就业量以及失业保险支出。总就业量、城镇就业量越高，表示城镇化增量人口的收入越稳定，产业支撑稳定性就越高。另外，失业保险支出越多，表示中央政府及地方政府对城镇化进程中就业问题的重视程度越高。需要说明的是，失业保险支出增加并不一定代表失业率的增加，因为我国的失业率不能完全反映真正的城乡失业情况。① AIS9、AIS10、AIS11 分别表示总就业量增长率除以城镇化率增长率、城镇就业量增长率除以城镇化率增长率及失业保险支出增长率除以城镇化率增长率。

收入指标包括三个二级指标。城镇化的需求主要来自农村，因此农村居民的收入与消费就是衡量城镇化可能性的重要标准。我们选择农村居民人均可支配收入（人均纯收入）、农村居民人均工资性收入及农村

---

① 我国目前的城镇登记人口失业率长期在 4% 左右徘徊，从理论上讲接近自然失业率，或者说接近充分就业，但这不尽符合现实。根据刘建东的估计，我国真实失业率在 10% 以上。见刘建东. 城镇登记失业率与调查失业率差异分析. 中国统计，2016（10）：58－59.

居民人均消费三个指标，以其增长率除以城镇化率增长率，分别用 AIS12、AIS13、AIS14 表示。

税收指标包括两个二级指标。我们认为，在城镇化进程中发挥主要作用的是地方政府，中央财政收入的比例虽然高于地方财政，但支出比例远低于地方财政，因此我们选取地方财政中增值税和营业税两项指标，以两者增长率分别除以城镇化率增长率，用 AIS15、AIS16 表示。

农业生产效率指标包括三个二级指标，涉及农村人均耕地面积、农业机械动力、人均粮食产量三项。随着城镇化的进行，农村人均耕地面积应该增加，同时可以使用更多高效率的农业机械，带来人均粮食产量的增加。考虑到人均耕地面积增长缓慢，因此不宜采用其增长率，直接以原值除以城镇化率，用 AIS17 表示；其他两个指标均以其增长率除以城镇化率增长率，分别用 AIS18 和 AIS19 表示。

全国层面产业支撑指标数据见表 5-7 和表 5-8。

表 5-7　全国层面产业支撑指标数据（1）

| 年份 | AIS1 | AIS2 | AIS3 | AIS4 | AIS5 | AIS6 | AIS7 | AIS8 | AIS9 | AIS10 |
|---|---|---|---|---|---|---|---|---|---|---|
| 1996 | 3.44 | 22.18 | 2.52 | 3.43 | 0.20 | 3.23 | -2.48 | 0.53 | 0.26 | 0.93 |
| 1997 | 2.35 | 29.11 | 2.41 | 2.44 | 4.38 | 5.52 | 3.71 | 0.50 | 0.27 | 0.92 |
| 1998 | 1.52 | 34.15 | 1.97 | 1.61 | 0.09 | 1.83 | 7.86 | 0.59 | 0.26 | 0.89 |
| 1999 | 1.47 | 36.18 | 2.01 | 1.53 | 1.43 | 5.41 | 14.30 | 0.59 | 0.25 | 0.86 |
| 2000 | 2.59 | 35.82 | 2.39 | 2.67 | 6.69 | 7.71 | 15.96 | 0.60 | 0.23 | 0.80 |
| 2001 | 2.65 | 36.96 | 2.19 | 2.75 | 1.69 | 4.12 | 7.16 | 0.74 | 0.25 | 1.05 |
| 2002 | 2.58 | 39.89 | 2.63 | 2.64 | 5.88 | 6.19 | 8.36 | 0.63 | 0.17 | 1.13 |
| 2003 | 3.50 | 39.33 | 3.47 | 3.49 | 9.42 | 5.32 | 19.85 | 0.78 | 0.17 | 1.16 |
| 2004 | 5.86 | 37.86 | 3.82 | 5.74 | 11.66 | 9.15 | 10.84 | 0.67 | 0.24 | 1.34 |
| 2005 | 5.34 | 41.19 | 3.94 | 5.36 | 9.35 | 8.34 | 2.71 | 0.91 | 0.17 | 1.36 |
| 2006 | 5.46 | 42.84 | 4.11 | 5.53 | 7.60 | 7.19 | 2.68 | 1.14 | 0.14 | 1.39 |
| 2007 | 6.62 | 41.09 | 4.26 | 6.80 | 5.88 | 6.73 | 5.03 | 1.06 | 0.13 | 1.28 |
| 2008 | 7.61 | 41.09 | 4.17 | 7.59 | 3.04 | 10.17 | 15.80 | 1.16 | 0.13 | 1.55 |
| 2009 | 3.22 | 49.04 | 3.17 | 3.33 | -6.37 | 8.95 | 12.93 | 1.21 | 0.12 | 1.32 |
| 2010 | 5.50 | 46.65 | 3.78 | 5.48 | 9.15 | 6.52 | 1.55 | 1.42 | 0.11 | 1.23 |
| 2011 | 6.99 | 45.87 | 4.12 | 7.00 | 5.74 | 8.71 | 10.38 | 1.12 | 0.16 | 1.34 |
| 2012 | 4.12 | 49.97 | 3.19 | 4.22 | 1.95 | 7.30 | 10.29 | 1.02 | 0.15 | 1.30 |

续表

| 年份 | AIS1 | AIS2 | AIS3 | AIS4 | AIS5 | AIS6 | AIS7 | AIS8 | AIS9 | AIS10 |
|---|---|---|---|---|---|---|---|---|---|---|
| 2013 | 4.60 | 51.13 | 3.49 | 4.74 | 2.72 | 6.80 | −1.96 | 1.40 | 0.16 | 1.39 |
| 2014 | 4.23 | 52.77 | 3.62 | 4.33 | 2.54 | 5.09 | 6.34 | 1.25 | 0.18 | 1.44 |
| 2015 | 2.89 | 54.70 | 2.56 | 3.39 | −0.78 | 3.67 | 7.73 | 1.18 | 0.10 | 1.16 |
| 2016 | 3.58 | 55.34 | 2.85 | 3.48 | −0.88 | 4.81 | 0.94 | 1.13 | 0.09 | 1.14 |
| 2017 | 5.57 | 57.50 | 2.86 | 4.03 | −6.85 | 5.98 | 2.90 | 1.13 | 0.02 | 1.21 |
| 2018 | 5.79 | 58.56 | 3.20 | 4.42 | −28.51 | 6.50 | 3.59 | 0.98 | −0.04 | 1.25 |
| 2019 | 4.55 | 59.57 | 3.33 | 4.04 | 122.74 | 6.12 | 3.58 | 0.86 | −0.09 | 1.12 |

表 5-8　全国层面产业支撑指标数据（2）

| 年份 | AIS11 | AIS12 | AIS13 | AIS14 | AIS15 | AIS16 | AIS17 | AIS18 | AIS19 |
|---|---|---|---|---|---|---|---|---|---|
| 1996 | 8.96 | 4.45 | 5.53 | 4.03 | 2.72 | 4.33 | 7.55 | 1.36 | 0.22 |
| 1997 | 7.03 | 1.82 | 3.02 | 0.61 | 2.34 | 3.28 | 6.49 | 1.92 | 0.21 |
| 1998 | 9.53 | 0.76 | 2.54 | −0.37 | 2.26 | 3.43 | 6.18 | 1.68 | 0.23 |
| 1999 | 17.83 | 0.52 | 2.30 | −0.19 | 1.69 | 1.97 | 5.95 | 1.95 | 0.23 |
| 2000 | 8.39 | 0.47 | 2.76 | 1.42 | 4.11 | 2.86 | 5.47 | 1.76 | 0.22 |
| 2001 | 6.76 | 1.26 | 2.49 | 1.07 | 4.45 | 3.45 | 5.28 | 1.24 | 0.24 |
| 2002 | 4.37 | 1.21 | 2.33 | 1.41 | 4.04 | 6.35 | 5.12 | 1.32 | 0.26 |
| 2003 | 2.56 | 1.61 | 2.53 | 1.61 | 4.63 | 5.59 | 4.84 | 1.15 | 0.25 |
| 2004 | 1.90 | 3.95 | 2.88 | 4.10 | 7.17 | 8.39 | 4.79 | 1.99 | 0.36 |
| 2005 | −0.71 | 3.68 | 5.98 | 5.75 | 6.76 | 6.17 | 4.84 | 2.31 | 0.35 |
| 2006 | −1.37 | 3.25 | 5.43 | 3.41 | 6.65 | 6.72 | 4.76 | 1.92 | 0.33 |
| 2007 | 2.84 | 4.41 | 4.60 | 3.99 | 6.00 | 8.12 | 4.71 | 1.6 | 0.29 |
| 2008 | 6.85 | 6.24 | 6.72 | 5.65 | 6.80 | 6.63 | 4.64 | 3.05 | 0.44 |
| 2009 | 15.57 | 2.87 | 3.90 | 3.17 | 0.51 | 6.84 | 4.68 | 2.25 | 0.35 |
| 2010 | 4.63 | 4.46 | 5.39 | 2.92 | 4.15 | 7.32 | 4.56 | 1.81 | 0.31 |
| 2011 | 0.85 | 6.77 | 8.29 | 7.26 | 5.78 | 8.60 | 4.49 | 2.02 | 0.39 |
| 2012 | 1.62 | 5.30 | 6.43 | 5.18 | 4.92 | 5.94 | 4.45 | 1.94 | 0.40 |
| 2013 | 8.13 | 8.64 | 5.24 | 5.32 | 10.34 | 4.69 | 4.39 | 0.59 | 0.46 |
| 2014 | 8.06 | 5.79 | 5.65 | 5.61 | 9.19 | 1.68 | 4.36 | 2.06 | 0.52 |
| 2015 | 8.21 | 3.68 | 4.45 | 4.14 | 1.52 | 3.38 | 4.30 | 1.40 | 0.76 |
| 2016 | 12.56 | 3.71 | 4.15 | 4.45 | — | — | 4.36 | −5.84 | −0.62 |
| 2017 | −4.09 | 4.20 | 4.60 | 3.93 | — | — | 4.31 | 0.77 | −0.18 |
| 2018 | 1.33 | 4.87 | 5.01 | 5.91 | — | — | 4.31 | 0.89 | −0.56 |
| 2019 | 1.42 | 5.62 | 5.73 | 5.79 | — | — | 4.27 | 1.36 | 0.08 |

## 四、数据描述性统计

**1. 宏观经济指标**

（1）GDP增长率、城镇化率增长率与AIS1指标。

根据数据，1996—2019年GDP平均增长率为12.36%。1996—1998年，GDP增长率与城镇化率增长率均下降；但从1999年开始一直到2007年，GDP增长率总体上处于上升状态，与城镇化率增长率变化方向相反；2009年以后，GDP增长率仍有波动，但总体上呈下降趋势，与城镇化率增长率的变化趋势一致（见图5-2）。考察AIS1指标，其形态与GDP增长率基本保持一致（见图5-3）。1999年以前AIS1指标呈现下降趋势，1999—2008年上升，2011年以后总体呈现下降趋势。

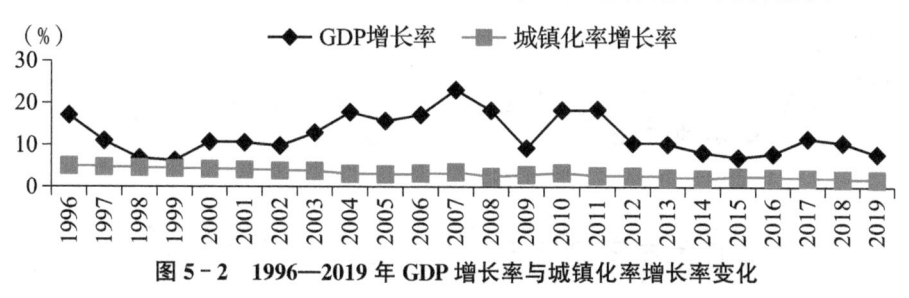

图5-2 1996—2019年GDP增长率与城镇化率增长率变化

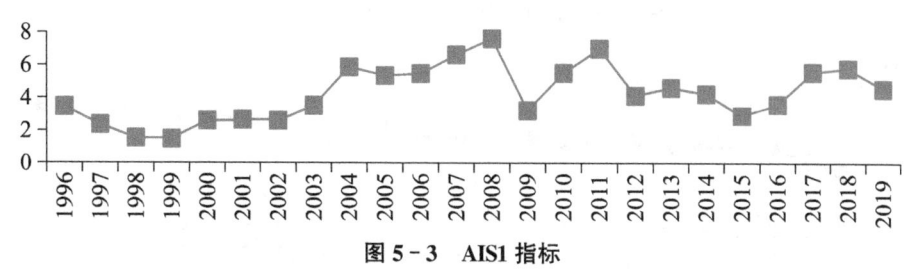

图5-3 AIS1指标

（2）城镇化率、价格增长率与AIS2指标①。

图5-4显示的是城镇化率的变化，其增长趋势非常明显，但在最近几年斜率开始减小。图5-5显示的是1996—2019年价格增长率的变化，大于1的部分表示价格上升，小于1的部分表示价格下降。可以发现，仅1998年、1999年、2002年、2009年出现了价格下降，其他年份

---

① 为简单起见，我们采用消费者价格指数（CPI）的变化代表价格变化。事实上，用生产者价格指数（PPI）或GDP折算指数得到的结果类似，不再赘述。

价格均上升。当然，该价格指数（CPI）并不包括房地产价格，因此难以完全体现城镇化的成本变化。图5-6显示的是AIS2指标，其含义为城镇化率减价格增长率。可以发现，AIS2指标总体呈上升趋势，也就是说，CPI的变化对城镇化率影响不大。

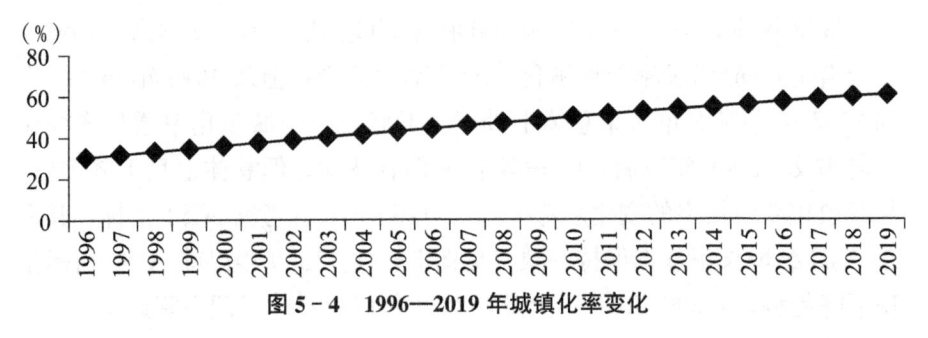

图5-4 1996—2019年城镇化率变化

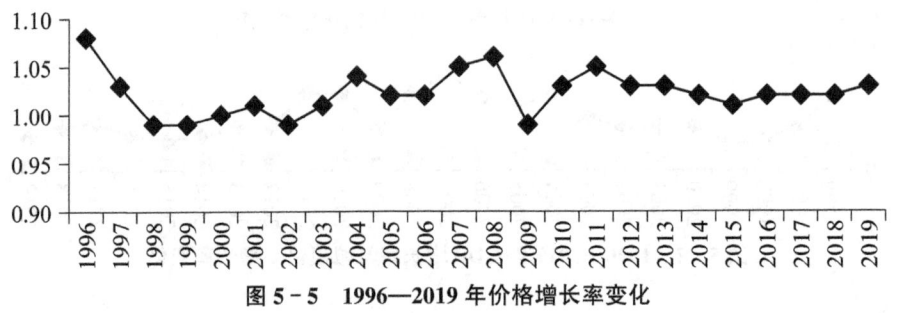

图5-5 1996—2019年价格增长率变化

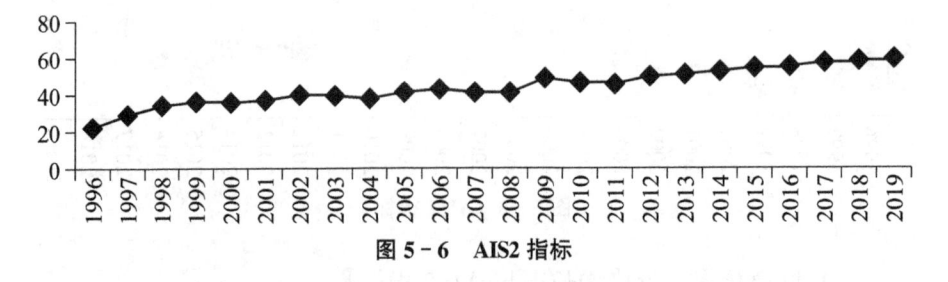

图5-6 AIS2指标

## 2. 产业扩张指标

（1）工业增长率、服务业增长率与AIS3、AIS4指标。

工业增长率实际上是我们较为担心的问题，因为虽然1996—2019年工业增长率均值为9.99%（这在全世界也是领先水平），但自从2007年以来，基于各种原因，我国工业增长率几乎一直在下降[①]，从2007年

---

① 2008年工业增长率下降，2010年反弹，但不影响总的下降趋势。

的14.91%下降到2019年的最低点5.69%（2016年也仅为6.3%），如图5-7所示。和图5-2比较，可以发现，工业增长率与GDP增长率的变化情况极为相似。很明显，进入新常态以来，我国工业经济从重规模、重数量逐渐向重质量、重效益转变。增长率下降是正常的，但要警惕导致增长率下降的非经济因素（例如政策性因素、环保压力等），以及这种（硬或软）"着陆"带来的就业等问题。①

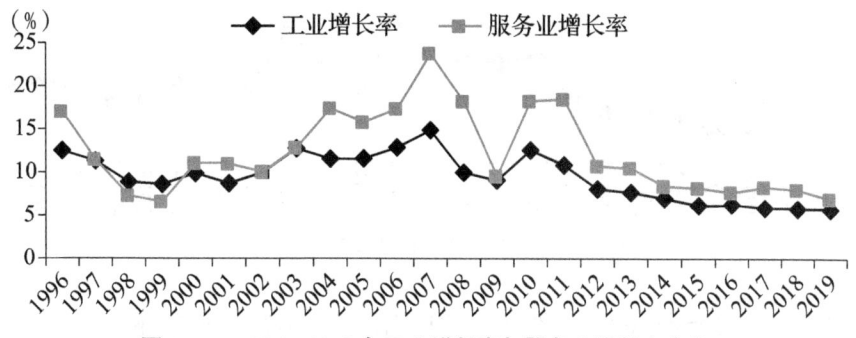

图5-7 1996—2019年工业增长率与服务业增长率变化

服务业增长率变化与工业增长率类似，也是从2007年以来呈现下降趋势，但其走势更加平缓。较高的服务业增长率为2007年的23.80%，最低的为2019年的6.91%。虽然增长率在缓慢下降，但服务业占GDP比重仍在不断增加。2015年首次突破50%，2019年占比为53.9%。从这个趋势看，服务业增长问题并不严重。

AIS3指标等于工业增长率除以城镇化率增长率，AIS4指标等于服务业增长率除以城镇化率增长率，其变化趋势与工业增长率及服务业增长率类似，不再赘述（见图5-8、图5-9）。

(2) 出口增长率与AIS5指标。

再看出口增长率。② 出口增长率比工业增长率、服务业增长率波动得更加剧烈，如图5-10所示，最大值为2019年的209.90%，最小值

---

① 典型的例子是京津冀地区的一些中小型工业企业。每年到冬天供暖季或雾霾严重阶段，为了保证"蓝天白云"的良好环境，一些中小企业就被关停，例如水泥厂等。这种做法能否从根本上解决环保问题，还值得商榷。2017年冬季，京津冀地区部分城市和农村一度被禁止用煤取暖，但由于替代性措施不到位及对能源市场变化缺乏预案，这一举措导致了天然气价格飙升和广大农村的取暖问题，还产生了一些引发社会争议的事件。如何平衡行政力量、村民意愿以及市场供需结构，是一个需要进一步深入研究的问题。

② AIS5指标与出口增长率类似，不再赘述，下同。

图 5-8 AIS3 指标

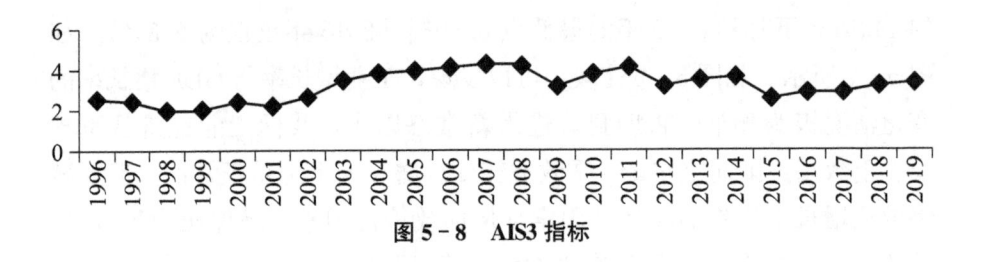

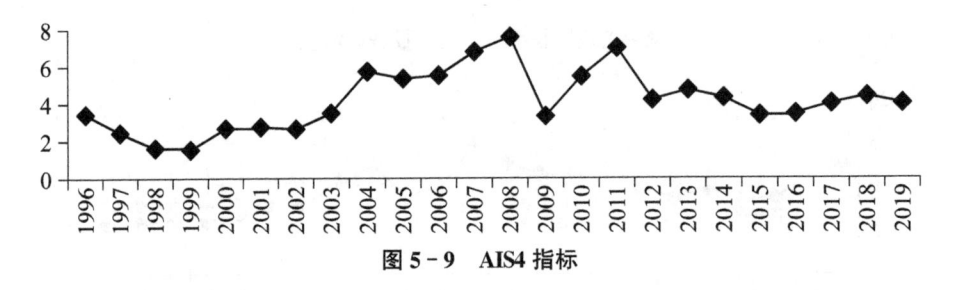

图 5-9 AIS4 指标

为 2018 年的 −51.60%。2010—2018 年，出口增长率大体上呈下降趋势，2015—2018 年均为负值。为什么出口增长率会下降？为什么会出现负增长？官方的解释有两个：一是外需低迷，主要发达国家经济增长率一直保持在低水平；二是汇率，人民币贬值引发出口增加的效应不明显。我们认为出口下降还与我国的出口特征有关。第一，我国在出口什么？如果还是在出口原材料、低端产品，那么这种出口增长率的下降并不是坏事。第二，谁在出口？众所周知，我国出口企业中多数是外商直接投资企业，它们多数具备"大进大出"的特征，这种出口实际上意义不大。第三，我国真的需要出口吗？如果发达国家的进口标准提高导致我国出口下降，那么这同样不是坏事，这意味着我国应该将目光转向内需——质优价廉的商品为什么不用于满足国内消费呢？

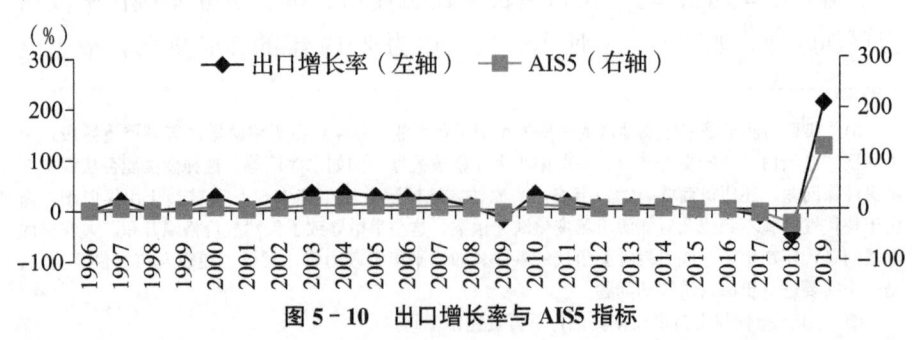

图 5-10 出口增长率与 AIS5 指标

### 3. 产业升级指标

（1）研发费用增长率、专利授权增长率与 AIS6、AIS7 指标。

研发费用增长率在 2001 年之前波动较大，之后渐趋稳定，在 2011 年之前基本保持在 20% 以上。2011 年之后，随着经济增长率下滑，该增长率也逐渐下降到 10% 左右。20 多年间，研发费用增长率平均为城镇化率增长率的 6.5 倍。专利授权增长率整体上看波动较大，与城镇化关联度略低。最大值为 73.05%，最小值为 -12.3%（见图 5-11）。其增长率平均为城镇化率增长率的 8.54 倍。AIS6、AIS7 指标与研发费用增长率、专利授权增长率的变化类似（见图 5-12）。

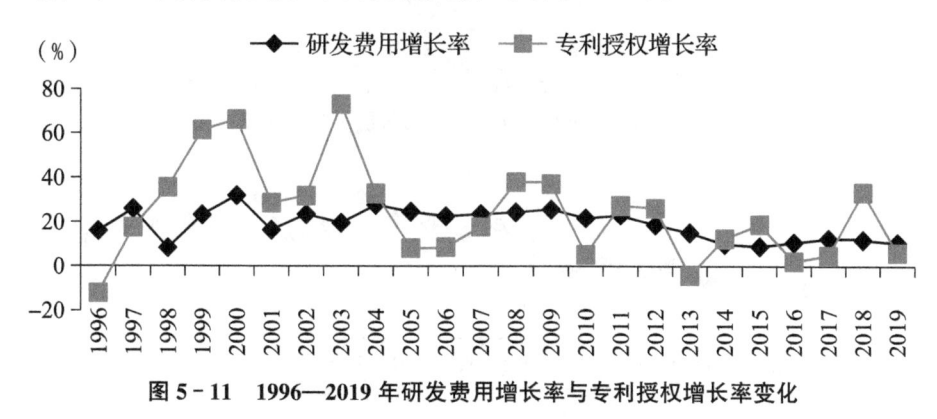

图 5-11 1996—2019 年研发费用增长率与专利授权增长率变化

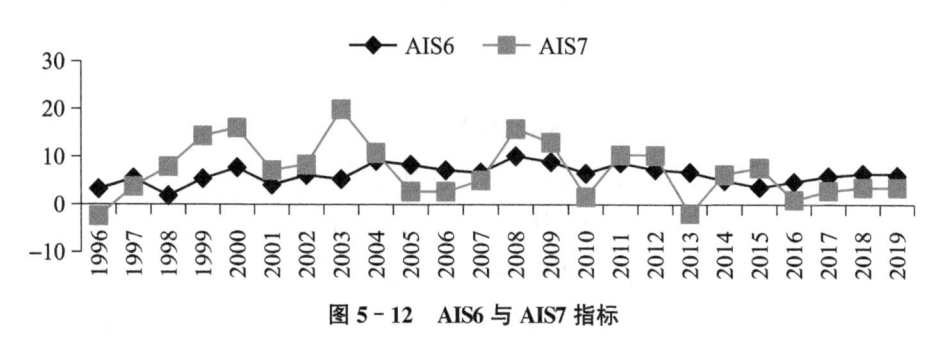

图 5-12 AIS6 与 AIS7 指标

（2）产品质量优等率与 AIS8 指标。

产品质量优等率的变化值得关注。该指标在 2010 年之前呈上升趋势，2010—2012 年出现短暂下降，之后回升，在 2013 年达到最高点，此后有所下降（见图 5-13）。我们应该思考：城镇化进程究竟是提高了产品质量还是降低了产品质量？学术界尚有不同看法。有学者认为在当前的经济背景下，诚信成本对于企业产品质量有着较大甚至是决定性影响。① 随着城镇化的深入进行，将会出现规模不同、密度不同的市场。在大城市或者超级大城市，监管比较完善，产品质量较高。而在中小城市，监管机制不尽完善，产品质量也许会下降。而在广大农村地区，监管薄弱，消费者识别能力相对不足，低质量产品较多。② AIS8 的变化见图 5-14。

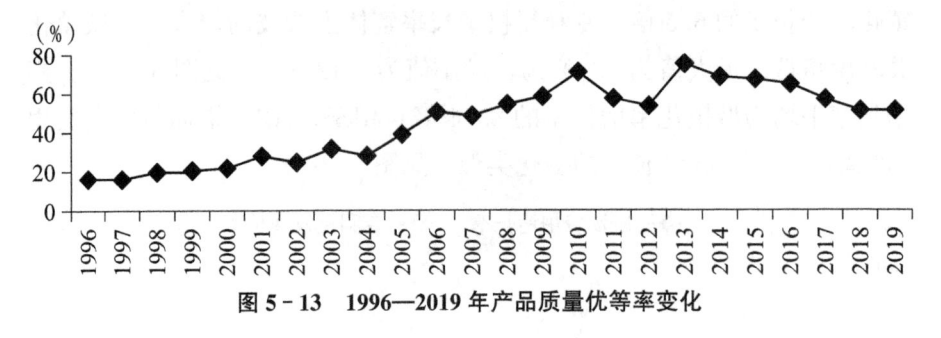

图 5-13　1996—2019 年产品质量优等率变化

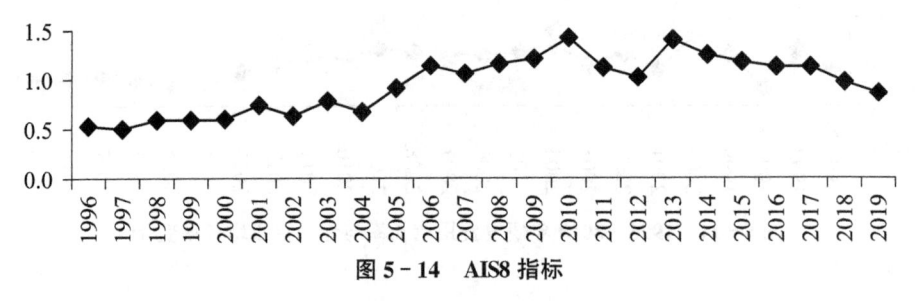

图 5-14　AIS8 指标

**4. 就业指标**

（1）总就业量增长率与 AIS9 指标。

总就业量增长率均值为 0.67%，且基本保持下降态势，与城镇化率增长率保持一致，2008 年仅为 0.31%，之后略有回升，近两年变为负值（见图 5-15）。总就业量增长率总体来讲保持了下降趋势，但这并不能证明就业率的下降，因为近 20 年来，人口自然增长率也是总体下降的。1996 年人口自然增长率为 10.42‰，2012 年下降到最低点 4.79‰，之后二孩政策放开，但 2016 年也不过增加到 5.86‰，低于美国等发达国家。人口自然增长率的下降也必然导致总就业量增长率的下降（滞后

---

① 徐璐. 企业诚信成本与产品质量安全及市场制度规制. 开发研究，2014（6）：76-79.
② 假冒伪劣产品在农村依然存在，尤其是在偏远地区。

20 年左右)。AIS9 指标的变化见图 5-16。

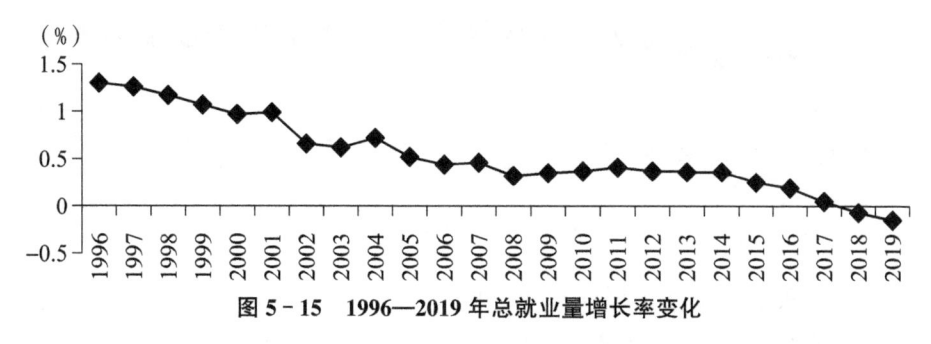

**图 5-15 1996—2019 年总就业量增长率变化**

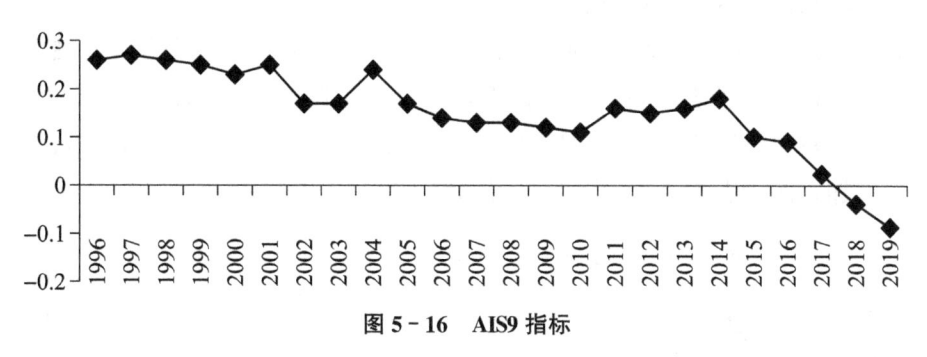

**图 5-16 AIS9 指标**

(2) 城镇就业量增长率与 AIS10 指标。

城镇就业量增长率与城镇化率增长率的变化几乎完全一致，这符合我们的想象，也说明城镇化的关键之一就是农民到城镇就业。值得一提的仍然是 2000—2007 年，城镇就业量增长率总体保持上升态势，对提高城镇化率起到了极大作用（见图 5-17）。这也再一次印证了我们的判断：2000—2007 年是我国宏观经济增长、城镇化进程加快的黄金时期。AIS10 指标的变化见图 5-18。

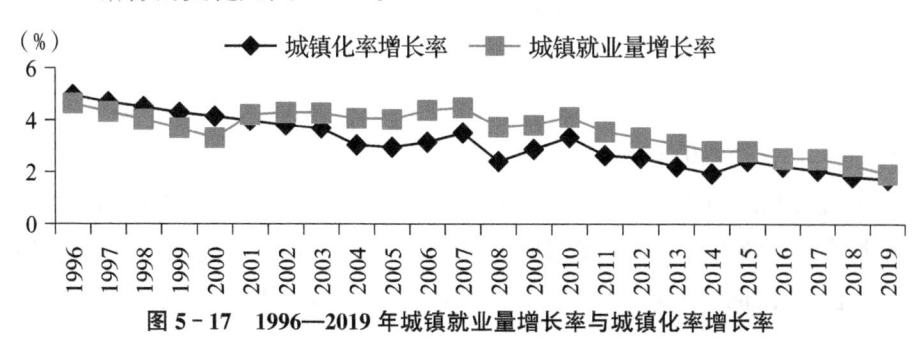

**图 5-17 1996—2019 年城镇就业量增长率与城镇化率增长率**

图 5-18  AIS10 指标

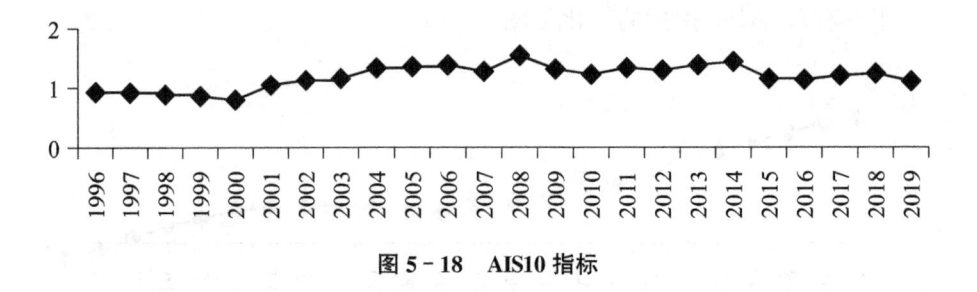

(3) 失业保险支出增长率与 AIS11 指标。

从数据上看，失业保险支出增长率有两个峰值，一个是1999年，另一个是2009年，前者是通货紧缩、下岗大潮时期，后者适逢金融危机。而在两个峰值之间，该增长率基本处于下降态势。2011—2016年，失业保险支出增长率逐渐增加（见图 5-19），这也许并不代表失业人数的增加，而代表失业保险覆盖人群的增加或失业救济制度的逐渐完善。

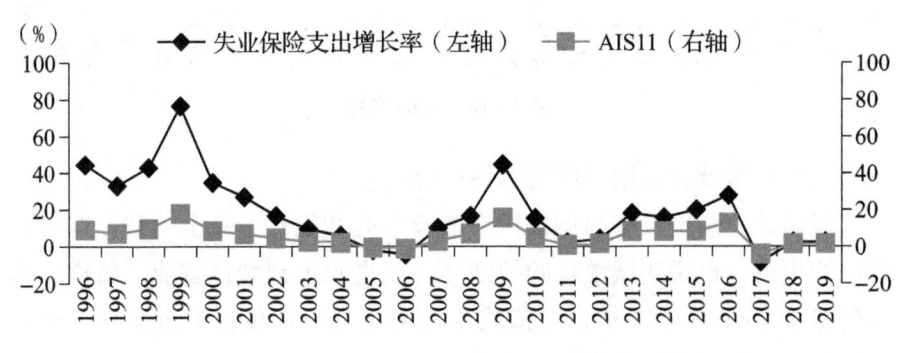

图 5-19  1996—2019 年失业保险支出增长率与 AIS11 指标

### 5. 收入指标

(1) 农村居民人均可支配收入（DPI）增长率、农村居民人均工资性收入增长率与 AIS12、AIS13 指标。

如图 5-20 所示，1996—2019 年，农村居民 DPI 增长率均值为 10.25%，这个均值看起来不低，但是低于 GDP 增长率均值（12.37%）。最大值为 1996 年的 22.07%，最小值为 2000 年的 1.95%。农村居民 DPI 增长率固然值得担心，但更需要关注的是农民收入的构成。农村居民 DPI 通常由这几部分构成：工资性收入、经营净收入、财产净收入和转移净收入等。① 2014年以前，经营净收入一直占农村居民DPI的40%以上，是农民的主要收入来源。2014年以后，工资性收入占比超过40%。财产净收入占比一直较低，转移净收入近年来有所增加（来自各种政策的倾斜如扶贫政策）。以2016年为例，工资性收入、经营净收入、财产净收入和转移净收入占比分别为40.39%、38.35%、2.20%和18.83%。工资性收入占比的提升是令人欣慰的（1996—2019年该增长率均值为13.18%）。AIS12指标与AIS13指标的变化见图5-21。

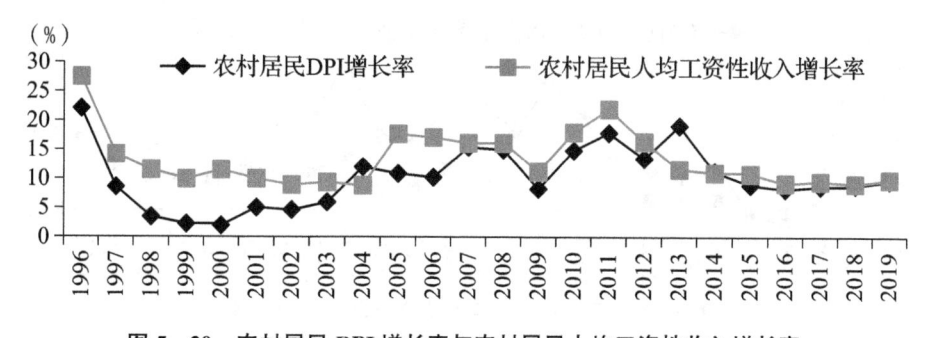

图5-20 农村居民DPI增长率与农村居民人均工资性收入增长率

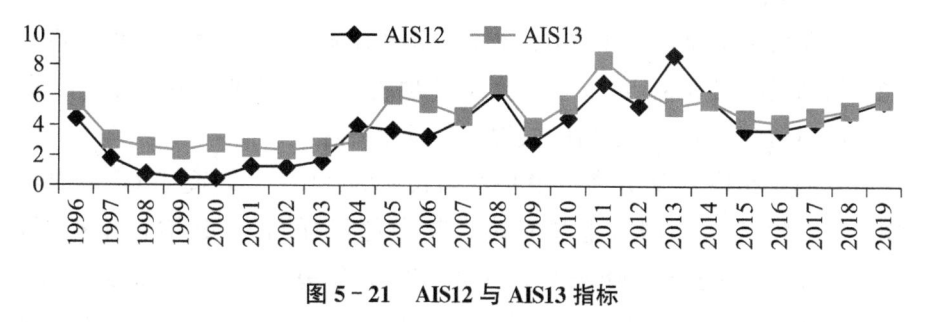

图5-21 AIS12与AIS13指标

（2）农村居民人均消费增长率与AIS14指标。

1996—2019年农村居民人均消费增长率均值为9.66%，是城镇化率增长率均值的3倍左右。同时可以发现，农村居民DPI增长幅度大于农村居民人均消费增长幅度（见图5-22），这反映了农村居民勤俭节约的消费观念，而如果没有这种勤俭节约带来的储蓄，也就不可能有城镇化的顺利进行。另外，需要关注的是农村居民的消费结构，农村居民消

---

① 其中，农村居民可支配转移净收入是指农村居民获得的政府转移支付（退休金）、赡养费、各种补贴（如老年补贴、粮食种植补贴）等。

费一般由食品烟酒消费、衣着消费、生活用品消费、交通通信消费、教育文化娱乐消费、医疗保健消费及其他用品消费构成。从 2013 年起，食品烟酒消费占总消费比例逐渐降低，其中 2013 年比例为 34.12%，2016 年为 32.24%。而教育文化娱乐消费占总消费比例逐渐增加，从 2013 年的 10.08%增加到 2016 年的 10.56%。这是一个可喜的变化，也说明了农村居民恩格尔系数的降低。

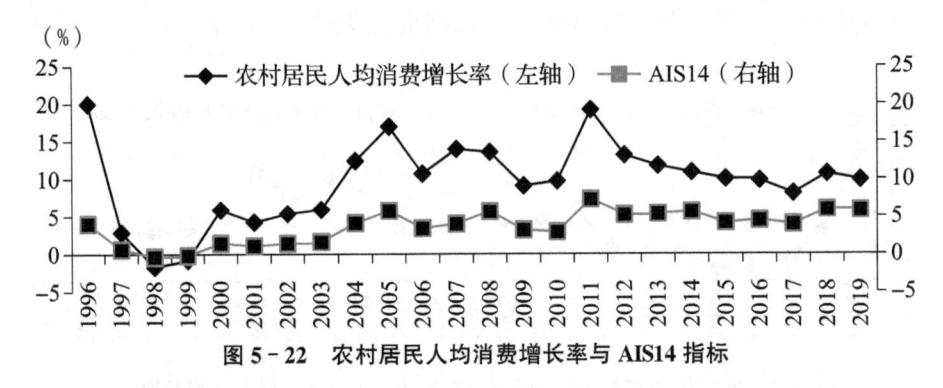

图 5-22 农村居民人均消费增长率与 AIS14 指标

### 6. 税收指标

需要解释的是，由于 2016 年推行营改增政策，营业税数额大幅下降，增值税数额大幅增加，因此地方增值税和地方营业税的数据只收集到 2015 年，2016 年及之后的数据不具备比较意义。

1996—2015 年地方增值税平均增长率为 14.95%，高于 GDP 增长率、工业增长率和服务业增长率，其变化特征与 GDP 增长率类似，1996—1999 年处于下降态势，2000—2007 年基本处于高增长状态，2008—2009 年下降到谷底，之后反弹（见图 5-23）。地方增值税平均增

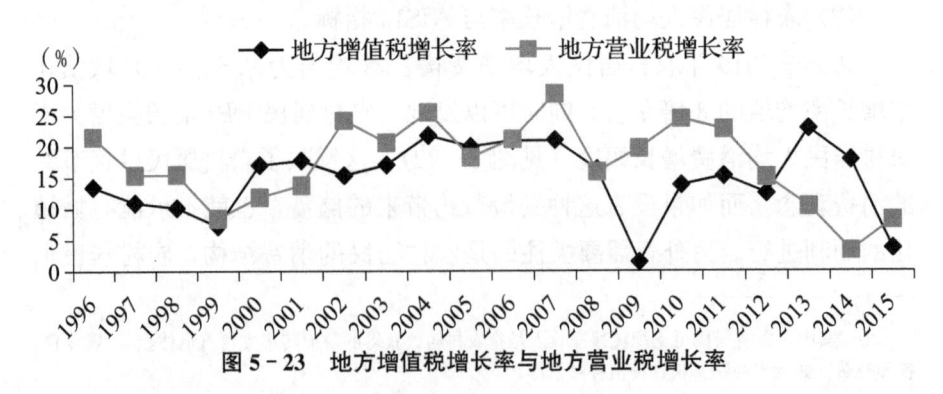

图 5-23 地方增值税增长率与地方营业税增长率

长率为城镇化率平均增长率的 4.46 倍。地方营业税平均增长率为 17.66%，高于地方增值税增长率，同样高于 GDP 增长率等指标，其变化特征与地方增值税增长率类似，不再赘述。地方营业税增长率高于地方增值税增长率说明了在各省市服务业发展更为迅猛，这也符合城镇化率不断提高的要求。AIS15 与 AIS16 指标的变化见图 5-24。

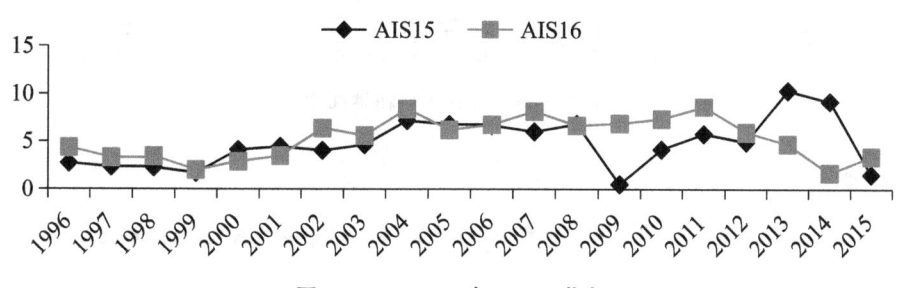

图 5-24　AIS15 与 AIS16 指标

### 7. 农业生产效率指标

（1）农村人均耕地面积与 AIS17 指标。

农村人均耕地面积总体上走出了一条 V 形曲线，1996—2003 年，该指标总体下降，从 2.30 亩下降到 1.96 亩；2003—2019 年，该指标缓慢回升，从 1.96 亩增加到 2.59 亩（见图 5-25），这种变化反映了城镇化由数量扩张到质量提高、由土地城镇化转向人的城镇化的过程[1][2]。AIS17 指标的变化见图 5-26。

我国农村的各项改革正在进行，其中农业改革是重要的一环。根据目前的发展趋势，我们尚不能做出明确的判断：大规模农场式经营是一条必由之路吗？从技术上看，如果城镇化率进一步提高，进城农民能够

---

[1]　农村人均耕地面积并不是由耕地总面积除以农村人口得到，而是根据国家统计局提供的农村居民家庭经营耕地面积（亩/人）指标得到。例如，2014 年耕地总面积和农村人口两者相除为 3.63 亩/人，但国家统计局的农村居民家庭经营耕地面积（亩/人）指标为 2.39 亩。我们估计：其中的差别可能在于农村人口并不包含镇里的农业人口。因为镇人口中还有大量农业人口未被统计入农村人口，所以若把这部分人口计入农村人口，则农村人均耕地面积会下降。但这种细分并不是太重要，我们重视的是变化趋势，主要目的在于观察城镇化率提高以后，农村人均耕地面积是否会增加。按理说，城镇化率越高，农村人均耕地面积应该越高，但由于很多农村居民并不在城市落户，而是"农村一个家，城市一个家"，这样，农村人均耕地面积增加得并不快。这实际上也反映了农村居民的担心——假如在城市无法生存，一定要在农村给自己留一条后路。

[2]　AIS17 指标由农村人均耕地面积除以城镇化率得到。

(亩)

图 5-25　农村人均耕地面积

图 5-26　AIS17 指标

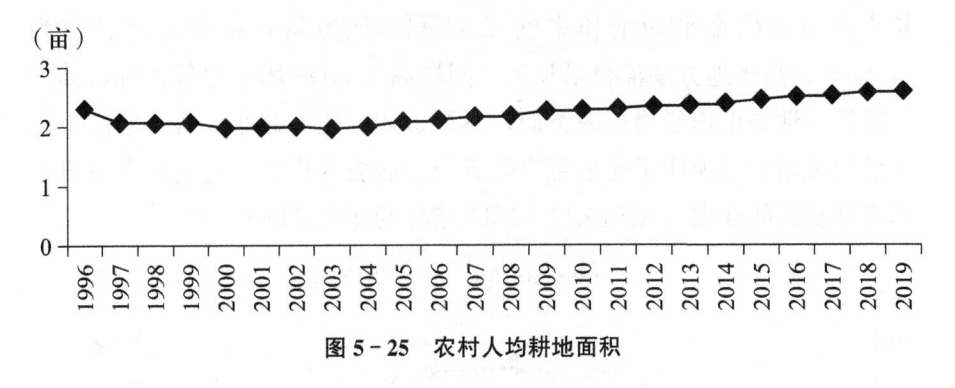

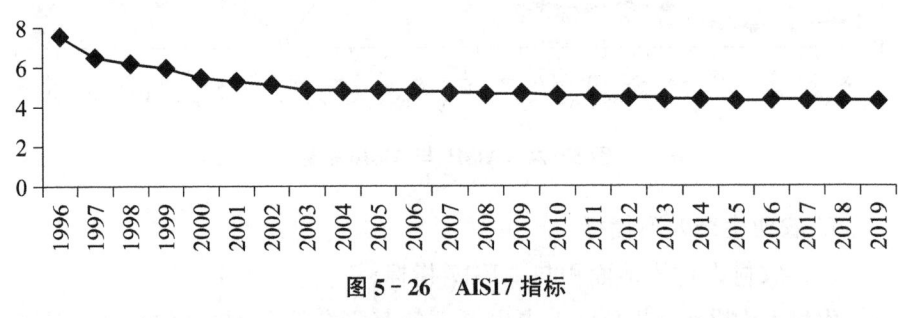

放弃在农村的土地,则大规模农场式经营是可行的。它一方面能够提高农业效率、培育职业农民;另一方面可以增强农民在农产品市场中的谈判能力,增加农民收益。但事实是什么呢?由于农村土地流转制度的变革速度低于城镇化的速度,农村土地流转速度极为缓慢,按照当前的政策推进、制度变革模式,可能需要整整一代人(或许更长)的时间才能完成改革。

(2) 农业机械动力增长率与 AIS18 指标。

农业机械动力增长率与其他指标较为类似,但其受国家农业政策影响较大,故波动更为频繁,不过从 2008 年以后,该增长率持续下降,虽在 2014 年有所反弹,但其趋势依然令人担忧。到 2016 年,该增长率出现断崖式下降,仅为 -12.91% (见图 5-27)。应该如何解释这种现象?虽然农业机械动力增长率是下降的,但大中型机械动力数量是增加的,例如 2016 年农用大中型拖拉机数量及其配套农具数量的增长率都在 5% 以上,而小型拖拉机数量及其配套农具数量都是减少的,这在一定程度上也反映了农业逐渐走向规模化经营的发展趋势。

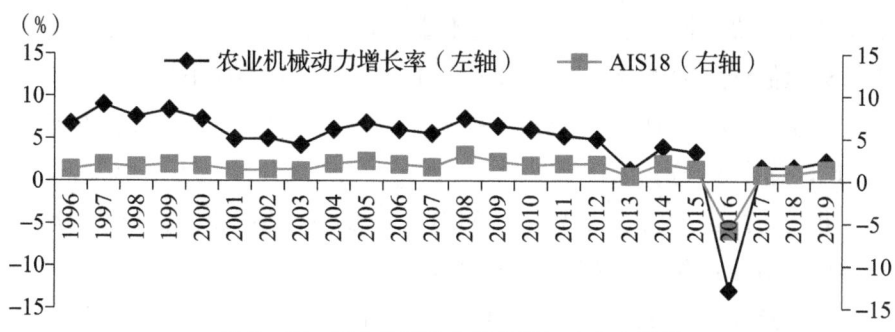

图 5-27 农业机械动力增长率与 AIS18 指标

(3) 人均粮食产量增长率与 AIS19 指标。

最后一个是人均粮食产量增长率。[①] 该增长率总体变化不大，波动较大的时间段为 2015 年以后。2016 年左右人均粮食产量下降（见图 5-28），不过这不应该引起过度的担心，人均粮食产量下降的比率还远远不到影响粮食安全的地步。此外，人均粮食产量虽然下降，但总产值仍然在提高，农民收入并没有减少。当然，人均粮食产量下降的原因值得分析：第一是粮食种植面积的减少，2016 年粮食种植面积比上年减少了 30 万公顷；第二是农民对于粮食种植的重视程度仍然较低，青壮劳力一般以外出打工作为家庭主要收入来源，从事粮食种植的多是老人和妇女，种植技术和生产效率难以保证；第三是粮食价格较低，这仍是农民种粮积极性不高的重要原因。

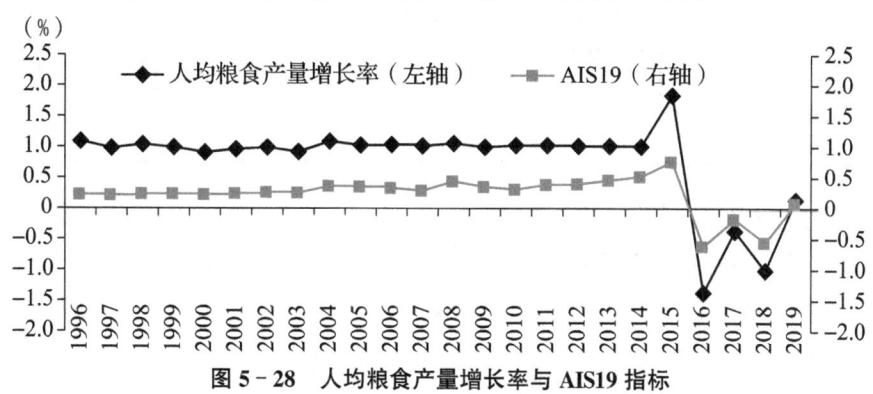

图 5-28 人均粮食产量增长率与 AIS19 指标

## 五、评价结果

我们首先根据上文的灰色关联分析结果将 19 个指标分为四类，分

---

① 人均粮食产量等于某一年我国粮食总产量除以我国总人口。

别是非常重要、比较重要、重要与不重要，以Ⅰ、Ⅱ、Ⅲ、Ⅳ表示，四类指标赋值分别为 4 分、3 分、2 分、1 分。指标分类如下：

Ⅰ类指标：AIS1、AIS3、AIS4、AIS6、AIS9、AIS10、AIS12、AIS13，总分 32 分；

Ⅱ类指标：AIS14、AIS16、AIS17、AIS18、AIS19，总分 15 分；

Ⅲ类指标：AIS7、AIS8、AIS15，总分 6 分；

Ⅳ类指标：AIS2、AIS5、AIS11，总分 3 分。

四类指标合计 56 分。Ⅰ类指标中每个指标的权重为 1/14，Ⅱ类指标中每个指标的权重为 3/56，Ⅲ类指标中每个指标的权重为 1/28，Ⅳ类指标中每个指标的权重为 1/56，总权重为 1。

在评价之前，先对各指标数据进行处理，我们采用简单的绝对值最大法，即将每个指标某一年的值除以 1996—2019 年间绝对值最大者，这样保证处理后的数据位于 [-1, 1] 区间。然后将处理后的各指标某一年的数据乘以各自权重后相加，就得到某一年全国层面产业支撑强度数据（见表 5-9）。

表 5-9 全国层面产业支撑强度数据

| 年份 | 1996 | 1997 | 1998 | 1999 | 2000 | 2001 | 2002 | 2003 | 2004 | 2005 | 2006 | 2007 |
|---|---|---|---|---|---|---|---|---|---|---|---|---|
| 产业支撑强度 | 0.50 | 0.43 | 0.35 | 0.39 | 0.46 | 0.43 | 0.45 | 0.51 | 0.67 | 0.65 | 0.62 | 0.64 |
| 年份 | 2008 | 2009 | 2010 | 2011 | 2012 | 2013 | 2014 | 2015 | 2016 | 2017 | 2018 | 2019 |
| 产业支撑强度 | 0.78 | 0.55 | 0.61 | 0.77 | 0.62 | 0.65 | 0.63 | 0.50 | 0.37 | 0.47 | 0.47 | 0.52 |

另外需要解释的是 AIS15 和 AIS16 两个指标，其原始指标为地方增值税增长率及地方营业税增长率。但 2016 年国家实施了营改增政策，2016 年增值税数额激增，营业税数额剧减。因此有意义的数据只截止到 2015 年。2016 年以后的 AIS15 和 AIS16 数据以近年来（2012—2015 年）的均值代替。处理后的数据见表 5-10 和表 5-11。

表 5-10 处理后的全国层面产业支撑指标数据（1）

| 年份 | AIS1 | AIS2 | AIS3 | AIS4 | AIS5 | AIS6 | AIS7 | AIS8 | AIS9 | AIS10 |
|---|---|---|---|---|---|---|---|---|---|---|
| 1996 | 0.45 | 0.40 | 0.59 | 0.45 | 0.02 | 0.32 | -0.12 | 0.37 | 0.96 | 0.60 |
| 1997 | 0.31 | 0.53 | 0.57 | 0.32 | 0.38 | 0.54 | 0.19 | 0.35 | 1.00 | 0.59 |

续表

| 年份 | AIS1 | AIS2 | AIS3 | AIS4 | AIS5 | AIS6 | AIS7 | AIS8 | AIS9 | AIS10 |
|---|---|---|---|---|---|---|---|---|---|---|
| 1998 | 0.20 | 0.62 | 0.46 | 0.21 | 0.01 | 0.18 | 0.40 | 0.42 | 0.96 | 0.57 |
| 1999 | 0.19 | 0.65 | 0.47 | 0.20 | 0.12 | 0.53 | 0.72 | 0.42 | 0.93 | 0.55 |
| 2000 | 0.34 | 0.65 | 0.56 | 0.35 | 0.57 | 0.76 | 0.80 | 0.42 | 0.85 | 0.52 |
| 2001 | 0.35 | 0.67 | 0.51 | 0.36 | 0.14 | 0.41 | 0.36 | 0.52 | 0.93 | 0.68 |
| 2002 | 0.34 | 0.72 | 0.62 | 0.35 | 0.50 | 0.61 | 0.42 | 0.44 | 0.63 | 0.73 |
| 2003 | 0.46 | 0.71 | 0.81 | 0.46 | 0.81 | 0.52 | 1.00 | 0.55 | 0.63 | 0.75 |
| 2004 | 0.77 | 0.68 | 0.90 | 0.76 | 1.00 | 0.90 | 0.55 | 0.47 | 0.89 | 0.86 |
| 2005 | 0.70 | 0.74 | 0.92 | 0.71 | 0.80 | 0.82 | 0.14 | 0.64 | 0.63 | 0.88 |
| 2006 | 0.72 | 0.77 | 0.96 | 0.73 | 0.65 | 0.71 | 0.14 | 0.80 | 0.52 | 0.90 |
| 2007 | 0.87 | 0.74 | 1.00 | 0.90 | 0.50 | 0.66 | 0.25 | 0.75 | 0.48 | 0.83 |
| 2008 | 1.00 | 0.74 | 0.98 | 1.00 | 0.26 | 1.00 | 0.80 | 0.82 | 0.48 | 1.00 |
| 2009 | 0.42 | 0.89 | 0.74 | 0.44 | −0.55 | 0.88 | 0.65 | 0.85 | 0.44 | 0.85 |
| 2010 | 0.72 | 0.84 | 0.89 | 0.72 | 0.78 | 0.64 | 0.08 | 1.00 | 0.41 | 0.79 |
| 2011 | 0.92 | 0.83 | 0.97 | 0.92 | 0.49 | 0.86 | 0.52 | 0.79 | 0.59 | 0.86 |
| 2012 | 0.54 | 0.90 | 0.75 | 0.56 | 0.17 | 0.72 | 0.52 | 0.72 | 0.56 | 0.84 |
| 2013 | 0.60 | 0.92 | 0.82 | 0.62 | 0.23 | 0.67 | −0.10 | 0.99 | 0.59 | 0.90 |
| 2014 | 0.56 | 0.95 | 0.85 | 0.57 | 0.22 | 0.50 | 0.32 | 0.88 | 0.67 | 0.93 |
| 2015 | 0.38 | 0.99 | 0.60 | 0.45 | −0.07 | 0.36 | 0.39 | 0.83 | 0.37 | 0.75 |
| 2016 | 0.47 | 1.00 | 0.67 | 0.46 | −0.08 | 0.47 | 0.05 | 0.80 | 0.33 | 0.74 |
| 2017 | 0.73 | 0.97 | 0.67 | 0.53 | −0.06 | 0.59 | 0.15 | 0.80 | 0.07 | 0.78 |
| 2018 | 0.76 | 0.98 | 0.75 | 0.58 | −0.23 | 0.64 | 0.18 | 0.69 | −0.15 | 0.81 |
| 2019 | 0.60 | 1.00 | 0.78 | 0.53 | 1.00 | 0.60 | 0.18 | 0.61 | −0.33 | 0.72 |

表 5-11 处理后的全国层面产业支撑指标数据（2）

| 年份 | AIS11 | AIS12 | AIS13 | AIS14 | AIS15 | AIS16 | AIS17 | AIS18 | AIS19 |
|---|---|---|---|---|---|---|---|---|---|
| 1996 | 0.50 | 0.52 | 0.67 | 0.56 | 0.26 | 0.50 | 1.00 | 0.23 | 0.29 |
| 1997 | 0.39 | 0.21 | 0.36 | 0.08 | 0.23 | 0.38 | 0.86 | 0.33 | 0.28 |
| 1998 | 0.53 | 0.09 | 0.31 | −0.05 | 0.22 | 0.40 | 0.82 | 0.29 | 0.30 |
| 1999 | 1.00 | 0.06 | 0.28 | −0.03 | 0.16 | 0.23 | 0.79 | 0.33 | 0.30 |
| 2000 | 0.47 | 0.05 | 0.33 | 0.20 | 0.40 | 0.33 | 0.72 | 0.30 | 0.29 |
| 2001 | 0.38 | 0.15 | 0.30 | 0.15 | 0.43 | 0.40 | 0.70 | 0.21 | 0.32 |
| 2002 | 0.25 | 0.14 | 0.28 | 0.19 | 0.39 | 0.74 | 0.68 | 0.23 | 0.34 |
| 2003 | 0.14 | 0.19 | 0.31 | 0.22 | 0.45 | 0.65 | 0.64 | 0.20 | 0.33 |
| 2004 | 0.11 | 0.46 | 0.35 | 0.56 | 0.69 | 0.98 | 0.63 | 0.34 | 0.47 |

续表

| 年份 | AIS11 | AIS12 | AIS13 | AIS14 | AIS15 | AIS16 | AIS17 | AIS18 | AIS19 |
| --- | --- | --- | --- | --- | --- | --- | --- | --- | --- |
| 2005 | −0.04 | 0.43 | 0.72 | 0.79 | 0.65 | 0.72 | 0.64 | 0.40 | 0.46 |
| 2006 | −0.08 | 0.38 | 0.66 | 0.47 | 0.64 | 0.78 | 0.63 | 0.33 | 0.43 |
| 2007 | 0.16 | 0.51 | 0.55 | 0.55 | 0.58 | 0.94 | 0.62 | 0.27 | 0.38 |
| 2008 | 0.38 | 0.72 | 0.81 | 0.78 | 0.66 | 0.77 | 0.61 | 0.52 | 0.58 |
| 2009 | 0.87 | 0.33 | 0.47 | 0.44 | 0.05 | 0.80 | 0.62 | 0.39 | 0.46 |
| 2010 | 0.26 | 0.52 | 0.65 | 0.40 | 0.40 | 0.85 | 0.60 | 0.31 | 0.41 |
| 2011 | 0.05 | 0.78 | 1.00 | 1.00 | 0.56 | 1.00 | 0.59 | 0.35 | 0.51 |
| 2012 | 0.09 | 0.61 | 0.78 | 0.71 | 0.48 | 0.69 | 0.59 | 0.33 | 0.53 |
| 2013 | 0.46 | 1.00 | 0.63 | 0.73 | 1.00 | 0.55 | 0.58 | 0.10 | 0.61 |
| 2014 | 0.45 | 0.67 | 0.68 | 0.77 | 0.89 | 0.20 | 0.58 | 0.35 | 0.68 |
| 2015 | 0.46 | 0.43 | 0.54 | 0.57 | 0.15 | 0.39 | 0.57 | 0.24 | 1.00 |
| 2016 | 0.70 | 0.43 | 0.50 | 0.61 | 0.53 | 0.70 | 0.58 | −1.00 | −0.82 |
| 2017 | −0.23 | 0.49 | 0.55 | 0.54 | 0.46 | 0.62 | 0.57 | 0.25 | −0.24 |
| 2018 | 0.07 | 0.56 | 0.60 | 0.81 | 0.46 | 0.62 | 0.57 | 0.29 | −0.74 |
| 2019 | 0.08 | 0.65 | 0.69 | 0.80 | 0.46 | 0.62 | 0.57 | 0.45 | 0.11 |

最后得到的 1996—2019 年全国层面产业支撑强度变化曲线如图 5-29 所示。该强度均值为 0.54，最大值为 2008 年的 0.78，最小值为 1998 年的 0.35。

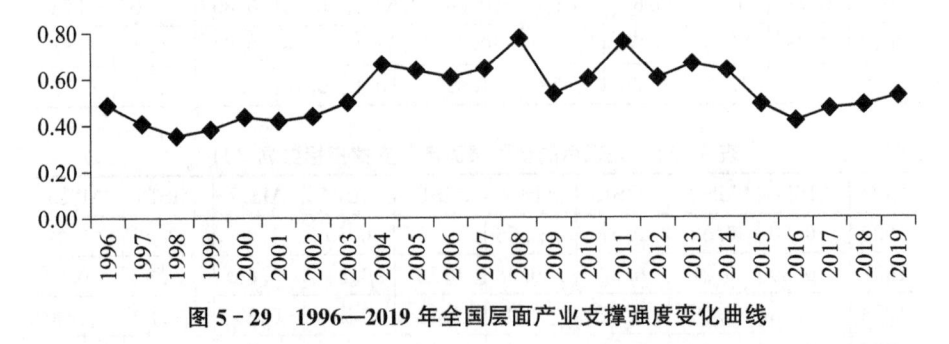

**图 5-29　1996—2019 年全国层面产业支撑强度变化曲线**

显然，此曲线符合我们的想象，1996—1998 年经济下行，产业支撑强度也逐渐下降；1999—2008 年，虽然中间有所波动，但产业支撑强度几乎一直在增加，直到 2008 年的最高峰；2009 年跌入低谷后，产业支撑强度实现强劲反弹，到 2011 年达到第二个峰值，随后伴随着经济下行迅速下降。但令人欣慰的是，虽然 2011 年之后产业支撑强度处于下降状态，但其下降趋势已经减缓，且从 2016 年起开始增大。可以说，产业支撑强度已经处于一个更高的新水平，这与国家新型城镇化规划密切相关，也让我们对城镇化的前景充满了信心。

## 六、若干建议

以上分析说明，我国的城镇化进程在很大程度上是一个自然展开的过程，它随着经济增长率、就业率、人均收入等因素的变化而变化，但也受政府政策的深刻影响。为加快城镇化进程，提高城镇化质量，我们还应该做得更多。

**1. 要确保农村居民可支配收入增加，并不断提高农村生活质量**

城镇化率的提高对于保证宏观经济稳定增长具有重要意义，而农民进入城市的必要条件就是可支配收入的不断增加。我们知道，仅靠"打工经济"难以保证城镇化的延续性。因此我们一方面要继续降低农民负担，另一方面要为农民从事工业、服务业提供足够的支持。此外，在提高城镇化率的同时还要加快农村新社区建设，提高建设质量。城镇化过程就是公共产品供给均等化的过程，农村与城市的无差异化才是城镇化的最终目标。

**2. 产业支撑的重点是就业而不是各种运动式的园区建设**

目前各地所提出的产业新城、产业园区等类似规划的规模已经远远超过实际需求，预期所能容纳人口为 30 多亿，这无疑是一种较大的浪费。我们认为，一些运动式的园区建设看似规模庞大，实际上效果并不好。与其将有限的资金资源投入前景并不明朗的产业园区，不如致力于加大就业培训力度、提高进城农民生产生活技能。就业率的提高不仅能够保证经济增长，还能降低城镇化成本，减轻政府财政压力。

**3. 加快城镇化进程要从供给侧发力**

经济增长最终要靠企业而不是政府，企业活力才是宏观经济的命脉。在当前的供给侧改革战略中，去产能、调结构、去库存、营改增等的目的都在于增强企业活力。从实施效果来看，为企业减负还有很大空间。例如，营改增固然降低了总体税负，但数量庞大的小规模纳税人受益并不大，长途运输的路桥费用等占总成本的比例仍然很高，规模以上制造业企业还存在教育费附加、地方教育费附加等附加税费。我们认为，为企业减负应该是整体性、系统性的工程，尤其是一些长期存在的不合理收费或人为设置的制度性交易成本都应该尽快取缔，这对于宏观经济摆脱低迷、城镇化顺利推进都有重要意义。

## 第二节 我国城镇化成本分担强度评价

### 一、原始指标选择及关联度分析

参考已有文献，也考虑到数据的可得性，我们设计了一个二级指标体系来反映成本分担强度。指标体系的设计原则是：第一，各项指标必须与城镇化转移人口的成本有关；第二，为了方便比较，各项指标以越大越好为原则。其中一级指标包括生活服务、市政设施、市容环境、教育投入、卫生保健、社会服务与保障及住房保障，每个一级指标均包括若干二级指标（见表5-12）。

表5-12 成本分担原始指标及简称

| 评价目标 | 一级指标 | 二级指标 | 简称 |
| --- | --- | --- | --- |
| 成本分担强度 | 生活服务指标 | 生活用水量增长率 | $X_1$ |
| | | 生活天然气用量增长率 | $X_2$ |
| | 市政设施指标 | 道路面积增长率 | $X_3$ |
| | | 道路照明增长率 | $X_4$ |
| | | 公交车辆增长率 | $X_5$ |
| | 市容环境指标 | 公园面积增长率 | $X_6$ |
| | | 公厕数量增长率 | $X_7$ |
| | 教育投入指标 | 教育经费增长率 | $X_8$ |
| | | 城市高中在校生人数增长率 | $X_9$ |
| | 卫生保健指标 | 妇幼保健院个数增长率 | $X_{10}$ |
| | | 城市人均卫生费用增长率 | $X_{11}$ |
| | 社会服务与保障指标 | 社会服务机构床位增长率 | $X_{12}$ |
| | | 城镇参加养老保险人数增长率 | $X_{13}$ |
| | 住房保障指标 | 地方财政保障房支出增长率 | $X_{14}$ |

我们仍然采用灰色关联方法，但考虑到成本分担指标与城镇人口之间关系更为密切，将考察变量设定为城镇人口增长率，简称 $X_0$，其他指标简称 $X_1$ 到 $X_{14}$。城镇人口增长率与各原始指标数据见表5-13

和表 5-14。同时,由于地方财政保障房支出增长率仅有 2010 年以后的数据,2010 年之前的数据以均值代替。计算过程略,关联度见表 5-15。

表 5-13 成本分担原始指标数据（1）（%）

| 年份 | $X_0$ | $X_1$ | $X_2$ | $X_3$ | $X_4$ | $X_5$ | $X_6$ | $X_7$ |
|---|---|---|---|---|---|---|---|---|
| 2005 | 3.55 | 4.41 | 18.15 | 11.12 | 14.61 | 11.30 | 17.95 | 4.83 |
| 2006 | 3.69 | −8.90 | 29.22 | 4.76 | 6.35 | 0.74 | 31.87 | −6.61 |
| 2007 | 4.02 | 1.97 | 39.77 | 3.10 | 8.67 | 10.26 | −2.82 | 4.91 |
| 2008 | 2.92 | 0.82 | 18.62 | 6.80 | 8.28 | 6.86 | 7.97 | 2.39 |
| 2009 | 3.38 | 2.30 | 4.47 | 6.52 | 12.17 | −0.30 | 8.01 | 2.81 |
| 2010 | 3.82 | 2.29 | 27.69 | 8.18 | 4.70 | 3.36 | 9.52 | 0.69 |
| 2011 | 3.14 | 3.73 | 16.53 | 7.90 | 9.88 | 7.69 | 10.70 | 0.94 |
| 2012 | 3.04 | 3.87 | 9.04 | 7.98 | 5.80 | 4.72 | 7.12 | 1.22 |
| 2013 | 2.71 | 4.04 | 12.00 | 6.04 | 6.66 | 6.69 | 7.70 | 0.49 |
| 2014 | 2.47 | 3.01 | 6.10 | 6.02 | 4.65 | 3.31 | 6.86 | 1.53 |
| 2015 | 2.94 | 3.65 | 5.02 | 5.07 | 5.24 | 5.60 | 8.91 | 1.55 |
| 2016 | 2.83 | 3.40 | 12.58 | 5.04 | 5.77 | 7.14 | 8.62 | 2.75 |
| 2017 | 2.58 | 4.04 | 7.85 | 4.65 | 1.22 | 8.28 | 6.64 | 4.83 |
| 2018 | 2.20 | 4.25 | 14.26 | 8.29 | 5.58 | −3.00 | 11.16 | 8.36 |
| 2019 | 2.05 | 3.45 | 10.46 | 6.25 | 4.32 | 2.22 | 10.02 | 3.80 |

表 5-14 成本分担原始指标数据（2）（%）

| 年份 | $X_8$ | $X_9$ | $X_{10}$ | $X_{11}$ | $X_{12}$ | $X_{13}$ | $X_{14}$ |
|---|---|---|---|---|---|---|---|
| 2005 | 16.24 | 5.65 | 0.78 | −10.73 | 14.96 | 6.93 | 16.10 |
| 2006 | 16.58 | −3.73 | −0.59 | 10.82 | 13.18 | 7.31 | 16.10 |
| 2007 | 23.78 | 10.02 | 1.61 | 21.48 | 31.82 | 7.32 | 16.10 |
| 2008 | 19.35 | −1.81 | −1.31 | 22.77 | 11.38 | 8.70 | 16.10 |
| 2009 | 13.82 | −1.32 | 0.30 | 16.90 | 8.72 | 7.57 | 16.10 |
| 2010 | 18.54 | −0.84 | 0.15 | 6.38 | 7.07 | 9.17 | 16.10 |
| 2011 | 22.02 | 28.04 | 0.38 | 16.50 | 13.39 | 10.45 | 75.44 |
| 2012 | 20.06 | 1.89 | 0.27 | 11.20 | 13.33 | 7.18 | 16.52 |
| 2013 | 5.96 | −0.46 | 3.28 | 7.83 | 17.24 | 5.88 | 0.17 |

续表

| 年份 | $X_8$ | $X_9$ | $X_{10}$ | $X_{11}$ | $X_{12}$ | $X_{13}$ | $X_{14}$ |
|---|---|---|---|---|---|---|---|
| 2014 | 8.05 | −0.05 | −1.46 | 6.84 | 16.49 | 5.93 | 13.80 |
| 2015 | 10.13 | −1.35 | −0.64 | 4.81 | −35.94 | 3.63 | 16.33 |
| 2016 | 7.64 | 1.27 | −0.48 | 5.98 | 5.34 | 7.26 | 17.48 |
| 2017 | 9.45 | 1.62 | 0.46 | 4.11 | 1.35 | 6.23 | −3.26 |
| 2018 | 8.41 | 1.15 | 0.10 | 6.94 | −2.74 | 3.99 | 2.74 |
| 2019 | 8.74 | 2.97 | 0.13 | 5.31 | 8.26 | 3.77 | 5.65 |

表 5-15 城镇人口增长率与成本分担各原始指标之间的关联度

| 关联度 | $X_1$ | $X_2$ | $X_3$ | $X_4$ | $X_5$ | $X_6$ | $X_7$ | $X_8$ | $X_9$ | $X_{10}$ |
|---|---|---|---|---|---|---|---|---|---|---|
|  | 0.60 | 0.59 | 0.72 | 0.64 | 0.66 | 0.54 | 0.55 | 0.71 | 0.43 | 0.47 |
| 关联度 | $X_{11}$ | $X_{12}$ | $X_{13}$ | $X_{14}$ | | | | | | |
|  | 0.62 | 0.55 | 0.78 | 0.46 | | | | | | |

根据关联度的大小将原始指标分为四类（指标分类有助于下文中的指标权重设置）。

Ⅰ类指标：关联度大于0.7，包括道路面积增长率、教育经费增长率、城镇参加养老保险人数增长率。

Ⅱ类指标：关联度大于等于0.6小于0.7，包括生活用水量增长率、道路照明增长率、公交车辆增长率、城市人均卫生费用增长率。

Ⅲ类指标：关联度大于0.5小于0.6，包括生活天然气用量增长率、公园面积增长率、公厕数量增长率、社会服务机构床位增长率。

Ⅳ类指标：关联度低于0.5，包括城市高中在校生人数增长率、妇幼保健院个数增长率和地方财政保障房支出增长率。

## 二、评价指标体系设计

为进行成本分担强度评价，需要将原始指标进行简单转换。指标结构依然不变，但要体现出经济学意义。见表 5-16。成本分担指标数据见表 5-17 和表 5-18。

表 5-16 成本分担指标体系

| 评价目标 | 一级指标 | 二级指标 | 简称 |
|---|---|---|---|
| 成本分担强度 | 生活服务指标 | 生活用水量增长率/城镇人口增长率 | ACS1 |
| | | 生活天然气用量增长率/城镇人口增长率 | ACS2 |
| | 市政设施指标 | 道路面积增长率/城镇人口增长率 | ACS3 |
| | | 道路照明增长率/城镇人口增长率 | ACS4 |
| | | 公交车辆增长率/城镇人口增长率 | ACS5 |
| | 市容环境指标 | 公园面积增长率/城镇人口增长率 | ACS6 |
| | | 公厕数量增长率/城镇人口增长率 | ACS7 |
| | 教育投入指标 | 教育经费增长率/城镇人口增长率 | ACS8 |
| | | 城市高中在校生人数增长率/城镇人口增长率 | ACS9 |
| | 卫生保健指标 | 妇幼保健院个数增长率/城镇人口增长率 | ACS10 |
| | | 城市人均卫生费用增长率/城镇人口增长率 | ACS11 |
| | 社会服务与保障指标 | 社会服务机构床位增长率/城镇人口增长率 | ACS12 |
| | | 城镇参加养老保险人数增长率/城镇人口增长率 | ACS13 |
| | 住房保障指标 | 地方财政保障房支出增长率/城镇人口增长率 | ACS14 |

表 5-17 成本分担指标数据 (1)

| 年份 | ACS1 | ACS2 | ACS3 | ACS4 | ACS5 | ACS6 | ACS7 |
|---|---|---|---|---|---|---|---|
| 2005 | 1.24 | 5.11 | 3.13 | 4.12 | 3.18 | 5.06 | 1.36 |
| 2006 | −2.41 | 7.92 | 1.29 | 1.72 | 0.20 | 8.64 | −1.79 |
| 2007 | 0.49 | 9.89 | 0.77 | 2.16 | 2.55 | −0.70 | 1.22 |
| 2008 | 0.28 | 6.38 | 2.33 | 2.84 | 2.35 | 2.73 | 0.82 |
| 2009 | 0.68 | 1.32 | 1.93 | 3.60 | −0.09 | 2.37 | 0.83 |
| 2010 | 0.60 | 7.25 | 2.14 | 1.23 | 0.88 | 2.49 | 0.18 |
| 2011 | 1.19 | 5.26 | 2.52 | 3.15 | 2.45 | 3.41 | 0.30 |
| 2012 | 1.27 | 2.97 | 2.63 | 1.91 | 1.55 | 2.34 | 0.40 |
| 2013 | 1.49 | 4.43 | 2.23 | 2.46 | 2.47 | 2.84 | 0.18 |
| 2014 | 1.22 | 2.47 | 2.44 | 1.88 | 1.34 | 2.78 | 0.62 |
| 2015 | 1.24 | 1.71 | 1.72 | 1.78 | 1.90 | 3.03 | 0.53 |

续表

| 年份 | ACS1 | ACS2 | ACS3 | ACS4 | ACS5 | ACS6 | ACS7 |
|---|---|---|---|---|---|---|---|
| 2016 | 1.20 | 4.45 | 1.78 | 2.04 | 2.52 | 3.05 | 0.97 |
| 2017 | 1.57 | 3.04 | 1.80 | 0.47 | 3.21 | 2.57 | 1.87 |
| 2018 | 1.93 | 6.48 | 3.77 | 2.54 | −1.36 | 5.07 | 3.80 |
| 2019 | 1.68 | 5.10 | 3.05 | 2.11 | 1.08 | 4.89 | 1.85 |

表 5-18　成本分担指标数据（2）

| 年份 | ACS8 | ACS9 | ACS10 | ACS11 | ACS12 | ACS13 | ACS14 |
|---|---|---|---|---|---|---|---|
| 2005 | 4.57 | 1.59 | 0.22 | −3.02 | 4.21 | 1.95 | 4.54 |
| 2006 | 4.49 | −1.01 | −0.16 | 2.93 | 3.57 | 1.98 | 4.36 |
| 2007 | 5.92 | 2.49 | 0.40 | 5.34 | 7.92 | 1.82 | 4.00 |
| 2008 | 6.63 | −0.62 | −0.45 | 7.80 | 3.90 | 2.98 | 5.51 |
| 2009 | 4.09 | −0.39 | 0.09 | 5.00 | 2.58 | 2.24 | 4.76 |
| 2010 | 4.85 | −0.22 | 0.04 | 1.67 | 1.85 | 2.40 | 4.21 |
| 2011 | 7.01 | 8.93 | 0.12 | 5.25 | 4.26 | 3.33 | 24.03 |
| 2012 | 6.60 | 0.62 | 0.09 | 3.68 | 4.38 | 2.36 | 5.43 |
| 2013 | 2.20 | −0.17 | 1.21 | 2.89 | 6.36 | 2.17 | 0.06 |
| 2014 | 3.26 | −0.02 | −0.59 | 2.77 | 6.68 | 2.40 | 5.59 |
| 2015 | 3.45 | −0.46 | −0.22 | 1.64 | −12.22 | 1.23 | 5.55 |
| 2016 | 2.70 | 0.45 | −0.17 | 2.11 | 1.89 | 2.57 | 6.18 |
| 2017 | 3.66 | 0.63 | 0.18 | 1.59 | 0.52 | 2.41 | −1.26 |
| 2018 | 3.82 | 0.52 | 0.05 | 3.15 | −1.25 | 1.81 | 1.25 |
| 2019 | 4.26 | 1.45 | 0.06 | 2.59 | 4.03 | 1.84 | 2.76 |

关于生活服务指标，选取生活用水量增长率和生活天然气用量增长率作为二级指标。随着城镇化的深入，生活用水量及生活天然气用量应该随之增加，虽然水价变化、节水意识增强会影响平均用水量，但考虑到城镇人口增加，用水总量应该增加。如果这两个指标低于城镇人口增长率，就可以在一定程度上说明生活服务水平尚须提高。分别用 ACS1、ACS2 表示生活用水量增长率/城镇人口增长率及生活天然气用量增长率/城镇人口增长率。

关于市政设施指标，选取道路面积增长率、道路照明增长率、公交车辆增长率作为二级指标。道路面积、道路照明反映了城镇扩张后政府在基础设施方面的投入，也是城镇化成本的重要构成方面。公交车辆增长率则反映了政府是否为城镇化增量人口提供了足够的公共交通服务。分别用ACS3、ACS4、ACS5表示道路面积增长率/城镇人口增长率、道路照明增长率/城镇人口增长率及公交车辆增长率/城镇人口增长率。

关于市容环境指标，选取公园面积增长率、公厕数量增长率作为二级指标。公园面积反映了城镇人口的生活质量，公厕数量则反映了城镇的文明程度，也与城镇管理者的素质有关。很多城镇新区建设得很漂亮，高楼大厦也很多，但没有公园，也没有公厕，这样的新区仅仅是一堆建筑而已，并不是城镇。分别用ACS6、ACS7表示公园面积增长率/城镇人口增长率和公厕数量增长率/城镇人口增长率。

关于教育投入指标，选取教育经费增长率和城市高中在校生人数增长率作为二级指标。教育在城镇化中的作用毋庸置疑，受统计资料所限，我们无法区分城镇与农村各自的教育经费情况，但随着城镇化的推进，该指标应该随之增大。另外，城市高中在校生人数是一个重要指标，因为高中不是义务教育，该指标的增加才真正体现我国教育投入的增加。当然，这种投入不仅体现了政府的作用，也体现了家庭的选择。分别用ACS8、ACS9表示教育经费增长率/城镇人口增长率和城市高中在校生人数增长率/城镇人口增长率。

关于卫生保健指标，选择妇幼保健院个数增长率和城市人均卫生费用增长率。随着城镇化的推进，针对妇幼保健的专业卫生机构也应该增加，它反映了在城镇扩张过程中地方政府的卫生配套服务的完备性。此外，城市人均卫生费用在一定程度上属于个人成本，如果此指标增加，说明城镇居民的生活质量在提高。分别用ACS10、ACS11表示妇幼保健院个数增长率/城镇人口增长率和城市人均卫生费用增长率/城镇人口增长率。

关于社会服务与保障指标，选择社会服务机构床位增长率和城镇参加养老保险人数增长率。我国社会服务机构发展较晚，其中也有一些问题，但总体上随着城镇化的进行发展很快。我们发现参加养老保险人数和城镇参加养老保险人数的数据几乎完全一样，这意味着农村参加养老保险人数几乎为零，这是个令人沮丧的发现。分别用ACS12、ACS13表示社会服务机构床位增长率/城镇人口增长率和城镇参加养老保险人数增长率/城镇人口增长率。

关于住房保障指标，它仅包括地方财政保障房支出增长率一个指标。该指标对于成本分担机制来讲非常重要，但遗憾的是，在各种统计年鉴中我们都找不到2010年之前的数据，也无法找到公租房、廉租房、经济适用房、定向安置房等分项指标数据。用ACS14表示地方财政保障房支出增长率/城镇人口增长率。

需要解释的是，以上指标大部分反映的是政府在成本分担机制中的作用。我们知道，城镇化成本包括个人成本、企业成本与政府成本，但个人成本受个人选择限制，如生活成本的多寡、住房成本的高低等难以估算。而企业成本主要包括工资成本、各种保险成本等，在国家法律法规限制下，一般情况下企业都会给予支付，无须比较。我们认为，真正值得比较的应该是政府在成本分担机制中的作用，因此该指标体系以政府承担成本为主。当然，政府承担的也只是其中一部分固定成本或补贴，因为个人在享受服务的同时也要承担费用，如水、天然气、公共交通、卫生保健等。

## 三、数据描述性统计

数据来源为各年《中国统计年鉴》及《城市统计年鉴》。

**1. 生活服务指标**

（1）生活用水量增长率与ACS1指标。

2005—2019年生活用水量增长率均值低于城镇人口增长率3.21%的均值。需要说明的是，2006年生活用水量增长率突然大幅下降（见图5-30）与当时在全国范围内实行阶梯水价有关。2006—2011年，生活用水量增长率一直低于城镇人口增长率；而2011年之后，该指标高于城镇人口增长率，这说明社会公共服务的覆盖率开始提高。另外，令人欣慰的是，2014—2019年，人均用水量持续下降，2014年为446.75吨，2015年及2016年分别为445.09吨和438.12吨，之后保持平稳下降。对于我国这个缺水国家来讲，人均用水量下降是一件幸事。ACS1指标的变化见图5-31。

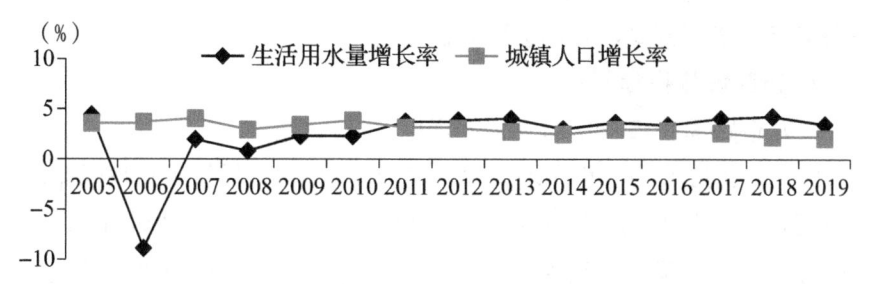

图 5-30　生活用水量增长率与城镇人口增长率

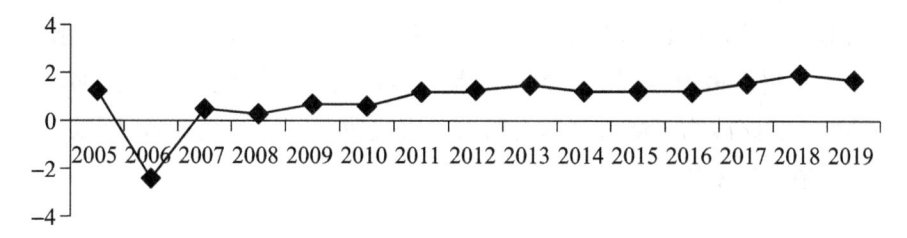

图 5-31　ACS1 指标

(2) 生活天然气用量增长率与 ACS2 指标。

如图 5-32 所示，生活天然气用量增长率 15 年来的均值远远高于城镇人口增长率，其原因在于很多城镇家庭原先并未开通天然气，之后才逐渐开通。图中生活天然气用量增长率波动较大，这与其需求变化、价格调整、安装成本变化相关。从我国近年来的政策趋势看，似乎有天然气代替燃煤（在家庭使用方面）的趋势，但天然气的价格远远高于煤炭。比较二者热值，1 立方米天然气相当于 1.214 千克煤炭，前者价格为 3 元多，后者只有 1 元左右，差距很大。我们似乎有一种基于习惯的认识：煤炭不利于环保。实际上，如果能够实现煤炭的清洁利用，使用煤炭的成本远低于天然气。如果不从科学出发、不从经济规律出发，而仅仅从行政角度出发

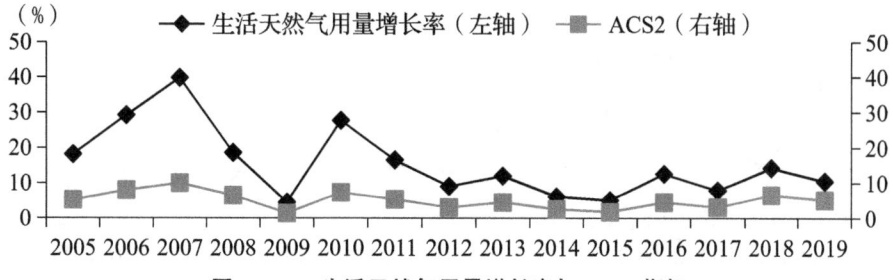

图 5-32　生活天然气用量增长率与 ACS2 指标

去决定能源使用方式，必然会四处碰壁。

**2. 市政设施指标**

（1）道路面积增长率与 ACS3 指标。

2005—2019 年道路面积增长率均值为 6.5%，为城镇人口增长率均值的两倍以上。该指标在 2005—2007 年处于下降阶段，之后开始上升，2013 年起趋于下降，但较为平缓（见图 5-33）。其变化趋势与城镇人口增长率基本一致。国家统计局同样提供了城市道路长度数据，但该数据有难以解释之处，如 2005 年城市道路总长度为 24.7 万公里，而 2006 年则为 24.1 万公里。最为合理的解释可能是：城市道路并不包括高速公路，而一些城市道路改为了绕城高速公路（或直接改为了高速公路），所以带来了城市道路长度的下降。

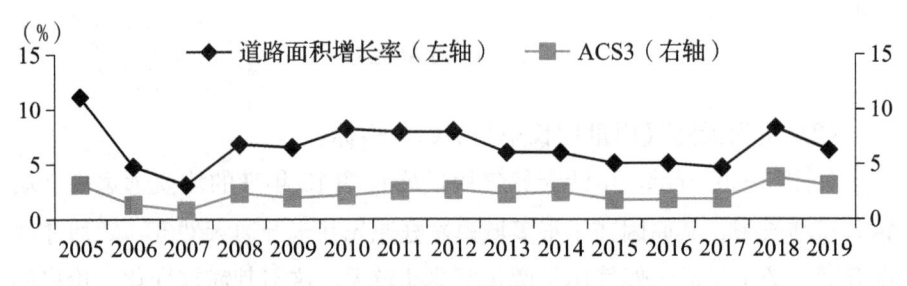

**图 5-33　道路面积增长率与 ACS3 指标**

（2）道路照明增长率与 ACS4 指标。

2005—2019 年，道路照明增长率均值高于城镇人口增长率，也高于道路面积增长率，这在一定程度上说明了近几年来市政设施完善程度的提高。道路照明增长率与 ACS4 指标见图 5-34。当然，城市道路照明指标数据不能完全代表城市道路照明经济效率的提高。一些城市片面追

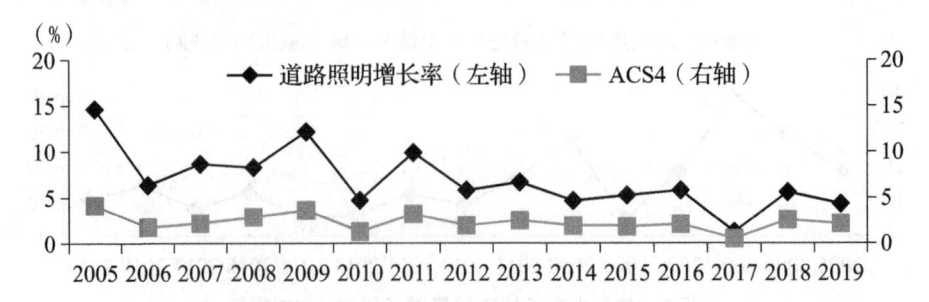

**图 5-34　道路照明增长率与 ACS4 指标**

求路灯的"高大上",甚至不计成本。虽然城市道路看起来很漂亮,但人民生活水平并没有得到提高。道路面积增长率与道路照明增长率的比较见图5-35。

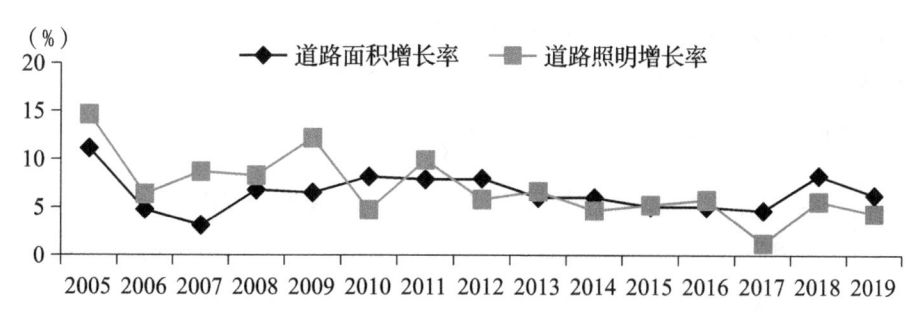

**图5-35 道路面积增长率与道路照明增长率的比较**

(3)公交车辆增长率与ACS5指标。

2005—2019年公交车辆增长率波动较大,与地方政府财政收入的变化有一定关系,但从2010年以后,其趋势与城镇人口增长率基本保持一致(见图5-36)。2016年公交车辆数量为538 842,而全国地级及以上城市数量为297,加上374个县级市,共计671个城市,平均每个城市公交车辆为803辆。如果再加上1 600多个县城,则每城(县)平均公交车辆约为237辆,这个数量并不太高。考虑到能源节约的大趋势,我们仍然要大力发展公共交通。

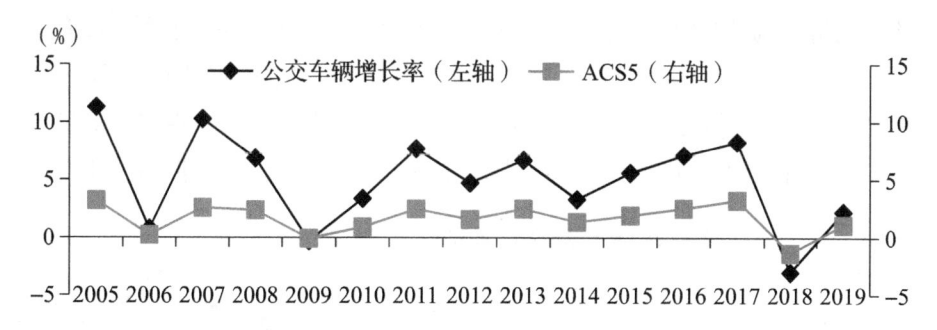

**图5-36 公交车辆增长率与ACS5指标**

**3. 市容环境指标**

(1)公园面积增长率与ACS6指标。

2005—2019年公园面积增长率均值为10.02%,远超城镇人口增长率,但该指标的较大值主要出现在 2005 年和 2006 年,在 2007 年下降到负值(见图 5-37),这与城市建设占用公园土地有关;2008 年之后,该指标与城镇人口增长率变化趋势逐渐保持一致。如果我们剔除 2005 年和 2006 年的峰值,则均值将大幅下降到 7.72%。根据我们的调查,一些城市面临在项目开发和公园建设之间选择时,通常会选择前者,甚至不惜将公园改为建设项目,这是一种不良的倾向。

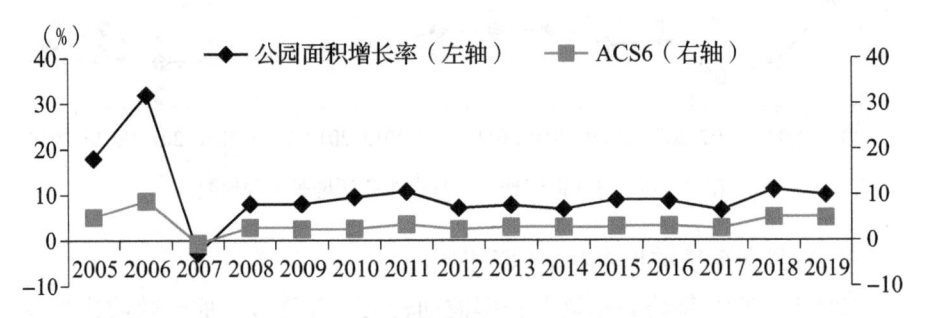

图 5-37 公园面积增长率与 ACS6 指标

(2) 公厕数量增长率与 ACS7 指标。

公厕数量增长率 15 年来的均值低于城镇人口增长率,且 2006 年为负值,之后虽然有所增加,但增长率一直较低(见图 5-38)。这在一定程度上说明了一些城市建设的共同缺陷——重外表大过民生。我们对于 2006 年城市公厕数量大幅减少一直迷惑不解——城市规模扩大,公厕数量应该增加。唯一的解释就是在旧城改造或拆迁时,原有公厕被拆除,而新公厕并没有如期建设。根据 2015 年国家统计局的数据,我国每万人拥有公厕数量不足三个。实际上,公厕是反映一个城市文明程度的重要窗口,一些城市街道漂亮,却难寻公厕,且公厕内部卫生状况较差,或是建设了公厕却不开放使用。

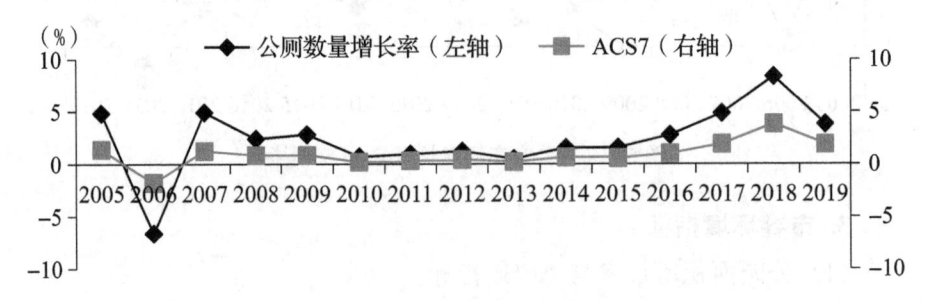

图 5-38 公厕数量增长率与 ACS7 指标

**4. 教育投入指标**

（1）教育经费增长率与 ACS8 指标。

2005—2019 年教育经费增长率均值为城镇人口增长率的 4 倍左右。该指标与宏观经济联系较为密切，变化趋势类似于 GDP 增长率，令人忧虑的是 2013 年、2014 年该指标下滑明显，分别为 5.96% 和 8.05%（见图 5-39），前者低于 GDP 增长率，后者仅高出 GDP 增长率 0.7 个百分点。当然，教育经费增长率仅仅是个粗略的指标，即使该增长率很高，也难以反映经费投入的效率。

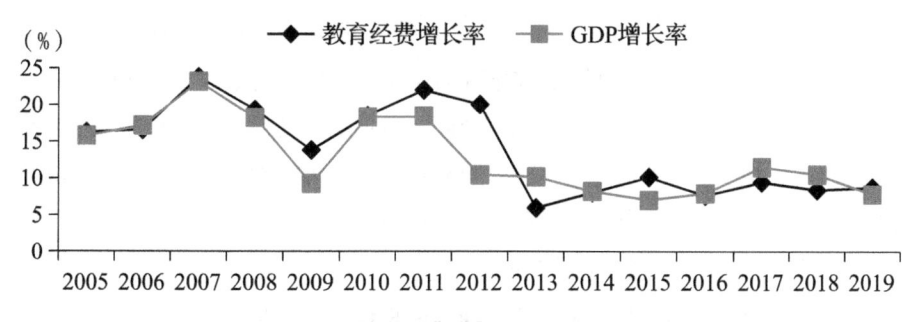

图 5-39　教育经费增长率与 GDP 增长率

在一些农村地区，最为迫切的问题并不是教育经费投入，而是决策的方向，如撤点并校问题。由于上学人数的减少，常常会出现一个学校仅有几个教学班的现象，于是撤点并校就开始了。但这是必然的吗？从经济学意义上看，撤点并校似乎很有道理，因为这样可以节约资源，但这对上学的孩子来讲公平吗？他们本来可以就近入学，但撤点并校后距学校的路程变远（有的距离太远需要寄宿）。如果能够提供足够的条件，如良好的寄宿环境或安全方便的校车服务，撤点并校可以考虑，但现实并非如此。我们认为，撤点并校需要谨慎决策。这种决策必须符合帕累托改进的要求。如果不能证明撤点并校对于每一个孩子都是好事，那么就不能实行。实际上，即使在西方发达国家，关于规模办学和小班办学之间尚且存在争议，我们的决策更应该慎重。①

ACS8 指标的变化见图 5-40。

---

① 在调研中发现，一些农村地区的撤点并校并没有经过审慎的决策过程。在一些地方，村小学是广大村民筹资建设的，而在村民不知情的情况下，村小学就被撤掉了。

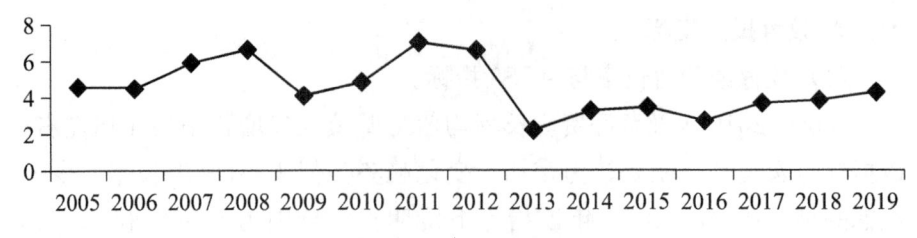

图 5-40 ACS8 指标

(2) 城市高中在校生人数增长率与 ACS9 指标。

2005—2019 年城市高中在校生人数增长率均值略高于城镇人口增长率，但这主要来自 2007 年和 2011 年的贡献，这两年该指标分别为 10.02% 和 28.04%，其他年份数值很小，有 7 年为负值（2013 年和 2014 年分别为 −0.46% 和 −0.05%），如图 5-41 所示。虽然生育率下降是一个影响因素，但 15 年来城镇人口净增两亿多，平均每年净增两千万，城市高中在校生数量居然下降，这实在令人担忧。

2016 年国家全面放开了二孩政策（2021 年放开了三孩政策），但关于二孩或三孩政策能否提高生育率还存在争议。我们认为，经济增长需要人口数量的持续增加，更需要人口质量的提高。如果说，保证每一个孩子都接受高等教育是难以达到的目标（即使在西方发达国家也难以保证），那么保证每一个孩子都接受（普通或职业）高中教育是一个社会主义国家应该实现的要求。毕竟，我国经济体量已达全球第二，应该力争保证每一个孩子都接受高中教育。

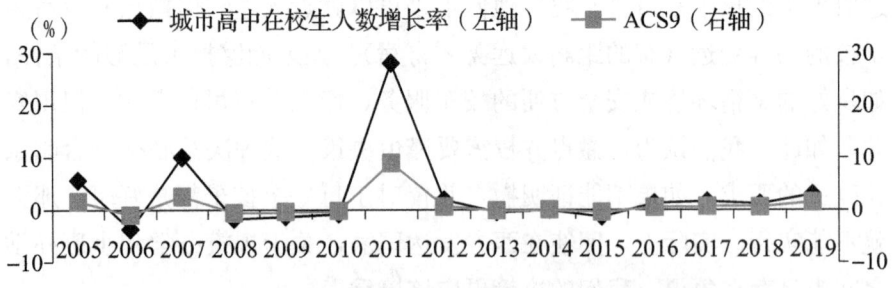

图 5-41 城市高中在校生人数增长率与 ACS9 指标

### 5. 卫生保健指标

(1) 妇幼保健院个数增长率与 ACS10 指标。

妇幼保健院个数增长率均值远低于城镇人口增长率，当然，考虑到医院规模的扩大,该指标较低也可以理解,但该指标于2006年、2008年、2014年、2015年、2016年为负值却令人费解(见图5-42),我们只能理解为有些地区的妇幼保健院被撤销(当然,妇幼保健院床位数量在增加)。但妇幼保健院个数减少背后的深层次原因是什么?无疑是生育率的下降甚至是新生儿数量的减少。以东三省为例,辽宁省在2011—2016年间,只有2015年的人口自然增长率为正值(仅为0.26‰),其余年份均为负值①;吉林省略好一些,但2016年人口自然增长率也为负值(-0.05‰);黑龙江省2015年和2016年人口自然增长率也为负值。就全国来看,近10年来人口自然增长率也不过为5.06‰,低于发达国家,也远远低于世界平均水平。

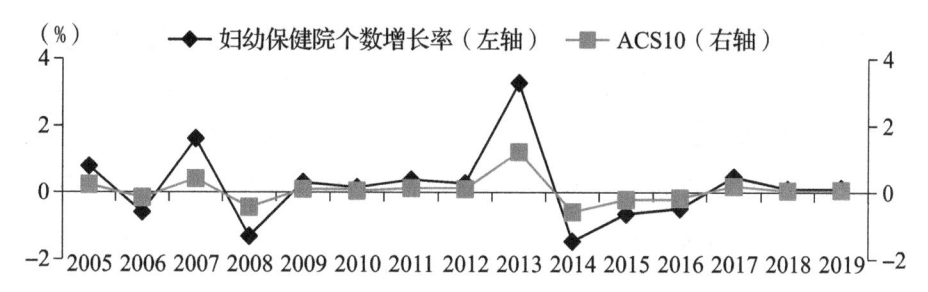

图5-42 妇幼保健院个数增长率与ACS10指标

(2)城市人均卫生费用增长率与ACS11指标。

城市人均卫生费用增长率均值为城镇人口增长率的3倍左右。可以发现:一方面,城市人均卫生费用增加很快;另一方面,医院数量增加不足。这在一定程度上解释了为何城镇医院的拥挤程度在不断增加,而医疗费用增长无疑加重了低收入家庭的负担。如何降低高昂的医疗费用是摆在众多研究者面前的一个重要研究课题。② 城市人均卫生费用增长率与ASC11指标见图5-43。

---

① 人口自然增长率等于人口出生率减死亡率,美国近年来人口自然增长率为7‰左右,世界均值为10‰左右。
② 我们认为,当前医疗改革的方向应该主要放在三个方面:第一,要搞清楚我们医疗改革的方向是什么,究竟是全民(基础性)免费医疗,还是市场化方向。第二,如果是走免费医疗道路,那么主要的努力方向是协调好免费医疗、医药(包括设备)市场、医疗人才市场的关系。三者关系如果处理不好,则必将出现乱象。第三,尽快实现医保联网,并且尽量实现全国性相对公平的医疗覆盖。

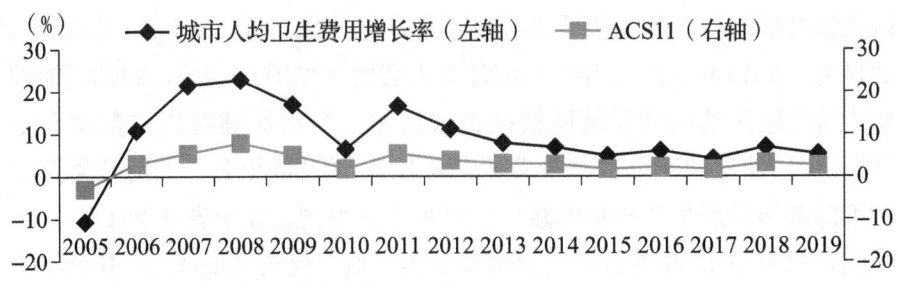

图 5-43 城市人均卫生费用增长率与 ACS11 指标

### 6. 社会服务与保障指标

(1) 社会服务机构床位增长率与 ACS12 指标。

社会服务机构床位增长率在 2006 年以后与城镇人口增长率趋势接近一致，且大多数年份高于后者，这说明我们的社会服务水平在逐渐提高。本书所指社会服务机构包括很多，如养老院、福利院、复员军人养老院、流浪人员救助站等。其中最值得关注的是养老院，我国 2016 年有 1.5 亿 65 岁以上老人，而全国养老院（农村和城市）共计不到 4 万个，平均 3 700 多个老人对应一个养老院。就算只有 $\frac{1}{10}$ 的老人需要到养老院安度晚年，一个养老院也难以容纳 300 多个老人。可见，养老社会化道路仍然任重而道远。社会服务机构床位增长率与 ACS12 指标见图 5-44。

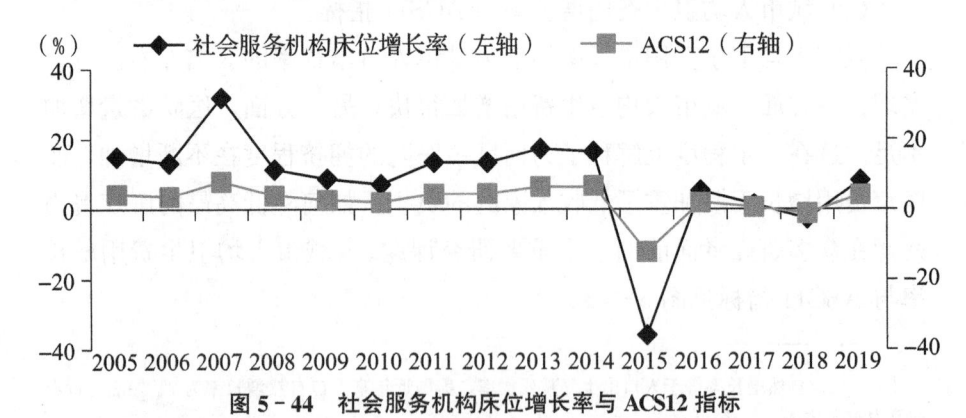

图 5-44 社会服务机构床位增长率与 ACS12 指标

(2) 城镇参加养老保险人数增长率与 ACS13 指标。

2005—2019 年城镇参加养老保险人数增长率变化较为平稳，与城镇人口增长率趋势基本一致（见图 5-45），这一方面说明了我国社会保障水平的提高，另一方面说明了居民参加社会保障意识的增强。"养儿防老"固然是我国传统的观念，但考虑到目前人口流动速度加快，人们的养老观念也在发生变化。

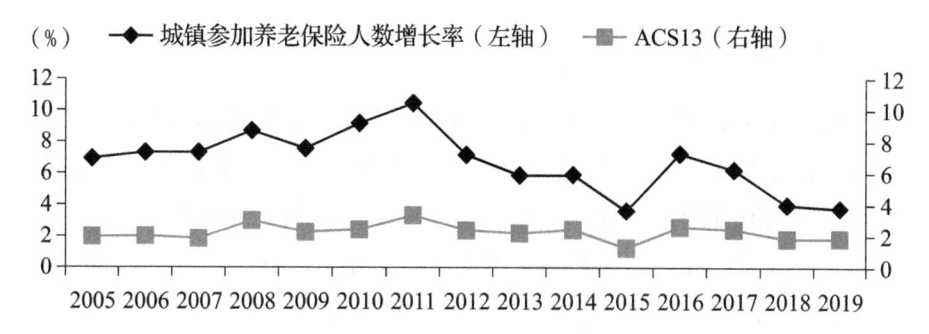

图 5-45 城镇参加养老保险人数增长率与 ACS13 指标

实际上，城镇化不仅是农业人口向城市的简单转移，还涉及土地（耕地、宅基地等）产权、房地产、社会保障、教育、医疗、市政设施等多方面的变化，是一项系统工程，也需要通盘考虑。因此，城镇化更多是一个自然进程，政府最多只能提供战略性的框架及完备的实现环境。其含义就是，政府应该尽可能提供人口转移所需要的帮助，但是否进城则取决于农村居民的自由选择。

### 7. 住房保障指标

住房保障指标仅包含地方财政保障房支出增长率一项，仅有 2011 年以来原始数据（保障房建设源于高房价，而房价暴涨始于 2009 年）。2011 年增长率最高，为 75.44%，之后出现断崖式下降，到 2013 年仅为 0.17%，2014 年回升为 13.80%，2015 年以后有小幅度波动（见图 5-46）。该指标的变

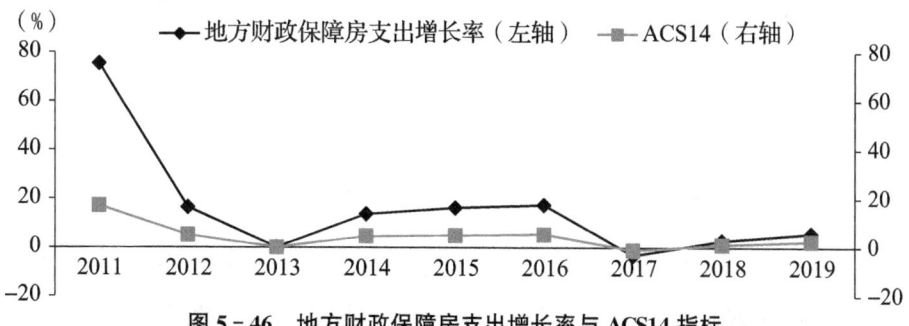

图 5-46 地方财政保障房支出增长率与 ACS14 指标

化反映了政策的犹豫：到底如何提供住房保障？保障房能起到降低房价的作用吗？近年来，政策逐渐向"以租代售"转向，但能否为人们所接受，尚须拭目以待。

## 四、评价结果

我们首先根据上文的灰色关联分析结果将 14 个指标分为四类，分别是：非常重要、比较重要、重要与不重要，以 Ⅰ、Ⅱ、Ⅲ、Ⅳ 表示，四类指标赋值分别为 4 分、3 分、2 分、1 分。指标分类如下：

Ⅰ 类指标：ACS3、ACS8、ACS13，总分 12 分；
Ⅱ 类指标：ACS1、ACS2、ACS4、ACS5、ACS11，总分 15 分；
Ⅲ 类指标：ACS6、ACS7、ACS12，总分 6 分；
Ⅳ 类指标：ACS9、ACS10、ACS14，总分 3 分。

四类指标合计 36 分。Ⅰ 类指标中每个指标的权重为 1/9，Ⅱ 类指标中每个指标的权重为 1/12，Ⅲ 类指标中每个指标的权重为 1/18，Ⅳ 类指标中每个指标的权重为 1/36，总权重为 1。

由于各指标数据大小差异明显，应该对数据进行处理，我们采取简单的绝对值最大法，即将各指标数据除以该指标在这些年内的绝对值最大者，这样所有数据范围都位于 [−1, 1] 区间。然后再将各指标数据乘以各自权重，并相加得到该年度的成本分担强度结果。进一步按赋值加权，根据结果绘制的成本分担强度曲线见图 5-47。

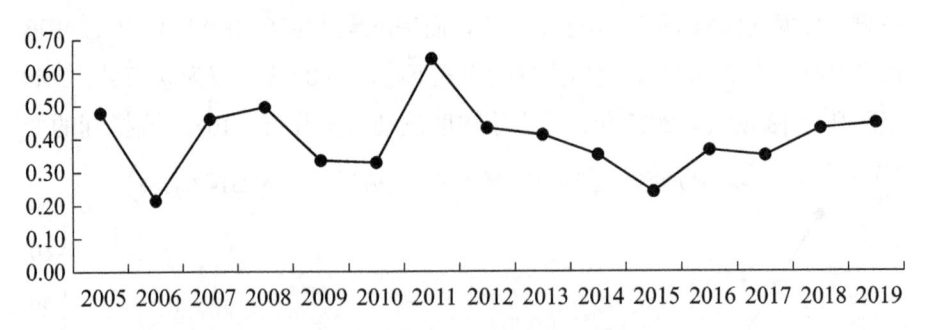

**图 5-47　2005—2019 年我国城镇化成本分担强度曲线**

从图 5-47 中可以看出，近年来我国城镇化成本分担强度有一定起伏。2005 年是一个峰值，2006 年则是一个低谷；之后迅速反弹，但到

2008 年又再次缓慢下降，在 2010 年到达一个低点，然后在 2011 年达到最高峰，此后呈缓慢下降趋势，但从 2015 年起又开始缓慢回升（相对较平稳）。令人欣慰的是：2011 年之后成本分担强度的波动幅度明显小于前几年的波动幅度，这说明随着城镇化的进行，各地成本分担机制已逐步完善，成本分担强度受经济增长率的影响越来越小。

## 五、若干建议

为提高新型城镇化质量，我们有以下建议。

**1. 建立城镇化成本分担机制要始终坚持以改善民生为原则**

目前，很多地区因为房地产积压而提出要去库存，并且提出不再进行保障房建设。那么，去库存是否与保障房建设相矛盾呢？我们认为，库存出现的原因在于价格过高，而保障房就是为进城农民提供廉价的住房，两者并不矛盾。有人会说，保障房建设难道不会增加房地产存量吗？事实上，只要保障房与商品房存在功能性差异，保障房建设就不会增加房地产存量，反而会促使商品房价格下降。例如，只有公共卫生间或公共厨房等带有功能缺陷的公租房、廉租房不会进入房地产市场流通，因为这类房产没有投机价值。如果大量转移人口选择公租房、廉租房，那么商品房必然会降价。当前很多城市出现的库存增加、价格不变的怪象，实际上是房地产业绑架地方经济的后果——房地产商认为地方政府必然会救市，因此没有必要降价。如果政府致力于保障房建设而不是为了保经济增长而去为房地产业解困，那么房地产业就会自救，房价下降就会成为必然。

**2. 保证财税制度改革与城镇化进程步调一致**

在推进城镇化进程中，各级地方政府显然要起到更为重要的作用。但考察中央财政与地方财政的收支情况，容易发现近年来地方政府收入与中央政府收入不相上下或略低于中央政府，约为 1∶1，但支出比例却接近 4∶1，这也是近年来地方政府对土地财政极度依赖的原因，而直到 2014 年《中华人民共和国预算法》修正，土地出让收入才被纳入预算。我们认为，土地出让收入是否纳入预算固然重要，但更重要的是保证各级政府的事权与支出责任相一致以及事权与财力相匹配。要明确中央政府与地方政府之间的事权划分（包括共同事权），例如，如果将义务教育划为地方政府事权，地方政府就要承担相应的支出责任，这里贯彻的就是事权与支出责任相一致的原则；而当地方政府面临财政压力时，中央政府应该通过转移支付等形式提供支持，这里贯彻的就是事权与财力相匹配的原则。城镇化是一个长期的进程，如果希望通过建立完善的成本分担机制来加快这一进程，则财税制度改革的方向应该是在保证事权与支出责任相一致的同时适度扩大地方政府财力。

**3. 坚持具体情况具体分析，最好不要采用"一刀切"的政策**

我国国情复杂，各地情况差别很大，成本分担机制的侧重点也应该有所不同。例如，东部城市群之间农村的城镇化模式与西部牧区的城镇化模式显然不同，也不能采用同样的成本分担方式。前者的城镇化缘于产业集群带动，居民收入较高，足以承担城镇化的住房成本，政策的重点应该放在市政设施、教育投入、社会保障等方面；而后者的城镇化则是以政府推动为主，其目的在于改善牧民居住条件，因此政府就要承担一部分甚至是大部分住房成本。再如，城市周边地区的城镇化与偏远地区的城镇化也存在不同。前者的重点显然是公共服务而不是就业问题；而后者多采取就近城镇化形式，政府需要承担部分就业培训成本以及住房（租住）成本。

总体来讲，要认识到城镇化的终极目的在于提高全体人民（主要是农村居民）的生活水平，经济增长、价格稳定等宏观经济目标不过是手段而已。转移人口进入城市，如果能够自己解决就业、有能力购买住房，则皆大欢喜。如果政府提供就业帮扶，这就是产业支撑；同样，政府要为转移人口提供一系列公共服务，比如廉价的住房，这就是成本分担。做好产业支撑和成本分担两方面的工作，城镇化的顺利推进就有了基本保障，实现经济增长也就顺理成章。

## 第三节 产业支撑强度、成本分担强度综合评价

在上文中我们分别得到了近年来全国层面产业支撑强度与成本分担强度的数据，现在的任务是将这两部分结合起来，得到一个综合的评价结果。由于我们数据收集的年份不同，产业支撑强度为1996—2019年，而成本分担强度为2005—2019年，为求一致，我们截取2005—2019年

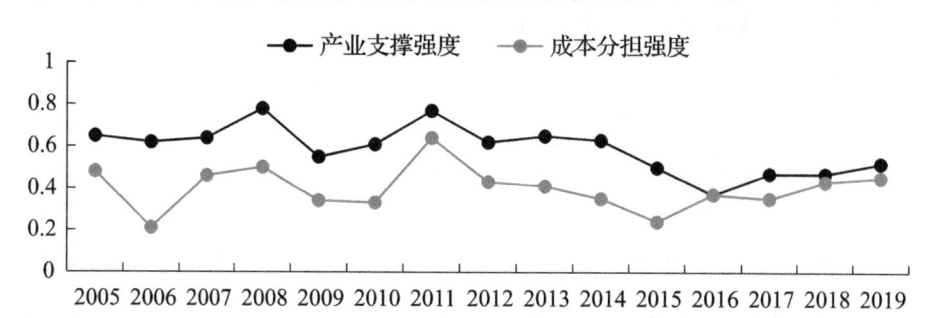

的数据。产业支撑强度与成本分担强度的比较见图 5-48。

图 5-48 产业支撑强度与成本分担强度的比较

显然,两条曲线的总体趋势类似,但并不完全一致。2010年新型城镇化进程加快以后产业支撑强度曲线的变化相对剧烈,而成本分担强度曲线的变化则更加平缓。究其原因,产业支撑更容易受到国民经济变化如经济增长率变化的影响,而成本分担以政府支出为主,与经济增长关系不甚密切。

为进行综合评价,我们设计了两种方法:一种是均值法,另一种是耦合法。两种方法的前提都是赋予产业支撑强度与成本分担强度相同的权重。前者是取两者的平均值,后者则是将两者的指标相乘。显然,由于各指标均小于1,用耦合法得到的综合评价结果数值更小,变化也相对剧烈,但总体趋势类似(见表 5-19)。

表 5-19 产业支撑强度与成本分担强度综合评价

| 年份 | 产业支撑强度 | 成本分担强度 | 均值法结果 | 耦合法结果 |
| --- | --- | --- | --- | --- |
| 2005 | 0.65 | 0.48 | 0.57 | 0.31 |
| 2006 | 0.62 | 0.21 | 0.42 | 0.13 |
| 2007 | 0.64 | 0.46 | 0.55 | 0.29 |
| 2008 | 0.78 | 0.50 | 0.64 | 0.39 |
| 2009 | 0.55 | 0.34 | 0.45 | 0.19 |
| 2010 | 0.61 | 0.33 | 0.47 | 0.20 |
| 2011 | 0.77 | 0.64 | 0.71 | 0.49 |
| 2012 | 0.62 | 0.43 | 0.53 | 0.27 |
| 2013 | 0.65 | 0.41 | 0.53 | 0.27 |
| 2014 | 0.63 | 0.35 | 0.49 | 0.22 |
| 2015 | 0.50 | 0.24 | 0.37 | 0.12 |

续表

| 年份 | 产业支撑强度 | 成本分担强度 | 均值法结果 | 耦合法结果 |
|---|---|---|---|---|
| 2016 | 0.37 | 0.37 | 0.37 | 0.14 |
| 2017 | 0.47 | 0.35 | 0.41 | 0.16 |
| 2018 | 0.47 | 0.43 | 0.45 | 0.20 |
| 2019 | 0.52 | 0.45 | 0.49 | 0.23 |

从结果来看，产业支撑与成本分担总强度的变化有三个特征：第一，2011 年以前波动较为剧烈，2011 年以后波动较为平缓；第二，2011 年以后，虽然总体趋势是下降的，但近年来（尤其是 2016 年来）有见底回升的迹象，说明城镇化质量在缓慢提升（见图 5-49）；第三，从数据上看，2016 年产业支撑强度下降，2017 年成本分担强度略微下降，但之后几年有一定提升，这显示了中央政策向提高人民生活质量方面倾斜的决心。2018 年出台的中央一号文件以农村改革（主要指土地流转）为重点，我们相信未来城镇化质量会进一步提升。

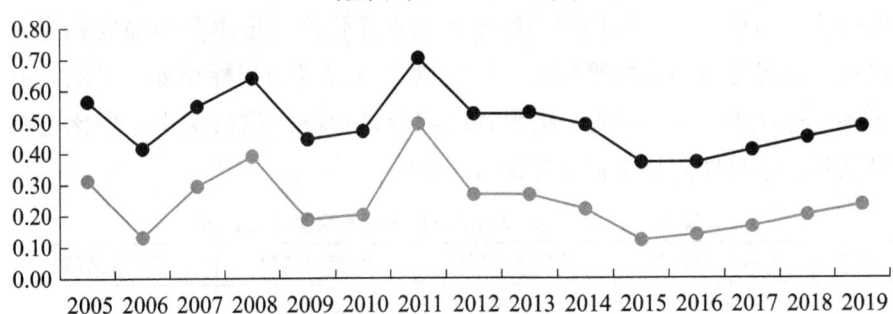

图 5-49 均值法与耦合法结果比较

# 第六章　新型城镇化产业支撑与成本分担地区差异评价

本章的研究思路是：

首先，分析31个省、自治区、直辖市（简称"省份"）的产业支撑地区差异情况。

（1）根据数据可得性及研究要求，对产业支撑各项指标做相应修改和确认；

（2）根据指标收集数据，并对数据进行描述性评价；

（3）对31个省、自治区、直辖市的相应数据进行因子分析；

（4）采用专家评分方法对相应数据进行评价；

（5）比较两种分析方法，找到各区域产业支撑的不同特征。

其次，分析31个省、自治区、直辖市的成本分担地区差异情况。

（1）根据数据可得性及研究要求，对成本分担各项指标做相应修改和确认；

（2）根据指标收集数据，并对数据进行描述性评价；

（3）对31个省、自治区、直辖市的相应数据进行因子分析；

（4）采用专家评分方法对相应数据进行评价；

（5）比较两种分析方法，找到各区域成本分担的不同特征。

再次，对31个省、自治区、直辖市的产业支撑与成本分担地区差异情况进行综合评价，给出综合得分和排序。

最后，根据前文的评价情况，对31个省、自治区、直辖市的新型城镇化产业支撑与成本分担特征及均衡路径进行探讨，以便展开下一步的城镇化模式分析及对策研究。

## 第一节　产业支撑地区差异评价

### 一、指标确认与解释

在前文，针对国家层面产业支撑评价已经建立了一个产业支撑指标体系，但用于地区差异评价时，有些数据难以得到，因此要对各项指标略做修改。

AIS1 修改为地区 GDP 增长率减城镇人口增长率；

AIS2 修改为城镇人口增长率除以价格增长率；

AIS3 修改为工业增长率减城镇人口增长率；

AIS4 修改为服务业增长率减城镇人口增长率；

AIS5 修改为出口增长率减城镇人口增长率；

AIS6 修改为研发费用增长率减城镇人口增长率；

AIS7 修改为专利授权增长率减城镇人口增长率；

AIS8 不变，仍为产品质量优等率除以城镇化率；

AIS9 原来主要反映就业量增长率，但分省份数据不完整，因此修改为城镇单位就业量增长率减城镇人口增长率；

AIS10 修改为私营企业就业量增长率减城镇人口增长率；

AIS11 修改为失业保险支出增长率减城镇人口增长率；

AIS12 修改为农村居民人均可支配收入增长率减城镇人口增长率（农村居民人均可支配收入只有 2013 年以来的数据）；

AIS13 原来主要反映农村居民人均工资性收入，但因无具体分省份数据而删除该指标，以农村居民人均消费增长率减城镇人口增长率代替（农村居民人均消费也只有 2013 年以来数据）；

AIS14 修改为地方增值税增长率减城镇人口增长率（考虑到营改增政策，不取 2016 年之后的数据）；

AIS15 修改为地方营业税增长率减城镇人口增长率（考虑到营改增政策，不取 2016 年之后的数据）；

AIS16 原来反映农村家庭人均耕地面积，因缺乏分省份数据，以谷物单位面积产量增长率减城镇人口增长率代替，主要反映农业生产效率；

AIS17 修改为农用大中型拖拉机数量增长率减城镇人口增长率；

AIS18 原来反映农村居民人均粮食产量，因缺乏分省份数据，以农村用电量增长率减城镇人口增长率代替，主要反映农村各项产业繁荣程度。

需要解释的是，上述指标除 AIS8 外都用到城镇人口增长率而不是城镇化率（或城镇化率增长率），是因为某一地区的城镇化率提高并不一定代表城镇人口的增加。例如，某一地区某年人口为 100 万，城镇人口为 50 万，则城镇化率为 50%。下一年，如果人口下降到 80 万，而城镇人口下降到 45 万，则城镇化率为 56.25%，显然，城镇化率提高了，但这样的提高掩盖了城镇人口下降的事实。

以 AIS1 指标为例，如果甲地区某年 GDP 增长率为 10%，而城镇人口增长率为 5%，则 AIS1 为 5%；如果乙地区某年 GDP 增长率为 15%，而城镇人口增长率同样为 5%，则 AIS1 为 10%。显然，如果不考虑其他指标，乙地区城镇人口增加带来的效果更好。同样，如果甲地区 GDP 增长率为 10%，城镇人口增长率为 5%，即乙地区 GDP 增长率也是 10%，但城镇人口增长率为 2%，我们对哪个地区评价更高呢？如果不考虑其他指标，显然是乙地区。

为避免某一年数据突变产生难以解释的情况，大多数数据取 2012—2018 年（或 2019 年）的均值，之所以没有采用更长的时段，是因为有些年份数据不全，而 2011—2019 年的数据较为完整。①

由此得到新的指标体系，见表 6-1。

表 6-1 修改后的产业支撑指标体系

| 评价目标 | 一级指标 | 二级指标 | 简称 |
| --- | --- | --- | --- |
| 产业支撑强度 | 宏观经济指标 | 地区 GDP 增长率减城镇人口增长率 | AIS1 |
| | | 城镇人口增长率除以价格增长率 | AIS2 |
| | 产业扩张指标 | 工业增长率减城镇人口增长率 | AIS3 |
| | | 服务业增长率减城镇人口增长率 | AIS4 |
| | | 出口增长率减城镇人口增长率 | AIS5 |

---

① 考虑到多数指标为增长率指标，2012 年须用到 2011 年的数据。

续表

| 评价目标 | 一级指标 | 二级指标 | 简称 |
|---|---|---|---|
| 产业支撑强度 | 产业升级指标 | 研发费用增长率减城镇人口增长率 | AIS6 |
| | | 专利授权增长率减城镇人口增长率 | AIS7 |
| | | 产品质量优等率除以城镇化率 | AIS8 |
| | 就业指标 | 城镇单位就业量增长率减城镇人口增长率 | AIS9 |
| | | 私营企业就业量增长率减城镇人口增长率 | AIS10 |
| | | 失业保险支出增长率减城镇人口增长率 | AIS11 |
| | 收入指标 | 农村居民人均可支配收入增长率减城镇人口增长率 | AIS12 |
| | | 农村居民人均消费增长率减城镇人口增长率 | AIS13 |
| | 税收指标 | 地方增值税增长率减城镇人口增长率 | AIS14 |
| | | 地方营业税增长率减城镇人口增长率 | AIS15 |
| | 农业生产效率指标 | 谷物单位面积产量增长率减城镇人口增长率 | AIS16 |
| | | 农用大中型拖拉机数量增长率减城镇人口增长率 | AIS17 |
| | | 农村用电量增长率减城镇人口增长率 | AIS18 |

## 二、数据描述性统计

我们首先要对各省份的城镇化率有一个直观的认识。根据表6-2可以发现，2018年31个省份的城镇化率之间存在较大的差异。上海、北京、天津三个直辖市排在前3位，都在80％以上；经济最发达的几个省份也排在前列。在高于60％的13个省份中东部地区占了8个，而低于50％的4个省份全部为西部地区省份。

表6-2 2018年各省份城镇化率排序

| 排序 | 省份 | 城镇化率（％） | 排序 | 省份 | 城镇化率（％） |
|---|---|---|---|---|---|
| 1 | 上海 | 88.12 | 3 | 天津 | 83.14 |
| 2 | 北京 | 86.49 | 4 | 广东 | 70.70 |

续表

| 排序 | 省份 | 城镇化率（%） | 排序 | 省份 | 城镇化率（%） |
|---|---|---|---|---|---|
| 5 | 江苏 | 69.61 | 19 | 河北 | 56.43 |
| 6 | 浙江 | 68.90 | 20 | 江西 | 56.02 |
| 7 | 辽宁 | 68.09 | 20 | 湖南 | 56.02 |
| 8 | 福建 | 65.82 | 22 | 安徽 | 54.70 |
| 9 | 重庆 | 65.51 | 23 | 青海 | 54.39 |
| 10 | 内蒙古 | 62.71 | 24 | 四川 | 52.30 |
| 11 | 山东 | 61.18 | 25 | 河南 | 51.71 |
| 12 | 湖北 | 60.30 | 26 | 新疆 | 50.90 |
| 13 | 黑龙江 | 60.11 | 27 | 广西 | 50.22 |
| 14 | 海南 | 59.10 | 28 | 云南 | 47.81 |
| 15 | 宁夏 | 58.87 | 29 | 甘肃 | 47.71 |
| 16 | 山西 | 58.42 | 30 | 贵州 | 47.53 |
| 17 | 陕西 | 58.13 | 31 | 西藏 | 31.10 |
| 18 | 吉林 | 57.54 | | | |

需要注意的是，城镇化率较高的省份并不意味着城镇人口增长率较高。我们收集了2012—2018年数据，取城镇人口增长率均值。排在前5位的分别是西藏、贵州、云南、甘肃和河南，排在后5位的是北京、辽宁、吉林、黑龙江和上海。以上海为例，7年来城镇人口增长率均值仅为0.28%；而西藏7年来均值为6.52%。

**1. 地区 GDP 增长率与 AIS1 指标**

从7年来地区 GDP 增长率均值来看，有以下结果：

①GDP 增长率均值超过10%的省份有17个，分别是贵州、西藏、云南、安徽、重庆、湖北、福建、四川、江西、海南、陕西、新疆、北京、湖南、江苏、广东和河南，其中贵州的 GDP 增长率均值为16.31%，排在第一位。

②GDP 增长率均值高于9%低于10%的省份有上海、宁夏、青海、浙江、广西和甘肃。

③地区 GDP 增长率均值低于9%的省份有山西、山东、河北、天津、内蒙古、吉林、辽宁和黑龙江。地区 GDP 增长率均值最低的5个

省份分别是天津、内蒙古、吉林、辽宁和黑龙江。其中黑龙江最低，为 3.28%。

根据表 6-3 可以发现，地区 GDP 增长率排序与 AIS1 指标排序略有差别。以北京为例，北京的 GDP 增长率均值排名并不高，但其 AIS1 排在第三位，这是因为北京城镇人口增长率较低。其他省份的排序差不多，如贵州仍然排在第一位，河北等省份仍然排在靠后的位置。

表 6-3 各省份 AIS1 指标排序

| 排序 | 省份 | AIS1 | 排序 | 省份 | AIS1 |
|---|---|---|---|---|---|
| 1 | 贵州 | 11.27 | 17 | 新疆 | 7.48 |
| 2 | 湖北 | 10.37 | 18 | 湖南 | 7.05 |
| 3 | 北京 | 10.31 | 19 | 河南 | 6.29 |
| 4 | 福建 | 10.25 | 20 | 宁夏 | 6.27 |
| 5 | 重庆 | 10.03 | 21 | 青海 | 6.26 |
| 6 | 云南 | 9.96 | 22 | 广西 | 6.02 |
| 7 | 安徽 | 9.94 | 23 | 甘肃 | 4.95 |
| 8 | 上海 | 9.48 | 24 | 山西 | 4.56 |
| 9 | 江苏 | 8.74 | 25 | 山东 | 3.81 |
| 10 | 西藏 | 8.47 | 26 | 吉林 | 3.34 |
| 11 | 四川 | 8.45 | 27 | 天津 | 3.29 |
| 12 | 海南 | 8.33 | 28 | 辽宁 | 2.99 |
| 13 | 江西 | 8.22 | 29 | 内蒙古 | 2.76 |
| 13 | 广东 | 8.22 | 30 | 黑龙江 | 2.62 |
| 15 | 陕西 | 8.05 | 31 | 河北 | 2.48 |
| 16 | 浙江 | 7.55 | | | |

**2. 价格增长率与 AIS2 指标**

我们选择的价格指数为价格增长率均值，各省份差别并不太大。

①各省份价格增长率均值的最大值为青海的 2.6%，最小值为山西的 1.7%。

②价格增长率均值低于 2% 的省份有河北、辽宁、宁夏、内蒙古、山东、贵州、四川、重庆、湖南、福建、黑龙江、安徽和山西，其他省份均值均高于 2%。

③价格增长率均值排在前五位的是青海、西藏、海南、上海和新

疆。青海、西藏、新疆是经济较不发达的省份,但其价格上涨较快,值得我们关注。

表6-4反映了各省份AIS2指标排序。由于该指标主要反映的是城镇人口增长率除以价格增长率,所以上海排在最后一位并不令人感到奇怪——上海的城镇化率很高,但城镇人口增长率较低;同样,西藏、贵州、云南的城镇化率较低,但城镇人口增长率较高。

表6-4 各省份AIS2指标排序

| 排序 | 省份 | AIS2 | 排序 | 省份 | AIS2 |
| --- | --- | --- | --- | --- | --- |
| 1 | 西藏 | 3.97 | 17 | 山西 | 1.14 |
| 2 | 贵州 | 3.11 | 18 | 福建 | 0.79 |
| 3 | 云南 | 2.43 | 19 | 海南 | 0.69 |
| 4 | 甘肃 | 2.00 | 20 | 青海 | 0.61 |
| 5 | 安徽 | 1.94 | 21 | 湖北 | 0.47 |
| 5 | 湖南 | 1.94 | 22 | 天津 | 0.31 |
| 7 | 四川 | 1.85 | 23 | 浙江 | 0.12 |
| 8 | 河南 | 1.84 | 24 | 广东 | −0.16 |
| 9 | 河北 | 1.75 | 25 | 内蒙古 | −0.18 |
| 10 | 新疆 | 1.72 | 26 | 江苏 | −0.19 |
| 11 | 陕西 | 1.55 | 27 | 辽宁 | −1.17 |
| 12 | 重庆 | 1.53 | 27 | 黑龙江 | −1.17 |
| 13 | 宁夏 | 1.50 | 29 | 吉林 | −1.22 |
| 14 | 广西 | 1.45 | 30 | 北京 | −1.27 |
| 15 | 山东 | 1.34 | 31 | 上海 | −2.10 |
| 16 | 江西 | 1.31 | | | |

### 3. 工业增长率与AIS3指标

从2012—2017年各省份的工业增长率均值来看,有以下结果:

①工业增长率均值超过10%的省份只有7个,分别是贵州、西藏、安徽、湖北、福建、湖南和广西,均为中西部省份。

②工业增长率均值高于7%低于10%的省份有陕西、重庆、江西、宁夏、江苏、吉林、天津、四川、广东、青海和云南。

③工业增长率均值高于5%低于7%的省份有浙江、山东、北京、河南和河北。

④工业增长率均值高于0低于5%的省份有内蒙古、海南、新疆、上海和甘肃。

⑤工业增长率均值小于零的3个省份分别是山西、辽宁和黑龙江，分别为－0.92%、－1.92%和－2.65%。① 可以看出，东北经济滑坡趋势仍未得到缓解。

表6-5反映了各省份AIS3指标的排序，其中指标为负值的省份值得关注。这说明工业增长率小于城镇人口增长率，也就是说，城镇人口增加了，但工业增长没有跟上，缺乏必要的产业支撑。指标为负值的4个省份中，西部地区有1个，东北地区有2个，中部地区有1个。

表6-5 各省份AIS3指标排序

| 排序 | 省份 | AIS3 | 排序 | 省份 | AIS3 |
|---|---|---|---|---|---|
| 1 | 贵州 | 11.21 | 17 | 浙江 | 4.61 |
| 2 | 湖北 | 8.60 | 18 | 青海 | 4.06 |
| 3 | 福建 | 8.04 | 19 | 四川 | 3.61 |
| 4 | 安徽 | 7.61 | 20 | 山东 | 3.33 |
| 5 | 西藏 | 7.51 | 21 | 内蒙古 | 3.04 |
| 6 | 吉林 | 7.11 | 22 | 云南 | 2.68 |
| 7 | 湖南 | 6.80 | 23 | 河北 | 2.40 |
| 8 | 广西 | 6.63 | 24 | 河南 | 2.38 |
| 9 | 江苏 | 6.01 | 25 | 上海 | 2.26 |
| 10 | 陕西 | 6.00 | 26 | 海南 | 1.20 |
| 11 | 重庆 | 5.98 | 27 | 新疆 | 0.28 |
| 12 | 江西 | 5.89 | 28 | 甘肃 | －1.69 |
| 13 | 北京 | 5.55 | 29 | 辽宁 | －2.70 |
| 14 | 宁夏 | 5.43 | 30 | 黑龙江 | －3.31 |
| 15 | 天津 | 5.31 | 31 | 山西 | －3.76 |
| 15 | 广东 | 5.31 | | | |

**4. 服务业增长率与AIS4指标**

从2012—2018年各省份服务业增长率均值来看，有以下结果：

①我国各省份服务业增长率均较高，远高于GDP增长率。7年来

---

① 实际上工业增长率排序和GDP增长率排序类似，例如贵州和西藏均排在前列，黑龙江等省份均排在后几位。

31个省份的服务业增长率均值为11.77%。最高的是重庆，为16.25%，最低的是辽宁，为6.87%。前者是后者的2.37倍。

②服务业增长率均值高于15%的省份有重庆和四川，低于10%的省份有吉林、河北、北京、内蒙古和辽宁。其他省份的服务业增长率均值位于10%和15%之间。①

表6-6反映了各省份AIS4指标排序。

**表6-6 各省份AIS4指标排序**

| 排序 | 省份 | AIS4 | 排序 | 省份 | AIS4 |
|---|---|---|---|---|---|
| 1 | 重庆 | 12.83 | 17 | 广东 | 8.79 |
| 2 | 四川 | 11.33 | 18 | 北京 | 8.78 |
| 3 | 湖北 | 10.68 | 19 | 陕西 | 8.76 |
| 4 | 上海 | 10.57 | 20 | 山西 | 8.70 |
| 5 | 河南 | 10.45 | 21 | 山东 | 8.48 |
| 6 | 青海 | 9.98 | 22 | 浙江 | 8.34 |
| 7 | 江苏 | 9.79 | 23 | 广西 | 8.24 |
| 8 | 江西 | 9.73 | 24 | 甘肃 | 7.70 |
| 9 | 安徽 | 9.67 | 25 | 贵州 | 7.69 |
| 10 | 黑龙江 | 9.43 | 26 | 云南 | 7.51 |
| 11 | 海南 | 9.28 | 27 | 内蒙古 | 6.88 |
| 12 | 天津 | 9.22 | 28 | 宁夏 | 6.63 |
| 13 | 吉林 | 9.10 | 29 | 河北 | 6.08 |
| 13 | 湖南 | 9.10 | 30 | 辽宁 | 6.07 |
| 15 | 福建 | 8.92 | 31 | 西藏 | 5.27 |
| 16 | 新疆 | 8.81 | | | |

### 5. 出口增长率与AIS5指标

从2012—2019年各省份出口增长率均值来看，有以下结果：

①我国各省份的出口增长率波动很大，近年来呈现明显下降趋势。

②出口增长率均值高于10%的省份包括湖南、陕西、重庆、广西、海南、河南、安徽、贵州、四川、山西和宁夏。

③出口增长率均值小于零的省份有上海、辽宁、青海和黑龙江，其

---

① 在三次产业中，服务业是吸引就业的主要产业。内蒙古、河北、辽宁等省份服务业增长缓慢，一方面说明人口增速减缓，另一方面也说明就业压力较大。

中黑龙江 8 年的出口增长率均值为 −10.91%，可以说是一路下滑，令人触目惊心。其他省份的出口增长率均值介于 0 和 10% 之间。

④更为糟糕的是，2016 年全国 31 个省份的出口增长率几乎全部为负值，只有山西、陕西两省为正值。2016 年 31 个省份的出口增长率均值为 −14.17%，其中海南为 −43.21%，几乎下降了一半。2016 年以后形势有所好转，2019 年 31 个省份的出口增长率均值为 1.88%。

表 6-7 是各省份 AIS5 指标排序，可以发现有 8 个省份为负值。虽然近年来国际经济形势、国内经济结构调整对出口有较大的影响，但下滑如此严重，也必须引起我们足够的重视。

表 6-7　各省份 AIS5 指标排序

| 排序 | 省份 | AIS5 | 排序 | 省份 | AIS5 |
|---|---|---|---|---|---|
| 1 | 湖南 | 18.25 | 17 | 内蒙古 | 2.48 |
| 2 | 陕西 | 16.59 | 18 | 西藏 | 2.31 |
| 3 | 重庆 | 14.34 | 19 | 甘肃 | 1.82 |
| 4 | 广西 | 12.28 | 20 | 江苏 | 1.18 |
| 5 | 海南 | 12.01 | 21 | 福建 | 0.79 |
| 6 | 河南 | 10.97 | 22 | 广东 | 0.26 |
| 7 | 安徽 | 8.99 | 23 | 山东 | 0.01 |
| 8 | 山西 | 7.85 | 24 | 吉林 | −0.69 |
| 9 | 贵州 | 7.22 | 25 | 上海 | −0.81 |
| 10 | 四川 | 7.13 | 26 | 河北 | −1.13 |
| 11 | 宁夏 | 6.56 | 27 | 辽宁 | −1.64 |
| 12 | 湖北 | 5.78 | 28 | 新疆 | −2.10 |
| 13 | 云南 | 4.12 | 29 | 天津 | −2.36 |
| 14 | 浙江 | 3.56 | 30 | 青海 | −4.12 |
| 15 | 江西 | 3.31 | 31 | 黑龙江 | −11.57 |
| 16 | 北京 | 2.62 | | | |

## 6. 研发费用增长率与 AIS6 指标

从 2012—2018 年各省份研发费用增长率均值来看，有以下结果：

①西藏一枝独秀，研发费用增长率均值为 52.23%。

②云南紧随其后，研发费用增长率均值超过 20%。

③青海和黑龙江是两个研发费用增长率均值小于零的省份。均值小

于 10% 的省份有甘肃、北京、上海、广西、山西、内蒙古、天津、吉林和辽宁。其他省份的均值介于 10% 和 20% 之间。

研发费用投入是企业产业升级、持续创新的基础，一般研发费用增长率应超过 GDP 增长率，但一些省份的研发费用增长率较低，这是令人遗憾的。表 6-8 是各省份 AIS6 指标排序。

表 6-8　各省份 AIS6 指标排序

| 排序 | 省份 | AIS6 | 排序 | 省份 | AIS6 |
|---|---|---|---|---|---|
| 1 | 西藏 | 46.01 | 17 | 河北 | 9.79 |
| 2 | 江西 | 16.06 | 18 | 陕西 | 8.90 |
| 3 | 云南 | 15.59 | 19 | 上海 | 6.84 |
| 4 | 四川 | 14.92 | 20 | 山东 | 6.80 |
| 5 | 重庆 | 14.60 | 21 | 新疆 | 6.68 |
| 6 | 宁夏 | 14.30 | 22 | 北京 | 6.67 |
| 7 | 安徽 | 13.65 | 23 | 甘肃 | 5.75 |
| 8 | 福建 | 12.67 | 24 | 内蒙古 | 4.60 |
| 9 | 湖南 | 12.38 | 25 | 山西 | 3.65 |
| 10 | 湖北 | 11.51 | 26 | 广西 | 3.11 |
| 11 | 浙江 | 11.18 | 27 | 吉林 | 2.88 |
| 12 | 广东 | 10.98 | 28 | 天津 | 1.54 |
| 13 | 贵州 | 10.70 | 29 | 辽宁 | 1.40 |
| 14 | 江苏 | 10.37 | 30 | 黑龙江 | -4.54 |
| 15 | 河南 | 9.99 | 30 | 青海 | -4.54 |
| 16 | 海南 | 9.88 | | | |

### 7. 专利授权增长率与 AIS7 指标

从 2012—2018 年各省份专利授权增长率均值来看，有以下结果：

①各省份专利授权增长率均值均大于零，平均值为 21.76%。

②江西排在第一位，专利授权增长率均值为 39.61%。均值小于 10% 的省份有辽宁、黑龙江和江苏，排在最后三位。

③值得注意的是，2016 年有 11 个省份的专利授权增长率为负值，分别是辽宁、黑龙江、江苏、浙江、山东、湖南、海南、辽宁、四川、贵州和新疆。2017 年也有若干省份为负值。比较来看，各省份研发费用增长率与专利授权增长率并不是一一对应关系，这也在一定程度上说明企业的产权保护意识还需要加强。

表 6-9 是各省份 AIS7 指标排序。

表 6-9 各省份 AIS7 指标排序

| 排序 | 省份 | AIS7 | 排序 | 省份 | AIS7 |
|---|---|---|---|---|---|
| 1 | 江西 | 36.14 | 17 | 新疆 | 19.11 |
| 2 | 宁夏 | 34.40 | 18 | 湖北 | 17.20 |
| 3 | 贵州 | 27.27 | 19 | 北京 | 16.36 |
| 4 | 青海 | 26.78 | 20 | 重庆 | 15.67 |
| 5 | 甘肃 | 25.55 | 21 | 吉林 | 15.50 |
| 6 | 西藏 | 24.32 | 22 | 山西 | 15.32 |
| 7 | 福建 | 24.10 | 23 | 四川 | 15.21 |
| 8 | 内蒙古 | 22.42 | 24 | 湖南 | 14.35 |
| 9 | 河北 | 22.05 | 25 | 浙江 | 11.25 |
| 10 | 广西 | 21.84 | 26 | 安徽 | 10.85 |
| 11 | 云南 | 21.70 | 27 | 山东 | 10.13 |
| 12 | 海南 | 21.40 | 28 | 上海 | 10.00 |
| 13 | 河南 | 20.37 | 29 | 辽宁 | 9.16 |
| 14 | 天津 | 19.95 | 30 | 黑龙江 | 8.91 |
| 15 | 广东 | 19.39 | 31 | 江苏 | 6.35 |
| 16 | 陕西 | 19.37 | | | |

### 8. 产品质量优等率与 AIS8 指标

由于 AIS8 指标等于产品质量优等率除以城镇化率，而产品质量优等率数据并不完整，部分省份仅有 2015—2018 年的数据，因此我们取 2015—2018 年各省份产品质量优等率均值除以城镇化率均值得到 AIS8 指标。

从产品质量优等率排序来看，有以下结果：

①广东、上海、浙江、云南、山东、江苏等排在前列，广东是唯一一个产品质量优等率均值高于 70% 的省份。

②各省份产品质量优等率均值均超过 50%，最低的三个省份是黑龙江、宁夏和甘肃。

从更长的时间段来看，产品质量优等率并非随着时间的推移不断提高，而是呈现出无规律的波动。以北京为例，其产品质量优等率最高的是 2010 年的 89%，而最低的是 2012 年的 56.7%。再以陕西为例，其 2013 年的产品质量优等率仅为 7.2%，这是个匪夷所思的比例。[1] 产品质量优

---

[1] 我们一度怀疑这个数据的准确性，但事实上这个数据并没有错，因为产品质量优等率较低并不代表产品不合格，而是说明企业未采用国际标准或国外先进标准来组织生产。

等率不能稳步提高，说明企业在生产上下的功夫还不够细，也必将影响产品竞争力（包括国际竞争力）的提高。表 6-10 是各省份 AIS8 指标排序。

表 6-10 各省份 AIS8 指标排序

| 排序 | 省份 | AIS8 | 排序 | 省份 | AIS8 |
| --- | --- | --- | --- | --- | --- |
| 1 | 西藏 | 1.95 | 17 | 吉林 | 0.98 |
| 2 | 云南 | 1.35 | 17 | 湖北 | 0.98 |
| 3 | 新疆 | 1.20 | 19 | 浙江 | 0.95 |
| 4 | 广西 | 1.19 | 20 | 内蒙古 | 0.94 |
| 5 | 贵州 | 1.18 | 20 | 陕西 | 0.94 |
| 6 | 四川 | 1.13 | 22 | 山西 | 0.93 |
| 7 | 河南 | 1.11 | 23 | 福建 | 0.91 |
| 8 | 安徽 | 1.10 | 24 | 江苏 | 0.89 |
| 9 | 湖南 | 1.09 | 25 | 黑龙江 | 0.87 |
| 10 | 青海 | 1.08 | 25 | 宁夏 | 0.87 |
| 11 | 河北 | 1.07 | 27 | 重庆 | 0.86 |
| 11 | 甘肃 | 1.07 | 28 | 辽宁 | 0.85 |
| 13 | 江西 | 1.03 | 29 | 上海 | 0.78 |
| 14 | 山东 | 1.02 | 30 | 北京 | 0.70 |
| 15 | 海南 | 1.01 | 31 | 天津 | 0.66 |
| 16 | 广东 | 0.99 | | | |

**9. 城镇单位就业量增长率与 AIS9 指标**

在设计指标时，我们认为：既然城镇人口在不断增加，那么城镇单位就业量增加就是理所应当的事，但实际上并非如此。以天津为例，2014—2016 年，其城镇单位就业量增长率连续三年为负值。类似的省份有很多，如山西、内蒙古、辽宁（2016 年该指标为 -9.36%）。我们不禁要问：城镇常住人口增加了，但城镇单位就业量没有增加，那么这些人口如何获得收入？一种可能的解释是这些人口并没有与用人单位签约，而仅仅是临时性"打工"。他们不受劳动合同的保护，出现被拖欠工资等现象也就不足为奇了。

从 2012—2018 年各省份城镇单位就业量增长率均值来看，有以下结果：

①多数省份城镇单位就业量增长率均值均大于零，湖南、天津、辽宁、黑龙江 4 个省份为负值。

②江苏排在第一位，均值为 11.66%，也是唯一超过 10% 的省份。

③广东、西藏、安徽 3 个省份城镇单位就业量增长率均值大于 5%，其他省份均介于 0 和 5% 之间。

根据表6-11，城镇单位就业量增长率低于城镇人口增长率的省份很多。其中既有浙江、山东这样的发达省份，也有青海、新疆等欠发达地区。东部、中部、西部、东北地区都存在类似的现象。可以想象，若城镇单位就业量增长率低于城镇人口增长率，则这样的城镇化一定缺乏牢固的就业基础，必将面临风险。

表6-11 各省份AIS9指标排序

| 排序 | 省份 | AIS9 | 排序 | 省份 | AIS9 |
|---|---|---|---|---|---|
| 1 | 江苏 | 9.69 | 17 | 河南 | −1.34 |
| 2 | 广东 | 6.22 | 17 | 贵州 | −1.34 |
| 3 | 上海 | 3.54 | 19 | 云南 | −1.44 |
| 4 | 安徽 | 1.86 | 20 | 广西 | −1.62 |
| 5 | 北京 | 1.59 | 21 | 宁夏 | −1.75 |
| 6 | 西藏 | 0.55 | 22 | 浙江 | −1.85 |
| 7 | 四川 | 0.30 | 23 | 山东 | −2.00 |
| 8 | 江西 | 0.19 | 24 | 山西 | −2.22 |
| 9 | 陕西 | 0.10 | 25 | 辽宁 | −2.55 |
| 10 | 福建 | −0.19 | 26 | 新疆 | −2.62 |
| 11 | 吉林 | −0.46 | 27 | 青海 | −2.70 |
| 12 | 甘肃 | −0.67 | 28 | 天津 | −2.87 |
| 13 | 湖北 | −0.82 | 29 | 黑龙江 | −3.06 |
| 14 | 海南 | −0.86 | 30 | 河北 | −3.52 |
| 15 | 内蒙古 | −1.12 | 31 | 湖南 | −3.90 |
| 16 | 重庆 | −1.14 | | | |

**10. 私营企业就业量增长率与AIS10指标**

从2012—2018年各省份私营企业就业量增长率均值来看，有以下结果[①]：

①多数省份私营企业就业量增长率均值均大于零，只有黑龙江为负值（排在最后一位）。

②新疆和贵州排在前两位，均值分别为28.1%和21.8%，也是仅

---

[①] 我们在整理数据时发现了一个奇怪的现象：有个别省份2016年私营企业就业量增长率大幅下降，如湖南，降幅达到−55.24%，但查询该省其他指标如私营企业户数时却发现增加了18.38%。私营企业户数大幅增加，私营企业就业量大幅下降，如何解释这种现象呢？一种解释是规模较大、雇佣人数较多的私营企业减少了，而规模较小、雇佣人数较少的私营企业增多了，这也可能是鼓励万众创业的一种结果。另外一种解释是一些原本在城市的劳动者回乡创业，导致了私营企业就业量的下降。但无论哪一种解释都不是完美的，因为湖南私营企业就业量从2015年的683万人降低到2016年的304万人，可以说是断崖式下降。

有的两个超过 20% 的省份。

③浙江、江西、湖南、四川、河北、江苏、云南、青海、辽宁、宁夏和天津的私营企业就业量增长率均值介于 0 和 10% 之间。吉林、北京、山西、内蒙古、上海、安徽、山东、广西、海南、河南、陕西的均值都在 10% 和 15% 之间。其他省份的均值位于 15% 和 20% 之间。

私营企业是我国国民经济的重要组成部分，其经济活力在一定程度上代表了我国宏观经济的活力。如果私营企业发展迅速，那么这对于解决就业问题将会提供很大帮助。

表 6-12 反映了各省份 AIS10 指标排序。

**表 6-12　各省份 AIS10 指标排序**

| 排序 | 省份 | AIS10 | 排序 | 省份 | AIS10 |
| --- | --- | --- | --- | --- | --- |
| 1 | 新疆 | 24.00 | 17 | 山西 | 8.76 |
| 2 | 贵州 | 16.76 | 18 | 河南 | 8.19 |
| 3 | 广东 | 16.16 | 19 | 浙江 | 7.32 |
| 4 | 重庆 | 15.13 | 20 | 陕西 | 7.13 |
| 5 | 北京 | 13.45 | 21 | 江西 | 5.58 |
| 6 | 福建 | 13.41 | 22 | 江苏 | 4.98 |
| 7 | 甘肃 | 12.41 | 23 | 湖南 | 4.56 |
| 8 | 上海 | 12.30 | 24 | 四川 | 4.49 |
| 9 | 湖北 | 11.68 | 25 | 河北 | 4.27 |
| 10 | 山东 | 10.32 | 26 | 辽宁 | 2.71 |
| 11 | 西藏 | 10.23 | 27 | 云南 | 2.33 |
| 12 | 安徽 | 10.19 | 28 | 青海 | 1.29 |
| 13 | 内蒙古 | 9.77 | 29 | 宁夏 | −0.25 |
| 14 | 吉林 | 9.18 | 30 | 天津 | −1.99 |
| 15 | 广西 | 8.83 | 31 | 黑龙江 | −4.84 |
| 16 | 海南 | 8.78 | | | |

**11. 失业保险支出增长率与 AIS11 指标**

观察各省份近年来的失业保险支出数据，几乎没有任何规律可循。以天津为例，其 2012 年增长率为 −12.1%，2013 年增加到 3.9%，2014 年暴增到 145.52%，而 2015 年又下降到 −3.86%，2016 年进一步下降到 −12.13%。如果单看天津的数据，我们会认为 2014 年产生了大量失业，因此失业保险支出大幅增加。但是，如果换成另外一个直辖市——

北京，则会发现数据非常平稳，几乎没有突变。

更为奇怪的是青海，其2012年增长率为240.26%（增长了2倍多），2013年却下降到-33.94%，2014年为-50.43%，2015年则为752.83%（增长了7倍多），2016年又有所下降（-17.04%）。2017年和2018年同样变化非常剧烈。我们调查了青海的有关基础数据，发现数据真实性可以保证。[①] 考虑到官方提供的失业率数据没有明显变化，那么唯一的解释就是在2015年以前该省很多企业并没有缴纳失业保险，才导致失业保险支出很少，而在2015年政府加强了相关要求，因此失业保险支出出现了大幅增长。

从2012—2018年各省份失业保险支出增长率均值来看，有以下结果：

①多数省份失业保险支出增长率均值均大于零，只有新疆接近零（排在最后一位）。

②青海因为数据独特，排在第一位，均值高达137.92%。另外，陕西、重庆和湖北均超过30%。

③河北、浙江、江苏、河南、西藏、江西和新疆的均值低于10%，其他省份的均值介于10%和30%之间。

表6-13反映了各省份AIS11指标排序。

表6-13 各省份AIS11指标排序

| 排序 | 省份 | AIS11 | 排序 | 省份 | AIS11 |
|---|---|---|---|---|---|
| 1 | 青海 | 134.71 | 12 | 黑龙江 | 20.76 |
| 2 | 陕西 | 39.70 | 13 | 海南 | 17.71 |
| 3 | 重庆 | 33.20 | 14 | 甘肃 | 16.98 |
| 4 | 湖北 | 33.01 | 15 | 山西 | 16.27 |
| 5 | 云南 | 24.91 | 16 | 广西 | 14.61 |
| 6 | 宁夏 | 24.54 | 17 | 北京 | 14.31 |
| 7 | 四川 | 22.87 | 18 | 福建 | 13.18 |
| 8 | 天津 | 22.76 | 19 | 辽宁 | 13.10 |
| 9 | 贵州 | 22.49 | 20 | 吉林 | 13.09 |
| 10 | 广东 | 21.68 | 21 | 内蒙古 | 12.70 |
| 11 | 安徽 | 21.48 | 22 | 山东 | 11.67 |

---

[①] 最起码该省数据和国家统计局提供的数据是一致的。另外，该省2015年的失业率并没有明显增加，官方数据不到3%。

续表

| 排序 | 省份 | AIS11 | 排序 | 省份 | AIS11 |
|---|---|---|---|---|---|
| 23 | 上海 | 10.30 | 28 | 河南 | 2.89 |
| 24 | 湖南 | 7.60 | 29 | 江西 | −0.33 |
| 25 | 浙江 | 7.06 | 30 | 西藏 | −0.45 |
| 26 | 河北 | 5.66 | 31 | 新疆 | −3.59 |
| 27 | 江苏 | 5.04 | | | |

**12. 农村居民人均可支配收入增长率与 AIS12 指标**

需要说明的是，国家统计局 2013 年之前提供的是农村居民纯收入数据，而 2013 年之后提供的是可支配收入数据，因此，数据采集从 2013 年开始。由于要计算增长率，因此只有 2014—2019 年 6 年的增长率数据。表 6-14 反映了各省份 AIS12 指标排序。

表 6-14 各省份 AIS12 指标排序

| 排序 | 省份 | AIS12 | 排序 | 省份 | AIS12 |
|---|---|---|---|---|---|
| 1 | 青海 | 9.27 | 17 | 贵州 | 6.18 |
| 2 | 上海 | 8.17 | 18 | 山西 | 6.01 |
| 3 | 江苏 | 7.49 | 19 | 湖北 | 5.96 |
| 4 | 广东 | 7.48 | 20 | 北京 | 5.80 |
| 5 | 安徽 | 7.25 | 21 | 河北 | 5.70 |
| 6 | 辽宁 | 7.19 | 22 | 海南 | 5.60 |
| 7 | 重庆 | 7.17 | 23 | 内蒙古 | 5.58 |
| 8 | 福建 | 7.03 | 24 | 西藏 | 5.55 |
| 9 | 河南 | 6.88 | 25 | 湖南 | 5.51 |
| 10 | 吉林 | 6.78 | 26 | 四川 | 5.50 |
| 11 | 山东 | 6.69 | 26 | 云南 | 5.50 |
| 12 | 陕西 | 6.57 | 28 | 甘肃 | 5.45 |
| 13 | 浙江 | 6.49 | 29 | 江西 | 5.28 |
| 14 | 天津 | 6.31 | 30 | 黑龙江 | 5.25 |
| 15 | 宁夏 | 6.25 | 31 | 新疆 | 4.94 |
| 16 | 广西 | 6.19 | | | |

农村居民人均可支配收入数据令人欣慰，31 个省份 6 年来每年的增长率均值都超过了当年的 GDP 增长率，2014 年为 11.30%，2015 年为 8.99%，2016 年为 8.41%，2017—2019 年分别为 8.75%、8.84% 和 9.65%。当然，各省份之间仍然存在明显差异，如西藏 2016 年农村居民人均可支配收入增长率达到 10.31%，而黑龙江仅为 6.64%。从增长

率均值看，有以下结果：

①农村居民人均可支配收入均值超过10%的省份有西藏、贵州、重庆、青海，绝大多数为西部省份，这在一定程度上反映了近年来中央政策的成效。

②农村居民人均可支配收入均值低于9%的省份有河北、新疆、山东、山西、天津、辽宁、黑龙江和吉林。东北地区农民收入增长速度减缓，这不仅是经济问题，也是社会问题。

③其他省份农村居民人均可支配收入均值介于9%和10%之间。

### 13. 农村居民人均消费增长率与AIS13指标

我们通过比较发现，很多省份都存在这样的结果，即农村居民人均消费增长率均值超过农村居民DPI增长率均值（共计19个省份），这些省份既有发达地区的，也有欠发达地区的；不仅如此，有些省份农村居民的消费额还超过了可支配收入额。以甘肃省为例，该省2016年农村居民DPI增长率为7.51%，人均消费增长率为9.62%；同年该省农村居民DPI为7 456元，人均消费为7 487元，农村居民人均储蓄为-31元。农村居民消费大于收入，何来积蓄？又如何承担城镇化的各项成本呢？

表6-15反映了各省份AIS13指标排序。

**表6-15 各省份AIS13指标排序**

| 排序 | 省份 | AIS13 | 排序 | 省份 | AIS13 |
| --- | --- | --- | --- | --- | --- |
| 1 | 广东 | 9.30 | 17 | 河南 | 6.61 |
| 2 | 湖北 | 9.29 | 18 | 贵州 | 6.57 |
| 3 | 上海 | 9.27 | 19 | 吉林 | 6.43 |
| 4 | 黑龙江 | 9.00 | 20 | 湖南 | 6.34 |
| 5 | 安徽 | 8.72 | 21 | 西藏 | 6.25 |
| 6 | 广西 | 8.70 | 22 | 福建 | 5.85 |
| 7 | 辽宁 | 8.61 | 23 | 宁夏 | 5.81 |
| 7 | 海南 | 8.61 | 24 | 陕西 | 5.63 |
| 9 | 重庆 | 7.70 | 25 | 内蒙古 | 5.49 |
| 10 | 四川 | 7.61 | 26 | 甘肃 | 5.37 |
| 11 | 云南 | 7.42 | 27 | 河北 | 5.29 |
| 12 | 北京 | 7.31 | 28 | 山西 | 4.24 |
| 13 | 江西 | 7.21 | 29 | 青海 | 3.94 |
| 14 | 山东 | 6.96 | 30 | 天津 | 3.63 |
| 15 | 浙江 | 6.77 | 31 | 新疆 | 2.43 |
| 16 | 江苏 | 6.72 | | | |

2014—2019 年，31 个省份农村居民人均消费增长率均值为 9.71%，而 DPI 增长率均值为 9.33%。农民消费增长较快固然可喜，但入不敷出令人担心。我们认为，还是要增加对农村居民的转移支付，并尽量为城镇化人口提供相应成本分担。

在 31 个省份中，农村居民人均消费增长最快的是西藏，6 年均值为 12.77%；接近一半省份的增长率均值超过 10%，低于 7% 的有新疆和天津，排在最后两位。

**14. 地方增值税增长率与 AIS14 指标**

各省份地方增值税增长率取 2012—2015 年均值，多数省份的均值高于该地区 GDP 增长率均值，31 个省份的平均值为 14.13%。

①地方增值税增长率均值超过 30% 的省份有西藏、河南和北京，排在前三位。

②地方增值税增长率均值大于 20% 小于 30% 的省份有上海、江西和重庆，分列第四到六位。

③地方增值税增长率均值大于 0 小于 10% 的省份有山东、云南、河北、陕西、辽宁和青海，均值小于 0 的有内蒙古、黑龙江和山西，其他省份的均值介于 10% 和 20% 之间。

增值税主要来源是工业尤其是制造业、采掘业等行业，内蒙古、黑龙江和山西等省份增值税增长率为负值是对其工业增长率下滑的真实反映。

表 6-16 反映了各省份 AIS14 指标排序。

表 6-16　各省份 AIS14 指标排序

| 排序 | 省份 | AIS14 | 排序 | 省份 | AIS14 |
|---|---|---|---|---|---|
| 1 | 北京 | 33.03 | 10 | 浙江 | 13.40 |
| 2 | 海南 | 32.63 | 11 | 甘肃 | 13.20 |
| 3 | 西藏 | 28.99 | 12 | 四川 | 11.55 |
| 4 | 上海 | 26.19 | 13 | 福建 | 10.98 |
| 5 | 江西 | 20.80 | 14 | 江苏 | 10.70 |
| 6 | 重庆 | 18.36 | 15 | 安徽 | 10.06 |
| 7 | 广东 | 16.18 | 16 | 广西 | 9.74 |
| 8 | 湖北 | 15.62 | 17 | 吉林 | 9.22 |
| 9 | 天津 | 13.58 | 18 | 湖南 | 9.07 |

续表

| 排序 | 省份 | AIS14 | 排序 | 省份 | AIS14 |
|---|---|---|---|---|---|
| 19 | 新疆 | 7.13 | 26 | 陕西 | 4.34 |
| 20 | 宁夏 | 7.10 | 27 | 云南 | 4.02 |
| 21 | 贵州 | 6.95 | 28 | 青海 | −1.62 |
| 22 | 辽宁 | 6.35 | 29 | 黑龙江 | −2.69 |
| 23 | 河南 | 6.26 | 30 | 内蒙古 | −3.57 |
| 24 | 山东 | 6.16 | 31 | 山西 | −6.76 |
| 25 | 河北 | 4.69 | | | |

**15. 地方营业税增长率与 AIS15 指标**

在营改增之前营业税主要涉及交通运输、建筑、金融保险、邮电通信、文化娱乐及其他服务业门类，营业税增长率的高低反映了地区服务业等行业的繁荣程度。不过，2017年10月30日，营业税正式退出历史舞台。

2012年31个省份中仅有上海营业税增长率为负值；2013年仅有北京营业税增长率为负值；2014年营业税增长率为负值的省份剧增到12个；2015年仍有7个省份营业税增长率为负值。这也是对经济形势的客观反映。

从地方营业税增长率均值看，有以下结果：

①绝大多数省份营业税增长率均值都大于0，平均值为11.81%。

②营业税增长率均值高于20%的只有1个省份——西藏。唯一均值小于0的省份是辽宁，均值为−3.31%。

③营业税增长率均值高于10%低于20%的省份有：贵州、青海、江苏、甘肃、湖北、江西、山东、河南、安徽、福建和湖南。其他未提及的省份均值介于0和10%之间。

表6-17反映了各省份AIS15指标排序。

表6-17 各省份 AIS15 指标排序

| 排序 | 省份 | AIS15 | 排序 | 省份 | AIS15 |
|---|---|---|---|---|---|
| 1 | 西藏 | 19.94 | 5 | 甘肃 | 13.39 |
| 2 | 江苏 | 16.18 | 6 | 贵州 | 13.32 |
| 3 | 青海 | 15.49 | 7 | 江西 | 13.20 |
| 4 | 湖北 | 14.07 | 8 | 山东 | 9.57 |

续表

| 排序 | 省份 | AIS15 | 排序 | 省份 | AIS15 |
|---|---|---|---|---|---|
| 9 | 河南 | 9.26 | 21 | 广西 | 4.00 |
| 10 | 福建 | 8.61 | 22 | 山西 | 3.98 |
| 11 | 广东 | 7.85 | 23 | 黑龙江 | 3.58 |
| 12 | 安徽 | 7.83 | 24 | 云南 | 3.50 |
| 13 | 湖南 | 6.77 | 25 | 新疆 | 3.13 |
| 14 | 吉林 | 5.85 | 26 | 四川 | 2.81 |
| 15 | 天津 | 5.73 | 27 | 宁夏 | 2.48 |
| 16 | 河北 | 5.72 | 28 | 陕西 | 1.43 |
| 17 | 浙江 | 5.29 | 29 | 内蒙古 | 1.36 |
| 18 | 海南 | 5.23 | 30 | 北京 | 1.34 |
| 19 | 重庆 | 4.62 | 31 | 辽宁 | −4.31 |
| 20 | 上海 | 4.39 | | | |

**16. 谷物单位面积产量增长率与 AIS16 指标**

我们设计这个指标的主要目的在于考察城镇化进程中农业生产的效率。数据显示，31 个省份 7 年来（2012—2018 年）谷物单位面积产量（简称单产）增长率均值的平均值为 1.21%。这意味着如果 2011 年一亩地亩产 1 000 斤，则 2018 年亩产约为 1 088 斤。这个数据也许并不显眼，但能够实现单产增加已经足够令人欣喜。

同时我们要注意到一些省份在某一年份单产下降的事实。例如，辽宁在 2014 年单产下降了 21.60%；贵州在 2013 年单产下降了 11.38%。我们认为，单产下降并不是源于种植技术的下降，而是源于投入的减少——青壮劳力都外出打工谋生了，由老人妇女来种植谷物，单产下降也是意料之中的事情。

从 7 年来谷物单产增长率均值看，有以下结果：

①谷物单产增长率均值高于 2% 的省份有贵州、甘肃、上海、海南和内蒙古。

②谷物单产增长率均值为负值的是吉林，为 −1.46%。其他省份介于 0 和 2% 之间。

表 6-18 反映了各省份 AIS16 指标排序。

表 6-18　各省份 AIS16 指标排序

| 排序 | 省份 | AIS16 | 排序 | 省份 | AIS16 |
|---|---|---|---|---|---|
| 1 | 上海 | 2.62 | 17 | 吉林 | −2.30 |
| 2 | 内蒙古 | 0.45 | 18 | 河北 | −2.32 |
| 3 | 北京 | −0.02 | 19 | 陕西 | −2.46 |
| 4 | 贵州 | −0.04 | 20 | 安徽 | −2.48 |
| 5 | 黑龙江 | −0.06 | 21 | 湖北 | −2.50 |
| 6 | 辽宁 | −0.39 | 22 | 重庆 | −2.51 |
| 7 | 江苏 | −0.86 | 23 | 新疆 | −2.59 |
| 8 | 天津 | −0.88 | 24 | 河南 | −2.62 |
| 9 | 山西 | −0.90 | 25 | 云南 | −2.65 |
| 10 | 海南 | −0.93 | 26 | 四川 | −2.71 |
| 11 | 甘肃 | −1.06 | 27 | 青海 | −2.90 |
| 12 | 广东 | −1.71 | 28 | 山东 | −2.96 |
| 13 | 宁夏 | −1.72 | 29 | 江西 | −2.99 |
| 14 | 浙江 | −1.93 | 30 | 湖南 | −3.11 |
| 15 | 福建 | −1.97 | 31 | 西藏 | −5.93 |
| 16 | 广西 | −2.19 | | | |

**17. 农用大中型拖拉机数量增长率与 AIS17 指标**

在整理数据过程中，我们发现一些省份的数据难以解释，例如江西省 2013 年农用大中型拖拉机数量增长率为 −50.24%，这意味着一年减少了一半；同样是江西省，2014—2016 年该指标增长率连续 3 年保持在 30% 以上。查阅江西省统计年鉴后，发现此数据与国家统计局提供的数据是一致的。对此我们只能理解为 2013 年该省农用大中型拖拉机全面实施了更新换代（或者改变了统计标准）。同样，2018 年多数省份数据也为负值，且下降明显。

从 2012—2018 年农用大中型拖拉机数量增长率均值看，有以下结果：

①农用大中型拖拉机数量增长率均值高于 10% 的省份只有两个——江西和西藏。

②农用大中型拖拉机数量增长率均值高于 5% 低于 10% 的省份有广西、福建、安徽、江苏、青海、河北和浙江。

③农用大中型拖拉机数量增长率均值小于 0 的省份有天津、黑龙

江、内蒙古、重庆、四川、贵州、海南、云南和北京。其他未提及省份的均值大于0小于5%。

表6-19反映了各省份AIS17指标排序。

表6-19 各省份AIS17指标排序

| 排序 | 省份 | AIS17 | 排序 | 省份 | AIS17 |
|---|---|---|---|---|---|
| 1 | 上海 | 15.44 | 17 | 安徽 | 2.94 |
| 2 | 吉林 | 11.84 | 18 | 新疆 | 2.83 |
| 3 | 黑龙江 | 8.93 | 19 | 湖北 | 2.47 |
| 4 | 辽宁 | 6.87 | 20 | 河北 | 2.38 |
| 5 | 江苏 | 5.33 | 21 | 湖南 | 2.27 |
| 6 | 广东 | 5.24 | 22 | 重庆 | 2.01 |
| 7 | 青海 | 4.95 | 23 | 河南 | 1.74 |
| 8 | 江西 | 4.61 | 24 | 陕西 | 1.63 |
| 9 | 浙江 | 4.11 | 25 | 山东 | 1.30 |
| 10 | 福建 | 4.08 | 26 | 海南 | 1.29 |
| 11 | 西藏 | 3.79 | 27 | 贵州 | 1.27 |
| 12 | 内蒙古 | 3.71 | 28 | 四川 | 1.21 |
| 13 | 宁夏 | 3.47 | 28 | 云南 | 1.21 |
| 14 | 甘肃 | 3.32 | 30 | 天津 | 0.44 |
| 15 | 广西 | 3.31 | 31 | 北京 | −2.15 |
| 16 | 山西 | 3.06 | | | |

**18. 农村用电量增长率与AIS18指标**

多数省份在多数年份的农村用电量增长率是正值,但也存在个别难以解释的特殊数据。例如,上海2013年农村用电量增长率为318.40%,增长了3倍多,其他年份则较为正常。考察该市农村人口数量、农村居民人均消费等数据并没有发生突变,但为什么用电量突然增长了如此之多?我们只能剔除上海2013年的数据,使用2012年、2014年、2015年、2016年、2017年、2018年的均值。

从农村用电量增长率均值看,有以下结果:

①农村用电量增长率均值高于10%的省份有海南、贵州,排在前两位。

②农村用电量增长率均值高于5%低于10%的省份有广西、西藏、

新疆、内蒙古、青海、云南、安徽、福建、湖北、江西、北京和黑龙江。

③农村用电量增长率均值小于 0 的省份有辽宁、河北和山东。其他省份的均值介于 0 和 5% 之间。

表 6-20 反映了各省份 AIS18 指标排序。

表 6-20 各省份 AIS18 指标排序

| 排序 | 省份 | AIS18 | 排序 | 省份 | AIS18 |
| --- | --- | --- | --- | --- | --- |
| 1 | 海南 | 10.65 | 17 | 广东 | 1.51 |
| 2 | 广西 | 6.34 | 18 | 江苏 | 0.73 |
| 3 | 贵州 | 5.84 | 19 | 四川 | 0.47 |
| 4 | 内蒙古 | 5.60 | 20 | 浙江 | 0.36 |
| 5 | 黑龙江 | 4.52 | 21 | 甘肃 | −0.08 |
| 6 | 北京 | 4.35 | 22 | 宁夏 | −0.15 |
| 7 | 青海 | 4.00 | 23 | 山西 | −0.49 |
| 8 | 新疆 | 3.65 | 24 | 湖南 | −0.74 |
| 9 | 福建 | 3.36 | 25 | 天津 | −0.89 |
| 10 | 上海 | 3.28 | 26 | 辽宁 | −1.39 |
| 11 | 湖北 | 3.20 | 27 | 河南 | −1.55 |
| 12 | 吉林 | 2.89 | 28 | 重庆 | −1.64 |
| 13 | 西藏 | 2.73 | 29 | 陕西 | −2.70 |
| 14 | 安徽 | 2.65 | 30 | 山东 | −4.40 |
| 15 | 云南 | 2.27 | 31 | 河北 | −4.86 |
| 16 | 江西 | 2.07 | | | |

AIS1~AIS18 全部指标数据见表 6-21 和表 6-22。

表 6-21 各省份产业支撑指标数据 [2012—2018 年（或 2019 年）] (1)

| | AIS1 | AIS2 | AIS3 | AIS4 | AIS5 | AIS6 | AIS7 | AIS8 | AIS9 |
| --- | --- | --- | --- | --- | --- | --- | --- | --- | --- |
| 北京 | 10.31 | −1.27 | 5.55 | 8.78 | 2.62 | 6.67 | 16.36 | 0.70 | 1.59 |
| 天津 | 3.29 | 0.31 | 5.31 | 9.22 | −2.36 | 1.54 | 19.95 | 0.66 | −2.87 |
| 河北 | 2.48 | 1.75 | 2.40 | 6.08 | −1.13 | 9.79 | 22.05 | 1.07 | −3.52 |
| 山西 | 4.56 | 1.14 | −3.76 | 8.70 | 7.85 | 3.65 | 15.32 | 0.93 | −2.22 |
| 内蒙古 | 2.76 | −0.18 | 3.04 | 6.88 | 2.48 | 4.60 | 22.42 | 0.94 | −1.12 |
| 辽宁 | 2.99 | −1.17 | −2.70 | 6.07 | −1.64 | 1.40 | 9.16 | 0.85 | −2.55 |

续表

|  | AIS1 | AIS2 | AIS3 | AIS4 | AIS5 | AIS6 | AIS7 | AIS8 | AIS9 |
|---|---|---|---|---|---|---|---|---|---|
| 吉林 | 3.34 | −1.22 | 7.11 | 9.10 | −0.69 | 2.88 | 15.50 | 0.98 | −0.46 |
| 黑龙江 | 2.62 | −1.17 | −3.31 | 9.43 | −11.57 | −4.54 | 8.91 | 0.87 | −3.06 |
| 上海 | 9.48 | −2.10 | 2.26 | 10.57 | −0.81 | 6.84 | 10.00 | 0.78 | 3.54 |
| 江苏 | 8.74 | −0.19 | 6.01 | 9.79 | 1.18 | 10.37 | 6.35 | 0.89 | 9.69 |
| 浙江 | 7.55 | 0.12 | 4.61 | 8.34 | 3.56 | 11.18 | 11.25 | 0.95 | −1.85 |
| 安徽 | 9.94 | 1.94 | 7.61 | 9.67 | 8.99 | 13.65 | 10.85 | 1.10 | 1.86 |
| 福建 | 10.25 | 0.79 | 8.04 | 8.92 | 0.79 | 12.67 | 24.10 | 0.91 | −0.19 |
| 江西 | 8.22 | 1.31 | 5.89 | 9.73 | 3.31 | 16.06 | 36.14 | 1.03 | 0.19 |
| 山东 | 3.81 | 1.34 | 3.33 | 8.48 | 0.01 | 6.80 | 10.13 | 1.02 | −2.00 |
| 河南 | 6.29 | 1.84 | 2.38 | 10.45 | 10.97 | 9.99 | 20.37 | 1.11 | −1.34 |
| 湖北 | 10.37 | 0.47 | 8.60 | 10.68 | 5.78 | 11.51 | 17.20 | 0.98 | −0.82 |
| 湖南 | 7.05 | 1.94 | 6.80 | 9.10 | 18.25 | 12.38 | 14.35 | 1.09 | −3.90 |
| 广东 | 8.22 | −0.16 | 5.31 | 8.79 | 0.26 | 10.98 | 19.39 | 0.99 | 6.22 |
| 广西 | 6.02 | 1.45 | 6.63 | 8.24 | 12.28 | 3.11 | 21.84 | 1.19 | −1.62 |
| 海南 | 8.33 | 0.69 | 1.20 | 9.28 | 12.01 | 9.88 | 21.40 | 1.01 | −0.86 |
| 重庆 | 10.03 | 1.53 | 5.98 | 12.83 | 14.34 | 14.60 | 15.67 | 0.86 | −1.14 |
| 四川 | 8.45 | 1.85 | 3.61 | 11.33 | 7.13 | 14.92 | 15.21 | 1.13 | 0.30 |
| 贵州 | 11.27 | 3.11 | 11.21 | 7.69 | 7.22 | 10.70 | 27.27 | 1.18 | −1.34 |
| 云南 | 9.96 | 2.43 | 2.68 | 7.51 | 4.12 | 15.59 | 21.70 | 1.35 | −1.44 |
| 西藏 | 8.47 | 3.97 | 7.51 | 5.27 | 2.31 | 46.01 | 24.32 | 1.95 | 0.55 |
| 陕西 | 8.05 | 1.55 | 6.00 | 8.76 | 16.59 | 8.90 | 19.37 | 0.94 | 0.10 |
| 甘肃 | 4.95 | 2.00 | −1.69 | 7.70 | 1.82 | 5.75 | 25.55 | 1.07 | −0.67 |
| 青海 | 6.26 | 0.61 | 4.06 | 9.98 | −4.12 | −4.54 | 26.78 | 1.08 | −2.70 |
| 宁夏 | 6.27 | 1.50 | 5.43 | 6.63 | 6.56 | 14.30 | 34.40 | 0.87 | −1.75 |
| 新疆 | 7.48 | 1.72 | 0.28 | 8.81 | −2.10 | 6.68 | 19.11 | 1.20 | −2.62 |

表6-22 各省份产业支撑指标数据［2012—2018年（或2019年）］（2）

|  | AIS10 | AIS11 | AIS12 | AIS13 | AIS14 | AIS15 | AIS16 | AIS17 | AIS18 |
|---|---|---|---|---|---|---|---|---|---|
| 北京 | 13.45 | 14.31 | 5.80 | 7.31 | 33.03 | 1.34 | −0.02 | −2.15 | 4.35 |
| 天津 | −1.99 | 22.76 | 6.31 | 3.63 | 13.58 | 5.73 | −0.88 | 0.44 | −0.89 |
| 河北 | 4.27 | 5.66 | 5.70 | 5.29 | 4.69 | 5.72 | −2.32 | 2.38 | −4.86 |
| 山西 | 8.76 | 16.27 | 6.01 | 4.24 | −6.76 | 3.98 | −0.90 | 3.06 | −0.49 |
| 内蒙古 | 9.77 | 12.70 | 5.58 | 5.49 | −3.57 | 1.36 | 0.45 | 3.71 | 5.60 |

续表

|  | AIS10 | AIS11 | AIS12 | AIS13 | AIS14 | AIS15 | AIS16 | AIS17 | AIS18 |
|---|---|---|---|---|---|---|---|---|---|
| 辽宁 | 2.71 | 13.10 | 7.19 | 8.61 | 6.35 | −4.31 | −0.39 | 6.87 | −1.39 |
| 吉林 | 9.18 | 13.09 | 6.78 | 6.43 | 9.22 | 5.85 | −2.30 | 11.84 | 2.89 |
| 黑龙江 | −4.84 | 20.76 | 5.25 | 9.00 | −2.69 | 3.58 | −0.06 | 8.93 | 4.52 |
| 上海 | 12.30 | 10.30 | 8.17 | 9.27 | 26.19 | 4.39 | 2.62 | 15.44 | 3.28 |
| 江苏 | 4.98 | 5.04 | 7.49 | 6.72 | 10.70 | 16.18 | −0.86 | 5.33 | 0.73 |
| 浙江 | 7.32 | 7.06 | 6.49 | 6.77 | 13.40 | 5.29 | −1.93 | 4.11 | 0.36 |
| 安徽 | 10.19 | 21.48 | 7.25 | 8.72 | 10.06 | 7.83 | −2.48 | 2.94 | 2.65 |
| 福建 | 13.41 | 13.18 | 7.03 | 5.85 | 10.98 | 8.61 | −1.97 | 4.08 | 3.36 |
| 江西 | 5.58 | −0.33 | 5.28 | 7.21 | 20.80 | 13.20 | −2.99 | 4.61 | 2.07 |
| 山东 | 10.32 | 11.67 | 6.69 | 6.96 | 6.16 | 9.57 | −2.96 | 1.30 | −4.40 |
| 河南 | 8.19 | 2.89 | 6.88 | 6.61 | 6.26 | 9.26 | −2.62 | 1.74 | −1.55 |
| 湖北 | 11.68 | 33.01 | 5.96 | 9.29 | 15.62 | 14.07 | −2.50 | 2.47 | 3.20 |
| 湖南 | 4.56 | 7.60 | 5.51 | 6.34 | 9.07 | 6.77 | −3.11 | 2.27 | −0.74 |
| 广东 | 16.16 | 21.68 | 7.48 | 9.30 | 16.18 | 7.85 | −1.71 | 5.24 | 1.51 |
| 广西 | 8.83 | 14.61 | 6.19 | 8.70 | 9.74 | 4.00 | −2.19 | 3.31 | 6.34 |
| 海南 | 8.78 | 17.71 | 5.60 | 8.61 | 32.63 | 5.23 | −0.93 | 1.29 | 10.65 |
| 重庆 | 15.13 | 33.20 | 7.17 | 7.70 | 18.36 | 4.62 | −2.51 | 2.01 | −1.64 |
| 四川 | 4.49 | 22.87 | 5.50 | 7.61 | 11.55 | 2.81 | −2.71 | 1.21 | 0.47 |
| 贵州 | 16.76 | 22.49 | 6.18 | 6.57 | 6.95 | 13.32 | −0.04 | 1.27 | 5.84 |
| 云南 | 2.33 | 24.91 | 5.50 | 7.42 | 4.02 | 3.50 | −2.65 | 1.21 | 2.27 |
| 西藏 | 10.23 | −0.45 | 5.55 | 6.25 | 28.99 | 19.94 | −5.93 | 3.79 | 2.73 |
| 陕西 | 7.13 | 39.70 | 6.57 | 5.63 | 4.34 | 1.43 | −2.46 | 1.63 | −2.70 |
| 甘肃 | 12.41 | 16.98 | 5.45 | 5.37 | 13.20 | 13.39 | −1.06 | 3.32 | −0.08 |
| 青海 | 1.29 | 134.71 | 7.27 | 3.94 | −1.62 | 15.49 | −2.90 | 4.95 | 4.00 |
| 宁夏 | −0.25 | 24.54 | 6.25 | 5.81 | 7.10 | 2.48 | −1.72 | 3.47 | −0.15 |
| 新疆 | 24.00 | −3.59 | 4.94 | 2.43 | 7.13 | 3.13 | −2.59 | 2.83 | 3.65 |

## 三、因子分析方法

我们采用因子分析（数据缩减）方法对各省份产业支撑情况进行差异比较。

**1. 统计检验**

首先进行相关性检验，发现 40% 以上的指标相关系数在 0.5 以上（相关系数矩阵为 18×18 的矩阵，略），大部分相关系数对应检验 Sig 值都接近 0，符合进行因子提取的条件。KMO 检验值为 0.622，巴特利特球形检验显示变量之间存在相关性，可以进行数据缩减（即因子分析）。

**2. 公因子提取**

表 6-23 为公因子提取情况，提取度超过 0.8 的指标有 8 个，超过 0.7 的指标有 11 个，超过 0.6 的指标有 15 个，仅有 1 个指标的提取度低于 0.5，这表示因子提取情况可以接受。

表 6-23 公因子提取情况

| 指标名称 | 标准化后的指标名称 | 初始 | 提取度 |
|---|---|---|---|
| AIS1 | ZA1 | 1.00 | 0.862 |
| AIS2 | ZA2 | 1.00 | 0.882 |
| AIS3 | ZA3 | 1.00 | 0.782 |
| AIS4 | ZA4 | 1.00 | 0.571 |
| AIS5 | ZA5 | 1.00 | 0.619 |
| AIS6 | ZA6 | 1.00 | 0.802 |
| AIS7 | ZA7 | 1.00 | 0.669 |
| AIS8 | ZA8 | 1.00 | 0.862 |
| AIS9 | ZA9 | 1.00 | 0.614 |
| AIS10 | ZA10 | 1.00 | 0.574 |
| AIS11 | ZA11 | 1.00 | 0.797 |
| AIS12 | ZA12 | 1.00 | 0.940 |
| AIS13 | ZA13 | 1.00 | 0.443 |
| AIS14 | ZA14 | 1.00 | 0.728 |
| AIS15 | ZA15 | 1.00 | 0.696 |
| AIS16 | ZA16 | 1.00 | 0.838 |
| AIS17 | ZA17 | 1.00 | 0.818 |
| AIS18 | ZA18 | 1.00 | 0.904 |

**3. 方差解释**

因子提取要求特征值大于 1，共提取 5 个公因子（用 $FAC_i$ 表示）：第一个因子的特征值为 5.314，解释 18 个指标总方差的 29.522%，累计方差贡献率为 29.522%；第二个因子的特征值为 3.470，解释指标总方差的 19.277%，累计方差贡献率为 48.798%；第三个因子、第四个因子、第五个因子的特征值分别为 2.091、1.328 和 1.199。第五个以下的因子特征值小于 1，不予采用。可以看出，前五个公因子解释总方差的 74.453%。表 6-24 中后三列表示经过方差最大化旋转后的公因子特征值及方差解释，可以看出，各公因子的特征值及方差解释有所变化（更加平均），但方差累计不变，仍然为 74.453%。

表 6-24 公因子特征值、方差贡献率及累计方差贡献率

| 公因子 | 初始解释 | | | 提取公因子解释 | | | 旋转后的公因子解释 | | |
|---|---|---|---|---|---|---|---|---|---|
| | 特征值 | 方差（%） | 累计方差贡献率（%） | 特征值 | 方差（%） | 累计方差贡献率（%） | 特征值 | 方差（%） | 累计方差贡献率（%） |
| FAC1 | 5.314 | 29.522 | 29.522 | 5.314 | 29.522 | 29.522 | 3.188 | 17.712 | 17.712 |
| FAC2 | 3.470 | 19.277 | 48.798 | 3.470 | 19.277 | 48.798 | 3.096 | 17.197 | 34.910 |
| FAC3 | 2.091 | 11.617 | 60.415 | 2.091 | 11.617 | 60.415 | 2.987 | 16.597 | 51.507 |
| FAC4 | 1.328 | 7.378 | 67.793 | 1.328 | 7.378 | 67.793 | 2.173 | 12.071 | 63.577 |
| FAC5 | 1.199 | 6.659 | 74.453 | 1.199 | 6.659 | 74.453 | 1.958 | 10.875 | 74.453 |
| FAC6 | 0.936 | 5.198 | 79.650 | | | | | | |
| FAC7 | 0.865 | 4.804 | 84.454 | | | | | | |
| FAC8 | 0.719 | 3.995 | 88.449 | | | | | | |
| FAC9 | 0.517 | 2.872 | 91.321 | | | | | | |
| FAC10 | 0.448 | 2.488 | 93.809 | | | | | | |
| FAC11 | 0.353 | 1.959 | 95.767 | | | | | | |
| FAC12 | 0.264 | 1.464 | 97.232 | | | | | | |
| FAC13 | 0.229 | 1.272 | 98.503 | | | | | | |
| FAC14 | 0.126 | 0.700 | 99.204 | | | | | | |
| FAC15 | 0.062 | 0.347 | 99.551 | | | | | | |
| FAC16 | 0.052 | 0.290 | 99.841 | | | | | | |
| FAC17 | 0.017 | 0.095 | 99.936 | | | | | | |
| FAC18 | 0.012 | 0.064 | 100.000 | | | | | | |

**4. 公因子定义**

表 6-25 是旋转后的因子载荷矩阵，数据为指标与公因子之间的相关系数。

表 6-25 旋转后的因子载荷矩阵

| 指标名称 | FAC1 | FAC2 | FAC3 | FAC4 | FAC5 |
| --- | --- | --- | --- | --- | --- |
| ZA1 | 0.818 | 0.083 | 0.071 | 0.079 | 0.417 |
| ZA2 | 0.118 | 0.656 | −0.506 | −0.423 | −0.052 |
| ZA3 | 0.738 | 0.402 | −0.092 | 0.011 | 0.261 |
| ZA4 | 0.242 | −0.343 | −0.069 | 0.132 | 0.610 |
| ZA5 | 0.144 | 0.358 | −0.235 | −0.412 | 0.495 |
| ZA6 | 0.544 | 0.597 | −0.256 | 0.192 | −0.219 |
| ZA7 | 0.163 | −0.068 | −0.204 | −0.740 | **0.423** |
| ZA8 | 0.029 | 0.913 | −0.085 | −0.098 | −0.108 |
| ZA9 | 0.355 | −0.104 | −0.033 | 0.658 | 0.208 |
| ZA10 | 0.743 | 0.045 | −0.091 | −0.039 | −0.096 |
| ZA11 | −0.298 | −0.047 | 0.035 | −0.232 | 0.807 |
| ZA12 | 0.027 | −0.728 | 0.506 | 0.355 | 0.163 |
| ZA13 | 0.206 | −0.139 | 0.251 | 0.555 | −0.102 |
| ZA14 | 0.800 | −0.079 | 0.118 | 0.156 | −0.207 |
| ZA15 | 0.242 | 0.599 | −0.134 | 0.291 | 0.419 |
| ZA16 | 0.131 | −0.140 | 0.888 | −0.027 | −0.110 |
| ZA17 | −0.167 | −0.028 | 0.796 | 0.389 | 0.070 |
| ZA18 | −0.053 | −0.328 | 0.872 | 0.152 | −0.101 |

根据相关系数较大的规则（设定为大于等于 0.5 或接近 0.5。如有两个公因子相关系数都大于 0.5，则取较大者），可以得到各公因子相关度较高的指标族。

第一公因子：ZA1、ZA3、ZA10、ZA14；

第二公因子：ZA2、ZA6、ZA8、ZA15；

第三公因子：ZA12、ZA16、ZA17、ZA18；

第四公因子：ZA9、ZA13；

第五公因子：ZA4、ZA5、ZA11。

ZA7 代表的专利授权增长率与第五公因子相关系数不足 0.5，勉强由第五公因子表示。

进一步分析：

第一公因子与地区 GDP 增长率、工业增长率、私营企业就业量增长率和地方增值税增长率关系较为密切，而这几个指标多与经济增长

（工业和制造业）有关，因此我们将第一公因子命名为经济增长因子。

第二公因子与价格增长率、研发费用增长率、产品质量优等率、地方营业税增长率关系较为密切，价格指数、研发费用、产品质量都是为生产服务的，营业税也是如此，因此，我们将第二公因子命名为生产服务因子。

第三公因子与农村居民人均可支配收入增长率、谷物单位面积产量增长率、农用大中型拖拉机数量增长率、农村用电量增长率关系密切，这几个指标反映了农民收入、农业效率，因此我们将它们统称为农村变革因子。

第四公因子与城镇单位就业量增长率、农村居民人均消费增长率关系密切，可以这样解释：很多农村居民在城市工作，他们将部分收入转回农村，从而带动了农村消费，因此我们将第四公因子命名为消费支撑因子。

第五公因子与服务业增长率、出口增长率、失业保险支出增长率关系密切，近年来服务业对就业促进效果最为明显，弥补了出口下降的缺口，同时失业保险也是一种保障，因此我们将第五公因子命名为就业保障因子（外加专利授权增长率）。

表6-26给出了重新定义的公因子。

表6-26 重新定义的公因子

| 公因子名称 | 二级指标 |
| --- | --- |
| 经济增长因子 | 地区GDP增长率 |
| | 工业增长率 |
| | 私营企业就业量增长率 |
| | 地方增值税增长率 |
| 生产服务因子 | 价格增长率 |
| | 研发费用增长率 |
| | 产品质量优等率 |
| | 地方营业税增长率 |
| 农村变革因子 | 农村居民人均可支配收入增长率 |
| | 谷物单位面积产量增长率 |
| | 农用大中型拖拉机数量增长率 |
| | 农村用电量增长率 |

续表

| 公因子名称 | 二级指标 |
|---|---|
| 消费支撑因子 | 城镇单位就业量增长率 |
|  | 农村居民人均消费增长率 |
| 就业保障因子 | 服务业增长率 |
|  | 出口增长率 |
|  | 失业保险支出增长率 |
|  | 专利授权增长率 |

**5. 公因子得分计算**

根据公因子得分矩阵和指标值可以计算出各公因子的得分（见表6-27）。如北京地区产业支撑水平在第一公因子上的得分为：

$0.257 \times ZA1$（北京该指标值）$+0.019 \times ZA2 + 0.207 \times ZA3$

$+ \cdots + 0.027 \times ZA18$

北京在第二公因子上的得分为：

$-0.009 \times ZA1$（北京该指标值）$+0.158 \times ZA2$

$+ \cdots + 0.043 \times ZA18$

依次类推。

表6-27 公因子得分矩阵

| 指标名称 | FAC1 | FAC2 | FAC3 | FAC4 | FAC5 |
|---|---|---|---|---|---|
| ZA1 | 0.257 | −0.009 | 0.078 | −0.048 | 0.175 |
| ZA2 | 0.019 | 0.158 | −0.038 | −0.135 | −0.046 |
| ZA3 | 0.207 | 0.104 | 0.067 | −0.034 | 0.105 |
| ZA4 | 0.064 | −0.162 | −0.108 | 0.078 | 0.294 |
| ZA5 | 0.028 | 0.104 | 0.061 | −0.172 | 0.239 |
| ZA6 | 0.118 | 0.168 | −0.040 | 0.122 | −0.121 |
| ZA7 | 0.151 | −0.134 | 0.042 | −0.433 | 0.047 |
| ZA8 | −0.074 | 0.401 | 0.170 | 0.008 | −0.017 |
| ZA9 | 0.036 | −0.040 | −0.157 | 0.374 | 0.120 |
| ZA10 | 0.283 | −0.091 | −0.014 | −0.113 | −0.110 |
| ZA11 | −0.132 | 0.050 | 0.080 | −0.062 | 0.438 |
| ZA12 | 0.045 | −0.207 | 0.045 | 0.074 | 0.086 |

续表

| 指标名称 | FAC1 | FAC2 | FAC3 | FAC4 | FAC5 |
|---|---|---|---|---|---|
| ZA13 | 0.029 | −0.003 | −0.009 | 0.250 | −0.032 |
| ZA14 | 0.305 | −0.105 | 0.026 | −0.058 | −0.160 |
| ZA15 | −0.054 | 0.274 | 0.023 | 0.243 | 0.255 |
| ZA16 | 0.101 | 0.103 | 0.445 | −0.234 | −0.043 |
| ZA17 | −0.098 | 0.210 | 0.335 | 0.106 | 0.105 |
| ZA18 | 0.027 | 0.043 | 0.355 | −0.106 | −0.024 |

**6. 各省份因子得分与综合评分**

表6-28给出了各省份各因子得分与综合评分。

(1) 经济增长因子。

第一聚类：北京、重庆、贵州、上海排在前四位，得分均高于1；

第二聚类：海南、江西、西藏、福建、广东、湖北、四川、浙江、江苏、宁夏、安徽、天津、广西得分大于0小于1；

第三聚类：吉林、甘肃、新疆、湖南、陕西、河南、云南、山东和内蒙古等得分小于0大于−1；

第四聚类：河北、青海、辽宁、山西、黑龙江得分小于−1。

显然，经济增长率（工业增长率）较高的省份排在前列，而经济增长率（工业增长率）较低的省份则排序靠后。

表6-28　各省份各因子得分与综合评分

| | 经济增长 | 生产服务 | 农村变革 | 消费支撑 | 就业保障 | 综合评分 |
|---|---|---|---|---|---|---|
| 北京 | 1.73 | −2.11 | −0.48 | −0.53 | −0.93 | −0.30 |
| 天津 | 0.04 | −0.99 | −0.44 | −0.81 | −0.31 | −0.37 |
| 河北 | −1.15 | 0.63 | −0.41 | −0.44 | −1.24 | −0.35 |
| 山西 | −1.85 | −0.14 | −0.45 | −0.71 | −0.42 | −0.56 |
| 内蒙古 | −0.74 | −0.49 | 0.11 | −0.29 | −0.72 | −0.31 |
| 辽宁 | −1.84 | −1.00 | 1.03 | 0.62 | −1.59 | −0.42 |
| 吉林 | −0.02 | 0.15 | 1.19 | 0.86 | 0.18 | 0.34 |
| 黑龙江 | −2.22 | −0.78 | 1.17 | 1.00 | −0.26 | −0.24 |
| 上海 | 1.18 | −0.48 | 4.32 | 0.45 | −0.04 | 0.89 |
| 江苏 | 0.10 | −0.01 | −0.89 | 3.29 | 0.97 | 0.37 |
| 浙江 | 0.21 | −0.46 | −0.52 | 0.74 | −0.41 | −0.08 |

续表

|  | 经济增长 | 生产服务 | 农村变革 | 消费支撑 | 就业保障 | 综合评分 |
|---|---|---|---|---|---|---|
| 安徽 | 0.07 | 0.60 | −0.31 | 0.53 | 0.31 | 0.16 |
| 福建 | 0.81 | −0.61 | −0.18 | −0.38 | 0.12 | −0.02 |
| 江西 | 0.86 | −0.19 | −0.33 | −0.41 | 0.15 | 0.03 |
| 山东 | −0.41 | 0.21 | −0.94 | 0.67 | −0.50 | −0.17 |
| 河南 | −0.35 | 0.42 | −0.84 | 0.17 | 0.41 | −0.06 |
| 湖北 | 0.71 | −0.06 | −0.41 | 0.85 | 1.00 | 0.26 |
| 湖南 | −0.33 | 0.52 | −0.48 | −0.19 | −0.04 | −0.08 |
| 广东 | 0.79 | −0.64 | −0.43 | 1.73 | 0.44 | 0.21 |
| 广西 | 0.04 | 0.26 | 0.35 | −0.94 | −0.01 | 0.00 |
| 海南 | 0.95 | −0.91 | 0.14 | −0.24 | −0.59 | −0.06 |
| 重庆 | 1.48 | −0.78 | −0.69 | −0.31 | 1.26 | 0.11 |
| 四川 | 0.35 | −0.21 | −0.84 | 0.30 | −0.23 | −0.10 |
| 贵州 | 1.36 | 1.71 | 0.95 | −1.43 | 0.68 | 0.59 |
| 云南 | −0.36 | 1.11 | −0.07 | −0.55 | −0.31 | 0.01 |
| 西藏 | 0.85 | 3.71 | 0.08 | 0.96 | −1.61 | 0.74 |
| 陕西 | −0.34 | −0.05 | −0.59 | −1.00 | 0.74 | −0.21 |
| 甘肃 | −0.13 | 0.45 | −0.20 | −0.57 | 0.16 | −0.03 |
| 青海 | −1.73 | 0.37 | 0.58 | −0.73 | 3.86 | 0.19 |
| 宁夏 | 0.10 | 0.28 | 0.04 | −1.41 | −0.23 | −0.12 |
| 新疆 | −0.18 | −0.51 | −0.48 | −1.23 | −0.83 | −0.44 |

(2) 生产服务因子。

第一聚类：得分高于1的有西藏、贵州和云南三个省份，西藏之所以高居第一位，是因为其研发费用增长率远远高于其他省份（虽然研发费用绝对量并不高）；

第二聚类：河北、安徽、湖南、甘肃、河南、青海、宁夏、广西、山东、吉林得分大于0小于1；

第三聚类：其他省份得分均小于0，其中辽宁为−1，北京为−2.11，居最后两位。

(3) 农村变革因子。

第一聚类：上海排在第一位，得分为4.32，远高于其他省份；

第二聚类：得分大于1小于2的省份有吉林、黑龙江和辽宁；

第三聚类：得分大于0小于1的省份有贵州、青海、广西、海南、内蒙古、西藏和宁夏，以西部地区为主；

第四聚类：其他省份得分均小于0但差异不大，山东得分-0.94，位居最后。

(4) 消费支撑因子。

第一聚类：得分大于1的省份有江苏、广东、黑龙江，其中江苏得分3.29，远高于其他省份；

第二聚类：得分大于0小于1的省份有西藏、吉林、湖北、浙江、山东、辽宁、安徽、上海、四川和河南；

第三聚类：得分大于（等于）-1小于0的省份有湖南、海南、内蒙古、重庆、福建、江西、河北、北京、云南、甘肃、山西、青海、天津、广西和陕西；

第四聚类：得分小于-1的省份包括新疆、宁夏、贵州。

(5) 就业保障因子。

第一聚类：得分大于（等于）1的省份有青海、重庆、湖北，其中青海得分3.86，远高于其他省份；

第二聚类：得分大于0小于1的省份有江苏、陕西、贵州、广东、河南、安徽、吉林、甘肃、江西和福建；

第三聚类：得分大于-1小于0的省份有广西、上海、湖南、四川、宁夏、黑龙江、天津、云南、浙江、山西、山东、海南、内蒙古、新疆和北京；

第四聚类：得分小于-1的省份有河北、辽宁和西藏。

(6) 综合评分。

各省份评分结果及聚类分析见表6-29。

**表6-29 各省份产业支撑综合评分及主要特征**

| 类别 | 省份 | 得分 | 所属区域 | 特征 |
|---|---|---|---|---|
| 第一聚类 | 上海 | 0.89 | 东部 | 经济发达，就业保障需要加强 |
| | 西藏 | 0.74 | 西部 | 经济欠发达，发展趋势良好 |
| | 贵州 | 0.59 | 西部 | 经济欠发达，农民收入较低 |

续表

| 类别 | 省份 | 得分 | 所属区域 | 特征 |
|---|---|---|---|---|
| 第二聚类 | 江苏 | 0.37 | 东部 | 经济发达,各项指标均衡 |
| | 吉林 | 0.34 | 东北 | 经济发展略弱,农民收入较高 |
| | 湖北 | 0.26 | 中部 | 经济发展中等,各项指标均衡 |
| | 广东 | 0.21 | 东部 | 经济发达,各项指标均衡 |
| | 青海 | 0.19 | 西部 | 经济欠发达,发展趋势良好 |
| | 安徽 | 0.16 | 中部 | 经济发展中等,各项指标均衡 |
| | 重庆 | 0.11 | 西部 | 经济发展良好,农民收入较低 |
| | 江西 | 0.03 | 中部 | 经济发展中等,各项指标均衡 |
| | 云南 | 0.01 | 西部 | 经济欠发达,就业保障需要加强 |
| | 广西 | 0.00 | 西部 | 经济欠发达,农民收入较低 |
| 第三聚类 | 福建 | −0.02 | 东部 | 经济发展良好,各项指标均衡 |
| | 甘肃 | −0.03 | 西部 | 经济欠发达,农民收入较低 |
| | 河南 | −0.06 | 中部 | 经济发展良好,农民收入较低 |
| | 海南 | −0.06 | 东部 | 经济发展良好,就业保障需要加强 |
| | 浙江 | −0.08 | 东部 | 经济较发达,就业保障需要加强 |
| | 湖南 | −0.08 | 中部 | 经济发展良好,农民收入较低 |
| | 四川 | −0.10 | 西部 | 经济发展中等,各项指标均衡 |
| 第四聚类 | 宁夏 | −0.12 | 西部 | 经济欠发达,发展趋势良好 |
| | 山东 | −0.17 | 东部 | 经济发展良好,农民收入较低 |
| | 陕西 | −0.21 | 西部 | 经济欠发达,农民收入较低 |
| | 黑龙江 | −0.24 | 东北 | 经济发展中等,各项指标略差 |
| | 北京 | −0.30 | 东部 | 经济发达,就业保障需要加强 |
| 第五聚类 | 内蒙古 | −0.31 | 西部 | 经济发展中等,各项指标略差 |
| | 河北 | −0.35 | 东部 | 经济发展中等,各项指标略差 |
| | 天津 | −0.37 | 东部 | 经济发达,就业保障需要加强 |
| | 辽宁 | −0.42 | 东北 | 经济发展中等,各项指标略差 |
| | 新疆 | −0.44 | 西部 | 经济欠发达,各项指标略差 |
| | 山西 | −0.56 | 中部 | 经济发展中等,各项指标略差 |

## 四、专家评分方法

我们首先将18个指标分为四类,分别是非常重要、比较重要、重要与不重要，以Ⅰ、Ⅱ、Ⅲ、Ⅳ表示，四类指标赋值分别为 4 分、3 分、2 分、1 分。然后将指标交给五位专家，由专家划分等级，并提出划分依据和意见。

听取专家组意见，结合我们的讨论，得到如下结果：

①地区 GDP 增长率、服务业增长率、城镇单位就业量增长率、农村居民人均可支配收入增长率为Ⅰ类指标；

②工业增长率、农村居民人均消费增长率、私营企业就业量增长率、地方增值税增长率及地方营业税增长率为Ⅱ类指标；

③出口增长率、研发费用增长率、产品质量优等率、失业保险支出增长率为Ⅲ类指标；

④价格增长率、专利授权增长率、谷物单位面积产量增长率、农用大中型拖拉机数量增长率、农村用电量增长率为Ⅳ类指标。

这样，我们得到的指标分类如下：

Ⅰ类指标：AIS1、AIS4、AIS9、AIS12，总分 16 分；

Ⅱ类指标：AIS3、AIS10、AIS13、AIS14、AIS15，总分 15 分；

Ⅲ类指标：AIS5、AIS6、AIS8、AIS11，总分 8 分；

Ⅳ类指标：AIS2、AIS7、AIS16、AIS17、AIS18，总分 5 分。

四类指标合计 44 分。Ⅰ类指标中每个指标的权重为 1/11，Ⅱ类指标中每个指标的权重为 3/44，Ⅲ类指标中每个指标的权重为 1/22，Ⅳ类指标中每个指标的权重为 1/44，总权重为 1。

在评价之前，先对各指标原始数据进行处理，我们采用简单的绝对值最大法，即将每个指标某省份的值除以 31 个省份中绝对值最大者，这样保证处理后的数据位于 [−1, 1] 区间。处理后的数据乘以各自的权重，得到各省份的得分，然后将各省份得分除以最高分，再进行排序。

专家评分结果见表 6-30。

表 6-30　因子分析结果与专家评分结果比较

| 类别 | 因子分析结果 | | 专家评分结果 | |
| --- | --- | --- | --- | --- |
| | 省份 | 得分 | 省份 | 得分 |
| 第一聚类 | 上海 | 0.89 | 重庆 | 1.00 |
| | 西藏 | 0.74 | 贵州 | 0.99 |
| | 贵州 | 0.59 | 上海 | 0.96 |

续表

| 类别 | 因子分析结果 | | 专家评分结果 | |
|---|---|---|---|---|
| | 省份 | 得分 | 省份 | 得分 |
| 第二聚类 | 江苏 | 0.37 | 广东 | 0.95 |
| | 吉林 | 0.34 | 江苏 | 0.92 |
| | 湖北 | 0.26 | 湖北 | 0.91 |
| | 广东 | 0.21 | 西藏 | 0.85 |
| | 青海 | 0.19 | 江西 | 0.81 |
| | 安徽 | 0.16 | 北京 | 0.79 |
| | 重庆 | 0.11 | 安徽 | 0.77 |
| | 江西 | 0.03 | 福建 | 0.77 |
| | 云南 | 0.01 | 吉林 | 0.75 |
| | 广西 | 0.00 | 海南 | 0.75 |
| 第三聚类 | 福建 | −0.02 | 四川 | 0.72 |
| | 甘肃 | −0.03 | 浙江 | 0.71 |
| | 河南 | −0.06 | 甘肃 | 0.71 |
| | 海南 | −0.06 | 广西 | 0.69 |
| | 浙江 | −0.08 | 河南 | 0.68 |
| | 湖南 | −0.08 | 青海 | 0.67 |
| | 四川 | −0.10 | 宁夏 | 0.66 |
| 第四聚类 | 宁夏 | −0.12 | 陕西 | 0.63 |
| | 山东 | −0.17 | 湖南 | 0.60 |
| | 陕西 | −0.21 | 山东 | 0.59 |
| | 黑龙江 | −0.24 | 云南 | 0.59 |
| | 北京 | −0.30 | 天津 | 0.53 |
| 第五聚类 | 内蒙古 | −0.31 | 内蒙古 | 0.49 |
| | 河北 | −0.35 | 新疆 | 0.47 |
| | 天津 | −0.37 | 河北 | 0.40 |
| | 辽宁 | −0.42 | 山西 | 0.33 |
| | 新疆 | −0.44 | 辽宁 | 0.30 |
| | 山西 | −0.56 | 黑龙江 | 0.27 |

可以发现，专家评分结果与因子分析结果有差别，但差别并不太大。前三位中均有贵州和上海，最后六位中均有内蒙古、河北、辽宁、

新疆和山西。相比之下，因子分析在赋予指标权重的时候是完全根据数据本身（及相关系数）来进行的，专家评分则是考虑到指标与城镇化产业支撑体系之间关系的密切性，后者虽然带有一定主观色彩，但更富经济学意义。

总体来讲，对各省份城镇化产业支撑的分析有以下结果：

（1）各省份之间存在明显的差异，以专家评分方法为例，重庆得分为1，而最低的山西得分为0.27。

（2）东北地区城镇化产业支撑情况不容乐观，吉林情况略好一些，辽宁、黑龙江得分较低。其根本原因在于经济增长缓慢和人口流失严重。

（3）东部地区出现分化：既有排在前列的上海、广东、江苏、北京等地，也有天津、河北、山东等排名靠后的省份。就直观感觉而言，凡是充满经济活力的省份，排名都比较靠前；而缺乏经济活力的省份，排名都比较靠后。

（4）中部地区整体得分尚可，唯有山西得分较低。

（5）西部地区同样分化明显，重庆、西藏排名靠前，而新疆、内蒙古则排名靠后。这也说明：产业支撑体系的完善程度并不完全取决于经济实力（地区GDP）。

## 第二节　成本分担地区差异评价

### 一、指标确认与解释

在前文，针对国家层面成本分担评价已经建立了一个成本分担指标体系，但用于地区差异评价时，有些年份的数据难以得到，因此要对各项指标略做修改，具体如下：

ACS1 修改为生活用水量增长率减城镇人口增长率；

ACS2 修改为天然气用气人口增长率减城镇人口增长率；

ACS3 修改为道路面积增长率减城镇人口增长率；

ACS4 修改为道路照明增长率减城镇人口增长率；

ACS5 修改为公交车辆增长率减城镇人口增长率；

ACS6 修改为公园面积增长率减城镇人口增长率；

ACS7 修改为公厕数量增长率减城镇人口增长率；

ACS8 修改为教育经费投入增长率减城镇人口增长率；

ACS9 修改为普通高中在校生数量增长率减城镇人口增长率；

ACS10 为初中在校生数量增长率减城镇人口增长率；

ACS11 为小学在校生数量增长率减城镇人口增长率[1]；

ACS12 为社区卫生服务中心数量增长率减城镇人口增长率；

ACS13 为（城市）每万人拥有卫生技术人员数量增长率减城镇人口增长率；

ACS14 为福利彩票提取公益金增长率减城镇人口增长率[2]；

ACS15 为参加失业保险人数增长率减城镇人口增长率；

ACS16 为城镇职工参加医疗保险人数增长率减城镇人口增长率；

ACS17 为地方财政保障房支出增长率减城镇人口增长率。

表 6-31 用于省际比较的成本分担指标体系

| 评价目标 | 一级指标 | 二级指标 | 简称 |
| --- | --- | --- | --- |
| 成本分担强度 | 生活服务指标 | 生活用水量增长率减城镇人口增长率 | ACS1 |
| | | 天然气用气人口增长率减城镇人口增长率 | ACS2 |
| | 市政设施指标 | 道路面积增长率减城镇人口增长率 | ACS3 |
| | | 道路照明增长率减城镇人口增长率 | ACS4 |
| | | 公交车辆增长率减城镇人口增长率 | ACS5 |
| | 市容环境指标 | 公园面积增长率减城镇人口增长率 | ACS6 |
| | | 公厕数量增长率减城镇人口增长率 | ACS7 |
| | 教育投入指标 | 教育经费投入增长率减城镇人口增长率 | ACS8 |
| | | 普通高中在校生数量增长率减城镇人口增长率 | ACS9 |
| | | 初中在校生数量增长率减城镇人口增长率 | ACS10 |
| | | 小学在校生数量增长率减城镇人口增长率 | ACS11 |

---

[1] 考虑到初等教育对于城镇化进程的重要性，我们增加了两个教育类指标。

[2] 福利彩票似乎与成本分担关系不大，但考虑到福利彩票的主要用途在于扶助城市（也应该包括农村）弱势群体，也可以分担一部分城镇化成本，故将其纳入指标体系。我们把它作为政府、企业、市民之外的第四种力量。我们认为，公益金增长率越高，就可以承担越大份额的城镇化成本。

续表

| 评价目标 | 一级指标 | 二级指标 | 简称 |
|---|---|---|---|
| 成本分担强度 | 卫生保健指标 | 社区卫生服务中心数量增长率减城镇人口增长率 | ACS12 |
| | | (城市)每万人拥有卫生技术人员数量增长率减城镇人口增长率 | ACS13 |
| | 社会服务与保障指标 | 福利彩票提取公益金增长率减城镇人口增长率 | ACS14 |
| | | 参加失业保险人数增长率减城镇人口增长率 | ACS15 |
| | | 城镇职工参加医疗保险人数增长率减城镇人口增长率 | ACS16 |
| | 住房保障指标 | 地方财政保障房支出增长率减城镇人口增长率 | ACS17 |

## 二、数据描述性统计

### 1. 生活用水量增长率与 ACS1 指标

考察 2012—2018 年各省份生活用水量增长率均值，可以发现：

①各省份生活用水量增长率均值都为正值，且大多数增长率大于1，唯有吉林、黑龙江、甘肃三省增长率小于1。

②排在前五位的省份为西藏、贵州、四川、重庆和宁夏，全部为西部地区，排在后五位的是广东、上海、吉林、黑龙江和甘肃。其他省份排序略。

③我们发现西藏的数据较为特殊，2012 年生活用水量增长率为 $-45.95\%$，与上年相比减少了近一半，但 2013 年该增长率为 $260\%$，增长了 2.6 倍，这两个数据值得怀疑。因此我们去掉这两年的特殊值，这样其余三年的均值为 $15.10\%$，仍然排在第一位（后面西藏 ACS1 指标数据也随之调整）。

表 6-32 为各省份 ACS1 指标排序，表中河南、黑龙江、河北、新疆、湖北和甘肃等省份为负值，这些省份的生活用水量增长率低于城镇人口增长率。当然，这里面有水资源缺乏（如甘肃、河北、河南等地）和节约用

水的原因，但黑龙江、湖北等地并不是严重缺水省份，这些省份在公共服务方面还需努力。

表 6-32 各省份 ACS1 指标排序

| 排序 | 省份 | ACS1 | 排序 | 省份 | ACS1 |
|---|---|---|---|---|---|
| 1 | 西藏 | 4.52 | 17 | 安徽 | 0.07 |
| 2 | 重庆 | 2.69 | 18 | 福建 | 0.05 |
| 3 | 四川 | 2.53 | 19 | 陕西 | −0.03 |
| 4 | 天津 | 2.24 | 20 | 广东 | −0.16 |
| 5 | 北京 | 2.05 | 21 | 湖北 | −0.20 |
| 6 | 内蒙古 | 1.70 | 22 | 湖南 | −0.24 |
| 7 | 宁夏 | 1.63 | 23 | 山东 | −0.29 |
| 8 | 海南 | 1.53 | 24 | 云南 | −0.42 |
| 9 | 贵州 | 1.48 | 25 | 吉林 | −0.50 |
| 10 | 上海 | 1.29 | 26 | 黑龙江 | −0.52 |
| 11 | 辽宁 | 1.28 | 27 | 河南 | −0.62 |
| 12 | 江苏 | 1.02 | 28 | 山西 | −0.79 |
| 13 | 广西 | 0.57 | 29 | 河北 | −1.09 |
| 14 | 浙江 | 0.14 | 30 | 新疆 | −1.85 |
| 15 | 江西 | 0.10 | 31 | 甘肃 | −3.94 |
| 16 | 青海 | 0.09 | | | |

**2. 天然气用气人口增长率与 ACS2 指标**

考察 2012—2018 年各省份天然气用气人口增长率均值，可以发现：

①各省份天然气用气人口增长率均值都为正值，且均大于 1。[①]

②排在前 5 位的为云南、西藏、贵州、广西和江西，其中有 4 个西部省份、1 个中部省份。排在后 5 位的是黑龙江、辽宁、上海、新疆和北京。其中，新疆地广人稀，天然气普及较慢，可以理解；辽宁、黑龙江则可以解释为近年来城镇化人口增长率较低而导致天然气用气人口增长率较低；上海和北京则是因为天然气普及率（和城镇化率）本来就很高，所以增长率较低。

另外，我们认为，虽然天然气用气人口增长代表了城镇化质量的提

---

① 西藏缺 2012 年、2013 年增长率数据。

高,但天然气用气成本仍然较高。我国是能源消耗大国,其中国内煤炭资源丰富,而天然气资源相对缺乏,如何深加工并合理利用煤炭(如焦炉煤气、合成气等),将是未来要深入研究的重点。

表 6-33 为各省份 ACS2 指标排序,表中数值超过 10 的有 11 个省份,最低的为北京,仅为 0.06。ACS2 指标排序与天然气用气人口增长率基本类似,不再赘述。

表 6-33 各省份 ACS2 指标排序

| 排序 | 省份 | ACS2 | 排序 | 省份 | ACS2 |
| --- | --- | --- | --- | --- | --- |
| 1 | 云南 | 54.32 | 17 | 甘肃 | 7.68 |
| 2 | 贵州 | 51.65 | 18 | 河南 | 7.62 |
| 3 | 西藏 | 50.84 | 19 | 江苏 | 7.44 |
| 4 | 广西 | 19.21 | 20 | 山东 | 6.92 |
| 5 | 江西 | 13.65 | 21 | 宁夏 | 6.20 |
| 6 | 海南 | 13.13 | 22 | 黑龙江 | 5.76 |
| 7 | 广东 | 12.15 | 23 | 陕西 | 5.53 |
| 8 | 吉林 | 12.06 | 24 | 上海 | 5.37 |
| 9 | 浙江 | 11.78 | 25 | 安徽 | 5.14 |
| 10 | 内蒙古 | 11.13 | 26 | 河北 | 4.68 |
| 11 | 湖南 | 10.36 | 27 | 四川 | 4.61 |
| 12 | 天津 | 9.81 | 28 | 青海 | 3.99 |
| 13 | 福建 | 9.37 | 29 | 重庆 | 3.71 |
| 14 | 湖北 | 8.79 | 30 | 新疆 | 1.07 |
| 15 | 山西 | 7.94 | 31 | 北京 | 0.06 |
| 16 | 辽宁 | 7.70 | | | |

**3. 道路面积增长率与 ACS3 指标**

考察 2012—2018 年各省份道路面积增长率均值,可以发现:

①各省份道路面积增长率均值都为正值,且均大于 1。

②排在前五位的为西藏、贵州、青海、福建和江西,增长率均值高于或接近 10%。排在后五位的是黑龙江、河北、广东、吉林和上海。上海均值为 2.27%,排在最后一位。

值得一提的是:近几年有些省份的道路面积增长率居然为负值,例如 2014 年北京为 -0.36%、2016 年辽宁为 -4.28%、2013 年福建为 -2.53%、2013 年和 2015 年云南分别为 -3.80% 和 -10.52%。我们只能把这种现象理解为城市道路转为高速公路、原有道路维修或道路损坏（例如泥石流带来的道路塌方等）。

表6-34为各省份ACS3指标排序，表中数值超过10的仅有贵州和西藏两个省份，指标低于1的唯一省份是河北，为0.63。

表6-34 各省份ACS3指标排序

| 排序 | 省份 | ACS3 | 排序 | 省份 | ACS3 |
|---|---|---|---|---|---|
| 1 | 贵州 | 10.96 | 17 | 甘肃 | 3.63 |
| 2 | 西藏 | 10.77 | 18 | 江苏 | 3.59 |
| 3 | 青海 | 9.01 | 19 | 安徽 | 3.46 |
| 4 | 福建 | 7.67 | 20 | 湖南 | 3.37 |
| 5 | 北京 | 6.41 | 21 | 浙江 | 3.16 |
| 6 | 江西 | 6.05 | 22 | 湖北 | 3.16 |
| 7 | 重庆 | 6.00 | 23 | 天津 | 2.88 |
| 8 | 四川 | 5.64 | 24 | 河南 | 2.78 |
| 9 | 陕西 | 5.35 | 25 | 海南 | 2.74 |
| 10 | 内蒙古 | 5.33 | 26 | 吉林 | 2.67 |
| 11 | 山西 | 5.21 | 27 | 云南 | 2.48 |
| 12 | 广西 | 4.89 | 28 | 上海 | 1.99 |
| 13 | 新疆 | 4.10 | 29 | 广东 | 1.93 |
| 14 | 辽宁 | 4.09 | 30 | 山东 | 1.81 |
| 15 | 黑龙江 | 4.06 | 31 | 河北 | 0.63 |
| 16 | 宁夏 | 3.85 | | | |

**4. 道路照明增长率与ACS4指标**

我们原先认为道路照明增长率与道路面积增长率之间应该存在较明显的相关性，但事实并非如此。

①道路照明增长率均值前5位是西藏、重庆、贵州、湖北和四川，后5位是海南、宁夏、内蒙古、吉林和辽宁。与道路面积增长率排序存在一些差别。

②相比之下，道路照明增长率均值为负值的省份（年份）更多，如北京2015年和2017年为负值，河北2012年和2014年为负值。辽宁2016年道路照明增长率为－18.86%（吉林2014年为－18.18%），这意味着全省道路照明（即路灯数量）减少了1/6左右。缺少道路照明，无

疑会增加交通风险，增加交易成本，不仅反映出政府基础建设投入的不足，也直接影响经济繁荣程度。[①]

我们比较了各省份道路照明增长率均值和道路面积增长率均值，前者减去后者，结果为负值的省份有22个，天津、河北、上海、江苏、湖北、广东、重庆、四川、云南9个省份大于零。

表6-35为各省份ACS4指标排序，表中数值超过10的仅有重庆，指标为负值有7个省份：山西、广西、宁夏、内蒙古、海南、吉林和辽宁。

表6-35 各省份ACS4指标排序

| 排序 | 省份 | ACS4 | 排序 | 省份 | ACS4 |
| --- | --- | --- | --- | --- | --- |
| 1 | 重庆 | 12.41 | 17 | 甘肃 | 2.72 |
| 2 | 湖北 | 9.42 | 18 | 新疆 | 2.68 |
| 3 | 西藏 | 9.34 | 19 | 安徽 | 2.31 |
| 4 | 贵州 | 8.76 | 20 | 浙江 | 2.26 |
| 5 | 福建 | 7.14 | 21 | 山东 | 1.60 |
| 6 | 四川 | 6.15 | 22 | 河南 | 1.12 |
| 7 | 云南 | 3.98 | 23 | 青海 | 1.02 |
| 8 | 江苏 | 3.93 | 24 | 陕西 | 0.98 |
| 9 | 江西 | 3.90 | 25 | 山西 | −0.32 |
| 10 | 北京 | 3.86 | 26 | 广西 | −0.44 |
| 10 | 天津 | 3.86 | 27 | 海南 | −0.96 |
| 12 | 黑龙江 | 3.42 | 28 | 内蒙古 | −1.19 |
| 13 | 上海 | 3.41 | 29 | 宁夏 | −1.65 |
| 14 | 河北 | 3.04 | 30 | 吉林 | −2.71 |
| 15 | 湖南 | 2.89 | 31 | 辽宁 | −3.17 |
| 16 | 广东 | 2.79 | | | |

**5. 公交车辆增长率与ACS5指标**

考察2012—2017年各省份公交车辆增长率均值（2018年及之后数

---

[①] 当然，可能有人会说：高速公路没有道路照明设施。如果某省份原来仅有一条普通公路，然后修建了一条同样面积的高速公路，则道路面积增加一倍，道路照明不增加。但我们发现，在国家统计局提供的统计指标中，道路面积、道路照明都是城市市政设施的下级指标，道路照明指标全称为城市道路照明灯（盏）。很明显，这些指标中并不包括跨城市的高速公路，最多包括城市周边的绕城高速（或与市政道路的接驳工程）。也就是说，统计道路面积、道路照明一般不用考虑高速公路。

据暂缺），可以发现：

①各省份公交车辆增长率均值都为正值，且均大于1。

②排在前5位的省份为西藏、重庆、天津、湖南和山东，均值均超过8%，排在后5位的是新疆、辽宁、青海、上海和吉林。需要解释的是上海（增长率均值为1.24%），上海作为最发达的地区，公交车辆增长率为什么很低？主要原因在于替代性交通工具增长率较高。截至2021年底，上海轨道交通已经开通20条线路，大大缓解了公共交通的压力。基于同样的原因，北京公交车辆增长率均值也较低，仅为2.69%，而且2015年、2016年增长率都小于零。

需要注意的是经济不太发达的省份，如吉林2016年公交车辆增长率为−3.21%，同年甘肃、宁夏、新疆分别为−0.80%、3.40%和3.52%，城镇化率在提高、城镇人口在增加，但公共交通的发展跟不上，这显然会影响城镇化质量。

表6-36为各省份ACS5指标排序，表中为负值的是新疆、青海和甘肃，显然，这些省份在公共交通方面尚需努力。

表6-36 各省份ACS5指标排序

| 排序 | 省份 | ACS5 | 排序 | 省份 | ACS5 |
| --- | --- | --- | --- | --- | --- |
| 1 | 天津 | 6.89 | 17 | 河南 | 3.06 |
| 2 | 重庆 | 6.48 | 18 | 广东 | 2.83 |
| 3 | 浙江 | 6.16 | 19 | 广西 | 2.78 |
| 4 | 山东 | 5.47 | 20 | 云南 | 2.35 |
| 5 | 福建 | 5.18 | 21 | 江西 | 2.10 |
| 6 | 湖南 | 5.16 | 22 | 湖北 | 2.09 |
| 7 | 江苏 | 4.89 | 23 | 上海 | 1.96 |
| 7 | 海南 | 4.89 | 24 | 山西 | 1.62 |
| 9 | 四川 | 4.77 | 24 | 辽宁 | 1.62 |
| 10 | 河北 | 4.74 | 26 | 贵州 | 1.22 |
| 11 | 内蒙古 | 4.56 | 27 | 吉林 | 1.16 |
| 12 | 宁夏 | 3.61 | 28 | 陕西 | 0.28 |
| 13 | 西藏 | 3.53 | 29 | 青海 | −0.84 |
| 14 | 安徽 | 3.24 | 30 | 甘肃 | −1.16 |
| 15 | 黑龙江 | 3.10 | 31 | 新疆 | −1.47 |
| 16 | 北京 | 3.09 | | | |

### 6. 公园面积增长率与 ACS6 指标

首先要解释的是某些省份的数据，如北京 2012—2016 年公园面积增长率分别为 10.68%、16.67%、0、121.05% 和 2.38%，均值为 30.16%。

我们对北京 2015 年公园面积增长率达到 121.05% 有所怀疑。根据北京市园林绿化局提供的 2014 年、2015 年北京市园林绿化数据，2014 年北京市公园面积为 17 841.36 公顷，2015 年为 18 386.30 公顷（增长率为 3.05%），而国家统计局提供的数据是 2014 年北京市公园面积为 1.33 万公顷，2015 年为 2.94 万公顷（增长率为 121.05%）。[①]

我们认为，北京市园林绿化局提供的数据更为可靠，因为近年来北京城市建设用地非常紧张，不可能突然增加 1 倍以上的公园面积。唯一的解释是国家统计局把 2015 年北京的公园绿地面积（即公园面积加非公园绿地面积）当作了当年北京市公园面积。因为北京市园林绿化局提供的 2015 年北京公园绿地面积为 2.95 万公顷，与国家统计局提供的 2015 年北京公园面积（2.94 万公顷）相当接近。

同样，我们采用北京市园林绿化局提供的 2016 年北京公园面积（18 814.50 公顷），而放弃国家统计局提供的 3.01 万公顷的数据。

考察 2012—2018 年各省份公园面积增长率均值，排在前 5 位的是青海、吉林、贵州、陕西和甘肃，增长率均在 19% 以上。排在后 5 位的是海南、辽宁、广东、黑龙江和上海。

表 6-37 为各省份 ACS6 指标排序，表中吉林、青海、陕西排在前 3 位，其指标值均大于 10。排在后 3 位的省份是云南、海南、上海。众所周知，海南风景秀丽，拥有得天独厚的自然环境，其建设目标也是非常高端的国际旅游岛，但国际旅游岛不能仅依赖自然形成的旅游景点，公园建设也需加强。另外，无论建设目标是什么，提高居民生活质量才是当地政府的第一要务。

---

[①] 北京市园林绿化局官方网站有北京市每年的园林绿化详细数据。实际上，我们对其他省份的数据也有些怀疑，例如，甘肃省 2016 年公园面积增长率为 34.88%，一年内公园面积增加超过三分之一。但由于这些省份数据可得性较低，故难以一一核对。

表 6-37 各省份 ACS6 指标排序

| 排序 | 省份 | ACS6 | 排序 | 省份 | ACS6 |
|---|---|---|---|---|---|
| 1 | 吉林 | 16.32 | 17 | 福建 | 4.23 |
| 2 | 青海 | 15.11 | 18 | 重庆 | 4.17 |
| 3 | 陕西 | 11.86 | 19 | 河南 | 4.16 |
| 4 | 贵州 | 11.61 | 20 | 浙江 | 3.94 |
| 5 | 甘肃 | 8.57 | 21 | 黑龙江 | 3.80 |
| 6 | 江苏 | 8.16 | 22 | 安徽 | 3.79 |
| 7 | 新疆 | 7.52 | 22 | 广西 | 3.79 |
| 8 | 四川 | 6.28 | 24 | 湖北 | 3.49 |
| 9 | 西藏 | 5.66 | 25 | 宁夏 | 3.39 |
| 10 | 山东 | 5.36 | 26 | 河北 | 3.14 |
| 11 | 湖南 | 5.29 | 27 | 江西 | 2.88 |
| 12 | 天津 | 5.25 | 28 | 广东 | 2.73 |
| 13 | 山西 | 5.02 | 29 | 云南 | 2.55 |
| 14 | 内蒙古 | 4.99 | 30 | 海南 | 2.43 |
| 15 | 北京 | 4.85 | 31 | 上海 | 2.38 |
| 16 | 辽宁 | 4.77 | | | |

**7. 公厕数量增长率与 ACS7 指标**

某些省份的公厕数量增长率令人疑惑，典型的例子是北京，从 2012 年开始，北京连续 7 年公厕数量增长率为负值。如何解释这种现象？一种似乎合理的解释是随着旧城改造、棚户区改造的深入，原有的平房被拆迁，公厕也随之消失。但我们要问，假如一条胡同原有一个公厕，这条胡同被拆迁，建造了数幢高楼，即使这些楼里面有厕所，难道高楼外面就不需要一个公厕？

与北京类似的省份是吉林，其公厕数量增长率连续 6 年为负值。另外一个例子是河北，河北从 2013 年起公厕数量增长率连续 5 年为负值，2016 年为 -11.94%，这同样令人费解。我们知道近年来河北房地产（尤其是价格）实现了爆发性增长，但在高楼林立的同时，公厕数量大幅减少，令人不得不质疑其城市规划的合理性。

相反，一些以旅游业为重点产业的省份表现不错。例如，2016 年海南公厕数量增长率为 56.46%，云南为 23.71%，四川、重庆的增长率也在 10% 以上。另外一个独特的例子是西藏，基于民族生活习惯等原因，2012年西藏全自治区仅有43座公厕，2013年增加到285个，增长率为562.79%，但此后几年增长率较为平稳。

表6-38为各省份ACS7指标排序，表中西藏、云南、海南排在前3位，其指标值均大于10。共有15个省份指标值为负，说明公厕数量增长率低于城镇人口增长率。

表6-38　各省份ACS7指标排序

| 排序 | 省份 | ACS7 | 排序 | 省份 | ACS7 |
| --- | --- | --- | --- | --- | --- |
| 1 | 西藏 | 69.83 | 17 | 广东 | −0.18 |
| 2 | 云南 | 16.92 | 18 | 青海 | −0.49 |
| 3 | 海南 | 12.99 | 19 | 安徽 | −0.57 |
| 4 | 重庆 | 9.72 | 20 | 天津 | −0.70 |
| 5 | 陕西 | 8.97 | 21 | 湖北 | −1.05 |
| 6 | 内蒙古 | 8.24 | 22 | 浙江 | −1.41 |
| 7 | 福建 | 6.46 | 23 | 北京 | −2.45 |
| 8 | 贵州 | 5.55 | 24 | 宁夏 | −2.55 |
| 9 | 江苏 | 2.76 | 25 | 吉林 | −2.58 |
| 10 | 甘肃 | 2.58 | 26 | 新疆 | −2.85 |
| 11 | 湖南 | 2.14 | 27 | 黑龙江 | −3.70 |
| 12 | 河南 | 0.85 | 28 | 河北 | −4.84 |
| 13 | 四川 | 0.75 | 29 | 辽宁 | −5.27 |
| 14 | 上海 | 0.50 | 30 | 山西 | −5.40 |
| 15 | 江西 | 0.43 | 31 | 广西 | −6.20 |
| 16 | 山东 | 0.06 | | | |

**8. 教育经费投入增长率与ACS8指标**

由于2018年数据暂缺，我们采用2011—2017年教育经费投入增长率均值（国家统计局无2012年数据）。

我们认为，在所有指标中，教育经费投入增长率是很重要的，但有些省份在某些年份居然还是负值。例如天津市2015年教育经费投入增长率为−11.39%，与上年相比减少了72亿元。作为经济发达的直辖市之一，天津的教育经费为什么会减少？我们发现主要原因在于国家财政性教育经费的下降，2014年天津市国家财政性教育经费为553亿元，2015年为478亿元，减少了75亿元。至于为什么国家财政性教育经费会下降那么多，我们没有找到明确的原因，因为天津市 2015 年在校生总数没有明显的下降（相反有所增加）：高校在校生数量略有增加、高中在校生数量减少了 4 000 人、初中在校生数量减少了 5 000 人、小学在校生数量增加了 20 000 人。

此外，2014 年辽宁、吉林两省教育经费增长率分别为 −6.47% 和 −2.32%，这两个省份确实存在在校生数量下降的客观事实。从全国范围看，7 年间 31 个省份教育经费投入增长率均值的平均值为 12.01%，超过了 GDP 增长率均值，令人可喜。31 个省份中，西藏表现突出，增长率均值超过 20%。唯一一个增长率均值低于 6% 的省份是辽宁，只有 5.85%。

表 6-39 为各省份 ACS8 指标排序，表中青海一枝独秀，辽宁仍然位居最后。

**表 6-39　各省份 ACS8 指标排序**

| 排序 | 省份 | ACS8 | 排序 | 省份 | ACS8 |
| --- | --- | --- | --- | --- | --- |
| 1 | 青海 | 14.72 | 17 | 云南 | 8.49 |
| 2 | 西藏 | 13.94 | 18 | 新疆 | 8.42 |
| 3 | 贵州 | 12.73 | 19 | 黑龙江 | 7.98 |
| 4 | 广东 | 11.99 | 20 | 吉林 | 7.96 |
| 5 | 江西 | 11.85 | 21 | 福建 | 7.92 |
| 6 | 上海 | 11.20 | 21 | 湖南 | 7.92 |
| 7 | 宁夏 | 10.78 | 23 | 江苏 | 7.74 |
| 8 | 海南 | 10.10 | 24 | 北京 | 7.69 |
| 9 | 湖北 | 9.91 | 25 | 甘肃 | 7.40 |
| 10 | 广西 | 9.48 | 26 | 内蒙古 | 7.06 |
| 11 | 安徽 | 9.37 | 27 | 天津 | 6.66 |
| 12 | 山东 | 9.32 | 28 | 陕西 | 6.53 |
| 13 | 重庆 | 9.09 | 29 | 山西 | 6.18 |
| 14 | 河北 | 9.08 | 30 | 四川 | 6.11 |
| 15 | 河南 | 8.88 | 31 | 辽宁 | 5.05 |
| 16 | 浙江 | 8.69 | | | |

**9. 普通高中在校生数量增长率与 ACS9 指标**

各省份普通高中在校生数量增长率很不乐观，令人担忧。

①有些省份普通高中在校生数量增长率连续多年为负值：北京、天

津、辽宁、吉林、黑龙江、江苏、浙江、湖北和山西。

②从该增长率均值来看，2012—2018年，增长率均值为正值的省份有贵州、西藏、广西、云南、青海、湖南、山东、河北、宁夏和海南，其他省份均为负值。

③普通高中在校生数量增长率均值排在前列的省份多为中西部地区，东部地区、东北地区表现不佳。其含义是什么？随着经济发达程度的提高，东部地区的生活、教育成本也在增加，近年来普通高中在校生数量的下降其实是21世纪以来东部地区生育率下降的必然结果。

表6-40为各省份ACS9指标排序，表中贵州等西部省份排名靠前，指标值为正值的仅有贵州一个省份。

表6-40 各省份ACS9指标排序

| 排序 | 省份 | ACS9 | 排序 | 省份 | ACS9 |
|---|---|---|---|---|---|
| 1 | 贵州 | 0.41 | 17 | 吉林 | −3.37 |
| 2 | 广西 | −0.01 | 18 | 内蒙古 | −3.55 |
| 3 | 江西 | −0.13 | 19 | 广东 | −3.92 |
| 4 | 上海 | −0.63 | 20 | 重庆 | −4.21 |
| 5 | 云南 | −0.96 | 21 | 北京 | −4.24 |
| 6 | 青海 | −1.15 | 22 | 福建 | −4.27 |
| 7 | 新疆 | −1.23 | 23 | 浙江 | −4.48 |
| 8 | 湖南 | −2.12 | 24 | 天津 | −4.59 |
| 9 | 西藏 | −2.18 | 25 | 四川 | −4.61 |
| 10 | 山东 | −2.45 | 26 | 山西 | −5.30 |
| 11 | 黑龙江 | −2.61 | 27 | 江苏 | −5.58 |
| 12 | 河南 | −2.78 | 28 | 甘肃 | −5.87 |
| 13 | 辽宁 | −3.12 | 29 | 安徽 | −5.88 |
| 14 | 海南 | −3.13 | 30 | 湖北 | −6.97 |
| 14 | 宁夏 | −3.13 | 31 | 陕西 | −7.05 |
| 16 | 河北 | −3.30 | | | |

**10. 初中在校生数量增长率与ACS10指标**

各省份初中在校生数量增长率仍然表现糟糕，但2017—2018年情况明显好转。

①2012—2016年连续5年初中在校生数量增长率为负值的省份是：

山西、内蒙古、辽宁、吉林、黑龙江、广东、海南、四川、陕西、甘肃和新疆。

②从均值来看，2012—2018年该增长率均值为正值的省份只有河北、福建、湖南、江苏、天津、广西、浙江、江西、上海、山东和青海，其他省份均为负值。以山西为例，2011年初中在校生数量为164万，2016年为109万，6年间减少了55万人。假设一所初中规模为2 000人，则相当于减少了275所学校。即便是超级大城市上海，2013—2016年初中在校生数量也减少了2万多。

③2017—2018年，初中在校生数量减少的趋势得到了扭转。2017年有9个省份的增长率为负值，2018年仅有贵州一省为负值。

表6-41为各省份ACS10指标排序，表中除河北外所有省份均为负值，这个结果令人沮丧。显然，这说明31个省份7年来初中在校生数量增长率均值低于城镇人口增长率均值。虽然我们的城镇化率提高了，但接受教育的下一代人数明显不足。

表6-41　各省份ACS10指标排序

| 排序 | 省份 | ACS10 | 排序 | 省份 | ACS10 |
| --- | --- | --- | --- | --- | --- |
| 1 | 河北 | 0.38 | 17 | 河南 | -4.14 |
| 2 | 上海 | -0.19 | 18 | 海南 | -4.61 |
| 3 | 江苏 | -0.86 | 19 | 新疆 | -4.77 |
| 4 | 福建 | -1.07 | 20 | 内蒙古 | -4.78 |
| 5 | 浙江 | -1.51 | 21 | 重庆 | -5.14 |
| 6 | 天津 | -1.52 | 22 | 广东 | -5.42 |
| 7 | 北京 | -2.05 | 23 | 湖北 | -5.62 |
| 8 | 湖南 | -2.27 | 24 | 云南 | -5.80 |
| 9 | 吉林 | -2.54 | 25 | 安徽 | -6.04 |
| 10 | 广西 | -2.68 | 26 | 四川 | -6.75 |
| 11 | 江西 | -2.89 | 27 | 西藏 | -7.20 |
| 12 | 青海 | -3.16 | 28 | 贵州 | -7.39 |
| 13 | 山东 | -3.18 | 29 | 山西 | -7.79 |
| 14 | 辽宁 | -3.49 | 30 | 陕西 | -7.85 |
| 15 | 宁夏 | -3.88 | 31 | 甘肃 | -9.38 |
| 16 | 黑龙江 | -4.10 | | | |

**11. 小学在校生数量增长率与 ACS11 指标**[①]

和初中在校生数量相比,小学在校生数量增长率表现略好。

①2012—2018 年,小学在校生数量增长率均值为正值的有江苏、北京、福建等 16 个省份,为负值的有安徽、湖北、江西等 15 个省份。表现最好的是江苏,均值为 4.59%,黑龙江排在最后,均值为 −4.74%。

②吉林和黑龙江连续 7 年增长率为负值。以黑龙江为例,2012—2018 年增长率分别为 −0.39%、−17.55%、−3.51%、−0.54%、−2.61%、−4.37% 和 −4.18%,5 年间累计减少了 33.18%,接近三分之一。

③从趋势上看,小学在校生数量减少的情况得到了一定缓解。2018 年增长率为负值的省份只有吉林、黑龙江、江西、重庆 4 个,其他省份均为正值。

表 6-42 为各省份 ACS11 指标排序,表中只有 6 个省份为正值,全部属于东部发达地区。排在后 5 位的分别是黑龙江、山西、云南、甘肃和贵州,分别为东北和西部地区。

表 6-42 各省份 ACS11 指标排序

| 排序 | 省份 | ACS11 | 排序 | 省份 | ACS11 |
| --- | --- | --- | --- | --- | --- |
| 1 | 北京 | 3.33 | 11 | 广西 | −1.93 |
| 2 | 江苏 | 2.62 | 12 | 海南 | −1.98 |
| 3 | 天津 | 1.27 | 13 | 辽宁 | −2.26 |
| 4 | 福建 | 1.25 | 14 | 内蒙古 | −2.42 |
| 5 | 上海 | 1.04 | 15 | 重庆 | −2.42 |
| 6 | 广东 | 0.69 | 16 | 陕西 | −2.71 |
| 7 | 新疆 | −0.56 | 17 | 湖北 | −2.83 |
| 8 | 河北 | −0.84 | 18 | 湖南 | −2.89 |
| 9 | 浙江 | −1.48 | 19 | 安徽 | −3.24 |
| 10 | 山东 | −1.51 | 20 | 吉林 | −3.35 |

---

① 我们知道,小学和初中是义务教育,辍学率极低。因此,如果小学、初中在校生数量下降,就只有一个解释:生源不足。而生源不足的原因有两个:一个是生育率的下降,另外一个就是人口外流。东北地区、西部欠发达地区可能兼有生育率下降和人口外流的原因,而东部发达地区只有生育率下降这一原因。2016 年国家放开二孩政策,也许在一定程度上扭转了学生数量下降这一趋势。

续表

| 排序 | 省份 | ACS11 | 排序 | 省份 | ACS11 |
|---|---|---|---|---|---|
| 21 | 江西 | −3.87 | 27 | 黑龙江 | −5.40 |
| 22 | 青海 | −3.91 | 28 | 山西 | −5.46 |
| 23 | 四川 | −4.34 | 29 | 云南 | −6.00 |
| 24 | 宁夏 | −4.89 | 30 | 甘肃 | −6.06 |
| 25 | 西藏 | −5.03 | 31 | 贵州 | −6.31 |
| 26 | 河南 | −5.07 | | | |

**12. 社区卫生服务中心数量增长率与ACS12指标**

整体上看，各省份社区卫生服务中心数量增长率令人欣慰，但仍然有个别省份令人担忧。例如，吉林2012年该增长率为−34.39%，减少了超过三分之一；黑龙江2013—2018年该增长率连续7年为负值。

从均值来看，有如下结果：

①2012—2018年社区卫生服务中心数量增长率均值大于5%的省份有贵州、宁夏、西藏、青海、海南、云南、河南，多数为西部地区，这得益于中央政府的扶植政策，使西部地区社区卫生情况发展较快。

②该增长率均值为负值的省份有安徽、湖北、江西、浙江、黑龙江和吉林。值得分析的是浙江，作为经济发达省份，为什么其社区卫生服务中心数量增长率为负值呢？我们考察了其他指标如医疗卫生机构总数、医院数、综合医院数及基层医疗机构数等，发现该省这些指标量都在增加，这也意味着社区卫生服务中心数量与这些指标之间存在一定程度的替代关系。而黑龙江则不一样，其医疗卫生机构总数及基层医疗机构数都在下降。

③其他省份增长率均值在0和5%之间。

表6-43为各省份ACS12指标排序，表中指标大于零的省份只有13个。

表6-43 各省份ACS12指标排序

| 排序 | 省份 | ACS12 | 排序 | 省份 | ACS12 |
|---|---|---|---|---|---|
| 1 | 宁夏 | 6.16 | 5 | 辽宁 | 2.80 |
| 2 | 贵州 | 4.73 | 6 | 西藏 | 2.09 |
| 3 | 青海 | 3.04 | 7 | 福建 | 2.00 |
| 4 | 海南 | 2.92 | 8 | 河南 | 1.92 |

续表

| 排序 | 省份 | ACS12 | 排序 | 省份 | ACS12 |
|---|---|---|---|---|---|
| 9 | 云南 | 1.35 | 21 | 内蒙古 | −1.17 |
| 10 | 北京 | 1.10 | 22 | 四川 | −2.07 |
| 11 | 上海 | 0.70 | 23 | 山东 | −2.26 |
| 12 | 山西 | 0.29 | 24 | 甘肃 | −2.49 |
| 13 | 湖南 | 0.13 | 25 | 重庆 | −3.27 |
| 14 | 河北 | −0.57 | 26 | 黑龙江 | −3.87 |
| 15 | 广东 | −0.74 | 27 | 湖北 | −3.91 |
| 16 | 江苏 | −0.75 | 28 | 安徽 | −3.98 |
| 17 | 天津 | −0.87 | 29 | 吉林 | −4.62 |
| 18 | 陕西 | −0.91 | 30 | 江西 | −4.94 |
| 19 | 新疆 | −0.97 | 31 | 浙江 | −5.03 |
| 20 | 广西 | −1.05 | | | |

**13. （城市）每万人拥有卫生技术人员数量增长率与 ACS13 指标**

整体上看，（城市）每万人拥有卫生技术人员数量增长率令人欣慰，各省份 2012—2018 年均值均大于 0（西藏除外，均值为负）。有个别省份在个别年份的增长率为负值，如天津、河北、江苏、浙江、四川、新疆在 2016 年的增长率均小于 0，7 年内出现连续 2 年为负值的省份是西藏和河北。西藏可能是因为卫生人才的流失，而河北则可能是因为人口流入增加。

从均值来看，有如下结果：

①增长率均值在 9% 以上的省份有吉林、重庆。

②增长率均值在 5% 与 9% 之间的省份有海南、贵州、河南、山东、江苏、甘肃、湖南、新疆、内蒙古、湖北、宁夏、四川、广西、陕西和安徽。涵盖东部、西部、中部三大区域的多数省份。

③其他省份增长率均值在 5% 以下。

表 6-44 为各省份 ACS13 指标排序，表中指标值大于 10 的唯一省份是吉林。指标值小于 0 的省份有三个：青海、河北和西藏。其他省份的指标值均大于 0 小于 10%。

表 6-44　各省份 ACS13 指标排序

| 排序 | 省份 | ACS13 | 排序 | 省份 | ACS13 |
|---|---|---|---|---|---|
| 1 | 吉林 | 10.57 | 17 | 贵州 | 2.11 |
| 2 | 重庆 | 5.94 | 17 | 新疆 | 2.11 |
| 3 | 江苏 | 4.81 | 19 | 北京 | 2.06 |
| 4 | 内蒙古 | 4.29 | 20 | 四川 | 1.98 |
| 5 | 上海 | 4.21 | 21 | 山西 | 1.88 |
| 6 | 海南 | 4.06 | 22 | 陕西 | 1.74 |
| 7 | 山东 | 3.68 | 23 | 广西 | 1.70 |
| 8 | 辽宁 | 3.50 | 24 | 安徽 | 1.28 |
| 9 | 湖北 | 3.44 | 25 | 天津 | 0.54 |
| 10 | 河南 | 3.08 | 26 | 福建 | 0.46 |
| 11 | 云南 | 2.84 | 27 | 广东 | 0.45 |
| 12 | 黑龙江 | 2.80 | 28 | 江西 | 0.43 |
| 13 | 湖南 | 2.38 | 29 | 青海 | -1.20 |
| 14 | 宁夏 | 2.36 | 30 | 河北 | -3.90 |
| 15 | 浙江 | 2.28 | 31 | 西藏 | -10.99 |
| 16 | 甘肃 | 2.20 | | | |

**14. 福利彩票提取公益金增长率均值与 ACS14 指标**

根据数据，2012—2018 年各省份福利彩票提取公益金增长率整体情况较好。除北京外，其他省份增长率均值均大于零（北京为 -1.36%）。值得关注的是广东，其福利彩票提取公益金波动极大，2013 年为 64.6 亿元，2014 年为 10.2 亿元，增长率为 -84.21%；2015 年暴增到 57.7 亿元，增长率为 465.69%；2016 年为 60.5 亿元，虽然仍在增加，但依然没有恢复到 2013 年的峰值。[1]

从福利彩票销售额来看，无论是国家层面还是省际层面，其增长率都不是一直为正值。如 2014 年全国福利彩票销售额为 2 059.7 亿元，而 2015 年则为 2 015.1 亿元，下降了 2.17%。各省份情况参差不齐，以北京为例，2014 年销售额最高，之后连续两年下降。福利彩票销售额的变

---

[1] 需要注意的是公益金提取后的使用情况，以广东为例，2016 年提取公益金 60.5 亿元，但支出为 23.6 亿元。根据规定，公益金的一半上交中央，也就是说，广东应该留下 30.25 亿元，减去支出后仍有近 7 亿元，统计年鉴提供的数据中没有说明剩余公益金的去向。

化必然影响提取公益金的变化。我们认为，如果我国福利彩票运作机制能够进一步完善、管理更加科学、操作程序更加公开透明，则福利彩票事业必将随着国民经济增长而迎来更快的发展。

从均值来看，有如下结果：

①广东、西藏、湖南三个省份排在前列，增长率均值在20%以上。

②浙江、云南、山西、河南、山东、贵州、辽宁、福建、黑龙江、江苏、上海、河北和海南增长率均值在0和10%之间，唯一一个增长率均值为负值的是北京。其他省份增长率均值在10%和20%之间。

表6-45为各省份ACS14指标排序，表中指标排序与增长率均值排序差别不大，依然是广东、西藏、湖南排在前列，北京排在最后。

表 6-45　各省份 ACS14 指标排序

| 排序 | 省份 | ACS14 | 排序 | 省份 | ACS14 |
| --- | --- | --- | --- | --- | --- |
| 1 | 广东 | 61.90 | 17 | 湖北 | 7.62 |
| 2 | 西藏 | 25.59 | 18 | 安徽 | 7.00 |
| 3 | 湖南 | 22.62 | 19 | 辽宁 | 6.03 |
| 4 | 江西 | 13.22 | 20 | 山西 | 5.99 |
| 5 | 天津 | 11.00 | 21 | 黑龙江 | 5.41 |
| 6 | 内蒙古 | 10.97 | 22 | 云南 | 4.97 |
| 7 | 四川 | 10.54 | 23 | 山东 | 4.26 |
| 8 | 吉林 | 10.48 | 24 | 河南 | 3.73 |
| 9 | 青海 | 10.37 | 25 | 福建 | 3.70 |
| 10 | 甘肃 | 10.23 | 26 | 上海 | 3.56 |
| 11 | 重庆 | 9.86 | 27 | 江苏 | 2.04 |
| 12 | 陕西 | 9.25 | 28 | 贵州 | 1.80 |
| 13 | 广西 | 8.84 | 29 | 河北 | -0.41 |
| 14 | 宁夏 | 8.45 | 30 | 海南 | -1.61 |
| 15 | 新疆 | 8.16 | 31 | 北京 | -2.35 |
| 16 | 浙江 | 7.69 | | | |

**15. 参加失业保险人数增长率与 ACS15 指标**

整体上看，各省份参加失业保险人数增长情况令人欣慰，2012—2018年绝大多数省份增长率均值大于零。唯一例外的是黑龙江，其增长率均值为-3.8%。黑龙江2014年参加失业保险人数为478.42万人；

而 2015 年骤降为 312.84 万人，增长率为－34.61%；2016 年略有回升，为 313.24 万人；之后有所增加。该省参加失业保险人数的下降与人口外流相关。此外，甘肃、内蒙古和西藏也有个别年份增长率为负的情况。

从均值来看，有如下结果：

①参加失业保险人数增长率均值在 8% 以上的省份有西藏和广东。

②增长率均值位于 5% 和 8% 之间的省份有重庆、上海、宁夏、新疆、贵州、海南和天津。其他省份（除黑龙江外）增长率均值在 0 和 5% 之间。

表 6-46 为各省份 ACS15 指标排序，表中上海排在第一位，黑龙江排在最后一位。有 18 个省份的指标值为正值，有 13 个省份的指标值为负值。

表 6-46 各省份 ACS15 指标排序

| 排序 | 省份 | ACS15 | 排序 | 省份 | ACS15 |
|---|---|---|---|---|---|
| 1 | 上海 | 7.24 | 17 | 贵州 | 0.32 |
| 2 | 广东 | 6.22 | 18 | 山东 | 0.26 |
| 3 | 重庆 | 4.54 | 19 | 辽宁 | －0.04 |
| 4 | 宁夏 | 3.40 | 20 | 广西 | －0.19 |
| 5 | 天津 | 2.50 | 21 | 湖北 | －0.97 |
| 6 | 新疆 | 2.26 | 22 | 内蒙古 | －0.99 |
| 7 | 北京 | 2.08 | 23 | 青海 | －1.28 |
| 8 | 山西 | 2.07 | 24 | 河南 | －1.63 |
| 9 | 海南 | 1.98 | 25 | 云南 | －1.65 |
| 10 | 福建 | 1.97 | 26 | 安徽 | －1.77 |
| 11 | 西藏 | 1.86 | 27 | 江西 | －2.14 |
| 12 | 浙江 | 1.78 | 28 | 陕西 | －2.45 |
| 13 | 江苏 | 1.14 | 29 | 河北 | －2.96 |
| 14 | 四川 | 0.97 | 30 | 甘肃 | －3.29 |
| 15 | 吉林 | 0.36 | 31 | 黑龙江 | －4.46 |
| 15 | 湖南 | 0.36 | | | |

**16. 城镇职工参加医疗保险人数增长率均值与 ACS16 指标**

2012—2018 年，各省份城镇职工参加医疗保险人数增长率均值都大于零,这体现了我国在社会保障方面做出的巨大努力,也为城镇化成本分担机制提供了强大的支撑。不过,仍然有个别省份在个别年份增长率为负值。如海南2015年城镇参加医疗保险人数为249.85万,2016年为224.93万,增长率为－9.97%;浙江2014年城镇参加医疗保险人数为2548万,2015年为2504.28万,增长率为－1.72%。

从均值来看,有如下结果:

①增长率均值超过10%的省份有西藏、贵州。

②增长率均值低于5%的省份有吉林、山西、黑龙江、广东、海南、辽宁和上海。其他省份均值位于5%和10%之间,

表6-47为各省份ACS16指标排序,排在前列的仍然是西部地区省份。

表6-47 各省份ACS16指标排序

| 排序 | 省份 | ACS16 | 排序 | 省份 | ACS16 |
|---|---|---|---|---|---|
| 1 | 西藏 | 19.20 | 17 | 江西 | 3.66 |
| 2 | 贵州 | 7.82 | 18 | 黑龙江 | 3.56 |
| 3 | 青海 | 5.75 | 19 | 江苏 | 3.51 |
| 4 | 北京 | 5.48 | 20 | 天津 | 3.37 |
| 5 | 内蒙古 | 5.41 | 21 | 新疆 | 3.28 |
| 6 | 宁夏 | 5.23 | 22 | 安徽 | 3.03 |
| 7 | 云南 | 4.96 | 23 | 辽宁 | 2.84 |
| 8 | 广西 | 4.76 | 24 | 湖北 | 2.80 |
| 9 | 甘肃 | 4.62 | 25 | 河北 | 2.22 |
| 10 | 陕西 | 4.40 | 26 | 山东 | 2.20 |
| 11 | 河南 | 4.32 | 27 | 广东 | 1.95 |
| 12 | 四川 | 4.14 | 28 | 上海 | 1.59 |
| 13 | 吉林 | 4.13 | 29 | 山西 | 1.47 |
| 14 | 浙江 | 3.94 | 30 | 湖南 | 1.35 |
| 15 | 福建 | 3.81 | 31 | 海南 | 0.70 |
| 16 | 重庆 | 3.79 | | | |

**17. 地方财政保障房支出增长率与ACS17指标**

7年来各省份地方财政保障房支出增长率波动较大,绝大多数省份均值大于零,只有青海均值小于零。以天津为例,2012年该增长率为负值,2013年增加50%以上,2014年略有增加,2015年、2016年增幅均

在1倍以上。北京与天津类似，2012年为负值，此后连年快速增长，2016年增幅超过2倍，但2017年、2018年又出现较大幅度下降。

从均值来看，有如下结果：

①增长率均值超过20%的省份有天津、北京、山东、广东、上海、江苏，均为东部经济发达省份，人口密度较大，城镇化新增人口较多，因此保障房支出也较多。

②增长率均值在10%与20%之间的省份有浙江、河南、贵州、湖北、湖南、宁夏、海南和福建。

③增长率均值在5%以下的省份有内蒙古、陕西、西藏、辽宁、重庆[①]、吉林和青海，其他省份均值在5%和10%之间。

表6-48为各省份ACS17指标排序，各省份排序差别不大，天津、北京、山东、广东、上海、江苏排在前六位，吉林、重庆、西藏和青海的指标值为负值。

表6-48 各省份 ACS17 指标排序

| 排序 | 省份 | ACS16 | 排序 | 省份 | ACS16 |
|---|---|---|---|---|---|
| 1 | 天津 | 48.09 | 17 | 甘肃 | 4.07 |
| 2 | 北京 | 31.52 | 18 | 山西 | 3.94 |
| 3 | 山东 | 25.10 | 19 | 云南 | 3.78 |
| 4 | 广东 | 22.36 | 20 | 四川 | 3.12 |
| 5 | 上海 | 21.29 | 21 | 安徽 | 3.11 |
| 6 | 江苏 | 19.04 | 22 | 内蒙古 | 3.02 |
| 7 | 浙江 | 16.38 | 23 | 江西 | 2.84 |
| 8 | 河南 | 11.66 | 24 | 广西 | 2.05 |
| 9 | 湖北 | 10.19 | 25 | 河北 | 1.79 |
| 10 | 贵州 | 9.55 | 26 | 陕西 | 1.25 |
| 11 | 湖南 | 8.71 | 27 | 辽宁 | 1.05 |
| 12 | 福建 | 7.48 | 28 | 吉林 | −0.57 |
| 13 | 海南 | 7.20 | 29 | 重庆 | −1.68 |
| 14 | 宁夏 | 6.99 | 30 | 西藏 | −2.96 |
| 15 | 新疆 | 5.81 | 31 | 青海 | −8.86 |
| 16 | 黑龙江 | 5.65 | | | |

---

① 重庆排名靠后不能说明当地政府对保障房方面不够重视，相反，重庆通过扩大土地供给平抑了房价，也降低了保障房支出的重要性。我们认为：在四个直辖市中，重庆在土地供给方面做得最好。

ACS1~ACS17 全部指标数据见表 6-49 及表 6-50。

表 6-49 各省份成本分担指标数据 [2012—2018 年（或 2019 年）] (1)

| | ACS1 | ACS2 | ACS3 | ACS4 | ACS5 | ACS6 | ACS7 | ACS8 | ACS9 |
|---|---|---|---|---|---|---|---|---|---|
| 北京 | 2.05 | 0.06 | 6.41 | 3.86 | 3.09 | 4.85 | −2.45 | 7.69 | −4.24 |
| 天津 | 2.24 | 9.81 | 2.88 | 3.86 | 6.89 | 5.25 | −0.70 | 6.66 | −4.59 |
| 河北 | −1.09 | 4.68 | 0.63 | 3.04 | 4.74 | 3.14 | −4.84 | 9.08 | −3.30 |
| 山西 | −0.79 | 7.94 | 5.21 | −0.32 | 1.62 | 5.02 | −5.40 | 6.18 | −5.30 |
| 内蒙古 | 1.70 | 11.13 | 5.33 | −1.19 | 4.56 | 4.99 | 8.24 | 7.06 | −3.55 |
| 辽宁 | 1.28 | 7.70 | 4.09 | −3.17 | 1.62 | 4.77 | −5.27 | 5.05 | −3.12 |
| 吉林 | −0.50 | 12.06 | 2.67 | −2.71 | 1.16 | 16.32 | −2.58 | 7.96 | −3.37 |
| 黑龙江 | −0.52 | 5.76 | 4.06 | 3.42 | 3.10 | 3.80 | −3.70 | 7.98 | −2.61 |
| 上海 | 1.29 | 5.37 | 1.99 | 3.41 | 1.96 | 2.38 | 0.50 | 11.20 | −0.63 |
| 江苏 | 1.02 | 7.44 | 3.59 | 3.93 | 4.89 | 8.16 | 2.76 | 7.74 | −5.58 |
| 浙江 | 0.14 | 11.78 | 3.16 | 2.26 | 6.16 | 3.94 | −1.41 | 8.69 | −4.48 |
| 安徽 | 0.07 | 5.14 | 3.46 | 2.31 | 3.24 | 3.79 | −0.57 | 9.37 | −5.88 |
| 福建 | 0.05 | 9.37 | 7.67 | 7.14 | 5.18 | 4.23 | 6.46 | 7.92 | −4.27 |
| 江西 | 0.10 | 13.65 | 6.05 | 3.90 | 2.10 | 2.88 | 0.43 | 11.85 | −0.13 |
| 山东 | −0.29 | 6.92 | 1.81 | 1.60 | 5.47 | 5.36 | 0.06 | 9.32 | −2.45 |
| 河南 | −0.62 | 7.62 | 2.78 | 1.12 | 3.06 | 4.16 | 0.85 | 8.88 | −2.78 |
| 湖北 | −0.20 | 8.79 | 3.16 | 9.42 | 2.09 | 3.49 | −1.05 | 9.91 | −6.97 |
| 湖南 | −0.24 | 10.36 | 3.37 | 2.89 | 5.16 | 5.29 | 2.14 | 7.92 | −2.12 |
| 广东 | −0.16 | 12.15 | 1.93 | 2.79 | 2.83 | 2.73 | −0.18 | 11.99 | −3.92 |
| 广西 | 0.57 | 19.21 | 4.89 | −0.44 | 2.78 | 3.79 | −6.20 | 9.48 | −0.01 |
| 海南 | 1.53 | 13.13 | 2.74 | −0.96 | 4.89 | 2.43 | 12.99 | 10.10 | −3.13 |
| 重庆 | 2.69 | 3.71 | 6.00 | 12.41 | 6.48 | 4.17 | 9.72 | 9.09 | −4.21 |
| 四川 | 2.53 | 4.61 | 5.64 | 6.15 | 4.77 | 6.28 | 0.75 | 6.11 | −4.61 |
| 贵州 | 1.48 | 51.65 | 10.96 | 8.76 | 1.22 | 11.61 | 5.55 | 12.73 | 0.41 |
| 云南 | −0.42 | 54.32 | 2.48 | 3.98 | 2.35 | 2.55 | 16.92 | 8.49 | −0.96 |
| 西藏 | 4.52 | 50.84 | 10.77 | 9.34 | 3.53 | 5.66 | 69.83 | 13.94 | −2.18 |
| 陕西 | −0.03 | 5.53 | 5.35 | 0.98 | 0.28 | 11.86 | 8.97 | 6.53 | −7.05 |
| 甘肃 | −3.94 | 7.68 | 3.63 | 2.72 | −1.16 | 8.57 | 2.58 | 7.40 | −5.87 |
| 青海 | 0.09 | 3.99 | 9.01 | 1.02 | −0.84 | 15.11 | −0.49 | 14.72 | −1.15 |
| 宁夏 | 1.63 | 6.20 | 3.85 | −1.65 | 3.61 | 3.39 | −2.55 | 10.78 | −3.13 |
| 新疆 | −1.85 | 1.07 | 4.10 | 2.68 | −1.47 | 7.52 | −2.85 | 8.42 | −1.23 |

表 6-50 各省份成本分担指标数据 [2012—2018 年（或 2019 年）] (2)

| | ACS10 | ACS11 | ACS12 | ACS13 | ACS14 | ACS15 | ACS16 | ACS17 |
|---|---|---|---|---|---|---|---|---|
| 北京 | −2.05 | 3.33 | 1.10 | 2.06 | −2.35 | 2.08 | 5.48 | 31.52 |
| 天津 | −1.52 | 1.27 | −0.87 | 0.54 | 11.00 | 2.50 | 3.37 | 48.09 |
| 河北 | 0.38 | −0.84 | −0.57 | −3.90 | −0.41 | −2.96 | 2.22 | 1.79 |
| 山西 | −7.79 | −5.46 | 0.29 | 1.88 | 5.99 | 2.07 | 1.47 | 3.94 |
| 内蒙古 | −4.78 | −2.42 | −1.17 | 4.29 | 10.97 | −0.99 | 5.41 | 3.02 |
| 辽宁 | −3.49 | −2.26 | 2.80 | 3.50 | 6.03 | −0.04 | 2.84 | 1.05 |
| 吉林 | −2.54 | −3.35 | −4.62 | 10.57 | 10.48 | 0.36 | 4.13 | −0.57 |
| 黑龙江 | −4.10 | −5.40 | −3.87 | 2.80 | 5.41 | −4.46 | 3.56 | 5.65 |
| 上海 | −0.19 | 1.04 | 0.70 | 4.21 | 3.56 | 7.24 | 1.59 | 21.29 |
| 江苏 | −0.86 | 2.62 | −0.75 | 4.81 | 2.04 | 1.14 | 3.51 | 19.04 |
| 浙江 | −1.51 | −1.48 | −5.03 | 2.28 | 7.69 | 1.78 | 3.94 | 16.38 |
| 安徽 | −6.04 | −3.24 | −3.98 | 1.28 | 7.00 | −1.77 | 3.03 | 3.11 |
| 福建 | −1.07 | 1.25 | 2.00 | 0.46 | 3.70 | 1.97 | 3.81 | 7.48 |
| 江西 | −2.89 | −3.87 | −4.94 | 0.43 | 13.22 | −2.14 | 3.66 | 2.84 |
| 山东 | −3.18 | −1.51 | −2.26 | 3.68 | 4.26 | 0.26 | 2.20 | 25.10 |
| 河南 | −4.14 | −5.07 | 1.92 | 3.08 | 3.73 | −1.63 | 4.32 | 11.66 |
| 湖北 | −5.62 | −2.83 | −3.91 | 3.44 | 7.62 | −0.97 | 2.80 | 10.19 |
| 湖南 | −2.27 | −2.89 | 0.13 | 2.38 | 22.62 | 0.36 | 1.35 | 8.71 |
| 广东 | −5.42 | 0.69 | −0.74 | 0.45 | 61.90 | 6.22 | 1.95 | 22.36 |
| 广西 | −2.68 | −1.93 | −1.05 | 1.70 | 8.84 | −0.19 | 4.76 | 2.05 |
| 海南 | −4.61 | −1.98 | 2.92 | 4.06 | −1.61 | 1.98 | 0.70 | 7.20 |
| 重庆 | −5.14 | −2.42 | −3.27 | 5.94 | 9.86 | 4.54 | 3.79 | −1.68 |
| 四川 | −6.75 | −4.34 | −2.07 | 1.98 | 10.54 | 0.97 | 4.14 | 3.12 |
| 贵州 | −7.39 | −6.31 | 4.73 | 2.11 | 1.80 | 0.32 | 7.82 | 9.55 |
| 云南 | −5.80 | −6.00 | 1.35 | 2.84 | 4.97 | −1.65 | 4.96 | 3.78 |
| 西藏 | −7.20 | −5.03 | 2.09 | −10.99 | 25.59 | 1.86 | 19.20 | −2.96 |
| 陕西 | −7.85 | −2.71 | −0.91 | 1.74 | 9.25 | −2.45 | 4.40 | 1.25 |
| 甘肃 | −9.38 | −6.06 | −2.49 | 2.20 | 10.23 | −3.29 | 4.62 | 4.07 |
| 青海 | −3.16 | −3.91 | 3.04 | −1.20 | 10.37 | −1.28 | 5.75 | −8.86 |
| 宁夏 | −3.88 | −4.89 | 6.16 | 2.36 | 8.45 | 3.40 | 5.23 | 6.99 |
| 新疆 | −4.77 | −0.56 | −0.97 | 2.11 | 8.16 | 2.26 | 3.28 | 5.81 |

## 三、因子分析方法

### 1. 统计检验

首先进行相关性检验，发现 40% 以上的指标相关系数在 0.5 以上（相关系数矩阵为 17×17 的矩阵，略），大部分相关系数对应检验 Sig 值都接近 0，符合进行因子提取的条件。KMO 检验值为 0.676，巴特利特球形检验显示变量之间存在相关性，可以进行数据缩减（即因子分析）。

### 2. 公因子提取

表 6-51 为公因子提取情况，提取度超过 0.8 的指标有 5 个，超过 0.7 的指标有 10 个，超过 0.6 的指标有 14 个，仅有 1 个指标的提取度低于 0.5，这表示公因子提取情况可以接受。

表 6-51　公因子提取情况

| 指标名称 | 标准化后的指标名称 | 初始 | 提取度 |
| --- | --- | --- | --- |
| ACS1 | ZA1 | 1.00 | 0.710 |
| ACS2 | ZA2 | 1.00 | 0.693 |
| ACS3 | ZA3 | 1.00 | 0.859 |
| ACS4 | ZA4 | 1.00 | 0.814 |
| ACS5 | ZA5 | 1.00 | 0.657 |
| ACS6 | ZA6 | 1.00 | 0.611 |
| ACS7 | ZA7 | 1.00 | 0.826 |
| ACS8 | ZA8 | 1.00 | 0.578 |
| ACS9 | ZA9 | 1.00 | 0.752 |
| ACS10 | ZA10 | 1.00 | 0.810 |
| ACS11 | ZA11 | 1.00 | 0.760 |
| ACS12 | ZA12 | 1.00 | 0.602 |
| ACS13 | ZA13 | 1.00 | 0.709 |
| ACS14 | ZA14 | 1.00 | 0.749 |
| ACS15 | ZA15 | 1.00 | 0.816 |
| ACS16 | ZA16 | 1.00 | 0.510 |
| ACS17 | ZA17 | 1.00 | 0.489 |

### 3. 方差解释

公因子提取要求特征值大于 1,共提取五个公因子(用 $FACi$ 表示):第一个公因子的特征值为 4.480,解释 17 个指标总方差的 26.352%,累计方差贡献率为 26.352%;第二个公因子的特征值为 2.832,解释指标总方差的 16.659%,累计方差贡献率为 43.011%;第三个公因子、第四个公因子、第五个公因子的特征值分别为 2.102、1.276 和 1.254。第五个以下公因子的特征值小于 1,不予采用。可以看出,前五个公因子解释总方差的 70.254%。表 6-52 中后三列表示经过方差最大化旋转后的公因子特征值及方差解释,可以看出,各公因子的特征值及方差解释有所变化(更加平均),但累计方差贡献率不变,仍然为 70.254%。

表 6-52 公因子特征值、方差贡献率及累计方差贡献率

| 公因子 | 初始解释 | | | 提取公因子解释 | | | 旋转后的公因子解释 | | |
|---|---|---|---|---|---|---|---|---|---|
| | 特征值 | 方差解释(%) | 累计方差贡献率(%) | 特征值 | 方差解释(%) | 累计方差贡献率(%) | 特征值 | 方差解释(%) | 累计方差贡献率(%) |
| FAC1 | 4.480 | 26.352 | 26.352 | 4.480 | 26.352 | 26.352 | 3.907 | 22.982 | 22.982 |
| FAC2 | 2.832 | 16.659 | 43.011 | 2.832 | 16.659 | 43.011 | 2.883 | 16.960 | 39.942 |
| FAC3 | 2.102 | 12.365 | 55.376 | 2.102 | 12.365 | 55.376 | 2.292 | 13.484 | 53.426 |
| FAC4 | 1.276 | 7.504 | 62.880 | 1.276 | 7.504 | 62.880 | 1.473 | 8.667 | 62.093 |
| FAC5 | 1.254 | 7.374 | 70.254 | 1.254 | 7.374 | 70.254 | 1.387 | 8.161 | 70.254 |
| FAC6 | 0.863 | 5.077 | 75.331 | | | | | | |
| FAC7 | 0.847 | 4.981 | 80.312 | | | | | | |
| FAC8 | 0.775 | 4.560 | 84.872 | | | | | | |
| FAC9 | 0.648 | 3.812 | 88.684 | | | | | | |
| FAC10 | 0.524 | 3.083 | 91.768 | | | | | | |
| FAC11 | 0.418 | 2.459 | 94.227 | | | | | | |
| FAC12 | 0.313 | 1.838 | 96.065 | | | | | | |
| FAC13 | 0.231 | 1.357 | 97.422 | | | | | | |
| FAC14 | 0.172 | 1.012 | 98.434 | | | | | | |
| FAC15 | 0.120 | 0.706 | 99.140 | | | | | | |
| FAC16 | 0.075 | 0.443 | 99.583 | | | | | | |
| FAC17 | 0.071 | 0.417 | 100.000 | | | | | | |

### 4. 公因子定义

表 6-53 是旋转后的因子载荷矩阵，数据为指标与公因子之间的相关系数。

表 6-53 旋转后的因子载荷矩阵

| 指标名称 | FAC1 | FAC2 | FAC3 | FAC4 | FAC5 |
|---|---|---|---|---|---|
| ZA1 | 0.740 | 0.340 | 0.199 | 0.002 | 0.089 |
| ZA2 | 0.723 | −0.281 | 0.293 | −0.036 | −0.065 |
| ZA3 | 0.888 | −0.193 | 0.183 | −0.020 | −0.003 |
| ZA4 | 0.881 | −0.015 | −0.130 | −0.144 | 0.013 |
| ZA5 | 0.216 | 0.718 | −0.240 | −0.121 | −0.151 |
| ZA6 | −0.054 | −0.296 | −0.287 | 0.661 | 0.033 |
| ZA7 | 0.849 | −0.148 | −0.013 | −0.231 | 0.174 |
| ZA8 | 0.262 | −0.287 | 0.522 | −0.274 | 0.282 |
| ZA9 | 0.061 | −0.185 | 0.824 | −0.046 | −0.181 |
| ZA10 | −0.324 | 0.637 | 0.346 | −0.186 | −0.381 |
| ZA11 | −0.207 | 0.842 | −0.089 | −0.013 | 0.020 |
| ZA12 | −0.037 | 0.007 | 0.684 | 0.337 | 0.139 |
| ZA13 | −0.271 | 0.023 | 0.191 | 0.736 | −0.240 |
| ZA14 | 0.019 | 0.026 | 0.005 | −0.163 | 0.849 |
| ZA15 | 0.256 | 0.609 | 0.250 | 0.285 | 0.485 |
| ZA16 | 0.329 | 0.124 | 0.570 | −0.248 | 0.020 |
| ZA17 | −0.187 | 0.639 | −0.078 | −0.103 | 0.171 |

根据相关系数较大的规则（设定为大于等于 0.5 或接近 0.5。如有两个公因子的相关系数都大于 0.5，则取较大者），可以得到各公因子相关度较高的指标族。

第一公因子：ZA1、ZA2、ZA3、ZA4、ZA7；

第二公因子：ZA5、ZA10、ZA11、ZA15、ZA17；

第三公因子：ZA8、ZA9、ZA12、ZA16；

第四公因子：ZA6、ZA13；

第五公因子：ZA14。

进一步分析：

第一公因子与生活用水量增长率、天然气用气人口增长率、道路面积增长率、道路照明增长率和公厕数量增长率关系较为密切，而这几个指标多与生活服务及市政设施有关，因此我们将第一公因子命名为服务设施因子。

第二公因子与公交车辆增长率、初中在校生数量增长率、小学在校生数量增长率、参加失业保险人数增长率、地方财政保障房支出增长率关系较为密切，这些指标与基础教育、社会保障相关，因此我们将第二公因子命名为初级保障因子。

第三公因子与教育经费投入增长率、普通高中在校生数量增长率、社区卫生服务中心数量增长率、城镇职工参加医疗保险人数增长率关系密切，与第二公因子类似，因此我们将第三公因子称为二级保障因子。

第四公因子与公园面积增长率、（城市）每万人拥有卫生技术人员数量增长率关系密切，前者反映休闲娱乐，后者反映卫生保健，因此我们将第四公因子命名为休闲保健因子。

第五公因子与福利彩票提取公益金增长率关系密切，因此我们将第五公因子称为社会公益因子。

表 6-54 给出了重新定义的公因子。

表 6-54 重新定义的公因子

| 公因子名称 | 主要反映的二级指标 |
| --- | --- |
| 服务设施因子 | 生活用水量增长率 |
| | 天然气用气人口增长率 |
| | 道路面积增长率 |
| | 道路照明增长率 |
| | 公厕数量增长率 |
| 初级保障因子 | 公交车辆增长率 |
| | 初中在校生数量增长率 |
| | 小学在校生数量增长率 |
| | 参加失业保险人数增长率 |
| | 地方财政保障房支出增长率 |
| 二级保障因子 | 教育经费投入增长率 |
| | 普通高中在校生数量增长率 |
| | 社区卫生服务中心数量增长率 |
| | 城镇职工参加医疗保险人数增长率 |

续表

| 公因子名称 | 主要反映的二级指标 |
|---|---|
| 休闲保健因子 | 公园面积增长率 |
|  | （城市）每万人拥有卫生技术人员数量增长率 |
| 社会公益因子 | 福利彩票提取公益金增长率 |

### 5. 公因子得分计算

根据表 6-53 所示的旋转后的因子载荷矩阵并结合指标值可以计算出各公因子的得分（见表 6-55）。如北京地区产业支撑水平在第一公因子上的得分为：

$$0.225 \times ZA1(北京该指标值) + 0.186 \times ZA2 + 0.247 \times ZA3 + \cdots - 0.044 \times ZA17$$

北京在第二公因子上的得分为：

$$0.165 \times ZA1(北京该指标值) - 0.058 \times ZA2 + \cdots + 0.208 \times ZA17$$

依次类推。

表 6-55　公因子得分矩阵

| 指标名称 | FAC1 | FAC2 | FAC3 | FAC4 | FAC5 |
|---|---|---|---|---|---|
| ZA1 | 0.225 | 0.165 | 0.036 | 0.121 | −0.012 |
| ZA2 | 0.186 | −0.058 | 0.077 | 0.043 | −0.110 |
| ZA3 | 0.247 | −0.018 | 0.015 | 0.085 | −0.081 |
| ZA4 | 0.262 | 0.036 | −0.126 | 0.005 | −0.080 |
| ZA5 | 0.127 | 0.268 | −0.124 | −0.018 | −0.162 |
| ZA6 | 0.069 | −0.068 | −0.131 | 0.468 | 0.058 |
| ZA7 | 0.208 | −0.024 | −0.069 | −0.068 | 0.047 |
| ZA8 | −0.038 | −0.113 | 0.221 | −0.184 | 0.193 |
| ZA9 | −0.043 | −0.058 | 0.370 | −0.048 | −0.134 |
| ZA10 | −0.076 | 0.211 | 0.183 | −0.151 | −0.280 |
| ZA11 | −0.011 | 0.291 | −0.022 | 0.022 | 0.010 |
| ZA12 | −0.034 | 0.022 | 0.315 | 0.248 | 0.125 |
| ZA13 | 0.020 | 0.050 | 0.103 | 0.507 | −0.131 |

续表

| 指标名称 | FAC1 | FAC2 | FAC3 | FAC4 | FAC5 |
|---|---|---|---|---|---|
| ZA14 | −0.095 | −0.025 | 0.008 | −0.090 | 0.637 |
| ZA15 | 0.086 | 0.242 | 0.100 | 0.301 | 0.338 |
| ZA16 | 0.032 | 0.049 | 0.237 | −0.136 | −0.024 |
| ZA17 | −0.044 | 0.208 | −0.017 | −0.051 | 0.126 |

**6. 各省份因子得分与综合评分**

表6-56给出了各省份各因子得分与综合评分。

（1）服务设施因子。

第一聚类：西藏、重庆、贵州排在前三位，得分均高于1。

第二聚类：四川、云南、内蒙古、江苏、北京、浙江得分大于0小于1。

第三聚类：福建、湖北、安徽、宁夏、天津、山西、吉林、海南、广西、陕西、上海、山东、新疆和江西得分小于0大于−0.5。

第四聚类：辽宁、黑龙江、青海、湖南、河南、广东、甘肃和河北得分小于−0.5。河北得分最低，为−1.11。

显然，城市生活服务及市政设施供给水平的提高速度与经济实力关系并不密切，西部地区一些省份表现优异，东部地区一些省份及东北地区得分较低。不过，西藏得分超过了北京、天津等地，并不代表其生活服务及市政设施供给水平比北京、天津还高，我们主要考察的是增长速度。

表6-56 各省份各因子得分与综合评分

| | 服务设施 | 初级保障 | 二级保障 | 休闲保健 | 社会公益 | 综合评分 |
|---|---|---|---|---|---|---|
| 北京 | 0.08 | 1.61 | 0.17 | 0.22 | −0.20 | 0.32 |
| 天津 | −0.16 | 1.86 | −0.82 | −1.28 | 0.03 | 0.06 |
| 河北 | −1.11 | 0.10 | −0.43 | −1.70 | −1.12 | −0.54 |
| 山西 | −0.17 | −0.89 | −0.61 | 0.70 | 0.98 | −0.13 |
| 内蒙古 | 0.43 | 0.27 | −0.08 | 0.27 | −0.50 | 0.12 |
| 辽宁 | −0.59 | 0.08 | 0.02 | 0.48 | −0.43 | −0.11 |
| 吉林 | −0.32 | −0.26 | −0.39 | 1.39 | −0.57 | −0.10 |
| 黑龙江 | −0.60 | −0.89 | −0.57 | −1.67 | −1.04 | −0.60 |

续表

| | 服务设施 | 初级保障 | 二级保障 | 休闲保健 | 社会公益 | 综合评分 |
|---|---|---|---|---|---|---|
| 上海 | −0.38 | 1.37 | 1.14 | 0.70 | 0.23 | 0.38 |
| 江苏 | 0.37 | 1.27 | −1.02 | 1.60 | −0.61 | 0.25 |
| 浙江 | 0.08 | 1.30 | −0.56 | −0.20 | −0.53 | 0.10 |
| 安徽 | −0.08 | −0.56 | −1.28 | −0.78 | 0.04 | −0.35 |
| 福建 | −0.05 | 1.23 | −0.16 | −0.79 | −0.45 | 0.07 |
| 江西 | −0.48 | −0.90 | 0.80 | −1.32 | −0.53 | −0.31 |
| 山东 | −0.40 | 0.50 | −0.30 | 0.00 | −0.38 | −0.08 |
| 河南 | −0.69 | −0.53 | 0.66 | −0.58 | −0.46 | −0.25 |
| 湖北 | −0.06 | −0.48 | −1.66 | −0.15 | 0.21 | −0.32 |
| 湖南 | −0.62 | 0.44 | −0.30 | 0.30 | 0.36 | −0.05 |
| 广东 | −0.69 | 0.83 | 0.50 | −0.51 | 4.36 | 0.36 |
| 广西 | −0.35 | −0.02 | 1.02 | −1.15 | −0.65 | −0.10 |
| 海南 | −0.33 | 0.18 | 0.62 | 0.48 | 0.15 | 0.09 |
| 重庆 | 1.52 | 1.11 | −0.44 | 1.18 | −0.15 | 0.57 |
| 四川 | 0.66 | −0.06 | −0.87 | 0.78 | 0.22 | 0.11 |
| 贵州 | 1.17 | −1.00 | 1.71 | 2.16 | −0.67 | 0.46 |
| 云南 | 0.55 | −0.59 | 1.06 | 0.05 | −1.23 | 0.07 |
| 西藏 | 4.45 | −0.84 | −0.03 | −1.86 | 0.74 | 0.78 |
| 陕西 | −0.36 | −1.12 | −1.11 | 0.89 | 0.64 | −0.29 |
| 甘肃 | −0.73 | −2.50 | −1.80 | 0.62 | 0.74 | −0.72 |
| 青海 | −0.61 | −1.25 | 2.36 | −0.20 | 0.58 | 0.00 |
| 宁夏 | −0.12 | 0.31 | 1.63 | −0.10 | 0.77 | 0.30 |
| 新疆 | −0.44 | −0.57 | 0.75 | 0.50 | −0.51 | −0.10 |

(2) 初级保障因子。

第一聚类：天津、北京、上海、浙江、江苏、福建、重庆及广东，这些省份的得分均大于1或接近1，四个直辖市和东部发达地区省份在义务教育、失业保险、保障房投入等方面表现较好；

第二聚类：山东、湖南、宁夏、内蒙古、海南、河北、辽宁得分在0和0.5之间；

第三聚类：广西、四川、吉林、湖北、河南、安徽、新疆及云南得分小于0大于-0.6，多为中西部地区省份；

第四聚类：西藏、山西、黑龙江、江西、贵州、陕西、青海、甘肃得分较低，多数为西部地区省份，这一方面是因为人口流失严重，另一方面是因为财政收入略低。

(3) 二级保障因子。

第一聚类：青海一枝独秀，贵州、宁夏、上海、云南、广西紧随其后，这几个省份得分均大于1；

第二聚类：江西、新疆、河南、海南、广东、北京、辽宁得分大于0小于1；

第三聚类：西藏、内蒙古、福建、山东、湖南、吉林、河北和重庆等省份得分小于0大于-0.5；

第四聚类：浙江、黑龙江、山西、天津、四川、江苏、陕西、安徽、湖北、甘肃得分均在-0.5以下。

(4) 休闲保健因子。

第一聚类：贵州、江苏、吉林、重庆排在前四位，得分均大于1；

第二聚类：陕西、四川、山西、上海、甘肃、新疆、辽宁、海南、湖南、内蒙古、北京、云南、山东得分大于0小于1；

第三聚类：宁夏、湖北、浙江、青海、广东、河南、安徽、福建得分位于0和-1之间；

第四聚类：广西、天津、江西、黑龙江、河北、西藏得分小于-1。

(5) 综合评分①。

各省份成本分担综合评分及主要特征见表6-57。

表6-57　各省份成本分担综合评分及主要特征

| 类别 | 省份 | 得分 | 所属区域 | 特征 |
| --- | --- | --- | --- | --- |
| 第一聚类 | 西藏 | 0.78 | 西部 | 生活服务设施指标增速较快 |
| | 重庆 | 0.57 | 西部 | 各项指标较为均衡 |
| | 贵州 | 0.46 | 西部 | 生活服务设施指标增速较快 |

---

① 由于社会公益因子仅包括一个指标即福利彩票提取公益金增长率，前文已经做过省际比较，因此此处省略。

续表

| 类别 | 省份 | 得分 | 所属区域 | 特征 |
|---|---|---|---|---|
| 第二聚类 | 上海 | 0.38 | 东部 | 各项指标较为均衡 |
| | 广东 | 0.36 | 东部 | 整体均衡，生活服务设施指标略差 |
| | 北京 | 0.32 | 东部 | 各项指标较为均衡 |
| | 宁夏 | 0.30 | 西部 | 整体均衡，教育投入突出 |
| | 江苏 | 0.25 | 东部 | 整体均衡，非义务教育指标略差 |
| | 内蒙古 | 0.12 | 西部 | 整体均衡，非义务教育指标略差 |
| | 四川 | 0.11 | 西部 | 生活服务设施指标增速较快 |
| | 浙江 | 0.10 | 东部 | 整体均衡，非义务教育指标略差 |
| | 海南 | 0.09 | 东部 | 生活服务设施指标增速略低 |
| | 福建 | 0.07 | 东部 | 整体均衡，义务教育指标较好 |
| | 云南 | 0.07 | 西部 | 整体均衡，非义务教育指标略差 |
| | 天津 | 0.06 | 东部 | 义务教育指标优异 |
| | 青海 | 0.00 | 西部 | 服务设施、义务教育指标略差 |
| 第三聚类 | 湖南 | −0.05 | 中部 | 生活服务设施指标增速较低 |
| | 山东 | −0.08 | 东部 | 义务教育指标较好，其他较差 |
| | 吉林 | −0.10 | 东北 | 各项指标略差 |
| | 广西 | −0.10 | 西部 | 非义务教育指标较好 |
| | 新疆 | −0.10 | 西部 | 非义务教育指标较好 |
| | 辽宁 | −0.11 | 东北 | 各项教育指标较好，其他较差 |
| | 山西 | −0.13 | 中部 | 各项指标略差 |
| | 河南 | −0.25 | 中部 | 非义务教育指标较好，其他较差 |
| | 陕西 | −0.29 | 西部 | 各项指标较差 |
| | 江西 | −0.31 | 中部 | 非义务教育指标较好，其他较差 |
| | 湖北 | −0.32 | 中部 | 非义务教育指标较差 |
| | 安徽 | −0.35 | 中部 | 非义务教育指标较差 |
| 第四聚类 | 河北 | −0.54 | 东部 | 义务教育指标略好，其他较差 |
| | 黑龙江 | −0.60 | 东北 | 各项指标较差 |
| | 甘肃 | −0.72 | 西部 | 各项指标较差 |

## 四、专家评分方法

与前文类似，我们首先将 17 个指标分为四类，分别是非常重要、比较重要、重要与不重要，以Ⅰ、Ⅱ、Ⅲ、Ⅳ表示，四类指标赋值分别为 4 分、3 分、2 分、1 分。然后将指标交给五位专家，由专家划分等级，并提出划分依据和意见。听取专家组意见，结合我们的讨论，得到如下结果：

①公交车辆增长率、教育经费投入增长率、初中在校生数量增长率、小学在校生数量增长率为Ⅰ类指标，这充分说明了专家对教育的重视[①]；

②天然气用气人口增长率、道路照明增长率、普通高中在校生数量增长率、（城市）每万人拥有卫生技术人员数量增长率、参加失业保险人数增长率为Ⅱ类指标；

③道路面积增长率、公园面积增长率、公厕数量增长率、城镇职工参加医疗保险人数增长率[②]、地方财政保障房支出增长率[③]为Ⅲ类指标；

④生活用水量增长率[④]、社区卫生服务中心数量增长率、福利彩票提取公益金增长率为Ⅳ类指标。

这样，我们得到的指标分类如下：

Ⅰ类指标：ACS5、ACS8、ACS10、ACS11，总分 16 分；
Ⅱ类指标：ACS2、ACS4、ACS9、ACS13、ACS15，总分 15 分；
Ⅲ类指标：ACS3、ACS6、ACS7、ACS16、ACS17，总分 10 分；
Ⅳ类指标：ACS1、ACS12、ACS14，总分 3 分；

四类指标合计 44 分。Ⅰ类指标中每个指标的权重为 1/11，Ⅱ类指

---

① 专家及作者认为：普通高中在校生数量增长率受人口流动影响较大，因此未进入Ⅰ类指标。
② 由于城镇职工医疗保险覆盖率已经较高，专家认为城镇职工参加医疗保险人数增长率指标难以覆盖城镇化增量人口，因此权重较低。
③ 专家及作者对地方财政保障房支出增长率争议较大：一种意见是地方财政保障房支出对于成本分担机制有较大意义，应该赋予较大权重；另一种意见是保障房对于解决城镇化增量人口的住房问题意义不大，多数增量人口在城市买房的选择并不是保障房。我们取后一种意见。因此地方财政保障房支出增长率被划为Ⅲ类指标。
④ 基于节约用水的观念，生活用水量增长率的重要性有所降低。

标中每个指标的权重为 3/44，Ⅲ类指标中每个指标的权重为 1/22，Ⅳ类指标中每个指标的权重为 1/44，总权重为 1。

在评价之前，先对各指标原始数据进行处理，我们采用简单的绝对值最大法，即将每个指标某省份的值除以 31 个省份中绝对值最大者，这样保证处理后的数据位于 [−1, 1] 区间。将处理后的数据乘以各自的权重，得到各省份的得分，然后将各省份得分除以最高分，再进行排序。

因子分析结果与专家评分结果的比较见表 6-58。

表 6-58　因子分析结果与专家评分结果的比较

| 类别 | 因子分析结果 | | 专家评分结果 | |
| --- | --- | --- | --- | --- |
| | 省份 | 得分 | 省份 | 得分 |
| 第一聚类 | 西藏 | 0.78 | 上海 | 1.00 |
| | 重庆 | 0.57 | 重庆 | 0.87 |
| | 贵州 | 0.46 | 西藏 | 0.87 |
| 第二聚类 | 上海 | 0.38 | 江苏 | 0.83 |
| | 广东 | 0.36 | 北京 | 0.78 |
| | 北京 | 0.32 | 贵州 | 0.78 |
| | 宁夏 | 0.30 | 广东 | 0.74 |
| | 江苏 | 0.25 | 福建 | 0.70 |
| | 内蒙古 | 0.12 | 天津 | 0.65 |
| | 四川 | 0.11 | 浙江 | 0.65 |
| | 浙江 | 0.10 | 山东 | 0.52 |
| | 海南 | 0.09 | 内蒙古 | 0.48 |
| | 福建 | 0.07 | 云南 | 0.48 |
| | 云南 | 0.07 | 宁夏 | 0.48 |
| | 天津 | 0.06 | 湖南 | 0.43 |
| | 青海 | 0.00 | 青海 | 0.43 |
| 第三聚类 | 湖南 | −0.05 | 广西 | 0.39 |
| | 山东 | −0.08 | 新疆 | 0.39 |
| | 吉林 | −0.10 | 吉林 | 0.26 |
| | 广西 | −0.10 | 海南 | 0.26 |
| | 新疆 | −0.10 | 江西 | 0.09 |
| | 辽宁 | −0.11 | 河北 | 0.00 |

续表

| 类别 | 因子分析结果 | | 专家评分结果 | |
|---|---|---|---|---|
| | 省份 | 得分 | 省份 | 得分 |
| 第三聚类 | 山西 | -0.13 | 辽宁 | 0.00 |
| | 河南 | -0.25 | 河南 | 0.00 |
| | 陕西 | -0.29 | 四川 | 0.00 |
| | 江西 | -0.31 | 山西 | -0.17 |
| | 湖北 | -0.32 | 湖北 | -0.17 |
| | 安徽 | -0.35 | 黑龙江 | -0.30 |
| 第四聚类 | 河北 | -0.54 | 安徽 | -0.30 |
| | 黑龙江 | -0.60 | 陕西 | -0.35 |
| | 甘肃 | -0.72 | 甘肃 | -0.83 |

从表6-58中可以发现，专家评分结果与因子分析结果有所差别，但差别并不太大。前三位中均有西藏和重庆（上海由第四位变为第一位），甘肃仍然排在最后一位，黑龙江、安徽等省份排名变化不大。相比之下，因子分析方法在赋予指标权重的时候是完全根据数据本身（及相关系数）来进行的，专家评分方法则考虑到指标与城镇化成本分担机制之间关系的密切性。

总体来讲，对各省份城镇化成本分担情况的分析有以下结果：

①各省份之间存在明显的差异，以专家评分方法为例，上海得分为1，而最低的甘肃得分为-0.83。

②中西部地区及东北地区部分省份城镇化成本分担情况不容乐观，陕西、甘肃的专家评分结果分列最后两位，安徽、黑龙江、湖北、山西的得分也较低。

③东部地区出现分化：既有排在前列的上海、江苏、北京等地，也有海南、河北等排名靠后的省份，但东部地区整体得分尚可。

④中部地区整体得分尚可，而西部地区分化明显。

从直观上看，成本分担机制的完善程度并不完全取决于经济实力（地区GDP），还取决于地方政府的重视程度。以西藏为例，该自治区有多项指标排在前列，而经济实力远高于西藏的河南则排在倒数第八位。

## 第三节　产业支撑、成本分担地区差异综合评价

根据之前的分析结果，我们把产业支撑体系完善程度及成本分担机制健全程度分为四个层次，分别为较高（Better）、高（good）、低（bad）、较低（worse），得到表 6-59。

表 6-59　各省份产业支撑、成本分担得分及评价

| 省份 | 产业支撑得分 | 成本分担得分 | 综合得分 | 产业支撑体系完善程度 | 成本分担机制健全程度 | 综合评价 |
| --- | --- | --- | --- | --- | --- | --- |
| 北京 | 0.79 | 0.80 | 0.81 | 高 | 高 | 较高 |
| 天津 | 0.53 | 0.68 | 0.62 | 低 | 高 | 高 |
| 河北 | 0.40 | 0.00 | 0.21 | 较低 | 低 | 低 |
| 山西 | 0.33 | −0.19 | 0.08 | 较低 | 较低 | 较低 |
| 内蒙古 | 0.49 | 0.51 | 0.51 | 较低 | 低 | 低 |
| 辽宁 | 0.30 | 0.02 | 0.16 | 较低 | 低 | 较低 |
| 吉林 | 0.75 | 0.25 | 0.51 | 高 | 低 | 低 |
| 黑龙江 | 0.27 | −0.29 | −0.01 | 较低 | 较低 | 较低 |
| 上海 | 0.96 | 1.00 | 1.00 | 较高 | 较高 | 较高 |
| 江苏 | 0.92 | 0.85 | 0.90 | 较高 | 高 | 较高 |
| 浙江 | 0.71 | 0.66 | 0.70 | 高 | 高 | 高 |
| 安徽 | 0.77 | −0.29 | 0.25 | 高 | 较低 | 低 |
| 福建 | 0.77 | 0.69 | 0.75 | 高 | 高 | 高 |
| 江西 | 0.81 | 0.09 | 0.46 | 高 | 低 | 低 |
| 山东 | 0.59 | 0.52 | 0.57 | 低 | 高 | 高 |
| 河南 | 0.68 | −0.01 | 0.35 | 低 | 低 | 低 |
| 湖北 | 0.91 | −0.19 | 0.37 | 高 | 较低 | 低 |
| 湖南 | 0.60 | 0.44 | 0.54 | 低 | 低 | 高 |
| 广东 | 0.95 | 0.76 | 0.88 | 较高 | 高 | 较高 |
| 广西 | 0.69 | 0.40 | 0.56 | 低 | 低 | 低 |
| 海南 | 0.75 | 0.26 | 0.52 | 高 | 低 | 高 |
| 重庆 | 1.00 | 0.88 | 0.96 | 较高 | 较高 | 较高 |

续表

| 省份 | 产业支撑得分 | 成本分担得分 | 综合得分 | 产业支撑体系完善程度 | 成本分担机制健全程度 | 综合评价 |
|---|---|---|---|---|---|---|
| 四川 | 0.72 | 0.01 | 0.38 | 高 | 低 | 低 |
| 贵州 | 0.99 | 0.80 | 0.92 | 较高 | 高 | 较高 |
| 云南 | 0.59 | 0.49 | 0.55 | 低 | 低 | 高 |
| 西藏 | 0.85 | 0.87 | 0.88 | 高 | 较高 | 较高 |
| 陕西 | 0.63 | −0.34 | 0.15 | 低 | 较低 | 较低 |
| 甘肃 | 0.71 | −0.84 | −0.06 | 高 | 较低 | 较低 |
| 青海 | 0.67 | 0.46 | 0.58 | 低 | 低 | 高 |
| 宁夏 | 0.66 | 0.50 | 0.59 | 低 | 低 | 高 |
| 新疆 | 0.47 | 0.41 | 0.45 | 较低 | 低 | 低 |

最终的综合排序为：

①第一梯队：上海、重庆、贵州、江苏、广东、西藏、北京，这些省份产业支撑体系完善程度和成本分担机制健全程度均为高或较高，综合评价为较高。第一梯队包括四个东部地区省份、三个西部地区省份。

②第二梯队：福建、浙江、天津、宁夏、青海、山东、广西、云南、湖南、海南，这些省份的产业支撑体系完善程度和成本分担机制健全程度均没有出现较低评分，综合评价为高。第二梯队包括五个东部地区省份、四个西部地区省份、一个中部地区省份。

③第三梯队：内蒙古、吉林、江西、新疆、四川、湖北、河南、安徽及河北，综合评价为低。第三梯队包括一个东部地区省份、一个东北地区省份、三个西部地区省份、四个中部地区省份。

④第四梯队：辽宁、陕西、山西、黑龙江、甘肃，综合评价为较低。第四梯队包括两个东北地区省份、两个西部地区省份、一个中部地区省份。

总体来看，东部地区产业支撑体系完善程度和成本分担机制健全程度最高，西部地区次之，中部地区再次，东北地区最后。各省份产业支撑及成本分担综合评价排序见表6-60。

表 6-60　各省份产业支撑及成本分担综合评价排序

| 序号 | 省份 | 得分 | 评价 | 序号 | 省份 | 得分 | 评价 |
|---|---|---|---|---|---|---|---|
| 1 | 上海 | 1.00 | 较高 | 17 | 海南 | 0.52 | 高 |
| 2 | 重庆 | 0.96 | 较高 | 18 | 内蒙古 | 0.51 | 低 |
| 3 | 贵州 | 0.92 | 较高 | 18 | 吉林 | 0.51 | 低 |
| 4 | 江苏 | 0.90 | 较高 | 20 | 江西 | 0.46 | 低 |
| 5 | 广东 | 0.88 | 较高 | 21 | 新疆 | 0.45 | 低 |
| 5 | 西藏 | 0.88 | 较高 | 22 | 四川 | 0.38 | 低 |
| 7 | 北京 | 0.81 | 较高 | 23 | 湖北 | 0.37 | 低 |
| 8 | 福建 | 0.75 | 高 | 24 | 河南 | 0.35 | 低 |
| 9 | 浙江 | 0.70 | 高 | 25 | 安徽 | 0.25 | 低 |
| 10 | 天津 | 0.62 | 高 | 26 | 河北 | 0.21 | 低 |
| 11 | 宁夏 | 0.59 | 高 | 27 | 辽宁 | 0.16 | 较低 |
| 12 | 青海 | 0.58 | 高 | 28 | 陕西 | 0.15 | 较低 |
| 13 | 山东 | 0.57 | 高 | 29 | 山西 | 0.08 | 较低 |
| 14 | 广西 | 0.56 | 高 | 30 | 黑龙江 | −0.01 | 较低 |
| 15 | 云南 | 0.55 | 高 | 31 | 甘肃 | −0.06 | 较低 |
| 16 | 湖南 | 0.54 | 高 | | | | |

## 第四节　新型城镇化产业支撑与成本分担均衡路径探讨

在前文中，从产业支撑和成本分担两个角度入手，我们建立了涵盖数十个指标的评价体系，该体系可以在一定程度上反映各地区新型城镇化质量。通过评价我们发现，城镇化质量与经济发达程度存在一定关系，但不存在确定的因果关系。以第一梯队为例，其中既包括上海、江苏、广东、北京等发达省份，也包括贵州、西藏等欠发达省份；既有东部地区省份，也有西部地区省份；既有占据区位优势和政策优势的直辖市，也有偏远地区省份。这说明，城镇化质量的提高在一定程度上取决于政府的政策选择。

在本节中，我们逐一考察31个省份，通过分析其产业支撑与成本分担的特征及预算收支情况，总结出若干新型城镇化均衡路径。需要解释的是，由于很难从政府预算收支中剥离出城镇化带来的收入和支出，我们只能以预算总收入和总支出代替。虽然这样比较粗略，但预算的盈余或赤字也可以在一定程度上反映推进城镇化的难易程度。此外，我们讨论的预算收支不包括中央转移支付、债券收入及预算调节基金等，仅指地方一般公共预算本级收入，因为只有本级收入才能在一定程度上反映出各省份自身的"造血"能力。

## 一、上海市产业支撑、成本分担特征与城镇化路径

上海市综合评价得分排在第1位。该市是全国最发达的城市，也是经济体量最大的直辖市，其城镇化率也位居第1，具备得天独厚的优势。

从产业支撑角度看，近年来上海市GDP增长率（均值，下同）和工业增长率并不高，仅服务业增长率比较高，近年来该指标均值排在第4位，同时，其城镇单位就业量增长率、私营企业就业量增长率排名靠前，地方增值税增长率排在第1。此外，上海市失业保险支出增长率、农村居民DPI增长率和农村居民人均消费增长率三项指标虽然不高，但由于上海市城镇人口增长率较低，因此这些原始指标与城镇人口增长率相减后均排在全国前列。同时，上海市价格增长率较高，均值排在第4位（降序）。

从成本分担角度看，近年来上海市各项原始指标并不突出。例如，生活用水量增长率排在第28位，天然气用气人口增长率排在第29位，道路面积增长率倒数第一，公交车辆增长率排在第30位，公园面积增长率倒数第1；其他原始指标也位居中游，唯有参加失业保险人数增长率和地方财政保障房支出增长率位居前列。但基于同样的原因，这些原始指标与城镇人口增长率相减后排在全国前列。

考察近年来上海市的常住人口数量变化情况：2013年为2 448万，2019年为2 481万，7年来仅增加了33万，2017年的常住人口数量还减少了1万。根据第七次全国人口普查数据，2020年上海市常住人口数量为2 487万，增长缓慢。

可以发现，上海市在一定程度上是通过人口准入制度保证了产业支撑与成本分担的强度，或者说保证了城镇化的质量。实际上，即使没有人口准入制度，较高的生活成本和高房价也会成为城镇人口数量增加的"过滤器"。

从预算收支角度看，上海市2019年地方财政收入为7 165亿元，支

出为 8 179 亿元，支出为收入的 1.14 倍，在全国 31 个省份中最低。

从现有数据出发，上海市新型城镇化的基本路径可以归纳为以下几点：

（1）利用超级大城市的优势及人口准入制度吸引中高端人才。

（2）利用与长三角地区和周边区域的经济联系及便捷的交通设施，既保证了经济活力，又抑制了城镇常住人口增长率的快速增加。

（3）利用庞大的经济体量和较高的人口密集程度创造更多就业机会。

（4）庞大的经济体量保证了较高的财政收入，从而可以为城市基础设施建设、城镇化增量人口成本提供充裕资金，进一步增加城市的吸引力。

## 二、重庆市产业支撑、成本分担特征与城镇化路径

重庆市综合评价得分排在第 2 位。该市 2019 年城镇化率为 66.80%，在四个直辖市中排在最后。其城镇人口增长率位居全国中游，但在四个直辖市中排在第 1 位。显然，重庆市农村人口较多，新型城镇化任务仍然较重。

从产业支撑角度看，重庆市多项原始指标均排在前列。如地区 GDP 增长率排在第 5 位；价格增长率较低，排在第 26 位（降序）；服务业增长率位居第 1；出口增长率排在第 3 位；私营企业就业量增长率排在第 2 位；失业保险支出增长率及农村居民 DPI 增长率同样排在第 3 位，地方增值税增长率排在第 6 位，其他指标也多位居中游。可以发现，虽然城镇人口增长率较高，但重庆市仍然为城镇化提供了较为坚实的产业支撑基础。

从成本分担角度看，重庆市多项原始指标依然排在前列。如生活用水量增长率排在第 4 位；道路面积增长率位居第 6；道路照明增长率位居第 2；公厕数量增长率排在第 3 位；（城市）每万人拥有卫生技术人员数量增长率位居第 2；参加失业保险人数增长率位居第 3。即使减去较高的城镇人口增长率，重庆市在新型城镇化成本分担方面依然表现突出。

从预算收支角度看，重庆市 2019 年财政收入为 2 134 亿元，支出为

4 847亿元，支出为收入的2.27倍，在全国31个省份中排在第12位（升序）。

从现有数据出发，重庆市是城镇化率略低的超大城市和内陆发达城市的典型代表，其新型城镇化的基本路径可以归纳为以下几点：

（1）重庆市人口落户制度相对宽松，包括务工经商、直系亲属投靠、人才引进、学生和其他户口迁移，宽松的落户制度带来了城市人口的快速增加。

（2）人口的增加带来了更多的就业机会，其中最为明显的就是服务业的快速增长。人口从农村流入城市，一方面可以获得更高的收入，带来了城市的繁荣；另一方面，通过农村空闲土地整理，在一定程度上提高了农民收入，也增加了土地供给，抑制了城市房价的快速提高。

（3）经济增长保证了财政收入的增加，从而为城镇化成本提供了资金，而基础设施的完善及较低的价格（房价和生活成本）进一步加快了人口流动。

### 三、贵州省产业支撑、成本分担特征与城镇化路径

贵州省综合评价得分排在第3位。该省是西部地区省份的典型代表，新型城镇化及乡村振兴工作任重而道远。2019年贵州省城镇化率为49.02%，低于全国均值，但其城镇人口增长率均值排在第2位，仅次于西藏。

从产业支撑角度看，贵州省多项原始指标均排在前列。如地区GDP增长率排在第1位；价格增长率较低，位居第2（升序）；工业增长率位居全国第1；出口增长率排在第8位；私营企业就业量增长率及农村居民人均可支配收入增长率均位居第2，仅分别次于新疆和西藏；地方营业税增长率位居第2；谷物单位面积产量增长率排在第1位；农村用电量增长率位居第2，仅次于海南。可以发现，虽然城镇人口增长率较高，但贵州省仍然为城镇化提供了较为坚实的产业支撑基础，其城镇化图景呈现出勃勃生机。

从成本分担角度看，贵州省各项原始指标依然排在前列。如生活用水量增长率、天然气用气人口增长率、道路面积增长率、道路照明增长率都排在前3位；公园面积增长率位居第3；普通高中在校生数量增长

率、社区卫生服务中心数量增长率都居第1位；城镇职工参加医疗保险人数增长率位居第2；其他指标也位居中游。即使减去很高的城镇人口增长率，贵州省在新型城镇化成本分担方面依然表现突出。

从预算收支角度看，贵州省2019年财政收入为1767亿元，支出为5948亿元，支出为收入的3.37倍，在全国31个省份中排在第24位（升序）。

从现有数据出发，贵州省是城镇化率略低的西部省份典型代表，其新型城镇化的基本路径可以归纳为以下几点：

（1）贵州省城市落户制度相对宽松，有些区域租房就可以落户，宽松的落户制度带来了城市人口的快速增加。

（2）较高的工业增长率和服务业增长率带来了较高的地区GDP增长率，为增加的人口提供了充足的就业机会。尤其是以餐饮、旅游为代表的服务业，吸纳就业效果非常明显。

（3）从理论上讲，就业增加会带来财政收入的增加，以此来弥补城镇化成本，但现实并非如此：一方面，贵州省地理环境特殊，基础设施建设成本较高；另一方面，贵州省经济基础相对薄弱，全年财政收入不足南方发达省份的一个地级市。多方面因素导致了贵州省较大的财政压力。当然，财政收支的压力不能抹杀贵州省在新型城镇化方面带来的突出贡献。

## 四、江苏省产业支撑、成本分担特征与城镇化路径

江苏省综合评价得分排在第4位。该省是东部发达省份之一，2019年城镇化率为70.61%，仅次于上海、北京、天津和广东。高城镇化率也导致其城镇人口增长率均值较低，排在第25位。

从产业支撑角度看，近年来江苏省GDP增长率、工业增长率并不高，位于全国中游，唯服务业增长较快；价格增长率也位于中游；产品质量优等率排在第6位；值得注意的是城镇单位就业量增长率非常突出，位于第1；私营企业就业量增长率表现也不错，排在第8位；失业保险支出增长率和地方营业税增长率均处于第4位；农用大中型拖拉机数量增长率位于第6。同时，由于城镇人口增长率较低，江苏省产业支撑多项指标排在全国前列。

从成本分担角度看，江苏省各项原始指标并不突出，多数指标位于中游或下游。值得关注的是初中在校生数量增长率排在第 3 位；小学在校生数量增长率位居第 1；（城市）每万人拥有卫生技术人员数量增长率居第 5 位，地方财政保障房支出增长率位于第 6。初中、小学在校生数量的增加实际上反映了未来经济增长的潜力，后两项反映的是居民得到的医疗和住房保障。同时，由于城镇人口增长率较低，江苏省成本分担多项指标排在全国前列。

从预算收支角度看，江苏省 2019 年财政收入为 8 802 亿元，支出为 12 573 亿元，支出为收入的 1.43 倍，在全国 31 个省份中排在第 5 位（升序），仅高于上海、北京、广东和浙江。

从现有数据出发，江苏省是城镇化率较高的东部发达省份典型代表，其新型城镇化的基本路径可以归纳为以下几点：

（1）江苏省内多平原，农业机械化程度的提高释放了大量农村劳动力，这些剩余劳动力的一部分进入了周边城市。江苏省发达的区域经济为新增人口提供了较为充足的就业机会，而就业增长又带来了经济增长，构成良性循环。

（2）近年来，江苏省城乡居民收入差距不断减小。2019 年城镇居民 DPI 是农村居民的 2.25 倍，仅次于天津、浙江、黑龙江、吉林和上海。较低的城乡收入差距又在一定程度上减缓了城镇人口的增长。

（3）江苏省区域经济均衡程度在不断提高，目前已表现为多中心发展态势。苏南地区作为长三角地区的主要组成部分，经济发达程度很高；而近年来苏北地区经济增长也较快，所属五市全部进入全国百强市。这种多中心发展的特征分摊了城镇化的成本，缓解了（超）大城市吸纳城镇化人口的压力。

（4）近年来，江苏省经济总量、人均 GDP、DPI 都位于全国前列。庞大的经济总量保证了财政收入，也保证了政府在城镇化方面的投入，而较高的 DPI 也在一定程度上分摊了城镇化的成本。总体上讲，江苏省形成了经济增长—城镇化率提高—产业支撑体系逐渐完善—就业增加—成本分担机制趋于健全—价格稳定—城镇化成本较低—预算相对平衡的新型城镇化均衡发展路径。

## 五、广东省产业支撑、成本分担特征与城镇化路径

广东省综合评价得分排在第 5 位。该省是全国经济最发达的省份，2019 年城镇化率为 70.40%，仅次于上海、北京、天津 3 个直辖市。高城镇化率也导致其城镇人口增长率均值较低，排在第 24 位。

从产业支撑角度看，广东省与江苏省类似，地区 GDP 增长率、工业增长率并不高，位于全国中游，唯服务业增长率超过 10%；价格增长率也位于中游；广东省产品质量优等率位于第 1；城镇单位就业量增长率处于第 9 位，私营企业就业量增长率排在第 3 位；农村居民人均消费增长率位居第 6；地方增值税增长率处于第 8 位。同时，由于城镇人口增长率较低，广东省产业支撑多项指标排在全国前列。

从成本分担角度看，广东省有些原始指标排名靠前：教育经费投入增长率位居第 5；小学在校生数量增长率位居第 7；福利彩票提取公益金增长率位居第 1；参加失业保险人数增长率位居第 2；城镇职工参加医疗保险人数增长率排在第 6 位；地方财政保障房支出增长率位于第 4。同时，由于城镇人口增长率较低，广东省成本分担多项指标排在全国前列。

从预算收支角度看，广东省 2019 年财政收入为 12 654 亿元，支出为 17 297 亿元，支出为收入的 1.37 倍，在全国 31 个省份中排在第 3 位（升序），仅高于上海和北京。

从现有数据出发，广东省新型城镇化的基本路径可以归纳为以下几点：

（1）广东省最突出的表现就是常住人口的增加。从 2006 年开始，广东省人口数量超过山东、河南，排在全国第 1 位；2009 年突破 1 亿，2019 年达到 1.25 亿。根据第七次全国人口普查数据，2020 年广东省人口已经达到 1.26 亿。广东省人口出生率虽然较高，但并不突出。这意味着其城镇化增量人口不仅来自本省农村地区，更多的来自全国各地。这得益于其经济发达程度和便利的交通设施，例如，从河南省中部出发，乘坐高铁数小时即可到达广州。

（2）外来人口的流入改善了人口结构，人口红利推动了广东省的经济增长，同时人口的高密度聚集又带来了充裕的就业机会，进一步吸引

人口流入。

（3）广东省依然面临区域经济不均衡的问题。珠三角地区无疑最发达；粤西地区处于珠三角延伸区；粤东潮汕地区潜力巨大；而粤北五市受限于地理条件，交通相对不便，发展略慢。区域经济不平衡与城乡收入差距问题相互交织，相对增加了城镇化成本。

（4）总体而言，广东省城镇化发展路径是相对独特的。珠三角地区和粤港澳大湾区作为国家战略的一部分，逐渐形成了世界级城市群。该城市群吸引了全国乃至国际的人才（人力）和资源，推动了广东省经济的高速增长。经济增长带来的部分财政收入用于支付相对落后地区的城镇化成本。

## 六、西藏自治区产业支撑、成本分担特征与城镇化路径

西藏自治区综合评价得分与广东并列第 5 位。西藏自治区经济并不发达，地区 GDP 总量和城镇化率均位居全国最后（2019 年城镇化率为 31.54%）。但 2019 年该自治区人均 GDP 位于第 22，超过了青海、云南、贵州、河北、山西、吉林、广西、黑龙江和甘肃等省份。

从产业支撑角度看，西藏自治区多项原始指标位于全国前列。地区 GDP 增长率、研发费用增长率、农村居民人均可支配收入增长率、农村居民人均消费增长率、地方增值税和营业税增长率均居全国首位；工业增长率、城镇单位就业量增长率、农用大中型拖拉机数量增长率位居全国第 2；价格增长率略高，位居第 2。

从成本分担角度看，西藏自治区多项原始指标依然位于全国前列。生活用水量增长率、道路面积增长率、道路照明增长率、公交车辆增长率、公厕数量增长率、教育经费投入增长率、参加失业保险人数增长率、城镇职工参加医疗保险人数增长率均居第 1 位；普通高中在校生数量增长率、社区卫生服务中心数量增长率、福利彩票提取公益金增长率均居第 2 位。

从预算收支角度看，西藏自治区 2019 年财政收入为 222 亿元，支出为 2 180.88 亿元，支出为收入的 9.82 倍，是全国最高的。

从现有数据出发，西藏自治区新型城镇化的基本路径可以归纳为以下几点：

（1）西藏自治区人口基数虽然较小，但人口出生率、人口自然增长率和城镇人口增长率均居全国首位。近年来，西藏自治区城镇化进程明显加快。

（2）西藏自治区第一产业增长较快，农业机械、水利设施、电力设施等方面的运用和完善，一方面降低了农村居民的劳动强度，另一方面也释放了部分劳动力，这些劳动力进入城镇生活，而西藏自治区较高的经济增长率（含服务业尤其是旅游业）为人口增加提供了充足的就业机会。随着城镇化进程的深入，西藏自治区人民生活水平得到了逐步改善。

（3）由于西藏自治区特殊的地理位置和较为薄弱的经济基础，其财政收入的增加不足以弥补城镇化成本。当然，西藏自治区的城镇化进程离不开中央政府的转移支付以及兄弟省份的支持。

## 七、北京市产业支撑、成本分担特征与城镇化路径

北京市综合评价得分排在第 7 位。作为我国首都，北京是全国最发达的城市之一，其城镇化率也位居全国第 2（2019 年为 86.60%），具备独特优势。

从产业支撑角度看，与上海市类似，近年来北京市 GDP 增长率、工业增长率并不高，仅服务业增长率略高。城镇单位就业量增长率、私营企业就业量增长率排名靠前；地方增值税增长率位居第 3。虽然原始指标并不突出，但由于北京市城镇人口增长率较低，因此这些原始指标与城镇人口增长率相减后均排在全国前列。同时，北京市价格增长率表现平稳。

从成本分担角度看，北京市各项原始指标并不突出，多数指标位于中下游，唯有小学在校生数量增长率和地方财政保障房支出增长率排在第 2 位。但基于同样的原因，这些原始指标与城镇人口增长率相减后排在全国前列。

考察近年来北京市的常住人口数量变化情况，2016 年达到峰值 2 195 万，之后逐年减少，2019 年为 2 190 万，3 年内减少了 5 万。2020 年为 2 189 万人，又有所下降。2016 年北京市城镇人口数量为 1 880 万，2019 年为 1 865 万，3 年内减少了 15 万。

从预算收支角度看，北京市2019年财政收入为5 817亿元，支出为7 408亿元，支出为收入的1.27倍，在全国31个省份中仅高于上海。

从现有数据出发，北京市新型城镇化的基本路径可以归纳为以下几点：

(1) 近年来北京市的人口疏散政策、人口准入制度以及较高的生活成本导致了总人口和城镇人口的不断下降，在一定程度上出现了逆城镇化现象。

(2) 北京市虽然经济发达，但城乡收入差距略大。2019年城乡DPI比例为2.55，在四个直辖市中最高。这在一定程度上说明其城镇化进程仍然没有结束，城镇化与逆城镇化相互交织。

(3) 北京市拥有较大的经济体量和较高的人口密度，就业机会充足。经济体量保证了充裕的财政收入，可以为城市基础设施建设、城镇化增量人口成本提供资金。当然，周边农村地区居民是否到城镇落户还取决于经济和非经济因素。

## 八、福建省产业支撑、成本分担特征与城镇化路径

福建省综合评价得分排在第8位。该省是东部发达省份之一，2019年城镇化率为65.82%，同样排在第8位，落后于上海、北京、天津、广东、江苏、浙江和辽宁。高城镇化率也导致其城镇人口增长率均值较低，排在第20位。

从产业支撑角度看，福建省多项原始指标位居前列。地区GDP增长率位居第7；工业增长率居第5位；专利授权增长率处于第6位；农村居民人均可支配收入增长率位居第7；农用大中型拖拉机数量增长率处于第4位；农村用电量增长率居第10位。其他指标居于中游。同时，福建省价格增长率表现平稳。

从成本分担角度看，福建省各项原始指标表现优异。道路面积增长率位居第3；道路照明增长率位居第6；公交车辆增长率处于第10位；公厕数量增长率位居第8；初中在校生数量增长率位居第2；小学在校生数量增长率居第3位。其他指标位居中游。

从预算收支角度看，福建省2019年财政收入为3 053亿元，支出为5 078亿元，支出为收入的1.66倍，高于上海、北京、广东、浙江、江

苏、天津和山东。

从现有数据出发，福建省新型城镇化的基本路径可以归纳为以下几点：

（1）福建省长期以来保持了较高的工业增长率和地区 GDP 增长率，这为新型城镇化进程的推进铺平了道路。同时，福建省很多区域都具有"一人带动一村、一村带动一地，村村有项目、县县有支柱"的发展特征（典型的案例莫过于沙县小吃），这种独特的经济增长模式也为城镇化进程提供了产业支撑。

（2）福建省多山的地形导致了块状经济的发育，中小型制造业企业遍地开花，为城镇化增量人口就业提供了机会。同时，福建省在基础设施建设方面投入巨大，较早实现了市市通动车、县县通高速、村村通公路，基础设施的完善在一定程度上降低了城镇化成本。

（3）福建省城乡居民收入差距较小，2019 年城镇居民 DPI 居全国第 7 位，农村居民 DPI 居全国第 6 位。福建省很多农村地区公共设施较为完善，当地居民通过改善居住条件已经实现了就地城镇化。

（4）福建省城镇化的主要途径之一可以简单描述为：（城镇或农村）居民开办企业，政府大力支持，企业规模扩大并带动其他企业成为产业集群，从而带来就业增加，政府税收增加并进一步完善基础设施，从而降低城镇化成本，企业走向品牌化发展道路，居民收入提高使城镇化率提高。

（5）在我国东部地区，福建省的城镇化途径具有一定的代表性。从直观上看，福建省的经济发展进程与城镇化进程较为协调，或者说，其城市经济和农村经济的发展基本上是同步的。城乡融合在很大程度上是一个自然形成的结果。当然，这一切也离不开政府（规划）的大力支持。

## 九、浙江省产业支撑、成本分担特征与城镇化路径

浙江省综合评价得分排在第 9 位。该省是东部发达省份之一，2019 年城镇化率为 68.90%，排在第 6 位，落后于上海、北京、天津、广东、江苏。高城镇化率也导致其城镇人口增长率均值较低，排在第 23 位。

从产业支撑角度看，浙江省原始指标排名并不高。地区 GDP 增长

率仅居第 20 位；工业增长率居第 19 位；其他多项指标均位居中游。表现较为突出的有：产品质量优等率位居第 3；私营企业就业量增长率同样居第 3 位；农用大中型拖拉机数量增长率处于第 9 位。同时，浙江省价格增长率表现平稳。由于浙江省城镇人口增长率较低，因此这些原始指标与城镇人口增长率相减后均排在全国前列。

从成本分担角度看，浙江省原始指标表现尚可。天然气用气人口增长率居第 8 位；公交车辆增长率居第 6 位；初中在校生数量增长率位居第 7；福利彩票提取公益金增长率居第 4 位；地方财政保障房支出增长率居第 7 位。其他指标位居中游。

从预算收支角度看，浙江省 2019 年财政收入为 7 049 亿元，支出为 10 053 亿元，支出为收入的 1.43 倍，仅高于上海、北京和广东。

从现有数据出发，浙江省新型城镇化的基本路径可以归纳为以下几点：

（1）浙江省是我国市场经济发展程度较高的省份，民营经济占比极高，也是当前最具经济活力和创造力的省份之一。其逐渐走向国际化的专业化市场、由块状经济发育而来的现代产业集群、不断升级的县域经济均极富特色，由此导致的经济增长为新型城镇化提供了强有力的产业支撑。

（2）浙江省地理位置优越，杭州、宁波等多个地级市属于蓬勃发展的长三角城市群，国家战略的支持在一定程度上降低了城镇化成本。同时，浙江省居民可支配收入较高，收入结构较为合理。2019 年浙江省城镇居民 DPI 仅次于北京和上海，农村居民 DPI 仅次于上海，城乡居民收入比为 2.01，仅高于天津市。较小的城乡差距也降低了大城市面对的城镇化压力。

（3）浙江省宏观经济的持续增长、充足的就业机会带来了较高的财政收入；国家战略及省级财政支持、较强的县域经济及较高的居民可支配收入分摊了城镇化成本。总体上讲，浙江省新型城镇化道路是一个水到渠成、自然发育的过程。

## 十、天津市产业支撑、成本分担特征与城镇化路径

天津市综合评价得分排在第 10 位。该市 2019 年城镇化率为

83.45%，排在第3位，仅次于上海和北京。高城镇化率也导致其城镇人口增长率均值较低，排在第22位。

从产业支撑角度看，天津市原始指标表现一般。地区GDP增长率仅居第26位；工业增长率居第14位；私营企业就业量增长率居第13位。表现略好的指标为研发费用增长率和失业保险支出增长率，均排在第9位。而城镇单位就业量增长率和农用大中型拖拉机数量增长率均为负值；农村居民人均消费增长率排在全国最后一位。此外，天津市一般物价水平表现稳定。

从成本分担角度看，天津市原始指标表现尚可。生活用水量增长率位居第6；公交车辆增长率居第3位；初中在校生数量增长率位居第5；小学在校生数量增长率居第3位；参加失业保险人数增长率居第9位；地方财政保障房支出增长率位居第1。也有个别指标表现不佳，如普通高中在校生数量增长率为负值。

考察近年来天津市的常住人口数量变化情况，2016年总人口数量达到峰值1443万人，之后有所波动，但总体上是下降的，2020年为1387万，4年内下降了56万。2016年城镇人口数量为1295万，2019年为1304万，3年内仅增加了9万。由此可见天津市常住人口和城镇人口均变化缓慢。

从预算收支角度看，天津市2019年财政收入为2410亿元，支出为3556亿元，支出为收入的1.48倍，高于上海、北京、广东、浙江和江苏。

从现有数据出发，天津市新型城镇化的基本路径可以归纳为以下几点：

（1）近年来天津市经济增速相对较低，城镇居民收入增速同样较低（城镇居民DPI仅为北京的0.625倍），这都在一定程度上降低了对中高端人才的吸引力，也加速了人才外流，而人口准入制度也降低了人口流入速度，人口绝对数量的下降还会反过来影响经济增长。

（2）天津市在产业支撑方面表现一般，但在成本分担方面表现较好，再加上较低的物价水平，这无疑降低了城镇化成本，也提高了城镇化增量人口的生活质量。此外，天津市仍然拥有较大的经济体量和较完善的基础设施，城镇化导致的财政压力较小。

（3）天津市最为明显的特征是城乡居民收入差距较小。2019年城镇居民DPI居第6位，农村居民DPI居第4位，城乡居民收入比为1.86，居第1位，也是全国唯一一个比值小于2的省份。较小的城乡居民收入差距在一定程度上降低了城镇人口增长率。

## 十一、宁夏回族自治区产业支撑、成本分担特征与城镇化路径

宁夏回族自治区综合评价得分排在第11位。该自治区2019年城镇化率为58.87%，排在第15位，位居中游；城镇人口增长率并不低，居第14位。

从产业支撑角度看，宁夏回族自治区原始指标表现一般。地区GDP增长率仅居第19位；工业增长率和出口增长率均居第11位；私营企业就业量增长率居第12位。表现略好的指标为研发费用增长率、专利授权增长率和失业保险支出增长率，分别排在第6位、第2位和第5位；表现较差的指标是产品质量优等率，排在倒数第2位。此外，宁夏回族自治区一般物价水平表现稳定。

从成本分担角度看，宁夏回族自治区原始指标表现尚可。生活用水量增长率位居第5；教育经费投入增长率位居第5；普通高中在校生数量增长率居第9位；社区卫生服务中心数量增长率位居第2；参加失业保险人数增长率和城镇职工参加医疗保险人数增长率分居第5位和第6位。其他指标位居中游。

从预算收支角度看，宁夏回族自治区2019年财政收入为424亿元，支出为1 438亿元，支出为收入的3.39倍，仅低于吉林、黑龙江、甘肃、青海和西藏。

从现有数据出发，宁夏回族自治区新型城镇化的基本路径可以归纳为以下几点：

（1）宁夏回族自治区仍然面对一定的城镇化压力，主要表现为城乡居民收入差距较大。2019年城镇居民DPI居第25位，农村居民DPI居第26位，城乡居民收入比为2.67，居第25位。

（2）宁夏回族自治区较低的人口数量、较为恶劣的地理环境在很大程度上限制了其经济增速和经济体量。2020年自治区常住人口数量仅为

720万，同年地区GDP总量为3 748亿元，人口总量和经济总量均不如东部地区的一个大城市，这无疑会降低城镇化产业支撑强度。

（3）从成本分担角度可以看出，宁夏回族自治区为推进城镇化付出了较大努力，也具有较大的财政压力。当然，宁夏回族自治区的一些做法为西部（少数民族）地区城镇化提供了宝贵的经验。如宁夏回族自治区中南部的生态移民政策，一方面保护了较脆弱的生态环境，增加了旅游业收入；另一方面通过提高人口密度，带来了更多的就业机会，进而提高了居民生活质量。

## 十二、青海省产业支撑、成本分担特征与城镇化路径

青海省综合评价得分排在第12位。2019年城镇化率为55.52%，排在第23位，位居下游。青海省城镇人口增长率居第17位。

从产业支撑角度看，青海省各项原始指标表现差异较大。如地区GDP增长率和工业增长率并不高，分列第20位和第17位；研发费用增长率为负值。同时也有多项指标位居前列，如服务业增长率位居第6；专利授权增长率居第4位；失业保险支出增长率位居第1；农村居民人均可支配收入增长率位居第3；地方营业税增长率同样位居第3；农用大中型拖拉机数量增长率和农村用电量增长率均居第7位。此外，青海省一般物价水平涨幅略大。青海省在城镇化产业支撑方面表现较好。

从成本分担角度看，青海省原始指标表现突出。道路面积增长率位居第3；公园面积增长率位居第1；教育经费投入增长率位居第2；普通高中在校生数量增长率居第5位；社区卫生服务中心数量增长率位居第4；城镇职工参加医疗保险人数增长率居第3位。个别指标表现不佳，如公交车辆增长率居第29位，地方财政保障房支出增长率居倒数第1。

从预算收支角度看，青海省2019年财政收入为282亿元，支出为1 864亿元，支出为收入的6.61倍，仅低于西藏自治区。

从现有数据出发，青海省新型城镇化的基本路径可以归纳为以下几点：

（1）青海省城乡居民收入差距依然较大。2019年城镇居民DPI居第27位，农村居民DPI居第29位，城乡居民收入比为2.94，居第28位。这在一定程度上说明城镇化压力依然存在。

（2）与宁夏类似，青海省较少的人口数量、较低的人口密度和较恶劣的自然环境导致了较低的经济总量。2020 年青海省常住人口数量仅为 592 万，地区 GDP 总量为 2 941 亿元，这无疑限制了对城镇化产业支撑方面的投入。即便如此，青海省在提高农民收入和改善农业生产条件方面做出了较大努力，城镇化进程明显提速。

（3）青海省在城镇化成本分担方面成绩斐然，如城市公共设施、社会保障、义务教育（及非义务教育）等指标的表现均令人欣慰。当然，较低的财政收入和较高的城镇化投入也带来了一定的财政压力。

## 十三、山东省产业支撑、成本分担特征与城镇化路径

山东省综合评价得分排在第 13 位。2019 年城镇化率为 61.51%，排在第 11 位，位居上游。山东省城镇人口增长率居第 16 位。山东省人口数量仅次于广东省，近年来地区 GDP 总量稳居第 3 位，人均 GDP 和人均可支配收入均居前 10 位。

从产业支撑角度看，山东省各项原始指标表现一般。如地区 GDP 增长率和工业增长率分列第 25 位和第 20 位；出口增长率和专利授权增长率低于全国均值；城镇单位就业量增长率和私营企业就业量增长率低于城镇人口增长率；农村用电量增长率居全国最后一位。排在前列的只有 3 个指标，分别是产品质量优等率居第 5 位，地方增值税增长率和地方营业税增长率分居第 7 位和第 8 位。其他指标均居中下游。此外，山东省一般物价水平保持稳定。可以说，山东省在城镇化产业支撑方面还有较大潜力。

从成本分担角度看，山东省原始指标表现尚可。公交车辆增长率位居第 5；（城市）每万人拥有卫生技术人员数量增长率居第 6 位；福利彩票提取公益金增长率位居第 8；地方财政保障房支出增长率居第 3 位。个别指标表现不佳，如普通高中在校生数量增长率为负值。

从预算收支角度看，山东省 2019 年财政收入为 6 526.71 亿元，支出为 10 739.76 亿元，支出为收入的 1.65 倍，高于上海、北京、广东、浙江、江苏和天津。

从现有数据出发，山东省新型城镇化的基本路径可以归纳为以下几点：
（1）山东省经济体量较大，但与东部发达省份相比，经济活力相对

不足，民营经济发展较慢，因而对城镇化增量人口的就业助益较小。此外，山东省城乡收入差距依然较大，2019年城乡居民DPI比例为2.38，高于天津、浙江、江苏、福建等发达省份。

（2）山东省各区域经济发达程度存在明显差异。整体上看，胶东经济圈五市整体发展较好，鲁南经济圈四市排名较为靠后，省会经济圈七个地级市之间存在较大差异。而且，城乡差异并不会随着经济发达程度提高而减小，如2019年济南和青岛的城乡居民DPI比例分别为2.67和2.41，高于山东省均值。这在一定程度上说明城镇的发展并没有带动农村发展，城镇化压力依然存在。

（3）山东省在城镇化成本分担方面投入较大，也收到了较好效果，但在基础设施建设、社会保障等方面仍然有一定提升空间。

（4）从整体上看，山东省的经济发展进程与城镇化进程不完全一致，其城市经济和农村经济的发展也并不完全同步。如何将自上而下的政府规划（政策）与农村居民意愿有机结合、如何以产业振兴带动乡村振兴进而实现城镇化质量的提高，仍然是一个值得研究的问题。

## 十四、广西壮族自治区产业支撑、成本分担特征与城镇化路径

广西壮族自治区综合评价得分排在第14位。2019年城镇化率为51.09%，排在第27位。该自治区城镇人口增长率较高，居第11位。

从产业支撑角度看，广西壮族自治区多项原始指标表现较好。虽然地区GDP增长率不高，但工业增长率排在第7位；出口增长率位居第4；专利授权增长率居第10位；农村居民人均可支配收入增长率和农村居民人均消费增长率分居第5位和第3位；农用大中型拖拉机数量增长率和农村用电量增长率均居全国第3位。其他指标均居中游。此外，广西壮族自治区一般物价水平保持稳定。

从成本分担角度看，广西壮族自治区原始指标表现尚可。天然气用气人口增长率位居第2；道路面积增长率位居第9；教育经费投入增长率位居第7；普通高中在校生数量增长率位居第3；初中在校生数量增长率位居第6；小学在校生数量增长率居第8位；城镇职工参加医疗保险人数增长率居第7位。广西壮族自治区个别指标表现不佳，如公厕数

量增长率排在最后1位。

从预算收支角度看,广西壮族自治区2019年财政收入为1 812亿元,支出为5 851亿元,支出为收入的3.23倍,排在全国第22位。

从现有数据出发,广西壮族自治区新型城镇化的基本路径可以归纳为以下几点:

(1) 广西壮族自治区城镇化率较低,存在较大的城镇化压力。从人口总量来看,该自治区排在全国第11位,但农村人口数量排在第9位,每年外出务工人员估计在600万以上,仅次于河南、四川、贵州等省份。巨大的外出务工人员数量在一定程度上反映了本地就业机会的欠缺。

(2) 从居民收入角度看,广西壮族自治区面临两个问题:其一是整体收入较低,2019年人均可支配收入为23 328元,排在全国第25位;其二是农村居民收入较低,2019年农村居民DPI为13 676元(城镇居民DPI也仅为34 745元),低于全国均值。该自治区农村居民每月平均可支配收入仅为1 000余元,很难承担城镇化成本。

(3) 即便如此,广西壮族自治区在城镇化产业支撑和成本分担方面也取得了一定成绩。最为明显的是农村居民收入和消费在快速增加,农业生产效率和农村居民生活质量在迅速提高。此外,广西壮族自治区在教育方面的投入令人欣慰,假以时日,必有后效。

(4) 基于地理环境、经济基础及政府规划的原因,广西壮族自治区形成了五大经济区域,各具特色。随着各区域经济的发展壮大,该自治区将逐渐吸引外出人口回流,城镇化进程会更加顺畅。

### 十五、云南省产业支撑、成本分担特征与城镇化路径

云南省综合评价得分排在第15位。2019年城镇化率为48.91%,排在第29位。云南省城镇人口增长率较高,居全国第3位。

从产业支撑角度看,云南省多项原始指标表现较好。地区GDP增长率位居第3;研发费用增长率位居第2;专利授权增长率居第8位;产品质量优等率居第4位;私营企业就业量增长率居第9位;失业保险支出增长率位居第5;农村居民人均消费增长率居第5位;地方增值税增长率和农村用电量增长率均居第8位。此外,云南省一般物价水平保持稳定。

从成本分担角度看,云南省多项原始指标同样出色。天然气用气人

口增长率排在第1位；道路照明增长率位居第6；公厕数量增长率位居第2；普通高中在校生数量增长率位居第4；社区卫生服务中心数量增长率位居第6；福利彩票提取公益金增长率位居第5；城镇职工参加医疗保险人数增长率位居第3。由于云南省有着较高的城镇人口增长率，因此这些原始指标减去城镇人口增长率以后的排名并不太高。

从预算收支角度看，云南省2019年财政收入为2 074亿元，支出为6 770亿元，支出为收入的3.26倍，排在全国第23位。

从现有数据出发，云南省新型城镇化的基本路径可以归纳为以下几点：

(1) 云南省城镇化率较低，存在较大的城镇化压力。云南省人口总量排在第12位（低于广西），农村人口总量排在第8位（高于广西）。近年来云南省经济的较快发展为城镇化增量人口的就业提供了较大助力，但还有进一步提升空间。

(2) 云南省农村居民收入虽然增长迅速，但绝对数值依然较低，且城乡收入差距仍然较大。2019年云南省农村居民DPI为11 902元，仅高于青海、贵州和甘肃。同期城镇居民DPI为36 238元，居第17位。城乡居民收入比为3.04，仅低于贵州和甘肃。农村居民的低收入显然增加了城镇化难度。

(3) 云南省虽然在城镇化成本分担方面也取得了一定成绩，但由于基础建设成本较高，存在一定的财政压力。此外，云南省部分地区学龄儿童辍学问题较为严重，经过有关部门努力，问题得到了一定缓解。

(4) 城镇化的深入推进最终还要依赖宏观经济的持续稳定增长。目前云南省提出的滇中经济圈、周边次级城市群、沿边开放带及若干对内对外开放走廊已经卓有成效，再加上来自旅游业的强大支撑，必将有助于城镇化的顺利进行。

## 十六、湖南省产业支撑、成本分担特征与城镇化路径

湖南省综合评价得分排在第16位。2019年城镇化率为57.22%，排在第21位。湖南省城镇人口增长率较高，居第7位。

从产业支撑角度看，湖南省多项原始指标表现较好。工业增长率位居第6；服务业增长率位居第8；出口增长率位居第1；私营企业就业量增长率位居第5。其他多项指标位居中游。值得注意的是城镇单位就业

量增长率为负值，谷物单位面积产量增长率接近 0。此外，湖南省一般物价水平保持稳定。

从成本分担角度看，湖南省多项原始指标同样出色。天然气用气人口增长率位居第 7；公交车辆增长率位居第 4；公园面积增长率位居第 10；公厕数量增长率位居第 9；普通高中在校生数量增长率位居第 6；初中在校生数量增长率位居第 3；（城市）每万人拥有卫生技术人员数量增长率位居第 9；福利彩票提取公益金增长率位居第 3。由于湖南省有着较高的城镇人口增长率，因此这些原始指标减去城镇人口增长率以后的排名并不太靠前。

从预算收支角度看，湖南省 2019 年财政收入为 3 007 亿元，支出为 8 034 亿元，支出为收入的 2.67 倍，排在全国第 21 位。

从现有数据出发，湖南省新型城镇化的基本路径可以归纳为以下几点：

（1）湖南省城镇化率略低，仍存在较大的城镇化压力。湖南省人口总量排在第 7 位，农村人口总量排在第 6 位。近年来湖南省经济增长较快，提供了大量就业机会，但还难以满足城镇化增量人口的需求。

（2）湖南省城乡居民收入差距仍然较大。2019 年湖南省城镇居民 DPI 为 39 842 元，而农村居民 DPI 为 15 395 元。城乡居民收入比为 2.59，在中部六省中居最后一位。农村居民的低收入显然难以承担城镇化成本，增加了城镇化难度。

（3）与很多省份类似，湖南省也存在区域经济发展不平衡现象，影响了城镇化的整体进展。长株潭地区经济发达，湘北地区以农业为主，湘西交通不便，相对落后。近年来随着脱贫攻坚任务的完成以及长沙都市圈规划的推进，区域经济发展不平衡问题会有所改进。

## 十七、海南省产业支撑、成本分担特征与城镇化路径

海南省综合评价得分排在第 17 位。2019 年城镇化率为 59.23%，排在第 17 位。海南省城镇人口增长率适中，居第 18 位。

从产业支撑角度看，海南省各项原始指标有其独特之处。地区 GDP 增长率位居第 10，工业增长率排在全国下游，服务业增长率居第 7 位，出口增长率居第 5 位，这些指标充分体现了海南省产业结构的特色。此

外，私营企业就业量增长率居第9位；农村居民人均消费增长率居第6位；地方增值税增长率位居第2；谷物单位面积产量增长率居第3位；农村用电量增长率排在第1位。海南省一般物价水平增长率居第3位。

从成本分担角度看，海南省多项原始指标表现较好。生活用水量增长率排在第6位；天然气用气人口增长率位居第5；公厕数量增长率位居第2；教育经费投入增长率位居第7；普通高中在校生数量增长率位居第10；社区卫生服务中心数量增长率位居第5；（城市）每万人拥有卫生技术人员数量增长率位居第3；参加失业保险人数增长率位居第8；城镇职工参加医疗保险人数增长率位居第7。

从预算收支角度看，海南省2019年财政收入为814亿元，支出为1859亿元，支出为收入的2.28倍，排在第13位。

从现有数据出发，海南省新型城镇化的基本路径可以归纳为以下几点：

（1）作为旅游大省，海南省产业结构较为独特。近年来，农业生产效率的提高释放了劳动力，而服务业和现代农业的迅速发展为城镇化增量人口提供了大量就业岗位，反过来也带来了农村居民生活质量的改善。

（2）海南省人口结构也较为独特。根据第七次全国人口普查结果，海南省常住人口总量已经突破1 000万，也是唯一一个农村人口增加的省份。其中原因在于：大量外来人口推高了一般物价水平，也导致了外来人口向农村地区流动，为农村地区的发展提供了机会。

（3）海南省同样面临一定程度的城乡收入差距问题。相对而言，海南省城镇居民和农村居民可支配收入均较低。近年来随着基础设施的完善及脱贫攻坚任务的完成，海南省农村居民收入增加迅速，为城镇化深入推进提供了有利条件。

## 十八、内蒙古自治区产业支撑、成本分担特征与城镇化路径

内蒙古自治区综合评价得分排在第18位。2019年城镇化率为63.37%，排在第10位。该自治区城镇人口增长率较低，居第26位。

从产业支撑角度看，内蒙古自治区原始指标表现一般。多项指标均排在中游或下游，排名靠前的有：农村居民人均可支配收入增长率位居

第 4；谷物单位面积产量增长率位居第 5；农村用电量增长率位居第 6。个别指标如地方增值税增长率排名靠后。

从成本分担角度看，内蒙古自治区原始指标表现较好。生活用水量增长率、天然气用气人口增长率、道路面积增长率、公厕数量增长率、（城市）每万人拥有卫生技术人员数量增长率、福利彩票提取公益金增长率、城镇职工参加医疗保险人数增长率均居前 10 位。

从预算收支角度看，内蒙古自治区 2019 年财政收入为 2 060 亿元，支出为 5 101 亿元，支出为收入的 2.48 倍，排在第 16 位。

从现有数据出发，内蒙古自治区新型城镇化的基本路径可以归纳为以下几点：

（1）内蒙古自治区地域广阔、资源丰富、人口密度较低。近年来虽然经济增长缓慢，但农牧业生产效率不断提高，农村居民收入增加迅速。同时，内蒙古自治区城市建设规模不断扩大，足以容纳城镇化增量人口。

（2）内蒙古自治区居民整体收入较高，2019 年城镇居民 DPI 居第 9 位，农村居民 DPI 居第 15 位，表现较好。当然，内蒙古自治区城乡收入差距依然存在，城乡居民收入比为 2.67，排在第 24 位。同时，内蒙古自治区区域经济发展不平衡，东西部存在明显差异，这是城镇化推进的一大障碍。

（3）与东部和中部省份不同，内蒙古自治区的牧民城镇化有其独特之处：一方面是为了提高牧民生活质量，提高生产效率；另一方面也是为了保护牧区生态，且后者的意义更加深远。内蒙古自治区采取了中心城镇带动型、牧业型、半农半牧型、生态型及边境型等多种城镇化模式，为西部民族聚集区城镇化积累了宝贵经验。

## 十九、吉林省产业支撑、成本分担特征与城镇化路径

吉林省综合评价得分与内蒙古并列第 18 位。2019 年城镇化率为 58.27%，排在第 18 位。吉林省城镇人口增长率较低，居第 28 位。

从产业支撑角度看，吉林省原始指标表现一般。如地区 GDP 增长率排在第 29 位，工业增长率位居第 12，其他指标多位居中下游。农村居民人均可支配收入增长率和谷物单位面积产量增长率排在最后一位。

由于城镇人口增长率较低,原始指标减去城镇人口增长率后排名尚可。

从成本分担角度看,吉林省原始指标同样表现不佳,多数指标位居下游,如生活用水量增长率排在倒数第3位、道路面积增长率排在倒数第2位,普通高中在校生、初中在校生及小学在校生数量增长率均为负值。唯有公园面积增长率排名第2,(城市)每万人拥有卫生技术人员数量增长率排名全国第1。

从预算收支角度看,吉林省2019年财政收入为1 117亿元,支出为3 933亿元,支出为收入的3.52倍,排在第27位。

从现有数据出发,吉林省新型城镇化的基本特征可以归纳为以下几点:

(1) 吉林省面临的最大问题是人口流失。2010年全省常住人口数量为2 747万,达到峰值,之后逐年减少,2019年为2 448万,第七次全国人口普查常住人口数量为2 407万,比2019年减少了41万。人口绝对数量的减少无疑会影响经济增长,从而难以为城镇化增量人口提供充足的就业机会。

(2) 经济增长乏力也限制了居民可支配收入的增加。2019年吉林省城镇居民DPI为32 299元,位居全国倒数第2;同期农村居民DPI为14 936元,居全国第20位。相对而言,吉林省城乡居民收入比较低,仅高于天津、浙江和黑龙江。这在一定程度上减缓了城镇化压力。

(3) 经济增长乏力同样带来了财政收入的下滑。2019年吉林省地方财政一般预算收入比上年减少了276亿元,这显然会影响城镇化进程。

## 二十、江西省产业支撑、成本分担特征与城镇化路径

江西省综合评价得分排在第20位。2019年城镇化率为57.42%,排在第20位。江西省城镇人口增长率较高,居第12位。

从产业支撑角度看,江西省原始指标表现较好。地区GDP增长率排在第9位;工业增长率位居第10;服务业增长率位居第6;专利授权增长率居第1位;城镇单位就业量增长率居第8位;私营企业就业量增长率位居第6;农村居民人均可支配收入增长率位居第7;地方增值税增长率位居第4;地方营业税增长率位居第7;农用大中型拖拉机数量增长率位居第1。不过由于江西省城镇人口增长率较高,原始指标减去

城镇人口增长率后排名较靠后。

从成本分担角度看，江西省原始指标同样表现尚可。天然气用气人口增长率和道路面积增长率均位居第 5；道路照明增长率位居第 8；普通高中在校生数量增长率位居第 5；初中在校生数量增长率位居第 8。其他指标位居中下游。

从预算收支角度看，江西省 2019 年财政收入为 2 497 亿元，支出为 6 387 亿元，支出为收入的 2.56 倍，排在第 20 位。

从现有数据出发，江西省新型城镇化的基本路径可以归纳为以下几点：

（1）江西省近年来经济增长较快，各项事业发展迅速。随着农业生产效率不断提高，释放了大量剩余劳动力，而宏观经济的持续增长为剩余劳动力提供了就业机会，有力地推进了城镇化进程。

（2）江西省城乡收入差距较小，这在一定程度上减轻了城镇化压力。2019 年江西省城镇居民 DPI 为 36 546 元，位居全国第 16；同期农村居民 DPI 为 15 796 元，居全国第 11 位，位次高于邻近的安徽和湖南。2019 年城乡居民收入比为 2.31，位居全国第 9。多年来江西省外出务工人员数量排在全国前列，务工人员带回的收入承担了部分城镇化成本。

（3）江西省内革命老区多，随着国家脱贫攻坚任务的完成，城镇化进程还将进一步加快。

## 二十一、新疆维吾尔自治区产业支撑、成本分担特征与城镇化路径

新疆维吾尔自治区综合评价得分排在第 21 位。2019 年城镇化率为 51.87%，排在第 26 位。该自治区城镇人口增长率较高，居第 5 位。

从产业支撑角度看，新疆维吾尔自治区原始指标表现差异较大。多数指标位于中下游，如地区 GDP 增长率排在第 12 位。有的指标排名靠前，如服务业增长率位居第 9；私营企业就业量增长率位居第 1；农村用电量增长率位居第 5。有的指标排名靠后，如失业保险支出增长率位居最后，农村居民人均可支配收入和消费增长率较低。此外，自治区一般物价水平涨幅较大。

从成本分担角度看，新疆维吾尔自治区多数原始指标位于中下游，

少量指标位居前列。公园面积增长率位居第 7；普通高中在校生数量增长率位居第 6；小学在校生数量增长率位居第 5；（城市）每万人拥有卫生技术人员数量增长率位居第 10；参加失业保险人数增长率位居第 6。

从预算收支角度看，新疆维吾尔自治区 2019 年财政收入为 1 578 亿元，支出为 5 315 亿元，支出为收入的 3.37 倍，排在第 25 位。

从现有数据出发，新疆维吾尔自治区新型城镇化的基本路径可以归纳为以下几点：

（1）新疆维吾尔自治区地域辽阔，部分地区自然环境恶劣，人口分布不均，城镇化难度较大。近年来新疆维吾尔自治区经济增长较快，城镇化进程也在加快，城市反哺农村的机制还需要进一步完善。

（2）新疆维吾尔自治区还存在一定的城乡收入差距。2019 年新疆维吾尔自治区城镇居民 DPI、农村居民 DPI 以及城乡居民收入比均位居全国第 23。其中，农村居民人均可支配收入为 13 122 元，平均每月仅 1 093.5 元，显然难以承担城镇化成本。

（3）新疆维吾尔自治区曾经拥有全国数量最多的国家级贫困县，且有一些深度贫困地区。2020 年新疆维吾尔自治区所有贫困县均摘帽成功，但之后的乡村振兴之路依然漫长，国家扶持和对口援疆力度还要加强，以便让更多居民进一步提高生活质量。

## 二十二、四川省产业支撑、成本分担特征与城镇化路径

四川省综合评价得分排在第 22 位。2019 年城镇化率为 53.79%，排在第 24 位。四川省城镇人口增长率较高，居第 8 位。

从产业支撑角度看，四川省原始指标表现突出。地区 GDP 增长率排在第 8 位；服务业增长率位居第 2；出口增长率位居第 9；城镇单位就业量增长率居第 5 位；私营企业就业量增长率位居第 6；失业保险支出增长率位居第 9；农村居民人均可支配收入增长率位居第 8；农村居民人均消费增长率位居第 7。由于四川省城镇人口增长率较高，原始指标减去城镇人口增长率后排名较靠后。此外，四川省一般物价水平保持稳定。

从成本分担角度看，四川省原始指标表现尚可，部分指标位居上

游。生活用水量增长率位居第3；道路面积增长率位居第7；道路照明增长率位居第5；公园面积增长率位居第9；福利彩票提取公益金增长率位居第6。教育经费投入增长率及各类在校生数量增长率指标排名靠后。

从预算收支角度看，四川省2019年财政收入为4 071亿元，支出为10 348亿元，支出为收入的2.54倍，排在第19位。

从现有数据出发，四川省新型城镇化的基本路径可以归纳为以下几点：

（1）四川省人口众多，地理环境差异很大。成都平原和川南丘陵地区发展较好，城镇化程度较高；高原和山地地区因交通问题发展相对缓慢，城镇化程度较低。近年来四川省经济增长较快，大城市构建的都市圈所产生的人口集聚和产业集聚效应逐步体现。

（2）四川省每年外出务工人数较多。2019年外出务工人数为2 300余万，省内务工人数约为1 300万，省外务工人数在1 000万左右。这在一定程度上说明了四川省内还未能提供足够的就业岗位。从趋势看，省内就业比例越来越高，这对就近城镇化会有较大裨益。

（3）从整体来看，四川省城乡居民收入均较低。2019年城镇居民DPI为36 154元，居第18位，农村居民DPI为14 670元，居第21位。城乡居民收入比居第15位。显然，四川省还需进一步发挥其国家中心城市的优势，不断提高城镇化率并逐步提高城镇化质量。

## 二十三、湖北省产业支撑、成本分担特征与城镇化路径

湖北省综合评价得分排在第23位。2019年城镇化率为61.00%，排在第12位。湖北省城镇人口增长率不高，居第21位。

从产业支撑角度看，湖北省原始指标表现突出。地区GDP增长率排在第6位；工业增长率位居第4；服务业增长率位居第3；私营企业就业量增长率位居第9；失业保险支出增长率位居第4；农村居民人均消费增长率位居第3。此外，湖北省一般物价水平保持稳定。

从成本分担角度看，湖北省原始指标表现一般，部分指标位居下游，排名位于前10位的仅有道路面积增长率、教育经费投入增长率和

地方财政保障房支出增长率。各类在校生数量增长率排名靠后。

从预算收支角度看，湖北省2019年财政收入为3 389亿元，支出为7 970亿元，支出为收入的2.35倍，排在全国第15位。

从现有数据出发，湖北省新型城镇化的基本路径可以归纳为以下几点：

(1) 湖北省地理位置优越，交通便利，且其省会城市武汉作为国家中心城市，辐射力不断增强。各种因素导致湖北省近年来经济增长较快，也提供了大量就业机会，有利于新型城镇化深入推进。

(2) 从整体来看，湖北省城乡居民收入相对均衡。2019年城镇居民DPI为37 601元，居第13位，农村居民DPI为16 391元，居第9位。城乡居民DPI比例较低，居第8位。农村居民相对较高的可支配收入以及较低的城乡居民DPI比例在一定程度上减缓了城镇化压力。

(3) 湖北省在一定程度上面临人口流失问题。根据最新的全国人口普查数据，2020年湖北省常住人口数量为5 775万，比2019年减少了152万，这可能是统计口径或方法导致的。从第六次全国人口普查到第七次全国人口普查，湖北省常住人口总量占全国人口比例在下降（从4.27%下降到了4.09%）。此外，近年来极低的各类在校生数量增长率（甚至为负值）也能从侧面说明人口数量的下降。人口数量下降无疑会影响宏观经济的长期增长，进而影响城镇化质量。

## 二十四、河南省产业支撑、成本分担特征与城镇化路径

河南省综合评价得分排在第24位。2019年城镇化率为53.21%，排在第25位。河南省城镇人口增长率很高，居第6位。

从产业支撑角度看，河南省原始指标表现一般。虽然地区GDP增长率和工业增长率位次不高，但服务业增长率位居第3；出口增长率位居第6；地方营业税增长率位居第9。其他多项指标位居中游。此外，河南省一般物价水平保持稳定。同时，由于河南省城镇人口增长率较高，原始指标减去城镇人口增长率后排名较靠后。

从成本分担角度看，河南省原始指标表现同样不够突出。排在前10位的有教育经费投入增长率、社区卫生服务中心数量增长率、（城市）

每万人拥有卫生技术人员数量增长率、福利彩票提取公益金增长率和地方财政保障房支出增长率。各类在校生数量增长率均位于全国中下游。

从预算收支角度看，河南省2019年财政收入为4 042亿元，支出为10 164亿元，支出为收入的2.51倍，排在全国第18位。

从现有数据出发，河南省新型城镇化的基本路径可以归纳为以下几点：

（1）河南省是中部地区省份的典型代表，也是传统农业大省。虽然其地理位置、自然条件均较优越，但工业基础薄弱，发达程度较低。近年来，河南省经济增速逐渐加快，城镇化进程也进入了快车道。

（2）随着省会城市郑州成为国家中心城市，河南省经济获得了一个强有力的带动引擎，中原城市群的发展也初具规模，但目前仍处于超大城市的形成阶段或生产要素的虹吸阶段，扩散阶段还未到来。也就是说，当前省会城市的发展给周边城市带来的利好是有限的。周边城市仍需发展壮大自身的优势产业，为城镇化提供足够的产业支撑。

（3）不可否认，河南省在城乡基础设施建设、农村公共产品提供、社会保障等方面做出了较大努力，但与发达省份相比还有不少差距。同时，河南省的一些城市缺乏支柱产业，收入较低，这导致每年有大量剩余劳动力外出务工，出省务工人员数量在1 000万以上。表面上看这是河南省本地经济对劳动力的吸引力不足，背后则反映出河南省城市的发展与农村的繁荣是相对割裂的，城乡融合任重而道远。

（4）河南省城乡居民收入比较低，在一定程度上有利于城镇化进程。2019年城镇居民DPI为34 201元，居第26位；农村居民DPI为15 161元，居第16位；城乡居民收入比为2.26，居第7位。当然，农村居民收入的提高主要来自务工收入，对本地经济的推动有限。

（5）河南省在城镇化推进过程中曾经有一些曲折。2014年前后，农村新社区成为城镇化的主要方式，但在现实中遇到了种种问题。目前，农村居民城镇化的主要方式仍是就近城镇化，简单来说就是到城市或城镇购置房产。事实证明，推进城镇化一定要尊重市场经济规律，要充分尊重农村居民意愿，并一定要在合法的框架内进行。

（6）河南省虽然人口众多，但仍然要高度关注人口素质。根据第七次全国人口普查数据，河南省15岁及以上人口的平均受教育年限为

9.79年，低于9.91年的全国均值，排在全国第20位。近年来河南省普通高中在校生数量增长缓慢，初中和小学在校生数量一度为负增长，这些现象应该引起足够重视。只有不断提高人口素质，才能为经济增长和城镇化进程提供不竭动力。

## 二十五、安徽省产业支撑、成本分担特征与城镇化路径

安徽省综合评价得分排在第25位。2019年城镇化率为55.81%，排在第22位。安徽省城镇人口增长率较高，居第9位。

从产业支撑角度看，安徽省原始指标表现优异。地区GDP增长率、工业增长率、服务业增长率和出口增长率分别位居第4、第3、第4、第7，其他指标如研发费用增长率、产品质量优等率、城镇单位就业量增长率、私营企业就业量增长率、农村居民人均消费增长率、地方营业税增长率、农用大中型拖拉机数量增长率和农村用电量增长率均位居前10。此外，安徽省一般物价水平保持稳定。由于其城镇人口增长率较高，原始指标减去城镇人口增长率后排名较靠后。

从成本分担角度看，安徽省原始指标表现一般，除教育经费投入增长率外，几乎所有指标均位于全国中下游。尤其是各类在校生数量增长率若干年为负值（高中生和初中生指标均值为负，小学生指标均值接近零值）。

从预算收支角度看，安徽省2019年财政收入为3 183亿元，支出为7 392亿元，支出为收入的2.32倍，排在第14位。

从现有数据出发，安徽省新型城镇化的基本路径可以归纳为以下几点：

（1）安徽省属中部地区，也是传统农业大省，但经过数十年的发展，已经成为新兴工业大省。随着经济体量不断增加，城镇化进程也进入了快车道。同时，皖北和皖南的经济水平还有一定差距，皖北各次产业难以为密集人口提供足够的就业机会，这也是安徽省成为外出务工大省的原因之一。

（2）安徽省城乡居民收入还存在一定差距，这会带来一定的城镇化压力。2019年城镇居民DPI为37 540元，居第14位（高于周边的河南省）；农村居民DPI为15 416元，居第12位（略高于河南省）；城乡居

民收入比为2.44（同样高于河南省），居全国第14位。

（3）安徽省人口众多，但也要注意人口流失和人口素质的提高。根据第七次全国人口普查数据，2020年安徽省总人口为6 103万，占全国比重为4.32%，与第六次全国人口普查相比，该比重有所下降（原为4.44%）。同时，安徽省15岁及以上人口的平均受教育年限为9.35年，低于9.91年的全国均值，排在全国第25位，应该引起足够重视。

（4）总体而言，安徽省城镇化进程相对顺畅。这主要依靠其自身的经济增长，也得益于毗邻江浙发达地区的地理优势，外出务工、参与产业链、承接产业转移均较方便。当然，在城镇化成本分担机制方面还可以进一步完善。

## 二十六、河北省产业支撑、成本分担特征与城镇化路径

河北省综合评价得分排在第26位。2019年城镇化率为57.62%，排在第19位。河北省城镇人口增长率较高，居第10位。

从产业支撑角度看，河北省原始指标表现一般。地区GDP增长率居第26位、工业增长率居第23位、服务业增长率居第28位，其他指标多位于中下游。位于前列的指标有私营企业就业量增长率和农用大中型拖拉机数量增长率，分别位居第7和第8。河北省一般物价水平保持稳定。

从成本分担角度看，河北省原始指标同样不够突出。位于前列的指标有公交车辆增长率、教育经费投入增长率和各类在校生数量增长率，其中初中在校生数量增长率排名第1。其他指标均位居中下游。

从预算收支角度看，河北省2019年财政收入为3 739亿元，支出为8 309亿元，支出为收入的2.22倍，排在第11位。

从现有数据出发，河北省新型城镇化的基本路径可以归纳为以下几点：

（1）河北省位于京畿之地，交通便利，但由于种种原因，近年来河北省发展缓慢，其城镇化道路也比较独特。环京地区（含雄安周边地区）房地产价格涨幅很大，涌入大量人口（包括非河北省人口），其他地区则主要为农村居民的自发城镇化。也就是说，河北省城镇化与本省

经济关系不够密切。

（2）经济活力的缺乏必然会导致较低的收入。河北省人均收入不高，城乡居民收入也比较低。2019年城镇居民DPI为35 738元，居第21位；农村居民DPI为15 373元，居第14位；城乡居民收入比为2.32，居第10位。可以看出，无论是城镇还是农村，河北省在东部地区均处于落后地位。

（3）河北省同样面临人口流失和人口素质问题，尤其是中高端人才的跨省就业。根据第七次全国人口普查数据，2020年河北省总人口为7 461万，占全国比重为5.28%，与第六次全国人口普查相比，该比重有所下降（原为5.36%）。同时，河北省15岁及以上人口的平均受教育年限为9.84年，低于9.91年的全国均值，排在第16位。人口流失会给经济增长和城镇化推进带来负面影响。

## 二十七、辽宁省产业支撑、成本分担特征与城镇化路径

辽宁省综合评价得分排在第27位。2019年城镇化率为68.11%，排在第7位。辽宁省城镇人口增长率极低，居第29位。

从产业支撑角度看，辽宁省原始指标表现一般。地区GDP增长率居第30位；工业增长率和出口增长率为负值；服务业增长率居第31位；其他指标多位于中下游，若干指标为负值。辽宁省一般物价水平保持稳定。

从成本分担角度看，辽宁省原始指标同样不够突出。多数指标位居中下游，有些指标处在最后几位，如教育经费投入增长率为全国最后一位；各类在校生数量增长率均为负值。排名位于前10位的指标有社区卫生服务中心数量增长率、福利彩票提取公益金增长率和城镇职工参加医疗保险人数增长率。

从预算收支角度看，辽宁省2019年财政收入为2 652亿元，支出为5 745亿元，支出为收入的2.17倍，排在全国第10位。

从现有数据出发，辽宁省新型城镇化的基本路径可以归纳为以下几点：

（1）辽宁省地理位置较为优越，资源丰富，拥有较强大的工业基

础，曾是我国重要的重工业基地。近年来，受多种因素影响，辽宁省经济发展缓慢，但该省人口素质较高，15岁及以上人口平均受教育年限位居全国第6。相信经过一轮调整后，辽宁省经济还会走上复兴之路。

(2) 辽宁省面对的一大问题是人口数量下降。2011年常住人口总量为4 379万，之后逐年下降，2020年为4 259万，10年间下降了120万。不仅如此，辽宁省城镇人口数量也出现波动，2019年城镇人口数量比上年减少了4万。人口绝对数量的下降无疑会影响经济增长和城镇化质量。

(3) 辽宁省城乡居民收入均较高，城乡居民收入比较低。2019年城镇居民DPI为39 777元，居第11位；农村居民DPI为16 108元，居第10位；城乡居民收入比为2.47，居第16位。农村居民收入较高，城镇化动力较弱，这也是辽宁省城镇人口增长率较低的原因之一。

## 二十八、陕西省产业支撑、成本分担特征与城镇化路径

陕西省综合评价得分排在第28位。2019年城镇化率为59.43%，排在第16位。陕西省城镇人口增长率较高，居第13位。

从产业支撑角度看，陕西省原始指标表现一般。工业增长率位居第8；出口增长率位居第2；城镇单位就业量增长率位居第9；失业保险支出增长率位居第2；其他指标位于中下游。陕西省一般物价水平保持稳定。

从成本分担角度看，陕西省原始指标同样不够突出。排名前10位的指标有道路照明增长率、公园面积增长率、公厕数量增长率和城镇职工参加医疗保险人数增长率。其他指标位于中下游。

从预算收支角度看，陕西省2019年财政收入为2 288亿元，支出为5 718亿元，支出为收入的2.50倍，排在全国第17位。

从现有数据出发，陕西省新型城镇化的基本路径可以归纳为以下几点：

(1) 近年来陕西省宏观经济较为稳定，工业增长表现优异。而随着西安成为国家中心城市，关中平原城市群乃至全省的经济都获得了新的动力。这一切从产业支撑方面有力地推动了陕西省的城镇化进程。当

然，陕西省各区域之间经济发展存在明显差异，陕北、陕南与关中的融合发展尚需时日。

（2）从人口来看，陕西省具备较强的发展潜力。根据第七次全国人口普查数据，2020年陕西省常住人口数量为3953万，比2019年增加了9万。与第六次全国人口普查相比，陕西省人口占全国总人口比重有所增加，在西部地区表现突出。同时，陕西省15岁及以上人口平均受教育年限超过全国均值，位居第7。

（3）陕西省农村居民收入较低，城乡居民收入比较高，这无疑提高了城镇化难度。2019年城镇居民DPI为36 098元，居第19位；农村居民DPI为12 326元，居第27位；城乡居民收入比为2.93，居第27位。农村居民每月人均可支配收入刚突破1 000元，显然难以承担城镇化成本。

（4）总体而言，无论是在城镇化产业支撑体系方面还是在成本分担机制方面，陕西省都还有进一步完善的空间。

## 二十九、山西省产业支撑、成本分担特征与城镇化路径

山西省综合评价得分排在第29位。2019年城镇化率为59.55%，排在第15位。山西省城镇人口增长率较低，居第19位。

从产业支撑角度看，山西省原始指标表现较差。GDP增长率位居第24，工业增长率为负值，城镇单位就业量增长率及农村居民人均可支配收入和人均消费增长率指标均非常低，其他指标位于中下游。唯有出口增长率位居第9。山西省一般物价水平保持稳定。

从成本分担角度看，山西省原始指标同样不够突出。排名前10位的指标有福利彩票提取公益金增长率、参加失业保险人数增长率和城镇职工参加医疗保险人数增长率。其他指标位于中下游。

从预算收支角度看，山西省2019年财政收入为2 348亿元，支出为4 711亿元，支出为收入的2.01倍，排在第9位。

从现有数据出发，山西省新型城镇化的基本路径可以归纳为以下几点：

（1）山西省矿产资源丰富，曾经有过长时间的经济高增长。但近年来受多种因素影响，宏观经济增长乏力。其中的原因可能是煤炭需求端

的紧缩、矿产资源的逐渐枯竭或环保政策的影响，我们必须认识到这一点：资源丰富地区不能永远依赖资源。

（2）山西省同样面临人口问题。根据第七次全国人口普查数据，2020年山西省常住人口数量为3 492万，比2019年减少了5万。与第六次全国人口普查相比，山西省常住人口占全国总人口比重明显下降（分别是2.47%和2.67%）。同时，山西省各类在校生数量增长率均为负值，必须引起足够的重视。

（3）随着经济增速的下滑，山西省人均收入同样增长乏力。2019年城镇居民DPI仅为33 262元，居第28位；农村居民DPI为12 902元，居第25位；城乡居民收入比为2.58，居第21位。

（4）总体来看，近年来山西省城市和乡村经济均遇到一定挑战，增长缓慢的趋势还没有出现根本性扭转的迹象，这在一定程度上影响了城镇化进程。

## 三十、黑龙江省产业支撑、成本分担特征与城镇化路径

黑龙江省综合评价得分排在第30位。2019年城镇化率为60.9%，排在第13位。黑龙江省城镇人口增长率极低，居第30位。

从产业支撑角度看，黑龙江省原始指标表现较差。地区GDP增长率、工业增长率和出口增长率均居全国最后一位，两个就业量增长率均为负值，农村居民人均收入增长率排在倒数第2位，其他指标位于中下游。黑龙江省一般物价水平保持稳定。

从成本分担角度看，黑龙江省原始指标同样不够突出。如生活用水量增长率均值较低，道路面积增长率居第27位。其他指标位于中下游，部分指标如各类在校生数量增长率均为负值，不再赘述。

从预算收支角度看，黑龙江省2019年财政收入为1 263亿元，支出为5 012亿元，支出为收入的3.97倍，排在第28位。

从现有数据出发，黑龙江省新型城镇化的基本路径可以归纳为以下几点：

（1）近年来受多种因素影响，黑龙江省经济增长缓慢，除服务业外，其他产业亮点不多。没有经济增长也就没有新增就业机会，这也是

黑龙江省城镇人口增长率极低的原因之一。

（2）黑龙江省人口流失问题比较严重。根据第七次全国人口普查数据，2020年黑龙江省常住人口数量为3 185万，比2019年减少了70万。与第六次全国人口普查相比，黑龙江省人口占全国总人口比重大幅下降（分别是2.26%和2.86%）。同时，黑龙江省各类在校生数量增长率均为负值。另外，15岁及以上人口平均受教育年限为9.93年，虽然高于全国均值，但在东三省位居最后。

（3）随着经济增速的下滑，黑龙江省人均收入同样增长乏力。2019年城镇居民DPI仅为30 945元，排在全国最后一位；农村居民DPI为14 982元，居第19位；城乡居民收入比较低（2.07），居第3位。当然，黑龙江省较高的农村居民收入主要来自丰富的自然资源，与城市经济没有多大关系。总体来看，黑龙江省城市和乡村均发展缓慢，必将影响城镇化质量的提高。

## 三十一、甘肃省产业支撑、成本分担特征与城镇化路径

甘肃省综合评价得分排在第31位。2019年城镇化率为48.49%，排在第30位，仅高于西藏。甘肃省城镇人口增长率较高，居第4位。

从产业支撑角度看，甘肃省原始指标表现尚可。虽然工业增长率居全国最后一位，但也有若干指标排名靠前。专利授权增长率、两个就业量增长率、地方营业税增长率和谷物单位面积产量增长率位居前10，其他指标多位居中下游。不过，由于其城镇人口增长率较高，原始指标减去城镇人口增长率后排名较靠后。

从成本分担角度看，甘肃省原始指标表现较差。生活用水量增长率为最后一位，其他指标多位于下游。排在前10位的仅有道路面积增长率、公园面积增长率、公厕数量增长率及参加失业保险人数增长率。各类在校生数量增长率有多年为负值。

从预算收支角度看，甘肃省2019年财政收入为850亿元，支出为3 952亿元，支出为收入的4.65倍，排在全国第29位。

从现有数据出发，甘肃省新型城镇化的基本路径可以归纳为以下几点：

(1) 甘肃省经济面临的主要问题是工业增长动力不足。2014 年第二产业增加值为 2 823 亿元，连续 2 年下降后 2016 年为 2 484 亿元，之后 3 年有所恢复，2019 年为 2 862 亿元。甘肃省一直致力于寻找新产业替代以能源为主的传统支柱产业，但新兴产业形成规模还需要时间。工业增长动力不足也是甘肃省为城镇化提供就业机会不足的原因之一，进而导致大量剩余劳动力外出务工（甘肃省每年外出务工人员数量都在 150 万以上）。

(2) 甘肃省也存在明显的人口流出现象。根据第七次全国人口普查数据，2020 年常住人口数量为 2 502 万，比 2019 年减少了 7 万。与第六次全国人口普查相比，甘肃省人口占全国总人口比重明显下降（分别是 1.77% 和 1.91%）。同时，甘肃省各类在校生数量增长率较低。另外，15 岁及以上人口平均受教育年限为 9.13 年，低于全国均值，排在倒数第 5 位。人口流出和教育水平不足无疑会成为城镇化的阻力。

(3) 甘肃省人均收入较低。2019 年城镇居民 DPI 仅为 32 323 元，排在倒数第 3 位，仅高于吉林和黑龙江；农村居民 DPI 为 9 629 元，居最后一位，也是唯一一个不过万元的省份。即便如此，甘肃省城乡居民收入比也是全国最高的（3.36），这必然会带来较大的城镇化压力。相信随着"一带一路"倡议的推进，甘肃省城乡经济会迎来新的发展机遇。

## 三十二、简短的总结

根据以上对各省份产业支撑与成本分担特征及城镇化路径的分析，可以发现以下几点。

### 1. 我国各省份之间城镇化情况差别较大

北京、上海和天津三个直辖市的城镇化率已经超过了 80%（一些省份若干城市的城镇化率也高于 80% 甚至超过 90%），而西部一些省份的城镇化率还不到 50%。从某种意义上说，三大直辖市已经度过了快速城镇化阶段，甚至已经过了饱和点而进入逆城镇化阶段，其高房价和人口准入制度已经不再会让城镇化率持续提高。而中西部一些省份仍处于快速城镇化阶段。

与之相对应，一些省份虽然城镇化率不算太高，但因为种种原因也进入了城镇化停滞阶段，东三省就是如此。东三省城镇化率均未达到

（或接近）70%，但城镇人口增长率极低，个别省份的城镇人口还出现了负增长。显然，东北地区省份缺乏进一步城镇化的动力。

**2. 各区域城镇化路径不尽相同**

除上述三个直辖市以外，各区域城镇化路径同样差异很大。

东部地区经济发达，但分化也比较明显。在东部地区省份中，浙江、江苏和福建基本上属于同一类，都是靠民营经济的蓬勃发展带动城镇化进程。广东省则不完全一样，因为它具备独特的地理优势，也得到了国家战略的重点支持。海南省同样具有国际旅游岛的独特优势。而山东和河北则又有不同。山东省经济体量巨大，但城镇化进程不尽如人意。河北省虽然具备区位优势，但经济活力明显不足。

在中部地区省份中，湖北省独树一帜，其繁荣程度和增长态势超过其他省份，城镇化率也最高。安徽、江西、河南、湖南基本上属于同一类，这四个省份农业人口众多，虽然经济增速较高，但还不能提供充足的就业机会，存在大量外出务工人口，其城镇化进程充满勃勃生机。山西省则与其他省份不同，其城镇化率虽然也较高，但经济活力不足，城乡居民收入增长率很低，城镇化进程阻力较大。

在西部地区省份中，基本上可以分为四类：重庆为一类；广西、四川、贵州、云南、陕西为一类；西藏、甘肃、青海、宁夏和新疆为一类；内蒙古为一类。重庆有直辖市之利，农村人口较多，各项事业蓬勃发展；广西等五个省份虽处于西部，但自然条件较好，城镇化率虽较低，但城镇人口增长率较高，城镇化进程仍处于快速推进中。这五个省份均有独特的优势：广西毗邻广东，外出务工、承接产业转移较为方便；云贵地区气候条件得天独厚，旅游资源丰富，地方政府措施得力，新兴产业发展迅速；四川和陕西则拥有国家中心城市，均具备一定的发展潜力。西藏等五个省份城镇人口增长率同样较高，但自然条件相对恶劣，生态环境脆弱，发展可能性受到多种因素制约。与西部地区其他省份不同，内蒙古城镇化率较高，农村居民收入也较高，城镇人口增长率很低，城镇化压力较小。

**3. 经济体量与城镇化质量之间没有必然联系**

截至2019年，地区GDP总量超过3万亿元的省份已经有13个，人均GDP超过6万元的省份也有12个，但从城镇化质量角度出发，个别省份依然存在一些问题。以山东省为例，该省 GDP 总量已经超过 7 万亿元，人均 GDP 超过 7 万元，但其城镇化率依然较低，城乡差距依然较大，城镇化产业支撑和成本分担机制仍不够健全。

贵州省则是一个反例。2019 年该省 GDP 总量仅为 1.68 万亿元，人均 GDP 仅为 4.63 万元，与东部发达省份存在不小差距，但其在城镇化方面的努力却令人印象深刻。众所周知，贵州省高原山地居多，"八山一水一分田"，也是全国唯一没有平原支撑的省份。在较恶劣的自然条件下，贵州省能保持多年来 GDP 增长率和工业增长率全国第一，能保持较高水平的基础设施及社会保障投入是难能可贵的。

**4. 产业支撑和成本分担并重，才能提高城镇化质量**

实践证明，只有产业支撑和成本分担并重，才能提高城镇化质量。以东部地区的广东、江苏、浙江和福建为例，这些省份的城镇化进程与产业兴旺、经济增长浑然一体，城镇化的驱动力量主要来自蓬勃发展的民营经济，政府的主要任务是引导、规范、促进城镇化并分担其城镇化成本。如果没有政府的引导和规范，民营经济就难以在较短时间内走上集群化、品牌化、平台化发展之路；如果没有政府的基础设施建设投入，民营经济的外在成本就难以降低；如果没有政府的规划和统筹，城镇化就只能是一个缓慢发展的过程。

总之，虽然各省份或各地区城镇化的特征、模式和路径等多有不同，但都归于一点：推进新型城镇化必须依赖各次产业的发展。只有产业发展才能解决城镇化增量人口的就业问题，而就业增加才能带来财政收入的增加，才能分担城镇化带来的成本增加。

**第六章附录**

# 第七章 新型城镇化模式与政策选择

本章的思路是：首先，对新型城镇化的一般模式进行总结和回顾，一般模式主要分为需求主导型和供给主导型两类；其次，根据这些模式给出加快新型城镇化进程的相关对策；最后，党的十八大以来，在城镇化进程中出现了一些新情况，党中央也有了新的指示和安排，我们拟对当前新型城镇化的新进展进行分析和提炼。

## 第一节 新型城镇化的一般模式

我国地域广大，各地区差异较大，因此存在着不同的新型城镇化模式。我们尝试从需求（成本分担）和供给（产业支撑）的角度进行分类，其中，需求主导型城镇化模式分为4大类，又细分为8个小类型；供给主导型城镇化模式分为5大类，再细分为15个小类型。

### 一、需求主导型城镇化模式

需求主导城镇化模式实际上是以较完善的成本分担机制为主，我们将该模式分为四个类型，分别是家庭自发型、产业主导型、资本驱动型和政府主导型。

**1. 家庭自发型**

家庭自发型城镇化模式可以进一步分为两个类型：教育导向型和就业导向型。这种模式在现实中案例极多，也是新型城镇化的重要模式之一。

（1）教育导向型。

目前，我国多数家庭越来越重视子女的教育，为了子女买房、租房甚至陪读等现象屡见不鲜，在农村地区也是如此。以河南省安阳市为例，该市东区为新设立的安东新区，新建了很多楼盘，而购买这些楼盘的多是安阳县东部地区的农村居民，其购房目的以使子女（孙子孙女）获得更好的教育资源为主。他们即使无力在市里买房，也要在中心镇、中心村买房，因为这些地区的教育质量更高。

我们难以对此进行规范性评价，这种客观现象的出现有多种影响因素。例如，长期以来的生育政策导致了家庭中子女数量的减少，从而父母可以为子女教育付出更多；再如逆向代际歧视的观念，一些家庭对赡养老人的重视程度要低于对下一代的关注程度，其背后的理念就是"一切为了孩子"；也有攀比和示范效应的影响，家长们希望自己的子女拥有比别人家的子女更好的教育条件（至少不能更差）；最后是在农村地区一度流行的厌农、弃农思想，一些农民不愿让下一代再从事农业，希望他们离开农村。

（2）就业导向型。

就业导向型城镇化也是城镇化的重要模式之一。农村居民由于就业而进入城市的渠道一般分为这样几种：在城市打工并留在城市、在城市创业并留在城市、到城市投靠亲友最后留在城市等。这里还分为两种情况：一种是彻底离开农村，举家迁移到城市，仅逢年过节、婚丧嫁娶时回乡看看，把农村的房子卖给别人，把承包地转包给他人；另一种是在城市有房，同时也不放弃农村的房产（包括宅基地、住房和承包地）。我们认为，无论哪一种情况都是农村居民自己选择的结果，都应该得到支持。

当然，我们在调研中发现，也有一部分农村居民在当地农村创业，获得一定财富后，出于提高生活质量等原因在城市买房，他们白天在农村工作，晚上或者周末返回城市。此外，部分在农村工作的公务员、事业单位员工也是这样。有时候，在城里有房是一种身份的象征。

### 2. 产业主导型

（1）内生产业主导型。

内生产业主导型也可以进一步分为两种情况：一种是由核心企业带动，另一种是由中小企业集群带动。在山东省一些地区，一个村庄往往就会成为一个大企业集团，如山东省烟台市莱山区的清泉集团，该集团原来就是清泉寨村的村办企业。清泉集团的经营范围很广，包括房地产、建筑材料、建筑施工、热电、供水、商业、旅游等等，已经成为一个规模很大的企业，全体村民均持有股份。同时，集团为全体村民修建了住宅，完全实现了就地城镇化。山东省龙口市的南山集团也是如此，有职工4万多人，稳居我国企业500强。而在我国东南地区如福建省一些地级市，并没有类似的大集团，但很多农村居民都有自己的企业。虽然这些企业有的发展快，有的发展慢，但是居民财富的增加为城镇化铺平了道路，新农村建设非常顺利，可以说，闽南金三角地区农村的生活质量与城市没有多大区别。

（2）外生产业主导型。

这种类型主要归功于各地的招商引资工作，尤其是引入的大企业或企业集群。考虑到土地成本，被招商的企业并不愿意将工厂建在市中心，而是建在郊区或农村。当成千上万的工人被招进工厂，周边的房地产、各种服务业也就应运而生。如果这些企业能够落地生根，则城镇化程度自然会提高。当然，企业的兴衰也会对城镇化带来影响。我们曾经考察过这样一个案例：某地政府争取到了某企业的一个大型合资项目，项目投产后效益很好，该企业及为其生产配套产品的中小企业逐渐形成了一个较大的企业群落，用工数万人。这些工人纷纷在周边买房、安家落户，周边地区一时间非常繁荣。几年过后，由于战略决策失误，该企业宣布破产，周边地区也就逐渐变得萧条。

**3. 资本驱动型**

（1）强根植性资本驱动型。

最初外资进入某个区域是为了降低成本，为外部市场提供服务，如"三来一补"。但经过长期的发展，逐渐形成了以某种产品为代表的专业群落，并进一步演化为某种意义上的产业集群（块状经济）。而产业集群的形成又会导致人口的聚集和配套服务的完善，城镇化进程也就随之展开。这种驱动模式也有较强的产业支撑，产业发展已经具备自身增长惯性。当地人口的城镇化以集中式的市场主导为主、以分散式的家庭主导为辅。

（2）弱根植性资本驱动型。

相比之下，有些地区的外资所投资的项目并没有与当地产业发生多少联系，也没有形成足够规模的块状经济，"两头在外"就是其中的典型案例。这种模式的出现与一段时间以来各地招商引资的盲目性有关，很多园区形成了这样的局面：园区内有若干企业，但还没有凝聚成有竞争优势的产业集群，配套工业服务及相关服务业发展缓慢，就业人口呈迁徙式流动，园区周围一片荒野。这样的园区仅仅是园区，而不是城镇。

**4. 政府主导型**

目前来看，政府主导型城镇化依然是很多地区城镇化的主要模式，可分为强公益性和弱公益性两类。

（1）强公益性政府主导型。

保障房建设、棚户区改造、西部地区的就近城镇化及较偏远地区城镇化建设属于强公益性的政府主导模式。从理论上讲，大部分农村新社区建设也属于这种类型，但在现实中政府必然要委托商业机构作为开发主体，而后者更为关注商业利益，这就构成了某种紧张关系，也增大了这种模式的操作难度。我们认为：农村新社区建设或新农村建设能否成功的关键是作为主要推进主体的政府能否充分尊重农民的意愿、能否倾听其诉求、能否合理利用市场化手段而不仅仅是行政命令。还应该有第三方机构对开发主体进行有效监督，否则就会不断出现补偿纠纷、钉子户、"被上楼"现象。

（2）弱公益性政府主导型。

这种模式以商业开发为主，兼顾公益性，典型例子如城中村改造、旧城改造、城市周边地区开发以及部分产业新城、新区建设。其最大特征是政府仅承担部分开发成本或不承担开发成本，开发成本由开发商的商业利润来弥补。这种模式成功的标志不应该仅仅是住房条件、城市环境的改善，更重要的是就业机会的增加。例如，在东北某些地区的旧城改造中，街道、楼房、基础设施都得到了重新修缮，但巨额投入并没有带来预期的就业增长，反而使人口大量流失，导致当地经济的低迷程度进一步加深。经济低迷、人口流失固然有宏观方面的原因，但政策导向性偏差也是重要的原因。

表7-1展示了需求主导型城镇化模式的需求结构、实例、特征及成本分担类型。

表 7-1　需求结构与成本分担类型

| 需求结构 | | 实例 | 特征 | 成本分担类型 |
| --- | --- | --- | --- | --- |
| 家庭自发型 | 教育导向型 | 城镇产业对农村人口的虹吸效应 | 为子女教育 | 家庭主导 |
| | 就业导向型 | 产业集聚 | 务工及其他原因 | 家庭主导、政府为辅 |
| 产业主导型 | 内生产业主导型 | 本地企业带动 | 本地产业扩张 | 家庭主导、企业为辅 |
| | 外生产业主导型 | 外来企业扩张 | 外来产业扩张 | 企业和家庭并重 |
| 资本驱动型 | 强根植性资本驱动型 | 外资带动当地产业 | 外来资本结合本地资本 | 家庭主导、企业为辅 |
| | 弱根植性资本驱动型 | 外资与当地产业关联度较弱 | 外来资本独自发展 | 家庭主导、政府为辅 |
| 政府主导型 | 强公益性政府主导型 | 棚户区、就近城镇化 | 依托原有产业体系 | 政府主导、家庭为辅 |
| | 弱公益性政府主导型 | 旧城改造、城镇扩张 | 以商业服务业为主 | 政府、家庭、企业并重 |

## 二、供给主导型城镇化模式

**1. 主导力量标准**

(1) 专业市场导向模式。

这种模式多发源于民间市场，通常具备一定的历史传统。改革开放以来，地方政府顺应时势对专业市场加以扶植，使其规模逐渐扩大。典型的有安徽亳州的中药市场，该市场具有悠久的历史，1994 年就是全国药材重要集散地之一，经过近 30 年的建设，成为全球最大的药材交易中心，从业人员达数十万。义乌的小商品市场更是如此，不再赘述。

(2) 外资导向模式。

这种模式与上文中的资本驱动型有所交叉，但此处的外资并不是指外国资本，而是指外来资本。地方政府在招商引资时，一定要厘清招引资本的特征：通常以制造业为主的资本，最好能够找到当地的配套产业，即使无法提供关键部件，也可以提供包装、运输及其他生产性服务；而以服务业为主的资本则要以提供政策协调、扶植为主。地方政府还要对招引的企业进行一定时间的跟踪。

我们在调研中发现，一些地方的招商引资存在问题，常见的是以制造业为名，以开发房地产为实。名义上是"某某高技术或信息工业园"，实际上只是挂个工业园的牌子，里面则是商业楼盘。开发房地产本身并不是坏事，但缺乏产业支撑的房地产最终会带来恶果。

（3）开发区导向模式。

开发区导向模式通常由政府主导，由政府划出一片土地，作为各种形式的开发区，如国家级开发区、国家级高新技术开发区、省级或市级开发区以及名目繁多的各类工业园区等。不可否认，有的开发区进驻企业数量多、质量高，形成了较为完整的产业链条或多个产业集群，而有的开发区则有名无实。开发区一旦获批建设，就涉及招商引资问题。我们可以想象，如果所有地区都设立开发区来招商引资，都提供优惠政策，那么这就跟没有优惠政策一样，而良好的投资环境、经营环境要比优惠政策更有吸引力。此外，有的地方政府在招商引资时承诺了一些优惠条件，但招商引资成功后并不兑现，极大打击了企业的积极性，也影响了政府的公信力。我们认为，企业才是城市的生命线，也是城镇化顺利推进的基础。

**2. 带动机制标准**

（1）一般性中心城市带动模式。

农村居民的流动特征是什么？如果有条件，他们就会从偏远村庄向中心村、中心镇流动，或从农村直接迁移到小城市，这种小城市就是一般性中心城市，例如，地级市下辖的县级市或区。如果农村居民离地级市较近，则地级市也可以作为一般性中心城市。一般性中心城市通常交通较为便利，生活服务设施较为完备，教育医疗条件较好，就业机会也较多。

我们在调研中发现，即使是比较落后的地级市，如果有重点中小学、三甲医院等机构，也能吸引大量人口，城市也会呈现出繁荣景象。不过，如果没有背后的现代农业、先进制造业、高端服务业作为支撑，这种繁荣就只是财富的平面流动或集中，不会带来增值，只有集聚效应没有扩散效应。北方地区很多地级市就是如此，看起来人头攒动、市场繁荣，实际上前景并不乐观。地方政府应该花大力气培育本地的各类企业，让人们可以获得稳定的收入，城镇化才会有未来。

(2) 区域性中心城市带动模式。

区域性中心城市包括较大的地级市、省会城市及直辖市，当然，这些城市中也有超级大城市和国家中心城市。区域性中心城市不仅吸引农业人口的流入，也吸引从一般性中心城市迁移的人口。区域性中心城市发展的关键是寻找到一个突破口，一旦突破，就有可能进入国家中心城市阶段。

最为典型的案例是郑州，郑州发展的关键是郑东新区的建设，郑东新区2003年才开始动工建设，到2013年已经成为人口过百万的新城。从过程来看，这实际上就是从存量发展转向增量发展。同时郑东新区又有全省近一亿人口的支撑。"造城"战略也要结合实际情况。同样是新城，内蒙古鄂尔多斯市康巴什区的发展还有一定空间，人口数量和规划人口规模还有一定距离，而高房价又遏制了中低收入阶层人口的流入。

(3) 城市群带动模式。

关于城市群的说法较多，但无论哪种说法，长三角、珠三角城市群都被公认为较成熟的城市群，城市与城市之间除绿色隔离带之外不存在明显的界限，城乡之间不存在明显的差异。而其他的一些城市群，则仍处在发展之中，和长三角、珠三角城市群差距较大。

以山东半岛城市群为例，山东半岛地理位置优越，尤其是沿海城市，风景秀丽、气候宜人，本应重点吸引我国北方地区、中西部地区人口流入。可惜的是，一些城市的各个区之间联系薄弱，与城市群的要求相距甚远。同时，该城市群对各类人才吸引力度不足，人口流入缓慢。另外，还存在观念僵化的问题，公务员、企事业单位是认可度较高的职业选择。缺乏冒险精神和创业精神，城市群也就失去了发展的根基。

**3. 产业规模标准**

(1) 村镇级别专业合作模式。

村镇级别专业合作模式看起来规模较小，影响不大，但实际上是农村居民实现城镇化的重要渠道之一。靠一家一户精细化耕作带来的收入较少，农村居民人均耕地面积不过一两亩，即使种植经济作物，扣除各种投入后的纯收入也比不上外出打工。目前，房地产市场逐渐走向平稳,外出打工机会也在缓慢减少,如何将农村居民留在当地获得稳定收入?专业合作就是一条道路。

村镇级别专业合作模式基本上分为两种类型:一种是仍然以传统种植业为主,不过要通过土地流转使种植规模扩大,这样就可以应用大型机械,提高种植专业化程度,使农民转变为职业农民。这种类型需要政府在种植技术、农业机械购买、种植补贴、农业保险等方面提供帮助。另一种是以经济作物、养殖业(包括水产养殖)为主,例如中药材种植、蔬菜种植、家禽家畜规模化养殖、水产养殖等。这种类型对资金、技术要求更高,需要政府在融资、技术、市场等方面提供帮助。一些沿海地区的近海养殖业已经形成养殖、加工、提炼(制药)的完整产业链,而北方地区则发展较慢。

我们在调研中发现了一个案例:一对农村夫妻在城市远郊地区承包了100亩地,种植中药材,投资50万元,平常雇工10人,在种植、采摘农忙时节要雇佣上百人,应该说这是一个好项目。不过,虽然当地的土壤非常适合种植中药材,但目前仅此一家实施该项目。当地政府也给予了各种支持,但由于销售、提纯等环节均由外省企业控制,该项目每年带来的利润只有十多万元。也就是说,即使该项目前景很好,但由于没有形成足够的规模,只能位于产业链的低端。

(2)县域级别特色产业模式。

我国目前有两千多个县,实际上几乎每个县都可以找到自身的特色产品,但有的产品成了本省乃至全国的知名品牌,有的则只在本县知名。这既与产品本身有关,也与产品产业化程度不够、宣传力度不足、经营思路不开阔有关。如山东省海阳市郭城镇有一种食品叫郭城摔面,面条很细,非常有特色,可以说口感完全不亚于山东省知名的蓬莱小面、全国知名的兰州拉面等面食品牌,但它仅流行于本地,外地很少见到。

在食品方面最成功的一个例子无疑是沙县小吃。沙县小吃发源于福建省三明市,流行于全国,最多时全国有8万多家沙县小吃店。我们暂且不讨论其产品质量、档次、经营模式这些问题,设想一个小店有3个人经营,在全国就有20多万人经营,也就是解决了20多万人的就业问题。假设一个自然村的人口为1 000人,这就相当于为20多个自然村的人口提供了稳定的收入来源。这无疑是值得推广的。

(3) 城市级别优势产业模式。

城市级别优势产业模式通常以制造业（或采掘业）为主，例如某市被称为"汽车城""钢城""石油城""煤都"等等。很多时候一个企业能带动很多相关产业，成为城市的名片；但如果企业经营不善或面临资源匮乏，城市就会随之衰落。这方面国内外的案例有很多，国外城市如美国的底特律，国内一些资源枯竭型城市如甘肃省玉门市、黑龙江省大庆市、内蒙古自治区鄂尔多斯市等。

(4) 地区级别产业集群模式。

地区级别产业集群听起来似乎很强大，实际上也要落实在一家家企业的发展上。例如，2018年成都市提出要打造三个规模超过万亿元的现代产业集群，即电子信息产业、装备制造产业和医药健康产业，其中电子信息产业规模已经接近万亿元，形成了从集成电路、新型显示、整机制造到软件服务的完整产业链条，但其基础是超过500家规模以上电子信息制造企业，这500多家企业并不是在成都市提出上述目标之后才进驻的，而是早已存在。这意味着什么？这意味着即使政府再有能力，也不会、更不能无中生有，政府的发展战略通常要建立在已有资源的基础上。

再如江苏省徐州市，徐州市是传统工业城市，被称为工程机械之都，近年来也提出传统工业基地转型升级的目标。不过，我们需要认真思考：究竟是企业要转型，政府要转型，还是政府要求企业转型？政府实际上只有鼓励或者制约的政策，是否转型由企业说了算。例如上海电气研砼建筑科技集团有限公司进驻徐州市后，目标为生产装配式建筑的装备与产品，即使徐州市政府不提出上述转型目标，该企业仍然要投资这个项目。这又意味着什么呢？在市场上，企业的嗅觉是最灵敏的，优秀的企业家能够高瞻远瞩，能够提前觉察到市场需求现在和未来的变化，从而调整企业发展战略，引领市场需求。而政府的战略实际上是众多企业做出选择以后的归纳与总结而已。政府最好不要直接提出发展"某某产业""某某集群"，政府要支持的是创新，至于创新到了哪一步，创新走向了哪一个方向，最终要由市场决定。如果政府坚持要发展"某某产业"，那么几年后市场发生变化，政府就不得不提出发展另外一个

"某某产业",如此不断变化,势必影响政府的公信力,也会带来资源的浪费。

**4. 扩张方式标准**

(1) 原发型产业集群模式。

多数地区的产业集群均属于原发型产业集群模式,例如福建省晋江市的服装、运动鞋产业及义乌市的小商品市场等。我国南方地区原发型产业集群的一个重要特征是:起初为很弱小的家庭作坊式经营,然后经过积累、演化、分化等阶段,最终成为上下游关系紧密的垄断竞争或寡头市场。不过,家庭作坊式的起点决定了这种产业集群的轻工业或商业性质,可想而知,一个豆腐作坊无论如何也难以演化为装备制造企业或类似华为这样的技术密集型企业。

而在我国北方也有类似的产业集群,不过与南方存在明显的差异,最典型的例子就是中关村一条街。这种模式不是起源于作坊,而是起源于一个共有的商业平台。中关村一条街的起点是商业甚至是电脑组装之类的手工业,经过资本积累,逐渐向制造业靠拢,诞生了联想这样的大企业。比较来看,南方模式是从一个一个独立的点起步,然后"星火燎原";而中关村模式是从一个面起步,之后优胜劣汰。两者的共同点是产业集群内部的示范效应、引领效应;不同之处在于:南方模式先有企业后有集群,中关村模式则是企业与集群几乎同时形成。当然,无论哪一种模式的产业集群,在起步之初都是弱小的,都需要政府政策的扶助。这种扶助可以是"盲目"的,也就是说,不管经营什么,只要是合法的,政府就都应该支持。

(2) 嵌入型单级扩张模式。

嵌入型单级扩张模式对我们而言并不陌生,改革开放前的"三线"建设就类似于这种模式。当时,我国在三线建设了一大批军工企业和研究机构,这些单位中的一部分在改革开放后向民用方向发展,也逐渐融入了当地的产业体系,典型的案例是许继电气股份有限公司。20 世纪 70 年代该企业由东北地区迁往河南省许昌市,1993 年改制成功,1997 年上市。而值得我们关注的是许继电气股份有限公司带动了当地一大批企业,为当地经济做出了很大贡献。

改革开放后,随着各地招商引资步伐的加快,出现了无数个嵌入型单级扩张企业。通常是一家企业到某地落户，通过横向或纵向一体化、自身扩张等方法形成了集团公司或具备战略联盟性质的多企业联合体。不过，其中成功和失败的案例同样多。一些企业在经营顺利的时候扩张迅速，其投资规模甚至在极短的时间内扩大到全国，但过快的扩张速度也带来了很多问题。如20世纪90年代的郑州亚细亚，在4年之内开设了14家分店，扩张迅速，但失败也很迅速。我们可以把这种失败的原因大部分归结为企业自身经营战略的失误，但如果政府或其他专业机构能够适时加以提醒，也许就不会出现类似的商业悲剧。

（3）政府主导型块状推进模式。

政府主导型块状推进模式通常以经济特区、自贸区、保税区、开发区、某某新区为特征，层次不同，既有成功的案例，也有失败的教训。从国家层面看，最典型的例子莫过于深圳市。作为改革开放的窗口，深圳市已经成为我国一线城市的代表。从省级层面看，各地的开发区有的已经成为当地经济的中流砥柱，有的尚在建设之中。以山东省烟台市为例，2018年该市开发区GDP总量为1 484亿元，占烟台市GDP的比重接近20%，而烟台市高新区由于建设较晚，同年GDP仅为30亿元，几乎可以忽略不计。

**5. 实现形式标准**

（1）产业新城模式。

产业新城模式可以分为两种：一种是产城融合模式，另一种是产城分离模式。在目前的实践中，多数表现为产城融合模式，即产业与人口居住同在一个新区，而后者则是产业与人口居住地相对分离。

在一些超级大城市，产城分离模式也非常常见。例如在北京有一个巨大的小区——天通苑，居住人口达70～90万，相当于一个小城市的人口。这些人每天白天离开小区上班，晚上回家居住，交通压力、拥挤程度可想而知。再如河北的燕郊，燕郊本地除了一些必备的服务业之外几乎没有任何产业，也是个典型的"睡城"，过潮白河就是北京，而90%以上的燕郊人每天要过河到北京工作。当然，这两个例子有所差异：天通苑的出现是规划的结果，而燕郊的形成却是人们自然选择的结果，因为燕郊房价要低于北京。虽然天通苑、燕郊的交通拥挤问题可以通过建设更多线路如地铁等来缓解，但我们要思考的是：为什么一定要规划如此巨大的小区？为什么一河之隔，房价就相差那么多？

当然，多数城市都采取了产城融合模式。例如淄博市张店区高新区经济实力居张店区前列，为张店区贡献了近1/4的GDP，有企业3 000多家，常住人口数量在30万以上。产城融合模式实际上对城市功能分区、城市规划提出了更高的要求，尤其是一些化工类、采掘类、建筑类企业，在符合环保生态要求的基础上要与居住区保持一定的安全距离，否则容易产生安全隐患。如河北省峰峰煤矿，经过几十年的挖掘，加上采煤回填不充分，导致周边村民房屋出现裂缝，田地大坑随处可见，部分居民不得不搬离家园。如果我们能够做好早期城市规划，监督企业严格执行安全生产标准，就可以避免这些问题。

（2）农村新社区模式。

在所有新型城镇化模式中，农村新社区模式无疑是就近城镇化的典型代表，也是城镇化成本较低的一种。农村新社区模式是对农村的系统性、整体性改造，如果建设成功，就可以节约大量新农村建设成本，如农村厕所改造、天然气改造、水电暖改造、旧房修缮等成本。

在实践中，农村新社区模式往往分为两种情况：一种是将原来的村庄拆迁，并在原址上兴建新社区，这种模式需要原来的农村居民租房躲迁，成本略高，通常发生在土地紧张的城市郊区；另一种是在村庄附近的空地上兴建新社区，原来的村庄拆掉后复垦，由于新社区一般为楼房，这样就会结余一部分土地，可以用于土地储备、商业用途，或者作为与土地增减挂钩的流转指标。第二种情况常见于土地较为宽裕的远郊或乡镇。

农村居民也很渴望住上楼房，因为楼房设计相对合理，封闭性较好，夏季可以使用空调，冬季取暖效果较好，还可以解决集中供暖、下水道、卫生、厕所等一系列问题。在一些较为富裕的城市郊区及乡镇，农村新社区建设较为成功，但在经济状况一般的乡镇，农村新社区建设比较滞后。这其中有几方面的原因：第一，有的地方以建设新社区为名，把新社区变成了房地产开发。其做法是圈占一片耕地，盖上楼房，然后向外出售，谁有钱谁买，购买新房的农村居民并不腾退原有的宅基地。实际上，即使他们归还了原有宅基地，也无法对其复垦，因为这种腾退都是零星发生的。第二，地方政府对新社区补贴不够，农村居民在腾退了原有的宅基地和住房后，还要交一大笔钱才能住进新房，连装修费用都无法支付。第三,有的新社区在选址、设计上存在问题。例如与农村居民的耕地太远,人们只好开车去种地;有的新社区完全按照城市小区设计,农具、农业机械无法存放,降低了对农村居民的吸引力。

表7-2展示了供给主导型城镇化模式的供给结构与产业支撑类型。

表7-2 供给结构与产业支撑类型

| | 供给类型与供给结构 | 产业支撑类型 |
| --- | --- | --- |
| 主导力量标准 | 专业市场导向模式 | 服务业、制造业 |
| | 外资导向模式 | 制造业、服务业 |
| | 开发区导向模式 | 制造业、房地产业 |
| 带动机制标准 | 一般性中心城市带动模式 | 商业、房地产业为主 |
| | 区域性中心城市带动模式 | 制造业、商业 |
| | 城市群带动模式 | 二三产业联动 |
| 产业规模标准 | 村镇级别专业合作模式 | 现代农业、商业 |
| | 县域级别特色产业模式 | 商业、制造业 |
| | 城市级别优势产业模式 | 加工制造业为主 |
| | 地区级别产业集群模式 | 二三产业联动 |
| 扩张方式标准 | 原发型产业集群模式 | 制造业、服务业 |
| | 嵌入型单级扩张模式 | 制造业为主 |
| | 政府主导型块状推进模式 | 制造业、房地产业 |
| 实现形式标准 | 产业新城模式 | 制造业、房地产业 |
| | 农村新社区模式 | 房地产业、现代农业 |

## 第二节 加快新型城镇化进程的相关对策

我国各区域、各省份及同一省份的各地级市所处的发展阶段不同,有些地区城镇化率已经超过80%,有些还不足50%。这要求我们在一些地区要适当加快城镇化进程。同时,针对不同的城镇化模式,也要有不同的对策。

## 一、针对需求主导型城镇化模式

### 1. 家庭自发型城镇化

家庭自发型城镇化源于城镇虹吸作用带来的人口自发流动，这种模式主要见于分散式、家庭式城镇化。其主要特征是家庭的部分成员有相对稳定的收入来源，而其他成员则不一定有稳定职业。例如，一方在城市工作，另一方则全职照顾家庭，负责家务、养育子女等。一方面，获取收入的重担都压在某个成员身上，这无疑会带来一些风险；另一方面，这种两级化的家庭分工模式并不符合现代工业社会的要求——一旦孩子长大，无职业家庭成员的社会角色就会模糊化，这是一种低效率的分工模式。

此外，随迁家庭成员的户籍、医疗、社保问题能否顺利解决也是影响城镇化稳定性的重要原因。我们应该为无职业的进城人口提供完善的就业、创业服务，充分发挥基层社区、党组织的作用，做到"点对点"帮扶，尽可能为家庭分担城镇化成本。在这方面，随着近年来中央各项新政策的发布，各地均出台了一些促进转移人口市民化的措施，对增加就业带来了很大帮助。

以江西省为例，2020年12月江西省发布了《关于促进劳动力和人才社会性流动体制机制改革的实施意见》（简称《意见》），《意见》中有多项促进转移人口市民化的措施。例如全面放开全省城镇落户条件，全面取消城市落户限制，以具有合法稳定住所（含租赁）或合法稳定就业为户口迁移的基本条件，取消参加社保、居住年限、就业年限等限制。《意见》也提出了关于促进就业的措施，如为就业困难人员（既包括城镇也包括农村）提供公益性岗位，提供岗位补贴和社会保险补贴，全面清除家庭"零就业"。这些措施对于清除城镇化障碍、降低城镇化成本是极有助益的。

### 2. 产业主导型城镇化

（1）内生产业主导型。

内生产业主导型城镇化同样见于分散式、家庭式城镇化，但其特征是由产业聚集引起的本地城镇化或城市的自然扩张。这种产业聚集具有一定的内生特征，典型案例就是以浙江省温州市、义乌市、嵊州市等地为代表的专业市场。当然,专业化市场也经历了分散式集市、商铺式市场、综合性市场、产业综合体等阶段。在商铺式市场之后,城镇化进程开始自动介入市场的扩张。这种城镇化模式本身具有较为完善的产业支撑体系,政府政策应该在促进产业集群升级的同时侧重于成本分担,为增量人口提供基础设施服务、公共管理服务、教育服务等公共产品。

以浙江省嵊州市为例,该市最早以生产领带起家,近年来向家纺、高档服装、真丝产业转型。《嵊州市国民经济和社会发展第十四个五年规划和二〇三五年远景目标纲要》明确提出,要推动传统产业高端化、智能化、绿色化,发展智能制造、服务型制造;要推动形成"头部企业＋中小微企业＋服务环境"的产业集群生态圈。这些措施为传统产业的升级提供了助力。此外,规划还提出,一方面,要大力建设现代化基础设施体系,推动交通、能源、水利、市政、文教卫体等传统基础设施迭代升级;另一方面,要在农村基础设施方面增加投入,补齐短板。在社会保障方面,该规划提出要健全多层次、多支柱养老保险体系,探索基本养老保险、企业年金、个人商业养老保险"三支柱"模式。

考察嵊州市关于传统产业升级方面的努力,其部分目的在于完善城镇化的产业支撑体系;而关于基础设施和社会保障方面的措施,则有利于分担城镇化成本。产业支撑和成本分担双管齐下,才能提高城镇化质量。

(2) 外生产业主导型。

首先,要保证外生产业能够迅速落地生根,与本地产业融为一体,否则就仅是为这些产业提供了一个生产场所而已,不会给本地区带来较大的积极影响。其次,要为外生产业带来的随迁人口解决落户、就业、医疗、社保及子女教育问题,为流入人口解决后顾之忧。最后,要保证招商政策的连续性,留住企业,在企业经营困难的时候为其排忧解难、保驾护航,否则企业破产或搬迁会带来很大影响。要认识到,为企业提供服务,改善企业经营环境,本身就会降低城镇化成本。

以下是一个微观案例。某地引进了一个航天技术研究所,又吸引中国科学院计算技术研究所在该地建立了分所。这些单位迅速与当地企业建立了联系,形成了若干个中小企业孵化器,在带动当地经济发展的同时,还带来了就业的增加。围绕这些企业群体,该地建设了幼儿园和小学，引进了一家医院，商业设施也不断完善，自发形成了一个新的经济增长点。

我们再以贵州省为例。近年来，贵州省城镇化进程推进迅速，这与其坚持不懈地改善营商环境密不可分。其改善营商环境的第一个特色是通过推进"互联网＋政务服务"来带动放管服改革，通过网上提交申请、注册、录入资料，一家公司最短可以在一天之内完成登记手续。第二个特色是集成套餐服务，涵盖了从企业名称预先核准、办理工商营业执照、雕刻企业公章到开设对公账户、税务备案全过程，实现进一扇门、一站服务、一套资料、一窗通办、一次办结。第三个特色是减税让费，特别是在疫情期间，增大税费减免力度，大幅降低企业运行成本，进一步激发市场活力。

以上案例说明，如果政府致力于企业经营环境的改善，则可能会收到事半功倍的效果。一方面会带来外部经济效应，增加企业效益，另一方面也会解决企业人员的后顾之忧，城镇化进程将会更加顺畅。

**3. 资本驱动型城镇化**

资本驱动型城镇化一般分为强根植性和弱根植性两种模式。

（1）强根植性资本驱动型。

强根植性资本驱动模式本身已经具备较完善的产业支撑体系，政府政策同样侧重于成本分担，提供公共产品服务。城乡统筹、城乡一体化，以及具体的教育、医疗、养老保障等功能都要及时延伸，提高居民的幸福程度。

以广东省顺德为例。顺德（区建制，隶属佛山市）是较早从事"三来一补"的地区，其中第一家与香港合资进行代工生产的工厂是容奇大进制衣厂。在生产过程中，这些从事代工的企业逐渐掌握了核心技术，创建了自身品牌。在完成资本积累以后，顺德从服装行业转向了其他行业，如珠宝、家具、五金、纺织等。目前，顺德的目标已经转向智能家电、机器人、高端装备制造、电子信息和医疗健康等产业。在此过程中，政府的规划起到了重要作用。顺德还开展了城乡品质提升行动，其中最重要的是村级工业园的升级改造。改造之后，政府一手抓产业科技创新，一手抓城乡品质提升，目标在于走出一条城乡融合的新型城镇化的顺德之路。

显然，顺德的成功并不是偶然的。政府提出的"一手抓产业科技创新"就是对产业支撑体系的不断完善，"一手抓城乡品质提升"就是针对成本分担机制的构建。以教育为例，以往顺德优质生源流失率较高，为此区政府实施了"壮腰工程"，增加对初中教育阶段的投入，设立品牌初中建设专项经费，改善初中办学条件。2020年底，所有品牌初中全部安装空调，2021年实现全寄宿。这些措施有效地控制了优质生源流失率，也提高了义务教育阶段的教学质量，对降低城镇化成本也有一定帮助。

（2）弱根植性资本驱动型。

以引资为主的弱根植性资本驱动型城镇化模式要求政府改变引资思路，要有长远眼光，合理引导、着力培育具有生命力的特色产业、长寿企业及与本地区关联较强的产业，逐步形成产业集聚—人口集中—城镇化起步—政府规划配套、分担成本—产业升级—人才汇聚—城镇化程度及质量提高的良性循环。

目前，一些地区的招商引资模式已经从企业招商转到了产业链招商。一种做法是引来一家龙头企业，相关上下游企业就会不请自来。山东省青岛市高新区的北斗导航产业就是如此。2014年，该区引进了北斗（青岛）导航位置服务数据中心。有了数据，就有了产业链，一些周边企业、上下游企业随之而来。两年之内，该区就进驻了需要数据服务的20余家企业。

另一种引资模式是将本土企业做大做强，以本土企业为核心构建产业链，引进延伸项目、衍生项目和配套项目。山东省威海市的医疗器械和生物科技产业园就是如此。该产业园的核心企业是威高集团有限公司，而威海市高新区就围绕威高集团有限公司招商引资，建设标准厂房、创新中心、人才公寓等设施。2020年底，该园区的产值已经达到1 000多亿元。

无论是产业链招商，还是以本土企业为核心构建产业链，其目的都在于提高企业的长期生存能力，从而带来就业增长，为城镇化提供更有力的产业支撑。

**4. 政府主导型城镇化**

前文有述，政府主导型城镇化主要包括棚户区改造、西部地区的就近城镇化、较偏远地区城镇化建设及城中村改造、旧城改造、城市周边地区开发以及部分产业新城、新区建设。政府主导型城镇化包含的类型较多，难以一一论述。

归于一点，政府主导型城镇化的政策重点应放在促进就业创业上，在就业培训、就业帮扶、税收优惠、扶持创业、鼓励创新等方面多下功夫，保证居民上楼有饭吃，失地不失业。

以甘肃省金昌市为例，该市的城镇化模式入选了国家新型城镇化典型案例，其经验归纳如下。第一，根据"以地换房产、以地建保障"的原则进行城中村改造，让农民直接融入城市。第二，根据"集中新建、进滩增地"的原则进行近郊村建设，无偿划拨国有荒滩，集中建设新农宅，旧宅基地复垦为耕地。第三，根据"就地改造、综合整治"的原则进行远郊村改造，散居农户向大村集中、小村向中心村集中，统一建设中心村。第四，根据"园区带动、城乡融合"的原则推进小城镇发展。工业尽量进园区、农民尽量进城镇、土地尽量实现适度规模经营。同时为进城农村居民创造、提供就业机会。这方面最典型的是河西堡镇。金昌市河西堡镇全镇剩余劳动力一部分进入工业园区，一部分进入服务业，一部分从事现代农业，几乎做到了零失业。可以说，在矿产资源接近枯竭、经济发达程度并不高的背景下，甘肃省金昌市在推进城镇化方面的努力收到了较好的效果，对类似地区很有借鉴意义。

## 二、针对供给主导型城镇化模式

**1. 主导力量标准**

按主导力量标准，城镇化主要分为专业市场导向模式、外资导向模式和开发区导向模式。

（1）专业市场导向模式。

专业市场导向模式的城镇化类似于前文提到的内生产业主导型城镇化，不过是由于研究视角不同而把它们分成了不同类型。

专业市场引发的城镇化过程通常并不需要政府的过多干预，政府要做的是因势利导，争取把专业化市场做大做强、规范运行，并合理提供配套设施。此外，要加大公共服务供给力度，在交通资源配置方面予以支持，并科学配置教育、医疗、养老等资源。

我们仍以义乌小商品市场为例。可以发现，义乌市之所以能够实现"小商品、大市场"，与当地政府的规范、引导是分不开的。政府首先实现了角色的转换，从管理者转变为服务者，成了一个高效的服务机构。政府的工作重心只有一个，那就是市场。其次，政府同样是"有为"的，合理利用了物流场站资源，一方面限制了同质化竞争，另一方面促进了差异化发展。最后，政府与市场形成了良性互动关系，市场的发展带来了税收增加，而财政收入增加也为政府进一步完善基础设施提供了条件。

(2) 外资导向模式。

外资导向模式的城镇化类似于前文提到的外生产业主导型城镇化。

外资导向模式涉及省、市、县的各级引资，从城镇化角度看，我们主要探讨县域引资。我们认为，县域招商引资首先要符合省市的总体规划。其次，要尽量与本地产业特征、产业基础相结合，这样既可以为外资提供丰富的配套选择，也可以给本地产业的发展带来机会。最后，要有连续一致的引资思路，构建完善的产业链条和良好的产业生态。

以安徽省庐江县为例，该县庐江龙桥工业园区引进了上海宝钢气体有限公司和浙江桐昆控股集团有限公司共同投资的年产120万吨合成气制乙二醇项目，所依托的就是该县庐南地区矿产采选及深加工的产业基础和区位优势。该项目总投资约114亿元，项目建成达产后，年实现销售收入130亿元。项目引入后，带动了一批上下游企业进驻园区，提供了大量就业。

在引资方面，江苏省昆山市是一个典型。昆山市早期引进台资居多，其中有很多是生产电脑配件的企业，但这些配件难以构成一条完整的信息技术产业链。于是，当地政府安排技术人员将电脑整体分解，找到昆山市尚不能生产的零部件，将这些零部件的生产作为招商引资的重点。若干年之后，昆山市就拥有了一条完整的信息技术产业链。这样的招商引资可以说是有效率的。

(3) 开发区导向模式。

我国有数量众多的国家级、省级、市级开发区，其发展模式及实际效果各不相同。考察国内外开发区的成功经验，我们发现，能够长盛不衰的开发区有以下特征：一是以创新驱动为原则；二是拥有稳定的创新源头；三是有具备成长性的产业生态圈；四是有良好的营商环境。而实现以上目标则要求现有的开发区发展模式做出一些调整。目前来看，开发区的发展会逐渐走向专业化道路，即开发区的开发建设、产业培育、招商引资由专业化公司运营，其他社会职能收归当地政府。也就是说，开发区有可能不再是一个行政单位，而是一家企业。政府和市场分别发挥各自力量。

2019年7月10日，中国共产党山东省第十一届委员会第九次会议通过了《关于推动开发区体制机制改革创新促进高质量发展的意见》。该意见提出，山东将对全省开发区进行改革，加快建立更加精简高效的管理体制、更加灵活实用的开发运营机制。各地级市均据此进行了相关改革，济南市成立了园区平台公司，与市级平台公司形成全市开发区市场化运营体系架构；青岛市则实行园区全员岗位聘任制度，并引入了末位淘汰制。滨州市探索"一区多园、差异发展"模式，每个园区配置若干产业公司和平台公司；枣庄经济开发区实行公司化管理，设立一个投资发展公司和四个社会化专业运营公司。这些有益的尝试必将提高开发区的运营效率，对城镇化进程大有裨益。

**2. 带动机制标准**

根据这种分类标准，城镇化主要分为一般性中心城市带动模式、区域性中心城市带动模式和城市群带动模式三种。

（1）一般性中心城市带动模式。

一般性中心城市主要包括部分地级市和多数县级市或县城。显然，一般性中心城市是吸引城镇化增量人口安家落户的主力军。2020年5月，国家发展改革委发布了《关于加快开展县城城镇化补短板强弱项工作的通知》（下称《通知》），《通知》提出县城或县级市要在公共服务设施、环境卫生设施、市政公用设施及产业培育设施等方面补短板强弱项。我们认为，一般性中心城市（县级市或县城）最大的问题是造血功能不足。要引导县域特色经济和农村二三产业在县城或小城镇集聚发展，要完善产业集聚区的配套设施，培育一般性中心城市的内生增长动力。

以山东省龙口市为例。该市入选了全国新型城镇化建设示范县城名单，一方面是因为其城市建设有一定成绩，另一方面是因为其较强的产业基础。龙口市支柱产业主要包括有色金属、汽车关键零部件、新材料、食品四大产业。截至 2020 年，龙口市拥有 2 家国家级创新型企业、41 家国家高新技术企业、70 家高新技术产业企业以及 6 家国家知识产权优势企业。这些企业带来了大量就业机会，为城镇化进程的推进提供了强大基础。

（2）区域性中心城市带动模式。

区域性中心城市与一般性中小城市不同，前者要有较为完备的产业体系，也就是说，需要各种各样的人才，既需要博士、硕士，也需要技术工人；既需要金融服务，也需要一般的餐饮服务。地方政府要做的是让区域性中心城市具备包容性和开放性，为进入城市的人提供基本的生活保障和公共服务。其中，住房问题尤为重要，要大量建设公租房、廉租房，通过各种手段抑制高房价。

以四川省泸州市为例，该市在促进转移人口市民化方面成绩斐然，主要亮点有四个：第一，在全国率先设立了公共户口，主要目的在于解决无房屋产权人员的落户问题，此举收到了很大成效；第二，推动开发区转型为城市综合功能区，涉及高新区、长江经济开发区、白酒产业园区等，此举扩大了城市的承载能力，也增加了大量就业机会；第三，大力建设县城副中心和特色小城镇，一方面疏散市中心人口，另一方面增强县城和小城镇的转移人口吸纳能力；第四，将居住半年以上的城镇无业常住人口均纳入失业登记范围，加强城镇失业人员、农民工的就业培训。总体来讲，泸州市不仅要让转移人口"住进来""留得住"，而且还要让他们"住得好"。泸州市的努力收到了明显成效，对类似地区有较强借鉴意义。

（3）城市群带动模式。

对于城市群来讲，重要的是思想而不只是规划。东南沿海地区城市群的发展不仅仅来自规划，更大程度上是思想观念的转变导致民营经济全面发展、地方政府顺势而为的结果。长三角城市群、珠三角城市群之外的城市群仍然具备较大提升空间，而地方政府的思想必须从"要政策"、"要规划"和"要批复"转变为"要人才"、"要开放"和"要放手"。

首先，要为本地民营经济提供优越的发展平台，自身的强大才是根本，经济活力增强才能带来更多的就业机会，才能吸引人口流入。其次，要有敢为天下先的思想。既然是城市群，就要从医疗、教育、户籍、社保等各个方面打破城市之间的界限。目前来看，公路、铁路等"硬"基础设施的互联互通相对容易，而医保、社保等"软"公共服务之间的互认互联则难度较大。最后，要持续不断地改善生态环境、营商环境，吸引外资流入。

一些跨省份、跨区域的新兴城市群还需要更多努力。以中原城市群为例，该城市群不仅包括河南所有地级市和省辖市，还包括河北、山东、安徽、山西的部分地级市，这就需要建立省级会商机制，共同协调规划实施中的重大事项。此外，中原城市群还处于发展之中，各地级市之间的联系还需加强。目前正在实施的郑汴一体化（郑开同城化）、郑许一体化等规划的目的就在于此。《郑许一体化发展规划（2019—2035年）》提到，要形成以郑开创业走廊、开港产业带、许港产业带为支撑的郑州、开封、许昌"黄金三角区域"，引领带动中原城市群提质发展。尤其重要的是其中提到的一体化城镇体系构建，要以区域内各县级市为节点，以重要乡镇为因子，提升小城镇的基础因子作用，发挥小城镇连城接村的功能，构建富有特色的小城镇体系。毕竟，城市群的发展最终要落实到每一个人、每一家企业、每一个乡镇的发展，只有农村居民收入增加、企业发展壮大、乡镇走向振兴，才能为城市群的发展奠定坚实的基础。

**3. 产业规模标准**

按这种标准，城镇化主要分为村镇级别专业合作模式、县域级别特色产业模式、城市级别优势产业模式和地区级别产业集群模式。专业合作利用的是规模经济和专业化与分工带来的效率提高，特色产业和优势产业利用的是差异性和产业基础（及累积性优势），产业集群利用的是信息共享和完整产业链带来的成本下降。

（1）村镇级别专业合作模式。

实际上，农民专业合作（社）之所以出现，其目的有二：一方面可以改变以往单打独斗式的细碎化经营模式，提高专业化程度，提高生产效率；另一方面可以积累农村居民闲散的资金，扩大生产规模。目前来看，我国已有200多万家专业合作社，也分化出很多类型，如扶贫类合作社、粮食规模经营类合作社、三产融合类合作社（如农机服务合作社)、果蔬经营类合作社、三位(生产、销售、信用服务)一体类合作社等。

内蒙古自治区扎鲁特旗玛拉沁艾力养牛专业合作社是扶贫类合作社的典型代表。该合作社成立于2014年,主要目的是解决零星散养的粗放经营问题,同时帮助牧民脱贫致富。其扶贫功能主要体现在三个方面:一是就业帮扶,对返乡农民工进行技术培训,使其成为合作社的雇员;二是基地帮扶,建立规范化养殖示范基地,为贫困牧民提供养殖技术;三是兜底帮扶,对无劳动能力的贫困户落实扶贫政策。经过多年摸索,合作社发展出集"种饲草＋养牛＋屠宰加工＋销售"于一体的全产业链模式。合作社自身得到了长足的发展,也为我国西部牧区养殖业的生态化转型、规模化转型、专业化转型积累了宝贵经验。

在实践中,我们应该大力支持专业合作社的发展壮大,为此,一方面要提高农业(及相关产业)的生产效率,增加农村居民收入;另一方面要赋予专业合作社更多功能,使专业合作社成为落实各级政府支农惠农政策的重要载体,使专业合作社成为促进农民组织化、职业化的重要手段,为城镇化进程提供更多帮助。

(2)县域级别特色产业模式与城市级别优势产业模式。

任何所谓的特色或优势都是暂时的,只有持续不断的创新才能使特色或优势维持下去。我国一些以资源(如煤炭)为主导产业的城市就是这样,如果仅仅是挖矿然后卖出,那么矿产资源总有枯竭的一天,因此必须未雨绸缪。一方面,要拉长产业链条,早日发展深加工产业,这样即使资源枯竭,城市也仍然可以成为加工、提炼中心;另一方面,要积极寻找替代性优势产业。

以河北省邯郸市为例。该市煤炭采掘业一度是支柱产业。近年来在煤炭产业下行的背景下,该市一方面加快传统产业转型,另一方面积极扶植装备制造、精品钢材、食品工业等替代性优势产业,并将新材料、新能源汽车、生物、信息技术等战略性新兴产业作为潜在优势产业进行培育。

再以广西壮族自治区柳州市为例。该市工业基础相对雄厚,汽车产业更是其支柱产业和优势产业。柳州市拥有广为人知的五菱汽车品牌,五菱汽车一度以低廉的价格占领了低端汽车消费市场,但随着消费市场的饱和以及消费偏好的变化，五菱汽车也在不断转型。从微型车转向乘用车，再从燃油车转向新能源车，由低价位转向中价位，由传统制造转向智能制造，打开了新的市场，创造了新的技术岗位，带动了大量就业。

(3) 地区级别产业集群模式。

促进地区级别产业集群的持续发展是各地工作的重要环节。我们认为，无论发展任何层次的产业，首先，还是要以长期增加就业为基础，即使是技术密集型、资本密集型产业，也需要配套产业，需要生产服务业。产业是核心，就业是根本。其次，发力点要放在促进创新上，创新的目的不仅仅是填补某项空白，更是开发新的市场，以供给带动需求，市场的繁荣会带来不同层次的人口，从而使市场出现更多结构，带来更多就业。最后，要尊重企业，对市场经济的规律要有敬畏之心。要把放管服改革落到实处，为企业提供良好的外部环境。

福建省泉州市原有多个体量较大的产业集群，涵盖纺织服装、鞋业、建材家居、食品饮料、工艺制品、石油化工、机械装备、纸业印刷等行业，每个行业总产值都在千亿以上。基于疫情影响和转型升级带来的压力，泉州市也从多个方面推动这些产业集群的变革，例如培育明星企业延伸产业链、对传统制造业进行智能化改造、对传统园区进行"工改工"提升等。同时，泉州市还把目光转向新基建新经济、新材料、新片区、新交通等"四新"领域，力求形成新的产业集群。这些措施不仅稳定了企业的原有用工规模，还新增了大量就业机会。

**4. 扩张方式标准**

根据这种分类标准，城镇化主要分为原发型产业集群模式、嵌入型单级扩张模式以及政府主导型块状推进模式。原发型产业集群模式类似于前文提到的产业主导型城镇化，嵌入型单级扩张模式类似于前文提到的资本驱动型城镇化，不再赘述。我们简单讨论政府主导型块状推进模式，块状推进模式常常表现为经济特区、自贸区、保税区、开发区、新区等。

以新区建设为例，截至2023年末，我国有19个国家级新区，多数新区为拓展原有城市空间，与原有城区无缝衔接；个别新区则是远离主城区而另造新城。在实践中，多数新区发展迅速，前景较好；个别新区因为种种原因发展还不尽如人意。发展较差的新区从表面上看是因为人口增速较低、人气不足，背后的根本原因在于缺乏有效的产业集聚。有的新区为了提高人气而搬迁政府机构，但效果并不明显，徒增办公成本和居民办事成本。

我们认为，政府主导型块状推进模式的关键之处在于能否找到适合本地经济的支柱产业、能否给企业提供良好的营商环境、能否有稳定的中长期规划。第一，如果没有合适的支柱产业，那么无论选择哪一种具体的推进模式（包括政府机构的搬迁），最终都会变成房地产开发，都会变成财富的平面转移；第二，如果没有良好的营商环境，企业就不会落地生根、发展壮大，而企业的失败或迁移会影响城镇化的顺利进行；第三，如果没有稳定的中长期规划，就会陷入换一任领导、换一个思路的怪圈。某些地级市就是这样，前几年重点发展汽车制造，过几年转为发展蓝色经济，然后又开始布局战略性新兴产业。每一个选择似乎都是正确的，但没有一个产业能够成为真正的支柱产业，反而浪费了不少人力物力。

### 5. 实现形式标准

根据这种分类标准，城镇化主要分为产业新城模式和农村新社区模式。产业新城模式类似于前文中提及的开发区导向模式，我们主要分析农村新社区模式。

第一，要认识到农村新社区建设是以符合农民意愿为前提的利民、惠民措施，它是对多年来城乡差距的一种弥补，也是对广大农村居民的一种反哺，因此不宜理解为自上而下的任务和指标。它不是政绩工程，也不应以营利为主要目的。如果以营利为主要目的，就很容易变成纯粹的商业开发。

第二，要妥善处理一些地区出现的农村新社区建设遗留问题。要集思广益，发动政府、社会、金融机构等多方力量共同参与解决。符合条件且未开始农村新社区建设的地区也应该主动作为，把农村新社区建设与乡村振兴战略相结合。例如"三块地"中的原集体经营性建设用地或者闲置的（可以改变用途的）集体用地，就可以考虑用于农村新社区建设，这样既节约了耕地又降低了成本。

第三，农村新社区建设项目运行如有资金困难可以允许社会资本参与，但绝不能变为房地产开发。农村新社区建设以节约土地为目标，实践中应坚持"一户一宅"的政策，对于那些拆掉旧房住到新房的居民，可以以原住房面积（按照合适比例）抵扣。对于拆掉实在可惜的新自建房，可以考虑改造为办公场所、商业设施、养老院等公共设施。农村新社区建设在满足全部农村居民居住需求的前提下，也可以适当向外出售出租以弥补建设成本。

第四，农村新社区建设是我国农村千百年来一次根本性的变革，一定要慎之又慎。要具体情况具体分析，不能好大喜功，不一定非要整体改造，可以采取逐步推进的方法，一条街巷符合条件就改造一条，同时也要考虑保留一些能够代表村庄原始风貌的建筑，这也是新农村建设的一部分。

第五，农村新社区建设在选址、设计方面一定要广泛征求农村居民意见，新社区要符合农村居民的从业特征，也要尊重其多年来形成的居住习惯。不能把城市楼房设计照搬到农村新社区，否则很难得到农村居民的支持。

胡锦涛同志曾指出，凡是为民造福的事情就一定要千方百计办好，凡是损害广大群众利益的事情就坚决不办。加快以农村新社区建设为重要途径的就地城镇化进程，无疑是为农村居民造福的好事，但能否办好则要依赖各级政府、村两委干部、乡村企业家群体等相关人员的共同努力。农村工作琐碎而细致，不下苦功，难收成效。

## 第三节 当前我国新型城镇化的新进展

从党的十九大到 2021 年全国两会报告，党中央关于城镇化做出了一系列判断和决策，为"十四五"乃至之后若干年的发展指明了道路。

2017 年 10 月 18 日，习近平总书记在党的十九大报告中提出了新时代中国特色社会主义思想和基本方略，其中提到，要坚持新发展理念，推动新型工业化、信息化、城镇化、农业现代化同步发展。这充分说明，城镇化不是独立的存在，而是新发展理念的一部分。同时，党的十九大报告又提到要贯彻新发展理念、建设现代化经济体系，其中重要的一环是乡村振兴战略。要坚持农业农村优先发展，按照产业兴旺、生态宜居、乡风文明、治理有效、生活富裕的总要求，加快推进农业农村现代化。

2019年10月31日，党的十九届四中全会通过《中共中央关于坚持和完善中国特色社会主义制度　推进国家治理体系和治理能力现代化若干重大问题的决定》（下称《决定》）。《决定》指出，要加快完善社会主义市场经济体制。其中提到要实施乡村振兴战略，完善农业农村优先发展和保障国家粮食安全的制度政策，健全城乡融合发展体制机制。

2020年10月29日，党的十九届五中全会发布《中共中央关于制定国民经济和社会发展第十四个五年规划和二〇三五年远景目标的建议》（下称《建议》），提出要开启全面建设社会主义现代化国家新征程。《建议》指出，要优化国土空间布局，推进区域协调发展和新型城镇化，《建议》中以较大篇幅描述了新型城镇化建设的要求，这些要求既是对我国新型城镇化发展的总结，也是对下一步工作的理论指导。其中主要内容为：要完善财政转移支付和城镇新增建设用地规模与农业转移人口市民化挂钩政策，加快农业转移人口市民化，发挥中心城市和城市群带动作用，建设现代化都市圈，推进以县城为重要载体的城镇化建设，等等。

2021年3月，第十三届全国人大第四次会议通过了《中华人民共和国国民经济和社会发展第十四个五年规划和2035年远景目标纲要》（简称《"十四五"规划》）。《"十四五"规划》第七篇提出要坚持农业农村优先发展，全面推进乡村振兴。《"十四五"规划》第八篇提出要完善新型城镇化战略，提升城镇化发展质量，其主要内容包括加快农业转移人口市民化、完善城镇化空间布局和全面提升城市品质等。

在党中央一系列政策的影响下，我国新型城镇化进程中出现了一些新特征、新情况和新进展，主要方面归纳如下。

## 一、新型城镇化与乡村振兴相结合

新型城镇化与乡村振兴并不矛盾，相反，两者是相辅相成、相互补充的关系。乡村振兴的要求是产业兴旺、生态宜居、乡风文明、治理有效、生活富裕，如果实现了以上目标，则乡村生活质量将不断提高，而这同样是新型城镇化的目标。城镇化的根本目的不是让所有人都到城镇生活，而是让农村居民得到与城镇居民基本相同的生活水准。

以福建省为例,从研究视角出发,该省乡村振兴的主要工作分为八个方面:

第一,围绕产业兴旺,大力发展特色现代农业,具体产业包括(不限于)闽东南沿海林产加工业、闽西北山区笋竹加工业、闽东南闽北果蔬加工、泉州休闲食品产业、沿海水产品加工业、闽西北畜禽产品加工业等。

第二,通过项目促进产业集聚,如安溪国家现代茶业产业园。

第三,推出并宣传"清新福建·绿色农业"品牌,如安溪茶叶、平和蜜柚、古田食用菌、连江水产等特色农产品品牌或地理标志农产品。

第四,发展乡村生态旅游产业链,将休闲农业与生态旅游相结合,推出一批中国美丽乡村,培育一批乡村生态旅游品牌。

第五,提高农村公共产品供给水平。截至2020年底,农村敬老院、幸福院等养老设施覆盖率已经达到60%以上。

第六,加快农村基础设施建设。截至2020年底,农村集中供水率达到了90%以上,农网供电可靠率接近100%。

第七,促进乡村振兴以巩固扶贫成果,其中最具成效的是危房旧房改造。

第八,探索和深化农村土地制度改革。其中引人关注的有两点:一是适度放活宅基地和农民房屋使用权;二是在符合土地利用总体规划前提下,允许县级政府通过村土地利用规划,调整优化村庄用地布局。

考察福建省的各项工作,可以发现,乡村振兴与新型城镇化的目标不谋而合。前者是为了增加农村居民长期(持久)收入、提高农村居民生活质量,而如果实现了生活富裕的目标,也改善了生活居住条件,农村也就实现了就地城镇化。从这个意义上说,乡村振兴也是实现新型城镇化的一种模式或途径。

当然,围绕党中央的决策,各省份均根据本地实际情况发布了推进乡村振兴战略的实施意见,措施不尽相同,也各具特色。在此不再赘述。

## 二、健全城乡融合发展机制以提高城镇化质量

2019年4月15日中共中央、国务院发布了《关于建立健全城乡融

合发展体制机制和政策体系的意见》。该意见提出了"三步走"目标：到 2022 年，城乡融合发展体制机制初步建立；到 2035 年，城乡融合发展体制机制更加完善；到本世纪中叶，城乡融合发展体制机制成熟定型。

各省根据上述文件，均提出了实施意见和对策措施。以山东省为例，该省主要从以下四个方面开展工作。

第一，城乡要素融合，主要包括人口的双向流动、农村土地的有序流转和资本流动。在人口方面，放开农业转移人口落户限制，全面实施居住证制度，最值得关注的是督促省会城市济南和青岛两市的中心城区放开落户限制。同时，鼓励城市人才下乡进村，亮点之一是新招录选调生优先派到农村任职，建立第一书记派驻长效工作机制。在土地方面，扩大村集体对闲置集体土地、收回的闲置宅基地的处置权，允许将其转为集体经营性建设用地。在资本方面，一方面促进和鼓励社会资本参与乡村振兴项目，另一方面健全农村金融服务体系，尤其是扩大农业保险范围。

第二，城乡服务融合，主要包括教育、医疗和社会保障等方面。在教育方面，改善乡镇寄宿制学校的办学条件，改善农村学前教育办学条件，提升普惠性幼儿园数量和质量。医疗方面的亮点是支持县医院（或更高级别的医院）与乡镇卫生院、社区医院建立医联体。社会保障方面的亮点有两个：一是探索农村养老周转房和幸福院建设模式；二是将城乡低保标准与消费支出增长挂钩。

第三，城乡设施融合，主要包括农村基础设施的建设和管护。在建设方面有入户道路硬化、污水与垃圾处理、清洁取暖等内容，其中清洁取暖的推进存在较大难度。在管护方面主要体现为城乡环卫的一体化，其难点在于如何提高资源回收利用率以降低农村环卫成本。

第四，城乡经济融合，主要包括农村新业态培育、农民增收和农业保护等方面。在农村新业态培育方面，典型案例之一是济宁市金乡县的大蒜国际交易市场，该市场摆脱了传统盈利模式，建立了蒜库大数据平台，整合了大蒜种植分布、价格指数、交易行情等数据，涵盖金融、仓储、商品贸易等服务，对接全国过半的专业农产品批发市场。2019 年，该市场交易额突破 120 亿元。

显然，城乡融合的目的在于破除城市与乡村的割裂状态。在一些地区，城市与乡村的要素流动是单向的，甚至即使是单向流动也存在障碍。此外，城乡公共服务、基础设施和经济结构等方面存在明显的差距。而健全城乡融合发展机制可以有效地破除这种割裂状态，加快城镇化进程并提高城镇化质量。

### 三、农业转移人口市民化进程加快

加快农业转移人口市民化是完善新型城镇化战略的必经之路，也是《"十四五"规划》的明确要求。从研究角度看，农业转移人口市民化实际上也是城乡融合发展机制的一部分，但在现实中农业转移人口市民化一直存在一些问题或阻碍，还需要结合各地区实际情况确定解决方案。

以河南省为例，该省 2017 年 3 月就发布了关于支持农业转移人口市民化的相关政策，主要体现在户籍、服务、教育、就业等方面。

在户籍方面，确保持有居住证人口享受与当地户籍人口同等的基本公共服务。具体来说，郑州市中心城区落户条件由持有居住证满 5 年降低至 1 年、由参加社会保险 2 年以上降低至半年，全面取消其他城市落户限制。

在服务方面，只要持有居住证，就可以享受国家规定的六项服务（教育、就业、医疗卫生、文化体育、法律服务、国家和河南省规定的其他基本公共服务）及七项便利（按国家有关规定办理出入境证件、换领和补领居民身份证、机动车登记、申领驾驶证、报名参加职业资格考试、申请职业资格、办理生育服务）。此外，还可以享受上级政府规定的不受户籍限制的跨区域补贴政策和 60 岁以上居住证持有人免费乘坐市内公共交通优待政策。

在教育方面，将农业转移人口及其他常住人口随迁子女义务教育纳入公共财政保障范围，落实并完善中等职业教育和普惠性学前教育发展政策，通过公建民营、民办公助、政府购买服务等措施支持普惠性民办幼儿园发展，努力增加学前教育资源，在居住地向随迁子女提供学前教育服务。

在就业方面，保障常住人口和户籍人口享有同等的劳动就业权利。其中亮点有二：一是设立外出务工人员回乡就业投资基金，对其创业项目进行优先扶持；二是保证 40 岁以下的农业转移人口至少享受一次政府提供的职业技能培训服务补贴。

从表面上看，加快农业转移人口市民化是为了公平，是为了让转移人口也得到同等的市民待遇。实际上，公平程度提高同样会促进效率的提高。发达国家的经验已经证明，培育一个占社会较高比例的中等收入群体是保证宏观经济稳定的必要条件。同时，给予所有公民以国民待遇，也是我国社会主义制度优越性的重要体现。

## 四、城镇住房供给体系逐步完善

我国《"十四五"规划》第二十九章提出要全面提升城市品质，第四节明确要完善住房市场体系和住房保障体系。具体包括：有效增加保障性住房供给，完善住房保障基础性制度和支持政策。以人口流入多、房价高的城市为重点，扩大保障性租赁住房供给，着力解决困难群体和新市民住房问题。这一系列论述为各地解决城镇化增量人口的住房问题指明了方向。

增加住房供给，离不开土地供给的增加。以安徽省为例，2018 年 4 月，安徽省发布政策，将城镇建设用地增大规模同农业转移人口落户数量挂钩，实现土地供给增加的动态机制。其中最大的亮点是根据城市的规模实行差别化新增建设用地标准，基本原则是用地紧张的多供给，用地宽松的少供给。例如，人均城镇建设用地超过 150 平方米的城镇，按人均 50 平方米的标准安排。之后人均城镇建设用地越少，供给越多。低于 100 平方米的城镇，按人均 100 平方米的标准供给。

完善城镇住房供给体系，需要各城市根据实际情况进行落实。江苏省淮安市经过探索，形成了以"两个体系、四个机制"为特色的淮安模式。

两个体系分别是住房保障政策体系和住房保障供应体系。前者主要包括加大政策支持力度、扩大保障范围、动态调整收入标准线。后者主要包括租赁补贴和提供公共租赁住房、共有产权住房、限价商品住房（拆迁安置住房）、城市棚户区改造安置住房。其中，针对住房困难的新就业人员和外来务工人员，供应由政府投资的公共租赁住房。

四个机制是指保障房投资运营机制、信息化内控机制、家庭收入联审机制和阳光公平分配机制。这四个机制有助于确保住房保障工作的公开公正、阳光透明。

随着城镇住房供给体系的不断完善，各地也不断调整住房保障政策标准，不断降低准入门槛，不断扩大保障范围。截至2020年，江苏省连云港市将低收入标准从家庭人均7 500元/年上调到1.8万元/年；住房困难标准也从人均12平方米提高到15平方米。2021年，常州市金坛区将低收入家庭收入控制线由之前的32 960元调整为34 258元（根据城镇人均可支配收入的60%进行动态调整）。

居者有其屋是城镇化的先决条件，也是现代化经济体系的基本要求，更是全面建设社会主义现代化国家的必然要求。我国的基本国情和发展战略决定了城镇化进程的过程性和渐进性，但不能让住房问题成为城镇化增量人口安家落户的阻碍。

## 五、发挥中心城市、城市群、都市圈的带动作用

《"十四五"规划》第二十八章提到，要发展壮大城市群和都市圈，分类引导大中小城市发展方向和建设重点，形成疏密有致、分工协作、功能完善的城镇化空间格局。显然，发挥中心城市、城市群、都市圈的带动作用，一方面可以吸纳更多人口，推进城镇化向纵深发展，另一方面可以为宏观经济带来更多增长点。

在当前我国众多区域性城市群中，关中平原城市群比较有代表性，因为它既包含国家中心城市，又有西安都市圈，同时又是发展中的城市群。《陕西省〈关中平原城市群发展规划〉实施方案》于2018年底发布，主要涉及以下方面：

第一是建设国家中心城市，包括建设西部地区经济中心、对外交往中心、丝绸之路科技创新中心和文化高地、内陆开放新高地和国家综合交通枢纽等。

第二是优化城市群空间格局和规模结构，核心思想是构建"一圈一轴三带"的空间格局。一圈是指西安都市圈，一轴是指陇海—连霍主轴，三带是指包茂、京昆、福银（高速）三大发展带。支持宝鸡市建成关中平原城市群副中心城市，并加快具备条件的县有序设市改区，增加中小城市数量。

第三是建设现代化产业体系，包括关中平原城市群内部协同创新、推动军民融合、深化供给侧结构性改革、提高现代服务业发展水平、承接国际国内产业转移及加快农业供给侧结构性改革等。

第四是加快基础设施互联互通建设。以铁路为例，建设目标是形成以西安为中心的"米"字形高速铁路网，实现3小时到达周边省会、4~6小时到达长三角、珠三角、京津冀的目标。

第五是构建生态环境保护联防联控机制。重点保护秦岭生态环境，建设渭河生态防护景观林带、关中田园生态景观区、百万亩湿地等，构建以渭北台塬、渭河和泾河沿岸为主体的生态廊道。持续推进天然林保护、退耕还林还草、三北防护林等重大生态工程。

第六是深度参与共建"一带一路"，深化开放合作，其中最重要的一点是建设高水平中国（陕西）自由贸易试验区。此外，要建设交通商贸物流中心、国际产能合作中心、科技教育中心、国际文化旅游中心、丝绸之路金融中心等五大中心。

第七是强化公共服务共享，主要包括地区间教育、科技资源共享，社保一体化和医保一体化（如社保一卡通和扩大城乡医保异地结算范围），逐步实现公共服务共建共享。

实际上，中心城市、城市群、都市圈建设引发的某些变革同样反映了全国层次上的需求，最典型的就是公共服务中的社保一体化和医保一体化。城市群社保一体化和医保一体化的成功经验无疑会为向全国层面推进积累宝贵经验。

## 六、推进以县城为重要载体的城镇化建设

《"十四五"规划》第二十八章提到，要推进以县城为重要载体的城镇化建设，主要包括县城建设、鼓励符合条件的县或特大镇设市、发展小城镇和特色小镇等方面：

在推进以县城为重要载体的城镇化建设中，各地做法有所不同。以贵州省为例，贵州省除加大县城建设力度以外，还着力推进特色小镇和特色小城镇的高质量发展。特色小镇和特色小城镇是新型城镇化和乡村振兴的结合点，也是经济欠发达地区农村居民实现就地城镇化和就近城镇化的重要形式。2019年以来，贵州省在特色小镇和特色小城镇方面的

工作主要涉及以下方面。

第一是分类推进。对原有的 100 个示范小城镇提档升级，另外再培育创建 100 个省级特色小镇和特色小城镇。特色小镇是产业聚集区，不属于建制镇，也不同于产业园区；特色小城镇是特色产业鲜明的行政建制镇。

第二是发展特色产业。无论是特色小镇还是特色小城镇，均须落实在产业上。贵州省提出了工业小镇、农产品集散小镇、旅游小镇和商贸物流小镇等类型，但在现实中不限于此。

第三是完善基础设施。此项工作面对全省所有小城镇，主要包括道路、供水、供电、停车场、广场、居民重大活动场所、学校、基层医疗卫生机构、社区服务中心、养老服务机构、体育设施等方面。

第四是改善人居环境。截至 2020 年底，贵州省已经实现建制镇生活污水和垃圾处理设施全覆盖，生活污水处理率和生活垃圾无害化处理率分别达到 50% 和 70%。

贵州省在特色小镇和特色小城镇方面成绩显著。以黔南布依族苗族自治州为例，全州较有影响力的特色小镇有都匀茶文化影视小镇、福泉化工小镇、平塘天文小镇、罗甸康养小镇、贵定陆港小镇等 14 个。其中平塘天文小镇是中国天眼所在地，每年吸引大量游客。该自治州发展较好的特色小城镇有瓮安县猴场镇、贵定县昌明镇、独山县麻尾镇、福泉市牛场镇、平塘县卡蒲乡等。这些小镇或小城镇贯彻了"以镇带村、以村促镇、镇村融合"的要求，有效地带动了周边村镇的发展。

根据第七次全国人口普查数据，2020 年我国常住人口城镇化率为 63.89%，而户籍人口城镇化率为 45.4%（公安部数据）。也就是说，还有 2.6 亿人在城镇居住但未在城镇落户。显然，让未落户人口全部（即使是一部分）进入城市落户（哪怕是中小城市），也会带来较大压力。为此，县城一定会成为城镇化增量人口安家落户化的重要载体。加快县城和小城镇建设，是推进城镇化进程的重要举措。

# 第八章  新型城镇化案例研究

## 第一节  重点案例之一——河南省安阳县Ｘ村调研

我们调研的主要对象是河南省安阳县吕村镇某村，安阳县位于河南省北部，在晋冀鲁豫四省交界处。

吕村镇Ｘ村位于河南省安阳市东部25千米处，紧邻301省道，地理位置较好，市场较发达。吕村镇是安阳县一个重要的物资集散地。Ｘ村含3个行政村，分别为Ａ村、Ｂ村、Ｃ村；有6个村民小组，其中Ａ村有1个、Ｂ村有2个、Ｃ村有3个。全村人口近3 000，总面积为5平方千米左右，耕地面积约为1 800亩。人均耕地面积仅为0.6亩，这决定了该村难以以农业作为主要收入来源，绝大多数劳动力均选择外出打工或到镇上、市区谋生。

Ｘ村新型城镇化推进缓慢，在新农村建设、农村新社区建设中政府介入程度较低，这与该村经济发展情况并不匹配。在吕村镇40个行政村中，Ｘ村所含的3个行政村均排名靠前，仅略微落后于Ｄ村，但Ｄ村新农村建设、新社区建设情况要明显好于Ｘ村。

在对Ｘ村的调研中，我们主要分析了以下问题：为什么农村新社区建设缓慢？土地是否能实现流转？农村面临哪些问题？农村究竟该怎样发展？

# 一、农村新社区建设缓慢的原因与对策

**1. 农村新社区是共识吗？**

我们在调研中发现，农村居民较为关心的问题有这样几个：子女教育、养老、社会保障、就业、公共卫生、集中供暖、土地、医疗等。目前，很多农村居民认识到：建设农村新社区可以很好地解决公共卫生、集中供暖、土地等问题，也会节约一部分土地，总的来讲利大于弊。但该村农村新社区建设缓慢，这其中原因何在？

**2. 诸多因素阻碍农村新社区建设**

（1）村委领导不力。

在该村6个村民小组中，A村、B村村民姓氏非常单一（99％的家庭都姓牛），而C村姓氏较杂。长期以来，A村、B村大部分村民在村委选举中均主张与C村分离，也即选举两个村委，其中原因也很简单——当C村村民任村主任或村支书时，难以取得A村、B村村民的信任，在实际工作中也偶有损害A村、B村村民利益的行为。这种矛盾在2014年达到顶峰，在2014年村委换届选举中，出现了激烈冲突。A村、B村村民意图推选自己所属意的村委委员，但这与昌村镇政府及C村的意图并不一致，结果整个选举过程一片混乱。最终，镇政府决定了村委选举，并指定人员成为村支书，而A村、B村村民并不买账，以各种形式来反对本次选举结果。在这种上下离心的领导格局下，顺利推进农村新社区建设和新农村建设无异于天方夜谭。

（2）正常的土地置换开发被阻碍。

即便村委领导不力，在现实中也并不缺乏农村新社区改造的动力。B村有一位农民企业家为了回报村民，曾经意图在B村做开发，其开发形式符合国家规范，即尽量占用非基本农田、集体用地，先开发后拆迁，腾退宅基地大部分复耕，剩余土地用于建设养老院、学校、老年活动中心及其他公共设施。但该计划并未实行，其原因有三：一是该计划并未得到村委的支持；二是由于政策宣传不到位，部分村民对农村新社区建设并不理解；三是存在一些政策上的阻碍，地方政府尤其是镇政府对于非官方推进的农村新社区建设并不认可。我们知道，农村新社区建设的很多批文需要经过乡镇政府，如果该级政府不予支持，则项目推进必将困难重重。

(3) 商业开发问题较多。

腾退宅基地难以推进，商业开发如期而至。目前该村的商业开发有两处，均是占用耕地（基本农田）。虽然所建设楼盘设施较完备、地段也很优越，但都存在土地手续不全、产权不清等问题。开发商明确表示楼盘属于小产权，无法办理房产证。应该认识到，占用耕地的纯粹商业开发与新农村建设、农村新社区建设的初衷不符。因为即使村民购买了商业住宅，也不会放弃原有的宅基地，这无疑会带来耕地的减少（即使他们将原来的宅基地卖掉，也不会复垦为耕地）。

(4) 村民意见难以统一。

在 X 村，由于农村新社区建设推进不力，大部分村民（至少一半以上）都新建了房屋，所建房屋多为二层小楼，成本在 20 万元以上，且空间利用率很低。而商业开发楼盘价格在一平方米 1 500 元左右，120 平方米的三室一厅价格为 18 万元，且空间利用率较高，相比之下，商业住宅的性价比要高于自建房。但由于自建房刚刚盖好，拆迁无异于浪费。还有一些村民认识不到位，认为农村新社区建设就是自己能免费住新房，不愿支付任何费用。随着时间的流逝，越来越多的村民在自建新房，农村新社区建设就越来越困难。

### 3. 如何推进农村新社区建设？

(1) 如果要切实推进农村新社区建设，必须有强有力的领导。

我们知道，新农村建设或农村新社区建设应该纳入城乡一体统筹规划，乡镇政府应该担起责任，把提高农村居民生活质量作为重要工作目标。而在现实中，有些乡镇政府的工作作风呈现两种趋势：一是以稳定为主，不需要能力出众，只需要不出事。在村委会选举中村民宁愿选择求稳的干部，也不愿选择能干的干部，这样的干部难有作为。二是表现为"积极"的不作为，按时上下班，对待来访群众非常热情，礼貌有加，但在解决问题时较懈怠拖延。这两种工作作风严重阻碍了农村新社区建设进程。[①]

---

[①] 具体来讲，2014 年该村村民曾到镇政府反映村委会违规出售集体用地的问题，但镇政府没有及时解决。

（2）必须在充分尊重村民意愿的基础上选择合适的村干部。

乡镇政府不应干预村委选举，包括村支书的选举。当然，在农村村委及支书选举中，有时会出现拉票乃至贿选等行为，乡镇政府应该发动广大群众监督整个选举过程。我们调研了周边一些村镇，发现那些发展较好的村镇一般都有一个热心为村民办事的班子，其中有一些干部本身就是当地较出名的农民企业家，这些农民企业家大多年富力强、视野开阔。我们认为，这些年轻的农民企业家应该成为带领农民发家致富的主力军，这也会为欠发达地区城镇化打下较好的产业支撑基础。

（3）农村新社区要合理规划。

目前多数乡镇都有自己的农村新社区规划，但这些规划往往仅停留在纸面上。第一，这些规划不一定符合村民的利益，通常都是在村民不知情的情况下由专家设计完成，缺乏充分的论证，即使推进也常常会遭到村民的反对。第二，乡镇政府没有足够的资金、也缺乏足够的动力。以我们调研的吕村镇为例，自从 2007 年实行"乡财县管"之后，该镇财政就明确了"保工资""保运转""保重点""保稳定"的支出原则，而农村新社区建设、新农村建设方面的投入几乎全部依赖上一级财政的拨款。第三，在全国范围内，强制拆迁、被上楼引发的冲突、上访等事件让乡镇政府有所掣肘，工作中以"不出事"为原则，最重要的是保住职位而不是落实规划。

（4）乡村推进农村新社区建设需要细致工作、逐步推进。

每一个村的情况都不一样，在推进农村新社区建设时决不能一刀切，推进过快容易损害农村居民的利益。以 B 村为例，由于居民新建房屋较多，整体推进农村新社区建设难度较大，应该采取逐步推进的方法。在该村北边，有一块集体用地，而村庄中部有一条胡同（称为 a 胡同），基本上都是旧房及无人居住的危房，可以从这里入手，采取先建后拆的方式。先建设一到两栋多层住宅，将 a 胡同居民搬迁过去，然后拆掉 a 胡同，再建设一到两栋多层住宅，依次类推。

实际上，一个村庄虽小，但每户家庭情况都不一样，问题具体而琐碎，需要有极大耐心。例如，村民家中的过道、小棚、简易厕所算不算住房面积都需要考虑和讨论，村民院中的树木如何尽量保护或补偿也是个问题；有些村民在临街的地方建了门面房，开设了小超市，一旦拆迁这部分收入将减少；五保户、孤寡老人的拆迁、搬家事务需要村委帮助；等等。最令人为难的是，由于青壮年村民一年中大部分时间都在外打工，召集全体村民大会难度极大，协调沟通成本可想而知。总之，农村新社区建设决不能一蹴而就，需要大量艰苦细致的工作。

（5）从产业支撑和成本分担两方面推进新农村建设、农村新社区建设。

从理论上讲，推进新农村建设、农村新社区建设仍然要从产业支撑、成本分担两方面入手。一方面，要为农村改造提供足够的产业支撑。我们知道，城镇化实际上应该和工业化同步前进，如果农村居民没有稳定的职业，即使住在楼房里也不会给城镇化带来什么帮助。有的地区农村居民不愿上楼，一部分原因是考虑到住进楼房后，原来的农具无处存放、家庭养殖不得不放弃，这样必然要带来损失。而农村新社区建设应该伴随着土地的集约化利用、农民的专业化及职业化发展。如果农村居民有了稳定的收入来源，不需要依赖原来土地的细碎化经营以及零碎的家庭养殖业，则农村新社区建设难度将大大降低。

另一方面，要为农村改造提供足够的成本分担。对于财政较为宽裕的地方政府，其财政投入可以向农村新社区建设倾斜，而对于经济欠发达、财政紧张的地方政府，则可以考虑结合商业开发推进农村新社区建设。而在现实中存在两种不良倾向。第一种倾向是：即使财政宽裕，其投入重心也在城市周边地区而不是农村，因为在城市周边地区投资更容易得到回报。第二种倾向是：地方政府以财政困难为由，对农村新社区建设不闻不问。我们认为，农村改造、新农村建设、农村新社区建设并不仅仅是为了经济增长，更主要的是对长期以来城乡差距的一种弥补，是对广大农村居民的一种反哺。即使财政投入回报不那么显著甚至没有回报也必须要做，况且，在一些地方结合商业开发并不一定会亏损。以X村为例，该村商业开发的楼盘销售得非常好，说明居民有改善居住质量的意愿，只要工作细致到位，农村改造大有可为。

## 二、关于土地流转的调查分析

2005年1月，农业部出台了《农村土地承包经营权流转管理办法》，2014年11月，中共中央办公厅、国务院办公厅印发《关于引导农村土地经营权有序流转发展农业适度规模经营的意见》，其目的在于指导农村土地流转。我们在调研中发现，农村土地流转早已自发进行，这再一次证明，方法总是走在政策前面，人民群众的智慧是无穷的。

**1. 农村土地流转的形式**

目前农村土地流转形式多样，也可以有多种分类方式。

（1）根据发包者与承包者关系分类。

第一类，家族成员向城镇转移导致土地集中于某一成员。

这种土地流转的优点就是耕地集中连片，且承包关系处理起来较为简单。在E村，有一个王姓家族，该家族成员多数搬到城镇生活，其土地留给家族中一名成员耕种。该成员拥有各种农业机械，种植面积接近100亩，种粮大户自然形成。

第二类，所承包土地不限于家族内部。

这种土地流转有了一定的市场化意味。发包者与承包者通常会签订合同，其优点是权责明确，缺点是土地常常并不连片，使用农业机械时有些麻烦。以X村为例，该村一些家庭成员常年在外打工，就将土地承包给一位村民耕种，该村土地适合种菜，离集市也非常近，但几块土地并不在一起，种植传统作物（小麦和玉米）不具备规模经济。于是该村民建设了若干个蔬菜大棚，而每一个大棚都可以获得乡镇政府500元的补贴。虽然辛苦程度超过种植粮食作物，但每年收入远超种植小麦和玉米。[①]

（2）根据承包土地性质分类。

第一类，承包土地为集体土地，发包者为村委会。

由于历史原因，很多村都或多或少拥有一些集体土地，性质不一，有的可以作为耕地，有的则为林地、坡地、滩涂等。以上文中提到的E村为例，该村土地较多，平均每名农村居民分到耕地2.5亩左右，除此之外还有上千亩集体土地（河滩地）。于是，该村签订合同将这些土地承包给一些种粮大户，每年收益不菲。而在X村，由于紧邻集市，集体

---

① 平均一个蔬菜大棚带来的纯收入在2.5万元以上，三个大棚收入在8万元左右。不过，种植蔬菜技术含量较高，也非常辛苦。一个家庭中通常是一人负责蔬菜种植管理，一人负责销售，有时候还要防范偷窃行为。

土地（原来是农业用地）被承包后，很少用于种植业，而多数用于商业开发，如预制板厂、临街门面房等，也有部分用于养鸡场（通常会远离村庄）。事实上，这种随意改变土地用途的情况在农村较为普遍。另外，村委会贪污腐败问题常常与集体土地承包收入有关，值得警惕。

第二类，发包者为原土地承包者。

我们在调查中发现，由于种植业收入低于打工收入，且零碎土地的地租很低，因此承包者缺乏积极性。例如一位老年村民，子女均非农村户口，家中仅有0.6亩承包耕地，且为长条形，难以使用农业机械。该村民向外出租耕地时原来约定每年返还200斤小麦，租种一年后，承包者认为不合算，提出不再租种。即使将租金下调为零，仍然无人租种，于是这块耕地就被长期撂荒。近年来，由于农民工工资上涨很快，零碎土地承包动力减弱，需要引起我们的思考。

（3）根据土地实际使用者身份分类。

第一类，土地实际使用者为国家机构或国有企业。

国家储备粮库、变电站、农业技术推广站等单位也会占用农村土地，但分两种情况：一种是占用承包地，另一种是占用集体用地。我们在调研中发现，在最近几年占用承包地或集体土地的案例中，由于法律较为明晰，补偿通常可以到位，纠纷较少；而在实行家庭联产承包责任制之前就已经占用土地的则容易产生纠纷。因为在实行家庭联产承包责任制之前，农村土地一律是集体土地，占地补偿会返还到村集体。而在实行家庭联产承包责任制之后，补偿会适当增加（因为土地产量出现了大幅提高），但很多村民并不知情，这些收入有时候就成为村委会贪污腐败的源头。

第二类，土地实际使用者为引资企业。

河南省安阳县为农业大县，招商引资数量较少、质量不高。吕村镇以商贸物流为主，与X村相关的项目仅有×××购物广场一个，占用土地为家庭承包土地。该广场以一亩地10万元的价格买断了这些土地，很明显，这些土地的用途从耕地转为了建设用地。但这些耕地的原承包人仍然持有原来的农村土地家庭承包经营权证，并且仍然在领取国家发放的种粮补贴，直到2016年7月土地确权后才不再领取。

第三类，土地实际使用者为其他村民。

农村土地流转实际上非常普遍，也不限于耕地，且较为混乱，缺乏管理。例如宅基地换宅基地、宅基地买卖、耕地变为宅基地、耕地换耕地、耕地承包、耕地买断等。

宅基地互换在农村时有发生，只要双方同意且补偿合理，一般不会引起什么纠纷。关于宅基地买卖，理论上买卖应该在同村进行，且买主没有宅基地才会被村委会允许，但在实际中一般无人过问。例如，某一家庭举家搬迁到城市，将宅基地卖给邻居，而邻居本来有自己的宅基地，但交易依然得到了认可（起码无人干扰）。

在X村，耕地变为宅基地的情况非常多，村西北部公路一侧的数十亩耕地已经全部变为了宅基地，都修建了房屋。这些房屋有的是占用自己的耕地，有的则是购买其他人的耕地（或每年给对方一定量粮食）。奇怪的是，这些房屋几乎全部办理了房产证。私自将耕地变为宅基地的不仅仅是普通村民，村委会成员同样这样做。有些农村家庭明明有很宽敞的宅院，却依然要在自己的耕地中新建一所宅院。

值得关注的是耕地买断。一般来讲购买的耕地多用于非农业用途，而土地用途变更（如变为建设用地）至少应该得到县一级政府的批准，但在农村私下的耕地交易很多，几乎全用于建造违法建筑。随着经济不断增长，安阳市区向东扩张的势头越来越明显，土地价格不断上升，耕地买断交易越来越频繁。这一现象应该引起注意。

**2. 农村土地流转是一种必然**

第一，土地细碎化经营收入极低。

X村人均耕地0.6亩，吕村镇人均耕地为0.85亩，即使是耕地较多的瓦店镇，人均耕地也不过2.5亩（安阳县人均耕地1.21亩）。按人均2亩耕地估计，小麦一季收获1 200公斤，玉米一季收获1 000公斤，小麦价格每公斤2元，玉米每公斤1.8元。一年可以获得收入4 200元，扣除种子、翻地、整地、化肥、灌溉、农药、收割等费用约1 000元，仅剩余3 200元，不足外出打工一个月的纯收入，于是专门外出打工、将耕地出租成为自然的选择。

第二，外出打工或人口转移。

在X村，90%以上的男性劳动力以及接近三分之一的女性劳动力都选择外出打工，仅在春节回家。接近三分之一的居民为了子女教育及职业原因在安阳市购置了房产，农村的房屋被闲置，耕地也向外出租。目前，X 村闲置房屋接近 30%。一对老人（或一个老人）独守一个大院的现象非常普遍。

第三，机械化程度的提高。

土地流转与机械化程度的提高是相辅相成的，有的农户本来就有一些农业机械，在承包别人土地后进一步购置机械。此外，国家的农机购置补贴对农业机械化程度的提高也有很大助益。在现实中较为麻烦的是土地规模化经营时的土地整理费用。有些村民认为承包地就是自己的，在承包地挖土用于建设的现象很普遍。这导致土地高低不平，给农田灌溉、大型机械运用带来了一些困难。

**3. 土地流转中的问题**

第一，规范程度不高，土地用途随意改变。

这一方面是由于缺乏制度制约，另一方面是由于执法部门对土地违法行为通常执法不够严，所以在土地流转中土地用途改变的情况非常普遍。有这样一个案例，某村一位村民甲将耕地租给另外一位村民乙，约定租金为每年 400 斤小麦，但后者在耕地上修建了房屋并出租，租金很高。村民甲要求提高租金，但遭到拒绝。于是甲到县法院起诉乙，县法院明明知道村民乙的违法行为，仍然希望予以调解，即希望乙能够提高租金。可惜乙拒绝了，于是法院只好拆掉了乙的房屋，但拆房费用以及垃圾清运费用由甲承担。甲非常后悔，但只能如此。此案例说明了什么？法院在知道土地违法行为后仍然选择调解的原因很简单——如果所有的土地违法行为都要纠正，那么法院将会面临巨大的工作量。

需要说明的是，未经允许的土地用途改变是违法行为，但不一定是不合理的行为，即可能是合理但不合法的行为。为什么这么说呢？以某村为例，有些公路、企业、建筑旁边的耕地实际上耕种效率已经很低。我们可以想象，假如一小片耕地被一群建筑包围，难以见到阳光，耕种价值必然较低。当然除此之外，还有更为重要的原因。仍以临近公路的耕地为例，对于承包户而言，这些耕地用于耕种的价值远远低于建设房屋并出租的收益，那么为什么不能改变用途呢？当然，我们要考虑耕地红线问题，但同样要为农民的福祉考虑。笔者认为可以借鉴的思路是，如果改变土地用途，则要承担土地用途改变后的代价。例如，根据当地经济发展水平收取适当的租金,并直接转移支付给其他依然耕种土地的农户。这其实就是级差地租的含义。

第二,技术支撑体系缺失。

目前,耕地流转的主要对象是种粮大户,粮食与蔬菜等经济作物相比显然价格较低。但即使是玉米、小麦等普通作物,乡镇、村等各级政府给予的技术支持仍然非常薄弱。据了解,吕村镇没有类似农业技术推广站之类的农业技术支撑机构。农民很多时候都是凭感觉购买种子、农药、化肥,再加上一些假冒伪劣农资产品在农村也存在,这就使种粮丰收成为一个偶然性较高的事件。再如蔬菜种植,基本上靠菜农自己摸索,菜农既不掌握种植技术,也不了解市场行情,农业风险无疑会提高。我们可以想象,当农业在大多数人眼中仍然是一种不需要技术投入的行业时,它就不可能出现本质的发展。

第三,资本门槛相对较高。

土地集中耕种需要大型农业机械,例如插秧机、旋耕机、播种机、收割机、拖拉机、喷雾机、喷灌设备等,购买这些机械虽然可以获得农机购置补贴,但仍然不是一个普通农民家庭所能够负担的。农民通常也没有什么可以抵押的资本品,难以获得银行贷款。如果土地经营权可以质押,则对突破土地集中耕种的资本门槛会有所帮助。另外,土地集中耕种也可以采取多种方式,例如采取合作社、股份制(土地入股)等形式。各级政府不宜以行政力量推行某种模式,农民自发形成的模式通常才是较为高效的。

第四,耕地分配不均。

农村的"增人不增地,减人不减地"引发了一些问题。在一些偏远地区,家庭中子女数量较多,当家庭中的男孩成家后,可能会增加4~6口人,但这些增加的人口并没有获得耕地。有限的耕地难以养活增加的人口,于是他们只能外出打工。与之相反,女孩较多的家庭人均耕地面积则会随着女孩出嫁而增加。有些家庭只剩下老人,一旦他们丧失劳动能力,在土地流转制度不明确、种地收益不高的情况下,就会出现土地撂荒现象。

第五,村干部权力缺乏制约,政策落实不到位,出现一些不公平现象。

调研发现，村干部滥用职权的主要领域是集体土地的处置，村民们对集体土地的面积、种类、使用和收益情况并不十分了解，而"一事一议、村务公开"在一些时候流于形式，这导致在广大村民不知情的情况下集体土地就被村干部处置。实际上要明确一点，村委会只是为村民服务的机构，并不能代替每一位村民行使权利。

此外，农村居民往往法律意识比较淡薄。虽然早在1998年国家就出台了《中华人民共和国村民委员会组织法》，但在广大农村，有多少村民能够理解该法并用该法保护自己的权益呢？例如，如果某位村委成员不为村民办事，村民应该怎样罢免他呢？《中华人民共和国村民委员会组织法》（2018修正）规定：本村五分之一以上有选举权的村民或者三分之一以上的村民代表联名，可以提出罢免村民委员会成员的要求，并说明要求罢免的理由。被提出罢免的村民委员会成员有权提出申辩意见。罢免村民委员会成员，须有登记参加选举的村民过半数投票，并须经投票的村民过半数通过。现实又怎样呢？由于村民们多数长年在外打工，所谓五分之一以上、三分之一以上、过半数实际上很难做到。

我们在调研中发现，上级政府通过的一些极富意义、深谋远虑的政策安排在基层并不能得到严肃认真的对待。典型的例子是土地确权。土地确权可以解决农地面积不准、四至不清的问题，是建立所有权、承包权及经营权"三权分置"新型农地制度的基础，但一些基层政府工作并不十分认真，一方面是由于土地确权后征地将变得困难，另一方面是由于土地确权需要地方承担一些费用（如人工、测量费用等）。

**4. 推进土地流转的方法**

第一，涉及用途改变的土地流转要有规划作为蓝本。

目前农村土地流转中用途改变的情况较多，随意性较强。其中原因之一在于农村居民法律意识比较淡薄，乡镇一级土地部门管理比较松懈。《中华人民共和国农村土地承包法》第十八条第一款规定：维持土地的农业用途，未经依法批准不得用于非农建设。村民在（自己承包的或转包别人的）耕地上修建房屋、厂房，应该以合理、科学的规划为蓝本。之所以要合理、科学，是因为随着时间的推移，规划也要与时俱进。例如，公路沿线、集市周边地区明显已经不适合耕种，就不应该划为基本农田。但即使用于工商业发展，土地也应该统一规划，避免私搭乱建，我们在发展农村经济的同时也要尽量保证其整洁美观的外在形象。

第二，保护耕地，限制耕地使用中的不规范行为。

很多村民认为，自己承包了耕地就拥有了随意的处置权，实际上《中华人民共和国农村土地承包法》第十八条第二款规定：依法保护和合理利用土地，不得给土地造成永久性损害。有的村民在田地里挖土（宅基地需要填土），有的直接向外卖土，挖成大坑，不仅造成自己的耕地多年无法耕作，也影响周围土地的耕作（灌溉时非常困难）。

第三，政府从市场、制度、技术、资金方面提供支持。

经常看到这样的新闻：某某村民承包了大片土地来种植某种作物，但因销路不畅，承包者血本无归。实际上类似问题的根本原因并不是销路不畅，而是供给与需求信息不对称——有人有需求，但供给者并不知道。而且农产品价格一般较低，难以承担较高的存放成本，需要在成熟时期尽快销售。地方政府可以为种植大户提供市场信息，例如，建立农产品销售网络平台，并降低其物流成本，这可以在很大程度上解决其后顾之忧。

此外，农村土地流转需要投融资体系的配套，也需要技术支持。诚然，如果农村土地流转进入正轨，则应该以市场力量为主，政府应该撤出。但在初期，政府可以做一些"扶上马、送一程"的工作。而在现实中，乡镇政府工作人员往往忙于贯彻政策，针对农村发展中的困难了解不足，工作主动性也不够。我们在调研时也发现，当村民遇到经营上的困难时，首先想到的是亲戚朋友、街坊邻居，很少想到求助于政府。基层政府不能与老百姓打成一片，那就很难为其提供帮助。我们坚信：只要各级政府想为人民做事，就一定会有所成就。

### 三、农村面临的一些其他问题

#### 1. 子女教育

随着城镇化的推进，农村义务教育成为一个"过程"中的问题。一方面，很多农村居民希望子女得到更好的教育，于是纷纷在城里买房，让孩子在城市上学；另一方面，城乡一体化要求农村办学条件尽快提高。教育机构也面临两难的境地，有些教学点招生数量很少，从效率上讲撤并似乎是理所当然的事,但撤并后必然有些孩子要去很远的地方上学(尤其是在山区)。此外,教育人才不愿到农村学校任教也是令人头痛的问题。

**2. 养老与社会保障问题**

农村的老年人一旦丧失劳动能力,便会立即失去收入来源。虽然70岁以上老人每月可以领到一些养老金,但一般金额较少。以某位农村老年居民为例,她今年75岁,全部固定收入来自政府每月70元的养老金以及0.6亩地的种粮补贴,此外就要靠子女给钱了。我们可以想象,如果子女孝顺或经济条件尚可则问题不大,否则这位老人很难安度晚年。在农村,即使子女不算孝顺或经济条件不好,老人顾及面子也不会四处宣扬,求助法律更是少有,于是老人只能自己承受痛苦。农村老人的晚年幸福不能仅仅寄托在子女身上,国家和政府应该承担部分责任。

**3. 医疗问题**

农村居民最为担心的问题就是生病,因病致贫、因病返贫的例子比比皆是。虽然医疗保障能够提供一定帮助,但看病成本仍然居高不下。如果患者有完整的家庭,则情况要相对好一些。而农村还存在独居老人、独居残疾人等弱势群体,他们生活难以自理,出门都很困难,一旦生了大病很难负担得起。

**4. 公共卫生、公共设施、取暖、公墓等问题**

有些农村没有修建下水道,生活污水随便倾倒,不仅影响环境,也会破坏路面。有些农村厕所还是旱厕,很多城市居民到农村旅游(农家乐)时,都认为厕所卫生最难以忍受。有些村民的生活垃圾处理意识较差,随意丢弃垃圾,比如,X村东边的渠道已经被垃圾填满,彻底失去了灌溉、防洪、泄洪功能。[①] 这一切并不是因为农民缺乏素养,而主要是因为没有污水处理、垃圾收集和处理机制。此外,自来水、电力、路灯、监控等公共产品供给数量、质量也需要提高。

在有些地区,农村取暖也是个大问题。农村民居大多不具备保温节

---

① 河南省安阳县曾暴发洪水,其实雨量并不太大,但很多乡镇被淹,损失很大。其中很多防洪、泄洪渠道被堵塞是原因之一。

能功能，冬天多用煤球炉取暖，这一方面会带来环境污染，另一方面很容易引起煤气（一氧化碳）中毒。在居民点非常分散的前提下，集中供暖成本很高，于是有的农村家庭安装了土暖气（小锅炉），虽然能得到不错的取暖效果，但也存在各种风险（如锅炉安全问题）。有些农村地区的天然气供暖改造工程还需进一步推进。

有些农村的墓地处于无序状态。部分村民宗族观念较强，认为祖坟不能轻易搬迁。但有些祖坟修建在别人家的耕地里，无疑会影响其生产，于是就产生了很多纠纷。如果每个村能划出一片土地修建公墓，相信在节约耕地方面会起到很大作用。

### 5. 社会风气问题

（1）攀比心理。农村是熟人社会，看重面子。有些村民认为不管自己收入多高，都一定要盖好房子，尤其是要高过邻居家的房子，导致房子大而无当，长期闲置。此外，我们发现，农村居民日常消费水平并不低，与其收入水平不尽相称。

（2）生育观念。在 21 世纪以前，有些地区的农村居民重男轻女思想较严重。近几年来，受各种因素影响，这一思想有所转变。

（3）婚丧嫁娶观念。这方面问题受到了较多学者关注。彩礼问题和逢红白喜事大摆宴席的做法一直饱受诟病。

（4）赌博问题。并不是农村居民天生热衷于赌博，而是因为农村缺乏其他娱乐设施，如公园、健身设施、图书馆等。令人欣喜的是，近年来广场舞开始在农村普及，逐渐成为一种被普遍接受的大众健身方式。与城市相比，农村广场舞不存在扰民、阻塞交通等问题。

（5）羡慕从不正当渠道获得财富。发财致富是正常的想法，但在某些农村地区存在一种不良的思想倾向，即羡慕那些通过不正当渠道赚钱的人，羡慕那些不用出力、投机取巧获得财富的人，羡慕以权谋私获得财富的人。我们需要思考是什么原因导致"自力更生、勤劳致富"的朴素情怀认可度降低。

### 6. 生态环境恶化

在有些地区的农村，现在已经较少出现"杨柳依依、雨雪霏霏"的景象，大肆盖房子导致集体土地上的林木被砍伐，一些自然形成的小型湖泊、水坑被填平，其气候（生态）调节功能受到损害。约 50 年前，A

村、B 村被一个面积很大的狭长湖泊分开，如今这个湖泊不复存在，两个村已经没有了分界线。

## 四、若干建议

### 1. 城镇化不仅要考虑转移人口，还要考虑留守人口

《国家新型城镇化规划（2014—2020 年）》的目标是到 2020 年，常住人口城镇化率达到 60% 左右，户籍人口城镇化率达到 45% 左右（这些目标均已实现）。随着国家规划的出台，各地也编制了自己的规划，有的预期目标是常住人口城镇化率达到 75% 以上。仔细研读这些规划，其主要目的是解决农村（农业）转移人口到城镇工作、生活的问题，但是我们切不可忘记农村留守人口。理想的情况是：随着部分人口转移到城市，农村留守人口的生活质量自然就提高了。但现实恰恰相反，随着劳动力、资本、资源的转移，农村在一段时间内可能会更落后，留守人口的生活质量会更低。

目前，在现代农业还不成规模的情况下，农村经济主要靠打工人口收入回流来支撑。那么，一旦多数打工者在城镇落户，收入不再回流，应该靠什么来支撑农村经济？因此，随着城镇化的推进，乡村振兴（新农村建设或农村新社区建设）应该同步进行。城镇化与乡村振兴应该构成新型城镇化的两翼，理想目标是：进城和留在农村这两个选择对于农村居民来说没有差异。实现这个目标需要时间，同时要克服很多困难，也要看政策导向。

我们认为，在充分论证和调查研究的基础上，符合条件的农村可以进行独立的整体式农村新社区建设；而不符合条件的农村则将重点放在产业支撑、农村公共产品质量的提高和数量的增加上，如培育特色产业、壮大传统产业、发展现代农业及基础设施建设、公共卫生、义务教育、养老保障、清洁能源等方面。随着农民收入的提高及生活环境的改善，传统民居同样可以改造成为农村新社区。

### 2. 基层政府应致力于产业发展，不要急于求成

农村新社区建设、新农村建设的目的是提高农村居民生活质量，而不是提升地方政绩，如果将其作为政治任务而罔顾市场经济规律来推进农村新社区建设，那么迟早要吃苦头。据报道，2013 年以来，河南省有

1 366个农村新社区停建，直接损失600多亿元。①

仔细审查这些案例，可以发现这样几个问题：第一，农村新社区住房价格偏高导致村民缺乏购买意愿；第二，这些新社区的建设并没有充分征求村民的意见，很多新社区没有足够大的储藏室，村民的很多物品（包括农具、农业机械）无处存放，（院落）置换条件也难以令村民满意；第三，地方政府目标短期化，政策缺乏连续性，存在朝令夕改、承诺落空的问题。例如，有的地方在农村新社区建设开始时提出一些优惠承诺如赠送房屋面积，但该承诺在换届后就作废了。

不可否认，虽然当前新农村建设（农村新社区建设）中还存在一些问题，但其总体方向是正确的，问题主要集中在：第一，谁是新农村建设的主体？第二，谁来承担新农村建设的成本？新农村建设应该是在基层政府的支持和引导下，由村委代表全体村民结合市场化手段来推进的，显然，成本也是由村民、村集体及基层政府来分担。政府不能介入得太多，介入得越多，其承担的成本份额就应该越大。如果政府不顾实际情况，不进行充分的调查研究和科学论证而盲目推进，就很容易出现农村新社区"烂尾"现象。

**3. 乡镇政府不应过多干预村委选举，切实实现村民自治**

村民自治是宪法赋予村民的权利，但现行法律关于村民自治范围的规定有些模糊。《中华人民共和国村民委员会组织法》第二条规定：村民委员会办理本村的公共事务和公益事业，调解民间纠纷，协助维护社会治安，向人民政府反映村民的意见、要求和提出建议。该法第五条规定：乡、民族乡、镇的人民政府对村民委员会的工作给予指导、支持和帮助，但是不得干预依法属于村民自治范围内的事项。自治范围不清楚，干预是否合法也就不清楚，而且也没有关于过度干预的处理措施。于是在现实中，有时乡镇政府与村民自治之间就变成了"不想管就不管，想管就管，想管多少就管多少"的自由裁量关系。

一些研究者认为，部分村民缺乏法律意识、民主意识，再加上基层选举乱象颇多，靠村民自身难以选举出合适的领导人。一方面，他们认为村民需要政治启蒙；另一方面，基层选举中存在不良风气。因此，干

---

① 河南1 366个新型农村社区烂尾直接损失600多亿. 新华社，2017 - 01 - 01.

脆由乡镇政府代为指定候选人。我们认为，村民固然需要增强法律意识，但哪位候选人有威望、有想法、有思路、有能力还是能够看得清的，仅仅是选举本身并不需要什么政治启蒙。更为重要的是指导村民如何利用法律法规来维护自己及集体的利益。在农村问题最多的就是村委会在村民不知情（未通过村民会议）的情况下非法处置集体土地和集体资产，而这种情况发生以后，村民通常缺少维护权益的手段。乡镇政府在面对群众的诉求时，宜疏不宜堵，帮助村民解决问题是不容推卸的责任。此外，有的地区已经在考虑为每一个行政村配备一名法律顾问，此举若能推广，则将大量减少侵害村民利益案件的发生。①

根据调研，村委班子可以分为多种类型，如既有威望又有能力及发展思路、有威望有能力但缺乏发展思路、威望不足但能力较强、有威望但能力较弱等。针对不同类型的村委班子，乡镇政府的工作重点也应该有所不同。以城镇化建设为例，工作重点至少可以分为支持、引导、监督、协助四个类型。对于第一种班子，应该以支持为主，共同克服城镇化推进中的难题；对于第二种班子，则要以引导为主，针对具体情况尽快确定工作思路；对于第三种班子，要以监督为主，通过约束、规范其行为逐步提高群众的信任度；对于第四种过渡型班子，要以协助为主，逐步夯实城镇化推进的产业基础，在经济发展中那些有能力的人才自然会凸显出来。

此外，基层政府要制止村委选举中的不规范行为，打击"村霸"及其身后的保护伞。② 我们在调研中发现，个别村庄存在利用家族势力控制选举的行为，广大群众敢怒不敢言。要认识到，如果农村没有清明的政治生态，就很难实现长期稳定的经济发展。

**4. 村委应切实承担责任，稳步推进新农村建设**

我们在调研中发现，一位有意竞选下一届村委的村民正在设计自己的竞选方案，其主要想法有三条：第一，三年内新农村建设初见成效，

---

① 根据《山东省村（社区）法律顾问补助经费管理办法》，山东省各村（社区）法律顾问每年将获得3 000元资金补助。

② 参见最高人民检察院2017年1月19日印发的《关于充分发挥检察职能依法惩治"村霸"和宗族恶势力犯罪积极维护农村和谐稳定的意见》，这说明有些地方的"村霸"现象已经引起了中央的注意。

农村新社区开工建设,并争取改造条件成熟的街道;第二,建设一所标准化小学;第三,为 60 岁以上老年人提供养老津贴。如果三年内无法实现承诺,则由该村民自己承担该村三年内的(公共)水电费。这位村民年富力强,创办了自己的企业,对公益事业也非常热心。他的竞选方案让我们对 X 村的未来充满了希望,农村发展靠什么?就是靠千千万万这样的年轻人。

我们总说农村留不住人,实际上,类似 X 村这样条件较好的村庄不应该变为空心村。虽然农村制造业并不发达,但如果新社区建成,物业管理、餐饮服务、商贸流通、交通运输等都需要大量的普通劳动力,工资收入也许不如外出打工那么高,但在家乡工作的便利性无疑有很大的吸引力。假如农村各方面条件都能不断提高,想必会有很多人不愿意背井离乡去外地打工。

新型城镇化的推进离不开产业支撑和成本分担这两个车轮,对于新农村建设来说也是如此。一方面,要鼓励村民创业,通过兴办各种企业以扩大就业来保证村民收入的持续增加;另一方面,村集体收入要合理分配,重点投入到急需的公共事业上来。当然,首先要做到的是"村务公开""财务公开""一事一议"等最基本的要求,只有村委和村党支部获得了广大村民的信任和支持,村民的力量才能拧成一股绳,农村发展才会有希望。

**5. 国家适当增加针对提高农村老年居民生活质量方面的投入**

我们在调研中发现农村养老院较少,其中原因有很多。老人碍于面子、子女怕人说不孝顺是一方面,更重要的是农村老人多数没有固定收入,养老保障几乎完全依赖子女。相比之下,家庭养老比住养老院费用更低。

让我们思考一个问题:能否给农村 60 岁以上的老人发放退休金?《中华人民共和国宪法》第四十三条规定:中华人民共和国劳动者有休息的权利。第四十五条规定:中华人民共和国公民在年老、疾病或者丧失劳动能力的情况下,有从国家和社会获得物质帮助的权利。农民同样是劳动者,有休息也有退休的权利,年老时也有获得帮助的权利,同样可以获得退休金。

从学术角度看,反对给农民发放退休金的理由有三条:第一,农民不是被雇佣者；第二，农民的劳动无法考核；第三，资金缺口太大。

先看第一条，农民经营的土地属于集体而不是个人或家庭，他们没有所有权只有使用权，他们实际上是被国家（至少是集体）所雇佣来从事农业的劳动者。被雇佣者可以退休，也应该获得退休金。土地承包合同实际上就是劳动合同，至于农民免交农业税、免交"三提五统"等可以理解为国家促进农业发展的优惠政策，不能由此推断农民是自谋职业者。

再看第二条，从道理上讲，只要土地没有撂荒，就足以证明农民在从事该行业（很少有农民希望自己的土地产量很低），也就可以考核其劳动，其土地的产量和质量本身就是考核标准之一。因此，那些认为农民劳动无法考核从而不能向其发放退休金的说法是站不住脚的。[1]

最后看第三条。假设有2亿符合条件的老人，给每人每年发放5000元退休金，则每年需要1万亿元。这些老人的边际消费倾向都比较高，假设为0.9，则消费乘数为10，也就是说，国民收入会增加10万亿元。即使税率为10%，政府税收恰巧为1万亿元，也完全可以做到收支平衡。常常有人说，给农民发放退休金太不现实，因为资金缺口太大，简单来说就是国家没有那么多钱，这个说法是错误的。国家为农民发放退休金虽然会带来暂时的财政压力，但绝不是赔本买卖。

为此，我们建议为农村60岁以上老人（女性可以适当放宽限制）发放退休金（不是目前每月几十元的养老金），具体标准可以根据当地城镇企业退休职工退休金标准的下限制定。这样做有几方面的好处：第一，可以促进农村经济增长，因为农村老年人的边际消费倾向很高；第二，可以减少农村老人对子女、家庭的依赖，有助于化解社会矛盾、促进农村道德风气好转；第三，可以极大提振农村居民尤其是农村老人对改革开放、新型城镇化、新农村建设的信心，增强向心力和凝聚力；第四，社会主义的根本目标之一就是实现共同富裕，为农村老人发放退休金完全符合这一目标，也能在更大程度上体现我国社会主义制度的优越性。

---

[1] 我国农村曾经实行过工分制，说明农民劳动完全可以考核。还有最近这些年出现的新型农业合作社也可以说明这一点：参加合作社的农民，其劳动可以考核，考核目标就是产品产量和质量。此外，在企业、集体企业工作的农民的工作性质与城镇职工也没有本质的不同，也应该享受退休金。

**6. 解决农村土地问题要有路线图**

当前最值得关注的问题是城乡建设用地增减挂钩政策，其核心思想是：城镇建设用地增加与农村建设用地减少相挂钩，从以宅基地为主的村庄占地中腾出土地复垦，多余指标可以用于建设用地。具体思路是：如果农村居民放弃宅基地和原住房而集中居住，则能腾出多余土地复垦为耕地，这样农村耕地面积就可以增加，从而增加一些建设用地。控制建设用地的原因在于它挤占了耕地，如果耕地增加，显然建设用地就有了增加的可能性。

这里面显然涉及多方利益：村民、开发商、地方政府和国家相关部门。村民希望改善住房条件，但不愿支付太多成本；开发商希望盈利；地方政府需要政绩，也希望获得一些收入；国家相关部门希望耕地面积增加。

我们可以设想，假设有一个村庄，所有村民都同意放弃原有宅基地和原住房，搬进新社区。假设腾退出 2 000 亩宅基地，农村新社区占地 1 000 亩，这样就节约出 1 000 亩土地。这多余的 1 000 亩土地应该如何使用呢？假设将 500 亩土地复垦为耕地，将剩余 500 亩土地作为建设用地如农村公共设施、配套设施、商业设施和非农产业发展用地。这看起来是多方共赢的结果。

如果上述项目是封闭运行的，则必须至少保证三点：第一，村民不用承担费用，且能得到收益，否则村民不会搬迁；第二，拆旧后腾出的建设用地商业运作收益加上财政投入足以弥补建新、拆旧、复垦费用，否则开发商必然亏损；第三，建新占用耕地的补偿应该与拆旧后腾出的建设用地商业运作收益挂钩，也就是说，这部分土地增值收益应该由村集体、开发商和政府分享，且以村集体为主体。

现实中存在很多问题：一是政府片面追求政绩，搞大规模农村新社区建设，结果村民不买账，建新烂尾，拆旧失败；二是追求建设用地指标，项目不封闭，指标挪用，强行拆迁，引发各种冲突，形成"三无"农民，建新拆旧变成"圈地运动"；三是追求经济效益，开发商与政府分享占用耕地补偿与拆旧建设用地之间巨大的价格差，村民则被排除在外。

问题的根源在什么地方？根源在于这项政策赋予了政府在处置农村土地方面极大的权力。它是自上而下推进的，普通村民根本不了解其中的细节，他们面对的只是政策后果，而很多时候政策后果是不可逆转的。城乡建设用地增减挂钩政策推行以后，迅速变为一场席卷全国的运动。

从理论上讲，城乡建设用地增减挂钩政策注定是一种过渡性政策。减少农村建设用地以增加城市建设用地，难道农村永远不需要增加建设用地吗？等到那一天，是否需要反向增减挂钩？它本质上是让农村为城市提供土地（指标）。这项政策需要认真反思，也要求我们尽快制定出解决农村土地问题的路线图，不能在政策的收放中损害农民的利益。

我们认为，解决农村土地问题应该注意以下几个方面：

第一，纠正增减挂钩中的违规行为，在项目设置和项目推进中必须充分尊重农村居民的意愿，严禁基层政府和村委会越俎代庖。未开工的项目要严格审查其规范性，已经开工的项目要优先保证农村居民的利益，从国家层面尽快制定结余建设用地指标交易规范。

第二，明确土地承包期限，在农村社会保障制度不健全的前提下，建议给予村民不限期承包权，直至社会保障制度均等化、全覆盖。

第三，严格保护村民宅基地、住宅权利，通过经济手段控制农村宅基地占用耕地现象，鼓励确需自建房屋的村民按规划进行。

第四，要重视农业生产效率和土地生产潜力，而不是仅仅盯住耕地面积。我们缺的不是粮食，而是符合需求的农产品。这也是中央多次提到农业供给侧改革的原因。

第五，在中长期内建议城市发展用地改审批制为备案制，不再用指标来控制。要充分发挥地方人民代表大会的作用，通过当地人民代表大会监督、听证会制度、村民会议等手段来限制地方政府关于土地使用的权力。

### 7. 移风易俗、改变不良社会风气

强烈建议农村制定自己的村规民约，遏制不良风气的蔓延。什么是村民自治？制定约束自己的规矩就是村民自治的题中之义。目前个别农村地区"礼崩乐坏"的原因之一就是原来的家族制度解体，又没有迅速找到替代性制度，于是人们的行为就失去了约束。村规民约的内容应该与社会主义核心价值观契合，并且应该具体化，不能过于抽象，要有适当的奖励和惩罚措施。当然，村规民约不能代替法律法规，其奖惩措施要经过村民会议的同意。同时建议成立红白喜事理事会，控制大操大

办、大摆宴席等浪费行为。此外，建议尽快推进农村公墓建设：一方面可以改变不文明丧葬、祭祀风俗；另一方面可以节约耕地，减少纠纷。

农村娱乐设施匮乏带来了不良嗜好的流行，应该增加投入恢复民间传统娱乐形式，增加健身设施，有条件的农村可以修建篮球场、足球场等运动场地，丰富村民业余生活，改变其不良生活方式。

## 第二节　重点案例之二——山东省沂水县 K 村调研

本次调研的主要对象是山东省临沂市沂水县 Q 镇 K 村。

沂水县隶属于山东省临沂市，位于鲁中南地区沂蒙山腹地，居沂河、沭河上游。总面积为 2 434.8 平方千米，总人口为 116 万，在全省县级行政区划中分别排在第二位和第八位。沂水县是近代著名革命老区，是沂蒙精神的发祥地之一，是山东省首个全国旅游标准化示范县。

Q 镇位于沂水县西北方向，距县城 30 千米，地处临沂、淄博两市交汇处，沂水、沂源、蒙阴三县交界处。境内沂崔路、龙张路两条二级柏油路分别与省道兖石路、沂博路相接。泉庄境内泉水众多，水土资源丰富，素有"林果之乡""葡萄之乡"美誉，种植水果所得是普通农民家庭的主要收入来源。借助便利的交通以及县镇两级政府对旅游业的重视，这里有国家 4A 级景区以及多处水果采摘园和农家乐，为当地经济做出了一定贡献。

K 村属于 Q 镇内 31 个行政村中经济较为落后的村集体，该村有 1 100 余人，耕地 1 500 亩，人均耕地面积约 1.4 亩，占地面积约 6 平方千米，划分为 11 个村民小组。

本次调研旨在了解 K 村现存的问题、农村新社区（新农村）建设进展、农业专业合作社发展情况，最后为新型城镇化、乡村振兴略提几点建议。

### 一、K 村现存的问题

**1. 劳动力流失问题**

对于大多数农村家庭而言，青壮年常年外出务工已成常态，K 村也是如此。据统计，该村户口在农村的 50 岁以下男性中，实际常年在村居住的仅有 20 人左右，在这些常年在村居住的男性中，无一人以务农为唯一收入来源。这反映出随着生活成本的提高，务农的收入已无法满足上有老、下有小的这一代人的物质需求。以农村种植收益较高的桃树为例，如果天公作美、行情较好，一亩地可收入 6 000 元左右。再扣除成本，各种肥料大约 1 800 元，桃袋和农药 400 元，灌溉 100 元，运输成本 100 元，这样算下来农民一年一亩地的净收入大概是 3 600 元。这需要一年到头的劳作，一亩桃树地约合计工时 20 天，这 20 天若是换作在外务工，干体力活少说也能收入 3 000 元。这还是目前村内收益较高的桃树，若种植其他农作物如玉米、小麦、花生、地瓜等，一年一亩地的净收入不足千元。对比之下，不难理解为何农村居民不愿意专业从事种植业。若干年后，这个小村落就可能成为名副其实的空心村。

### 2. 医疗问题

K 村设有诊所 1 家，仅配备乡村医生 1 名。这名医生要服务村内 400 多位常住居民，这些人中还以年长者为主，大多数需上门诊治。去诊所见不到医生是常有的事，因为医生不是在去这家的路上，就是在去那家的路上。医生成天疲于诊治，更谈不上进修的事了，因此医术难以精进，加上缺少检查设备，准确诊断也是问题。可喜的是，目前国家也有部分公费医学生名额以支撑乡村医疗，希望政策能更多地向类似于 K 村这类人多医少的地区倾斜。

### 3. 交通问题

K 村是目前 Q 镇内少有的还未实现户户通的村庄。村内与镇上连接的水泥路也饱受村民诟病，其宽度仅有三米，许多农用车会车都成问题，更别说赶上收获季节，各类农产品收购商的货车进村更是犯难。另外，道路过窄也有很多安全隐患。2018 年 6 月，在镇政府的支持下，由村民和政府共同出资重建水泥路，却因为部分村民阻止而搁浅。2019 年 1 月，村内又新修了一条水泥路，这使更多村民享受到了便利。

### 4、教育问题

K 村内没有小学，户籍在村里的学生要么跟随外出打工的父母在外地求学，要么在距离村庄 5 千米的中心小学上学。在外地上学的孩子因求学地分布广泛，故没有一一调查。以该中心小学为例，该学校的生源来自附近大约 7 个村庄，在校学生 286 人，教职工 21 人。学校建有三层教学楼一座，400米塑胶跑道一条，篮球场、足球场各一处，并配有实验室、多媒体教室、微机室、会议室、心理咨询室、体育器材室、音美室、劳技教室等部室，在实际调查中发现其中大部分设施都得到了充分应用。总体看来，学校的基础设施配置完善。不足之处体现在三方面：一是在校就读的学生大多离家遥远，也不太方便自己带饭，因此在学校食堂吃饭的诉求很多，但是学生普遍反映学校的食堂伙食质量差，菜品单一；二是学校没有配备校车，很多离家远、父母又不方便接送的学生只能自己步行，乡村内安全监控设备少，在偏远的地方容易发生安全事故；三是教师团队缺少新鲜力量，一名教师教多门学科的现象普遍存在。

**5. 公共卫生、殡葬改革、公共设施问题**

农村垃圾污染问题近年来逐渐受到了政府的重视。目前村内有11个小组，每个小组内都合理地配置了环卫垃圾桶，并有专人管理，有专车运输清理。由于每户都交有一定数额的卫生费（每人每年30元），加上村委的积极宣传，村民们目前也大多形成了将垃圾集中丢弃到垃圾桶的习惯。这为保护农村环境、保持土地肥力贡献了力量，值得称赞。

自2017年5月10日开始，沂水县实施了以"殡葬费全免费"为核心的殡葬改革措施，凡是有沂水籍户口、在沂水县去世的居民，殡葬过程中的火化费、运输费、骨灰盒费和公墓墓穴使用费全部免费，由县乡两级财政承担。虽然这项移风易俗的改革不断深化，但几千年来老一辈安土重迁的思想也很难改变，其中之艰辛可想而知。目前从调查看来，政府不仅在思想上深入宣传，更是在经济账、土地账、资源账、安全账、环境账、祭祀账上帮村民厘清公墓的诸多益处，形成了社会共识，还通过行政手段强制约束，自改革以来的新去世人员全部进入公墓安葬。在K村，将旧坟迁入公墓的家庭也有十几户。

当然，在公共设施的建设中也出现了一些问题。比如该村在修建自来水工程时，自来水的预留口设计得不太合理，给村民用水带来了较大不便。

## 二、农村新社区（新农村）建设进展

**1. 农村新社区建设任重而道远**

由于各种原因，K村没有建设农村新社区。该村地处偏远，整个村三面环山，地势高低起伏不定，建设农村新社区难度较大。在新农村建设方面有一定进展，村里的老旧危房改造工作正在推进，旱厕改造完毕，但效果不明显。通过调查得知，村民们对住进新社区的期盼还是有的，但更多的是顾虑和迷茫。目前Q镇有建成的新社区两处，距离K村较远，村内只有几户人家搬到了镇上的新社区。

### 2. 农村新社区建设缓慢的原因

目前看来，自然条件限制是农村新社区建设难以推进的主要原因。K村人口居住非常分散，只能通过搬迁的方式住进新社区，村民们有太多的后顾之忧。第一，种地问题。农村新社区只能在大块平地上选址，而耕地都在山坡上，距离较远。第二，农村新社区的房款和装修款是一笔很大的费用，村民们大多年长，不愿花这份钱，给后代置业也大多选择当地的县城，而不想在村里或镇上买新房。目前看来只能先找到发家致富的路子，让村民的整体收入显著提高。村民收入提高后，加上政策的鼓励，农村新社区建设才会有实质性进展。

## 三、乡村振兴出路探索——金龙山农业专业合作社

沂水县金龙山农业专业合作社由沂水五洲房地产有限公司于2015年投资建设，该项目位于沂水县Q镇Y村，占地1 780余亩，总投资达8 000万元，主要种植晚熟蜜桃。经过这几年的发展，该合作社成了当地脱贫致富的样板。

### 1. 精心选择项目

该合作社所选地块由尚未开发利用的山间坡地深翻修造而成，符合有机果品生产标准。这里远离工业污染，是建设有机果品生产基地的理想之选。合作社经过多方考察，选取了一种晚熟品种蜜桃。此品种成熟晚、果型大、糖度高、耐储运，在10月中旬上市。合作社聘请了多位林果专家和技术员，严格按照有机果品生产标准，对园区土壤改良和栽培种植进行全程指导和管理。目前已种植金秋蜜桃7万余棵。该合作社的目标是打造有一定品牌价值的有机晚熟蜜桃生产基地。

### 2. 理顺管理体制

该合作社从当地农民手中流转土地用于园区建设，带动当地农业发展，利益共享，合理确定农民收益。为解决农民的收益问题有如下做

法：一是合作社向农民支付每亩 600 元土地流转租金，作为农民的固定收益。二是吸引有劳动能力的农民到合作社务工，将其就地转化为农业产业工人，常年参与农业生产，获得稳定的务工收益。三是二次分红，在产业形成之后，合作社每年根据收益情况，拿出部分纯收益对土地流转的社员进行土地分红，对在合作社务工的社员进行生产管理分红。为了提高农民的积极性，在进行二次分红时，合作社会按照每棵桃树出产桃子的质量进行分配。优质桃每斤奖励 1.5 元，普通桃每斤奖励 0.1～0.5 元。这样算下来，每棵树能奖励 20～150 元，因为奖励差距很大，要想拿得多，就得精心管理桃树。从管理费、雇工费到二次分红，这一系列蕴含现代企业管理理念的措施，让金龙山农业专业合作社的"职业农民"尝到了甜头，而合作社的收入也因此逐年递增。

## 四、若干建议

**1. 提高基层干部工作能力**

大多数村干部都是从村民（党员）中选举而来，他们更了解民情，更能把握地区的优劣势，只是他们囿于家庭生计，在向村民传达政策、学习新思路、普及新思路方面难以尽心尽力。因此，可以从两方面改善这一状况：一方面是提高村干部的待遇，完善村两委班子，配备专人专职负责思想宣传、技术指导、新项目推广等；另一方面是镇政府要时常组织相关培训，解放村干部思想并提升其工作能力。

**2. 发展特色产业**

金龙山农业专业合作社的成果固然可喜，但它的成功也需要很多条件，不能盲目推广。各地农村应结合自身物产资源条件，或以林业、牧业、渔业以及药材、经济作物的种植为主，或发展养殖业，走养殖业与加工工业的路线，也可以发展农家乐或生态农业、旅游业等等。总之，村里首先要有具备发展潜力的特色产业（或发展思路），村干部们才能利用自身的人脉资源进行招商引资工作。

**3. 加强相关政策宣传**

近年来，国家出台多项政策来推动农民土地流转，如三权分置、土地确权及农村土地承包期再延长 30 年等。三权分置使土地流转在理论上具备了合法性，土地确权让村民不用担心土地流转出去之后无凭无证，而承包期延长让流转双方都不用再担心期限届至问题。

我们在调研中发现，很多村民对国家关于土地流转的政策不甚了解。我们认为，要充分利用广播电视、网络、发放"明白纸"、宣传画、标语等各种宣传手段，深入宣传土地流转政策。要将较难理解的法律条文用通俗的语言传达给村民，教育广大村民和基层干部懂法、知法、用法。

**4. 改善农村生活环境**

现代农村不仅体现为村民丰衣足食，还体现为住房条件改善、交通便利程度提高、各项基础设施完善。同时，还要积极发展农村教育、医疗、文化等各项事业，一方面减少村民的后顾之忧，另一方面也能吸引外出务工人员回乡创业。如此，乡村振兴之路才能越走越宽。

## 第三节　其他地区调研情况

### 一、山东省淄博市齐都镇 N 村农村新社区建设情况

齐都镇位于山东省淄博市临淄区中部，是齐国古都所在地，拥有齐国历史博物馆等多所历史文化博物馆。齐都镇现辖 47 个行政村，常住人口近 5 万，面积为 52.77 平方千米。齐都镇北邻胜利油田，南靠中国石化齐鲁石化公司，得天独厚的地理位置为工业和第三产业的发展提供了便利条件，工业企业已发展到 200 多家，形成了集化工、塑料、塑编、电子、机械加工、农副产品加工为主的产业格局。此外，齐都镇旅游业也相对发达。2019 年 12 月 24 日，齐都镇入选全国乡村治理示范乡镇名单。

调研期间，多数村庄都在进行农村新社区建设或新农村建设，该镇 N 村最早完成建设。我们在调研中的直观感受是村民的居住环境得到了极大改善，住房占地面积减少，同时节约了大量耕地。就该村社区而言，社区及周边设施与楼盘开发商开发的商业楼盘环境等大致相同，房屋设计美观，整个社区区域内药店、商店、餐馆等店铺一应俱全，基础设施相对完善。

在调研中，多数村民对新居的生活条件、生活设施表示非常满意，

也提出了若干值得我们思考的问题。

**1. 上楼后收入没有增加，但支出增加了**

在新社区改造前，多数村民都有一个小院子，可以种植果树，也可以饲养家禽家畜，这些都可以贴补一部分家用。但上楼后这些收入消失了，同时物业费、水电费、天然气费、取暖费加起来却是一笔不小的支出。

**2. 上楼后不利于农业生产**

有的村民仍以务农为主，而新社区距离其耕地较远，每次去田地耕作需要走很远的路，很不方便，有些村民不得已开车去种地。另外，新社区提供的小棚（地下室储物间）面积不够大，农具、粮食存放不便。同时，农作物收割后没有晾晒的场所，部分村民就在公路上或小区公共区域晾晒，这一方面不卫生，另一方面也会带来一些危险。

**3. 上楼影响了村民之间的交流**

上楼后，村民之间交流明显减少，而交流、聊天对排解留守老人的寂寞非常重要。这一点需要引起足够重视。

## 二、贵州省思南县调研情况

思南县位于黔东南铜仁市西部，地处武陵山腹地，是乌江流域的中心地带。全县面积2 230.5平方千米，辖13个镇、14个民族乡。该县总人口接近70万，是一个汉族、土家族、苗族、仡佬族、蒙古族等18个民族聚居的地方。2019年3月，思南县被列入第一批革命文物保护利用片区分县名单。

受时间和精力所限，调研时间较短，主要感受有以下几点。

**1. 思南县旅游资源极为丰富，可以作为城镇化的主要支撑力量**

在官方的宣传手册上，可以看到思南县的旅游名片包括乌江、石林、温泉和历史文化等。实际上，思南的气候、地貌、民居、饮食及风俗无一不构成资源。如果走马观花，一天足矣；如果想真正了解思南，一个月也不够。在旅游资源开发方面，还要进一步深入挖掘。乌江不是思南县的特色，因为乌江同样流过其他地方；石林同样不是地方特色，因为云南也有石林，且名气更大；温泉全国各地都有；历史文化在短时间内也很难感受到。因此，思南县应该认真思考，如何真正凸显该地区的特色，不仅能够吸引游客来一次，而且能吸引游客常来，留下口碑，留下赞美，将旅游业发展成为支柱产业。试想一下，贵州省88个县（区）都有很好的旅游资源，游客为什么要去思南县呢？

**2. 思南县城镇与乡村之间差距较大**

思南县城镇与乡村之间还存在较大差距。2019年，思南县城镇居民DPI为3.1万元左右，而农村居民DPI仅为0.9万元左右。其中，农村居民的工资性收入为3 700元，经营性收入为4 000元，也就是说，依赖打工每月平均收入为300元左右，依赖农业每月平均收入为330元左右。即使是城镇居民，也主要依赖经营性收入而非工资性收入。这种收入结构值得关注。

**3. 基础设施建设还有很大潜力**

一是对外交通方面不够方便。由于各方面制约因素，思南县至今没有火车站，从外地到思南县只能先到铜仁市，再坐大巴。二是县内交通以及各乡镇间交通还不够方便。有些路段遇到雨雪天气常常难以通行。三是公共服务还较落后。有些偏远乡村至今还没有自来水，电力、通信设施还不完备，全县没有一家三甲医院。这些因素有些与自然环境有关，短期内难以解决。

## 三、安徽省金寨县花石乡M村调研情况

2017年底，全国首批国家新型城镇化综合试点的2个省（安徽和江苏）和62个市镇试点任务基本完成，安徽省有8项试点经验被列为典型经验向全国推广。其中，金寨县有3条经验被推广。这3条经验分别是复垦腾退建设用地指标在省内的交易、宅基地节约集约利用激励机制、宅基地退出与易地扶贫搬迁。

M村位于花石乡西南部的帽顶山脚下，山清水秀，景色迷人，环境优美，平均海拔约800米。在调研中我们看到已经建成的新社区并不是高层或多层楼房，而是带院子的两层小楼，白墙青瓦，别具一格。该村在新农村建设方面的做法有以下特点。

**1. 运用组合政策鼓励腾退**

对节约集约使用宅基地的农户给予奖励：低于宅基地面积标准（160平方米）的，每减少1平方米给予100元奖励；自愿放弃申请宅基

地的，每户奖励 2 万元。对超标准占用的宅基地按累进方式收取有偿使用费。

**2. 鼓励异地搬迁**

引导移民户和居住在土坯房、砖瓦房、砖木房的村民自愿有偿退出宅基地并易地搬迁。对于不愿搬迁的村民，对其房屋免费加以修缮，保证居住安全；个别房屋如果已经失去修缮意义，经有关技术部门鉴定为危房的，及时通知村民搬迁，村民均能予以配合。村民无须承担异地搬迁费用，费用来自宅基地腾退后的建设用地指标交易收入以及政府资金。

**3. 注重支柱产业发展**

M 村近年来的支柱产业是茶叶、旅游、药材种植、养殖业等。2019 年村集体经济收入达到 82.75 万元，人均可支配收入为 14 236 元。值得注意的是民宿旅游。一家颇具规模的公司在 M 村建设了精品民宿群，每年可以接待游客 30 万人次，关键是吸引了当地数百名村民在民宿群工作，在就业方面做出了很大贡献。事实证明，只要能够做到政府政策支持、基层治理提效、产业选择合理，即使是经济较落后地区也可以实现乡村振兴目标。

## 四、湖南省浏阳市大瑶镇 R 村调研情况

大瑶镇位于浏阳市东南部，拥有中国优秀乡镇、中国农村改革与发展综合试点镇、中国小城镇建设示范镇、中国经济发达镇、行政管理体制改革试点镇等称号，同时也是农村新社区建设、新农村建设、乡村振兴战略发展较好的代表。全镇的主导产业为花炮产业。

R 村是大瑶镇的典型代表。该村有 4 000 余人，人均耕地面积不过 0.5 亩左右，多数村民都在附近的企业工作，实现了从农民向固定从业者的转换，也实现了就地城镇化。在调研中我们看到，R 村一共分为 10 个居民小区，每个小区虽然格局不同，但基本上都是占地面积 130～200 平方米的两层楼房，庭前有花园，屋后是菜园。小区内篮球场、健身广场等设施比较齐全，与城镇生活不存在本质区别（生活质量甚至高于城镇）。该村在新农村建设方面的做法有以下特点。

**1. 政府规划与市场机制相结合**

以 X 小区为例，该小区有 28 户居民（即 28 栋房屋），其中只有 2 户宅基地由原住村民置换获得，其余 26 户宅基地对外拍卖。只要是浏阳市内符合申请条件的村民均可申请参加拍卖，获得宅基地的要退出原有宅基地，非 R 村村民要缴纳有偿使用费。最后的竞标价格在每户（宅基地）10 万元以上，这笔资金用于建设基础设施、修建新房屋等。此举一方面缩小了宅基地占地面积，另一方面也提供了充足的发展资金。

**2. 产业支撑与成本分担并重**

R 村虽小，但拥有数十家企业，年产值 2 亿元以上，涉及花炮、花炮原材料、花炮机械设备、建材、旅游等产业。随着企业的发展壮大，村集体和村民的收入也水涨船高，有了收入才能为新农村建设、乡村振兴提供足够的支撑。同时，村集体筹措资金投入到全村硬化道路修建、围山公路修建、池塘疏浚、土地整理、水渠修葺等基础建设中。此外，村集体还投资数百万元新建了完全小学，修建了多处农民公园。这些设施的完善一方面提高了村民的生活质量，另一方面也提高了 R 村的整体形象，为旅游等各项产业的蓬勃发展奠定了坚实的基础。

## 五、对调研的简短总结

我们的调研涉及河南、山东、贵州、安徽、湖南等省份（安徽省是国家新型城镇化试点省份）的五个村镇和一个县。由于精力所限，调研对象均为中部或中西部地区，没有涉及东北地区、江浙地区和西北地区，这是一个不小的缺憾。

调研对象中既有经济较为发达的村镇，如山东省 N 村和湖南省 R 村；也有经济较为落后的地区，如贵州省思南县和安徽省 M 村；还有两个普通村镇，即河南省的 X 村及山东省的 K 村。总结起来有以下几点感受。

**1. 城镇化发展状况与经济实力有关，但不完全取决于经济实力**

山东省 N 村和湖南省 R 村经济实力较强，村民和村集体收入都比较高，农村新社区建设、乡村振兴推进较为顺利。而安徽省 M 村所在地区经济实力较弱，但政策对路、治理有效，农村新社区建设也卓有成效。反观河南省的 X 村和山东省的 K 村，虽然经济实力尚可，但新农村建设和农村新社区建设推进缓慢，乡村振兴推进效果同样不够明显。

**2. 农村新社区建设要科学论证，尊重群众意愿**

我们在调研中观察到的农村新社区，既有高层建筑，还有多层小区，还有统一规划的小院等形态。山东省的 N 村几乎全部是高层住宅，与城市没有什么区别，但居民有些意见，如距离农田较远、农具放置不便等；M 村和 R 村均为院落式结构，村民较为满意。当然，我们不能简单地认为高层住宅或多层住宅一定不如院落式结构，而应注意在规划中要听取群众意见。即使是高层住宅或多层住宅，如果能在选址、功能设计时充分考虑农村的具体现实，充分发扬民主，做好信息公开和信息沟通工作，也会获得较好的结果。

**3. 农村发展要敢于创新、敢于担当**

R 村的发展依赖于传统花炮产业，但围绕传统产业进行了升级改造，延伸了产业链。同时，R 村的新建小区宅基地拍卖的做法也是一种大胆的创新。此外，M 村的农村新社区建设推进顺利，但没有运用任何强制措施，完全依赖经济手段——不退不奖、凡退必奖。不可否认，各级政府在 M 村投入了前期资金，但随着各项产业尤其是旅游业的发展，这些投入都收到了回报。而反观河南省的 X 村，村里明明有闲置的集体建设用地，但村两委担心投入得不到回报而不愿开展工作，结果这些集体建设用地被开发商做成了纯粹的商业开发。

# 参考文献

[1] 暴向平,庞燕,贾福平.乌兰察布市旅游产业与新型城镇化耦合协调度及其影响因素分析.西北师范大学学报(自然科学版),2020(2):117-124,134.

[2] 蔡昉.人口转变、人口红利与刘易斯转折点.经济研究,2010(4):4-13.

[3] 蔡昉.新型城镇化需合理分担改革成本.理论学习,2017(5):46.

[4] 蔡继明.乡村振兴战略应与新型城镇化同步推进.人民论坛·学术前沿,2018(10):76-79.

[5] 蔡瑞林,陈万明,朱广华.农业转移人口市民化公共成本:成本分担还是利益反哺?.农村经济,2015(1):110-115.

[6] 陈斌.产业集群与新型城镇化耦合度及其影响研究:以江苏省为例.科技进步与对策,2014(20):53-57.

[7] 陈丽莎.论新型城镇化战略对实现乡村振兴战略的带动作用.云南社会科学,2018(6):97-102.

[8] 谌新民,周文良.农业转移人口市民化成本分担机制及政策涵义.华南师范大学学报(社会科学版),2013(5):134-141,209.

[9] 程广斌,周峰.新型城镇化、产业结构升级与中国经济增长质量.石河子大学学报(哲学社会科学版),2020(3):13-23.

[10] 崔宇明,李玫,赵亚辉.城镇化进程、农业结构调整与农业产业发展优先顺序:基于山东省面板数据的实证分析.华东经济管理,2013(6):13-20.

[11] 戴飏．产业集群与城镇化的互动发展研究：以浙江省为例．北方经济，2009（2）：51-52.

[12] 丁静．新时代乡村振兴与新型城镇化的战略融合及协调推进．社会主义研究，2019（5）：74-81.

[13] 董洪梅，章磷，董大朋．老工业基地产业结构升级、城镇化与城乡收入差距：基于东北地区城市的实证分析．农业技术经济，2020（5）：107-118.

[14] 傅东平，李强，纪明．农业转移人口市民化成本分担机制研究．广西社会科学，2014（4）：72-77.

[15] 傅帅雄，吴磊，韩一朋．新型城镇化下农民工市民化成本分担机制研究．河北学刊，2019（3）：135-142.

[16] 高鸿业．西方经济学．8版．北京：中国人民大学出版社，2021.

[17] 高拓，王玲杰．构建农民工市民化成本分担机制的思考．中州学刊，2013（5）：45-48.

[18] 胡大洋，王沙力．房地产市场影响因素及其周期波动理论分析．当代经济，2016（11）：80-82.

[19] 胡际权．中国新型城镇化发展研究．重庆：西南农业大学，2005：95-106.

[20] 黄锡富．中国新型城镇化与产业互动对人的发展的影响研究．改革与战略，2014（4）：1-6.

[21] 卡拉布雷西，伯比特．悲剧性选择：对稀缺资源进行悲剧性分配时社会所遭遇到的冲突．徐品飞，张玉华，肖逸尔，译．北京：北京大学出版社，2005.

[22] 李克强．协调推进城镇化是实现现代化的重大战略选择．行政管理改革，2012（11）：4-10.

[23] 李坤．新型城镇化发展与地方产业升级的当代出路：基于城市竞争力视角．河南社会科学，2019（6）：73-80.

[24] 李贤智，刘爱龙．产业集群和城镇化互动发展的实证分析．金融经济，2011（8）：19-20.

[25] 廖霄梅．新型城镇化建设与产业结构优化协调发展的机制、问题及对策．生态经济，2018（6）：111-116.

[26] 刘洪银. 以农民工市民化推进城镇化内敛式转型. 当代经济管理, 2013 (6): 63-67.

[27] 刘嘉汉, 罗蓉. 以发展权为核心的新型城镇化道路研究. 经济学家, 2011 (5): 82-88.

[28] 刘珂, 汤颂. 产业支撑视角下的新型城镇化建设路径研究. 河南师范大学学报 (哲学社会科学版), 2015 (2): 41-45.

[29] 刘淑茹, 魏晓晓. 新时代新型城镇化与产业结构协调发展测度. 湖南社会科学, 2019 (1): 88-94.

[30] 刘文勇, 杨光. 以城乡互动推进就地就近城镇化发展分析. 经济理论与经济管理, 2013 (8): 17-23.

[31] 刘旭东, 彭徽. 房地产价格波动对城镇居民消费的经济效应. 东北大学学报 (社会科学版), 2016 (2): 143-151.

[32] 罗尔斯. 正义论. 何怀宏, 何包钢, 廖申白, 译. 北京: 中国社会科学文献出版社, 1988.

[33] 罗煜. 试论我国新型城镇化道路. 决策探索 (下半月), 2008 (10): 40-41.

[34] 马永红, 朱良森. 单核城市系统中心城市空间剥夺效应研究. 管理现代化, 2014 (6): 105-107.

[35] 马宇. 新兴经济体跨境资本流量合意区间测算研究. 北京: 中国社会科学出版社, 2023.

[36] 曼昆. 经济学原理: 第5版. 梁小民, 梁砾, 译. 北京: 北京大学出版社, 2009.

[37] 米勒, 本杰明. 诺斯. 公共问题经济学. 楼尊, 译. 上海: 上海财经大学出版社, 2002.

[38] 牛勇平, 焦勇. 城镇化进程中产业畸形风险的地区差异评价. 发展研究, 2015 (4): 86-91.

[39] 戚晓旭, 杨雅维, 杨智尤. 新型城镇化评价指标体系研究. 宏观经济管理, 2014 (2): 51-54.

[40] 秦卫波, 高锦杰. 新型城镇化进程中的成本分担优化研究. 当代经济研究, 2020 (5): 77-84.

[41] 仇保兴. 新型城镇化: 从概念到行动. 行政管理改革, 2012

(11):11-18.

[42] 斯蒂格利茨,沃尔什. 经济学:第3版. 黄险峰,张帆,译. 北京:中国人民大学出版社,2005.

[43] 宋迎昌. 国外都市经济圈发展的启示和借鉴. 前线,2005(11):51-53.

[44] 唐志军,徐会军,巴曙松. 中国房地产市场波动对宏观经济波动的影响研究. 统计研究,2010(2):15-22.

[45] 万解秋,刘亮. 源于增长和产业转型的城镇化进程探讨:江苏城镇化新动因解析. 江苏社会科学,2013(5):32-36.

[46] 汪大海,周昕皓,韩天慧,等. 新型城镇化进程中产业支撑问题思考. 宏观经济管理,2013(8):46-47.

[47] 王芳,田明华,秦国伟. 新型城镇化与产业结构升级耦合、协调和优化. 华东经济管理,2020(3):59-68.

[48] 王文燕. 新型城镇化背景下特色小镇产业选择及其经济效应探讨. 商业经济研究,2020(12):182-184.

[49] 王亚芬. 房地产市场波动对地方财政收入的影响研究:基于面板误差修正模型的区域差异性分析. 财政研究,2015(2):63-69.

[50] 王益君. 资产价格波动的通货膨胀预期效应:基于房地产市场的实证分析. 财经理论与实践,2016(1):118-122.

[51] 王兆君,任兴旺. 农业产业集群化与城镇化协同度对农业经济增长的关系研究:以山东省为例. 农业技术经济,2019(3):106-118.

[52] 文丰安. 乡村振兴战略与新型城镇化建设融合发展:经验、梗阻及新时代方案. 东岳论丛,2020(5):70-77.

[53] 伍新木. 三峡工程库区移民社会发展设计. 中国人口·资源与环境,1992(3):59-61.

[54] 夏锋. 规模效应、人口素质与新型城镇化的战略考量. 改革,2013(3):25-36.

[55] 肖万春. 城镇化:农村生产要素的吸纳与支援. 改革与开放,2003(10):29-30.

[56] 谢孟军. 对外贸易驱动汉语国际推广研究:理论及实证. 北京:人民出版社,2023

[57] 谢志强. 新型城镇化：中国城市化道路的新选择. 社会科学报，2003-07-03.

[58] 辛波. 土地财政与土地金融耦合的风险及管控. 当代财经，2015 (1)：23-30.

[59] 徐国祥，王芳. 我国房地产市场与股票市场周期波动的关联性探讨. 经济管理，2012 (2)：133-141.

[60] 徐红芬. 城镇化建设中农民工市民化成本测算及金融支持研究. 金融理论与实践，2013 (11)：69-72.

[61] 徐维祥，唐根年，陈秀君. 产业集群与工业化、城镇化互动发展模式研究. 经济地理，2005 (6)：868-872.

[62] 徐维祥，唐根年. 产业集群与城镇化互动发展模式研究. 商业经济与管理，2005 (7)：40-44.

[63] 徐臻，徐莉. 域外户籍农民工市民化社会保险的成本分担研究：以成都市为例. 农村经济，2015 (11)：55-58.

[64] 薛敬孝，佟家栋，李坤望. 国际经济学. 北京：高等教育出版社，2000.

[65] 杨立勋，姜增明. 产业结构与城镇化匹配协调及其效率分析. 经济问题探索，2013 (10)：34-39.

[66] 杨世箐，陈怡男. 农民工市民化成本分担的现实困境及对策分析. 湖南社会科学，2015 (5)：93-97.

[67] 杨志恒，刘君，李新运，等. 产业集群的城镇化效应：基于山东半岛蓝色经济区的实证研究. 山东财经大学学报，2018 (4)：46-54.

[68] 俞宪忠，吴学花，张守凤. 微观经济学. 北京：中国人民大学出版社，2010.

[69] 袁方. 中国新生代农民工城市融入的空间视角. 改革与战略，2014 (10)：71-74.

[70] 张淦，范从来，丁慧. 资产短缺、房地产市场价格波动与中国通货膨胀. 财贸研究，2015 (6)：90-96.

[71] 张国胜，陈瑛. 社会成本、分摊机制与我国农民工市民化：基于政治经济学的分析框架. 经济学家，2013 (1)：77-84.

[72] 张国胜，杨先明. 公共财政视角下的农民工市民化的社会成本分

担机制研究. 云南财经大学学报（社会科学版），2009（1）：90-94.

[73] 张强，魏思源. 城镇化成本控制的政策性与制度性路径比较研究. 经济与管理，2019（3）：79-85.

[74] 张志新，邢怀振，于荔苑. 城镇化、产业结构升级和城乡收入差距互动关系研究：基于 PVAR 模型的实证. 华东经济管理，2020（6）：93-102.

[75] 马克思，恩格斯. 马克思恩格斯选集：第1卷. 北京：人民出版社，1972.

[76] 周敏，丁春杰，高文. 新型城镇化对产业结构调整的影响效应研究. 生态经济，2019（2）：101-108.

[77] 朱善利. 微观经济. 北京：北京大学出版社，1994.

[78] 卓玛草. 新时代乡村振兴与新型城镇化融合发展的理论依据与实现路径. 经济学家，2019（1）：104-112.

[79] 卓勇良. 市民化成本分担机制是个伪命题. 浙江经济，2014（16）：14.

[80] 邹永红，黄家韬. 新型城镇化背景下农民市民化的成本测算与比较：基于四川省数据. 农业经济，2017（3）：75-77.

[81] Esty D, Porter M, "Industrial Ecology and Competitiveness: Strategic Implications for the Firm", *Journal of Industrial Ecology*, 1998（1）：102-112.

[82] Fujita M, Krugman P, and Venables A. *The Spatial Economy: Cities, Regions and International Trade*. Cambridge, Massachusetts: The MIT Press, 1999.

[83] Krugman P. *Development, Geography and Economic Theory*. Cambridge: MIT Press, 1995.

[84] Krugman P. *Geography and Trade*. Leuven: Leuven University Press, 1991.

[85] Lewis A. "Reflections on Unlimited Labour", in Di Marco, L. (ed.) *International Economics and Development*. New York: Academic Press, 1972：75-96.

[86] Lewis A, "Unlimited Labour: Further Notes", *The Manchester School of Economics and Social Studies*, 1958（26）：1-32.

[87] Piore M, Sabel C. *The Second Industrial Divide: Possibilities for Prosperity*. New York: Basic Books, 1984.

[88] Rothaermel F, Deeds D, "Exploration and Exploitation Alliances in Biotechnology: A System of New Product Development", *Strategic Management Journal*, 2004 (3): 410-419.

[89] Kuznets S. "Economic Growth and Income Inequality", *The American Economic Review*, 1955 (45): 1-28.

[90] Su L, Fan J, Fu L, "Exploration of Smart City Construction under New Urbanization: A Case Study of Jinzhou-Huludao Coastal Area", *Sustainable Computing: Informatics and Systems*, 2020 (3): 220-229.